Nederlandsch Indië

P. Bleeker

BIBLIOLIFE

NATUURKUNDIG TIJDSCHRIFT

voor

NEDERLANDSCH INDIË

UITGEGEVEN DOOR DE

NATUURKUNDIGE VEREENIGING

IN

NEDERLANDSCH INDIË,

ONDER HOOFDREDAKTIE VAN Dr P. BLEEKER.

———

DEEL XIII.

———

DERDE SERIE.

DEEL III.

———

BATAVIA,

LANGE & CO.

1857.

INHOUD.

Botanie, Kultuurgewassen, Phytochemie.

Zoölogie.

ALGEMEEN VERSLAG

DER

WERKZAAMHEDEN

VAN DE

NATUURKUNDIGE VEREENIGING IN NEDERLANDSCH INDIE

VOORGELEZEN IN DE ZEVENDE ALGEMEENE VERGADERING,

GEHOUDEN TE BATAVIA DEN 12n FEBRUARIJ 1857,

DOOR

Dr. P. BLEEKER, R.O.N.L, L.K.A.W.

President der Vereeniging.

M.H.!

Ten zevenden male door de keuze van het Bestuur der Vereeniging geroepen, hare algemeene vergadering voor te zitten, en verslag uit te brengen van het door de Vereeniging verrigte, is het mij aangenaam, ook nu weder te mogen wijzen, op de uitkomsten, in het afgeloopen genootschapsjaar verkregen, en op de teekenen, welke den bloei der Vereeniging waarborgen voor de toekomst.

Indien wordt nagegaan, wat het lot is, en geweest is, van zoovele zusterinstellingen in deze gewesten, dan blijkt het, dat geen dier instellingen bevrijd is mogen blijven van de schokken en nadeelige invloeden, welke in deze gewesten, helaas ook nog ten huidigen dage, de ontwikkeling van het goede belemmeren of verhinderen. Onze instelling heeft gelukkig die schokken weten te vermijden en de nadeelige invloeden te overwinnen, en na meer dan 6 jaren bestaans kan zij wijzen op eene afgelegde loopbaan, welke de blijken heeft geleverd van een voortdurend frisch leven en van toenemende kracht.

Inderdaad M.H., onze instelling heeft in korten tijd veel geleefd.

Toen zij, thans $6\frac{1}{2}$ jaren geleden, tot stand kwam, telde zij slechts een dertigtal leden. Bij slechts zeer enkelen dier leden bestond de overtuiging, dat eene instelling, als de pas opgerigte, kans had tot duurzaamheid van eenigen omvang of tot ontwikkeling van eenig belang, en dat was toen reeds een der redenen, waarom men haar den zedigen titel gaf, welken zij tot nog toe behouden heeft. De leden zelve beschouwden toen de oprigting der Vereeniging meer als eene gewaagde proefneming, dan als eene aan de behoeften des tijds en des lands beantwoordende stichting, en buiten de Vereeniging om hield men haar toen vrij algemeen, òf voor het uitvloeisel eener te hoog gespannen verwachting van eenige eerzuchtige personen, òf voor een gezelschap, dat zich meer ten doel had gesteld het houden van genoegelijke bijeenkomsten, dan de bevordering der natuurwetenschappen.

De kern der leden had echter toen reeds eene geheel andere overtuiging. Zij had de in Nederlandsch Indië aanwezige krachten gemeten. Zij had die krachten in verband beschouwd, met wat in de voorafgegane tientallen jaren, in de natuurkundige wetenschappen, in Nederlandsch Indië had bestaan en gewerkt, en zij was tot de gevolgtrekking gekomen, dat slechts een middelpunt van werking noodig was, om op meer uitgebreide schaal dan ooit te voren, tot de kennis der natuur van deze gewesten te doen bijdragen.

Wèl had toen reeds de Natuurkundige Kommissie opgehouden te bestaan en was van hare voormalige leden niemand meer in deze gewesten, maar daarentegen waren nieuwe in- rigtingen van wetenschappelijken aard tot stand gekomen, en bij en buiten die inrigtingen meerdere mannen opgetre- den, van welke men mogt voorspellen, dat zij nuttig zou- den worden voor de wetenschap, indien slechts een mid- delpunt van werking voor hen werd gesticht.

Zoodanig middelpunt had, wat de natuurwetenschappen betreft, in Nederlandsch Indie nooit bestaan.

Het Bataviaasch Genootschap van kunsten en wetenschap- pen, het oudste wetenschappelijke ligchaam in deze gewes- ten, had zich wel ook de natuurwetenschappen aangetrok- ken, maar het omvatte tevens de meest verschillende an- dere takken van kennis. De aanstoot, dien het gaf of kreeg, was in den regel afhankelijk van den aard der stu- diën, aan welke zich de vroeger ten allen tijde weinig talrijke wetenschappelijke mannen in deze gewesten toe- wijdden. Zoo bewoog dat genootschap zich nu eens in eene meer natuurhistorische, dan weder in eene meer taal- en letterkundige of ethnologische en archeologische rigting, en blijkbaar was dan gewoonlijk de mindere be- hartiging van die takken van wetenschap, welker bescher- ming of ondersteuning minder in de rigting lag van de aan het hoofd des genootschaps geplaatste personen. Daaraan is het zeker, voor een gedeelte althans, toe te schrijven, dat ten tijde van het aanwezen in Nederlandsch Indie van zoovele natuuronderzoekers, van Horsfield, Reinwardt, Blu- me, Kuhl en Van Hasselt, Boie, Macklot, Korthals, Zippelius, S. Muller, Forsten, Hörner en anderen, in deze gewesten in de natuurwetenschappen betrekkelijk zoo weinig werd openbaar gemaakt.

In 1843 werd eene poging aangewend tot vorming van een meer bepaald middelpunt, dan het Bataviaasch Genootnootschap van kunsten en wetenschappen was, om hetwelk de natuuronderzoekers in deze gewesten zich zouden kunnen scharen. Men besloot toen een orgaan te scheppen, hetwelk met regelmaat en spoed, in den tegenwoordigen tijd zoo onmisbaar, aangebodene bijdragen of verhandelingen tot openbare bekendheid zou kunnen brengen.

Dat orgaan bestond in het Natuur- en Geneeskundig Archief voor Nederlandsch Indië, een tijdschrift, van hetwelk $3\frac{1}{2}$ jaargangen zijn uitgegeven, en waarin de natuurlijke geschiedenis op tamelijk ruime schaal werd vertegenwoordigd.

Dat tijdschrift hield evenwel geen stand. Het bleek weldra, dat een tijdschrift, gelijktijdig gewijd aan de natuurkundige en aan de geneeskundige wetenschappen, noch voldeed aan de natuurkundigen, noch aan de geneeskundigen. Ieder vond te veel van wat hij niet zocht, en te weinig van hetgeen hij wenschte. Daarbij kwam, dat eene redaktie, slechts uit zeer enkele leden bestaande, uit den aard der indische zamenleving, weinig waarborgen aanbood voor de duurzaamheid van een zuiver wetenschappelijk tijdschrift, vermits de onzekerheid van duurzaam verblijf te Batavia van de meeste personen, spoedig leemten in zoodanige redaktiën liet voorzien en daarmede achteruitgang of ondergang van wetenschappelijke organen, en zulks te meer, omdat dergelijke organen in deze gewesten de kosten van uitgave niet kunnen goedmaken en alzoo nog geldelijke offers van de redakteurs vorderen, zonder kansen op stoffelijk gewin.

Na den ondergang van het Natuur- en Geneeskundig Archief voor Nederlandsch Indië verliepen 3 jaren, in welke, enkele door het Bataviaasch Genootschap van kunsten en wetenschappen en het Indisch Archief openbaar gemaakte bijdragen uitgezonderd, in Nederlandsch Indie niets tot uitbreiding der natuurkennis van dezen archipel werd verrigt, en zulks, niettegenstaande het niet ontbrak aan personen, van welke men goede vruchten voor de wetenschap mogt verwachten.

Men gevoelde toen, dat die geringe blijken van werkzaamheid hunnen grond hadden in het ontbreken van een orgaan, dat gelijktijdig den aanstoot gaf tot onderzoek, en de middelen, om dat onderzoek vruchtbrengend te doen zijn voor de wetenschap.

Maar men begreep tevens, dat het, om iets blijvends nuttigs ten dezen te stichten, niet genoeg was, eene redaktie zamen te stellen ter oprigting van een tijdschrift. Men had geleerd, dat de vereeniging der natuurkundige en der geneeskundige wetenschappen in een zelfde orgaan, hoe naauw ook de onderlinge verwantschap is dier wetenschappen, als onpraktisch, buiten overweging behoorde te blijven.

Alzoo ontstond allengs het denkbeeld tot oprigting onzer instelling en werd den 19n Julij 1850 die oprigting verwezenlijkt.

Vergelijken wij thans M.H. het toen en het heden. In de ruim zes jaren van 1850 tot heden zien wij in Nederlandsch Indië in de natuurwetenschappen meer openbaar gemaakt, dan in het ruime tijdvak tusschen 1850 en de herstelling van het nederlandsche gezag in deze gewesten, ja, ik mag gerustelijk zeggen, dan gedurende de eerste twee en een halve eeuwen van onze vestiging in deze kolonie. Zoodanig tijdperk van bloei heeft de wetenschap der natuur hier vroeger nooit gekend. De feiten spreken, voor wie deze bewering gewaagd mogt voorkomen. Ik wijs op de twaalf deelen van het Tijdschrift onzer Vereeniging, welke hier voor u liggen en op den eersten bundel haren Akten. Dat zijn de vruchten van den arbeid der Vereeniging gedurende haar nog betrekkelijk zoo kort bestaan, en indien zij van hare oprigting af aan over ruimere middelen had kunnen beschikken, zouden bovendien nog meerdere omvangrijke verhandelingen door haar zijn uitgegeven geworden, welker openbaarmaking, uit niet beschikbaarheid van genoegzame middelen, moest worden overgelaten aan hare oudere zuster, het Bataviaasch Genootschap van kunsten en wetenschappen.

Indien wij ons de vraag stelden M.H., of zonder de oprigting der Vereeniging dergelijke uitkomsten zouden zijn verkregen, wie onzer zou aarzelen daarop te antwoorden?

Het is toch een feit, dat de wetenschappelijke werkzaamheid wordt opgewekt in evenredigheid tot de middelen, daargesteld, om de uitkomsten der nasporingen tot openbare bekendheid te brengen. Dat feit was den oprigters onzer instelling reeds in 1850 voor oogen en werkte mede tot de vestiging hunner overtuiging, dat onze Vereeniging, onder doelmatige leiding, niet zou nalaten de twijfelaars te beschamen.

Maar hoezeer het geen twijfel lijdt, dat onze instelling den aanstoot heeft gegeven tot de veelzijdige nasporingen, welker uitkomsten voor een groot gedeelte in hare werken zijn nedergelegd, vordert de billijkheid, te erkennen de gunstige omstandigheden, welke, na het te boven komen van de aanvankelijk bestaande moeijelijkheden en bedekte tegenwerkingen, hebben medegewerkt tot den steeds toenemenden bloei der Vereeniging, en daardoor tot het erlangen der verkregen resultaten voor de wetenschap.

Want is het al waar, dat een genootschap, aan eene bijzondere afdeeling van wetenschappen gewijd, krachtiger tot uitbreiding van kennis kan werken, dan zulks kan geschieden, door de op zich zelve staande pogingen van afzonderlijke personen, toch gevoelt men, dat meer noodig is, zal een genootschap aan zijne roeping voldoen, dan zijne eenvoudige oprigting en de benoeming van leden.

Veel ligt bij zoodanige instelling aan hare *wetten*, meer nog aan den *geest* die haar bezielt, veel aan den *aard* van haar bestuur, en niet minder aan den *ijver* harer leden.

Het is voor de geschiedenis der Vereeniging niet onbelangrijk, M.H., dat wij haar met betrekking tot de genoemde punten met een paar woorden nader beschouwen Die beschouwing zal als van zelve leiden tot de kennis der oorzaken van den bloei onzer instelling, en van de reden, waarom zij zich in zoo vele opzigten gunstig onderscheidt van de zusterinstellingen in deze gewesten, welke vóór of ná haar zijn tot stand gebragt.

De wetten der Vereeniging onderscheiden zich door niets, ten zij door eenvoudigheid. Hare voorschriften zijn weinig in getal en gemakkelijk op te volgen. Zij geven de noodige magt aan het bestuur. Zij laten slechts tot het lidmaatschap toe die personen, welke zich jegens de natuurwetenschappen of jegens de Vereeniging hebben verdienstelijk gemaakt, waardoor de benoeming tot het lidmaatschap steeds gebleven is eene onderscheiding, waarop prijs wordt gesteld, en welke nog voortdurend aanspoort tot werkzaamheid in het belang der wetenschap en der Vereeniging.

Ten einde dit beginsel van onderscheiding onverzwakt te bewaren, zijn den leden geenerlei verpligtingen opgelegd van geldelijken aard. Geen der leden is gehouden tot eenige geldelijke bijdrage. Alle geldelijke middelen der Vereeniging zijn het gevolg van vrijwillige bijdragen, tot welke de leden zich verbonden hebben. Die vrijwillige toetreding tot het verleenen van geldelijke te gemoetkomingen is zoo algemeen geweest, dat slechts zeer enkele leden zouden kunnen worden genoemd, welke zich daarvan onthouden hebben. Niemand der leden is verpligt het Tijdschrift der Vereeniging of hare bundels Verhandelingen te ontvangen, en toch is de deelneming bij het uitgeven der Akten zoo almeen geweest, dat slechts een enkel lid zich niet als inteekenaar op de Verhandelingen heeft laten inschrijven, ter-

wijl bovendien nog meer dan 100 ingezetenen van Nederlandsch Indië, niet tot het lidmaatschap der Vereeniging
behoorende, zich als inteekenaren hebben aangemeld. Dit
beginsel van vrijwilligheid in alles, wat voor de leden
van geldelijke gevolgen is, heeft tot nu toe uitmuntend
gewerkt.

De overtuiging bestond ook, dat geldelijke ondersteuning
niet zou uitblijven, indien die zou blijken noodig te zijn en
men heeft ten dezen mogen ontwaren, dat de belangstelling
in de Vereeniging gelijken tred heeft gehouden met den
omvang harer werkzaamheden en stoffelijke behoeften.

De Vereeniging heeft steeds als beginsel aangenomen,
dat de kennis der natuur van deze gewesten, met het oog
op het altijd geringe aantal hier aanwezige geleerden van
vak, niet in wenschelijke mate zou zijn uit te breiden, indien
zich daarop slechts toelegden die weinige personen, welke
daartoe bijzonderlijk geroepen zijn, hetzij uit den aard hunner betrekking, hetzij door de bijzonderheid hunner studiën.
Zij heeft begrepen, dat ook de minder ervarenen en niet ervarenen in de wetenschappen der natuur, in deze nog zoo
weinig bekende gewesten, even nuttig konden zijn voor
de uitbreiding van kennis, als de eigenlijke vakkundigen.

Inderdaad, de natuurwetenschappen, zich slechts bewegen-
de op het terrein van feiten, verlangen in de eerste plaats
kennis van feiten en die kennis kan slechts worden verkregen door waarneming, door de erkenning van de betrekking, in welke de voorwerpen der natuur staan tot onze
zintuigen. Maar, vermits hier te lande slechts zeer enkele
vakkundigen in de gelegenheid zijn, zelve zich de voorwerpen, tot onderzoek benoodigd, te verschaffen en dan
altijd nog in zeer beperkte mate, is het immer van hoog
belang, de personen, op de verschillende plaatsen in dezen
uitgestrekten archipel gevestigd, tot medewerking uit te

lokken door het daarstellen van verzamelingen en de opzending daarvan, ter plaatse, waar zij in het belang der wetenschap kunnen worden bewerkt. De verzamelaars zijn alzoo niet minder noodig en nuttig dan de bewerkers, en dit beginsel voorop stellende, heeft de Vereeniging gemeend, alle personen met het lidmaatschap te mogen vereeren, welke door toezendingen van voorwerpen uit de verschillende rijken der natuur wezenlijk tot uitbreiding der wetenschap helpen medewerken, terwijl tevens algemeen zorg is gedragen, dat in de bijdragen en verhandelingen, welke naar aanleiding van die toezendingen zijn bewerkt en openbaar gemaakt, steeds hulde is gebragt aan de verdiensten, in die toezendingen gelegen.

Maar indien opwekking tot medewerking en erkenning van verdiensten noodig werden geoordeeld tot vestiging van den bloei onzer instelling, van niet minder gewigt werd het geacht, dat het ligchaam der direktie steeds bleef zamengesteld op eene wijze, dat de eendragtige en vriendschappelijke zamenwerking geen gevaar liep van verstoring. Van de stichting onzer instelling af aan, heeft dit denkbeeld steeds op den voorgrond gestaan bij de keuze van nieuwe leden des bestuurs. Daaraan is het voor geen gering gedeelte toe te schrijven, dat de bestuursvergaderingen steeds zijn geweest bijeenkomsten, door de leden der direktie gewenscht en steeds bijgewoond, wanneer geene verhinderingen, in de bataviasche zamenleving zoo veelvuldig, zich daar tegen stelden. De gang der zaken werd door deze veelvuldige bestuursvergaderingen, welke in den regel twee maal 's maands plaats hebben, zeer bevorderd.

Indien bij meerdere zustergenootschappen niet hetzelfde gunstige verschijnsel werd opgemerkt, was zulks zeker voor een gedeelte daaraan toe te schrijven, dat bij de zamenstelling der besturen, niet een dergelijk beginsel werd gehuldigd, als bij onze instelling.

Maar wat zeker van groot belang is voor den bloei der Vereeniging, zijn de ijver en zucht tot medewerking van hare talrijke leden, welke op Java en de buitenbezittingen zijn verspreid. Algemeen mag men zeggen, gevoelen onze medeleden buiten Batavia, dat zij niet slechts in naam aan onze instelling zijn verbonden, maar dat zij er een wezenlijk deel van uitmaken. Zij is zoowel *hunne* Vereeniging, als de *onze*. Zonder hen zou hare bloei onbestaanbaar zijn. Wat zij belangrijks tot openbare bekendheid brengt, vloeit haar grootendeels toe van buiten de hoofdplaats, hetzij in den vorm van handschriften, hetzij als naturaliën, dat is, als grondstoffen voor ter hoofdplaatse te bewerken wetenschappelijke bijdragen. De direktie heeft dan ook niet nagelaten, telkens wanneer daartoe aanleiding bestond, de verdiensten der buitenleden openlijk te erkennen en door „den keizer te geven wat des keizers is" op te wekken tot de instandhouding en uitbreiding van dien goeden geest, waaraan de Vereeniging zoo veel te danken heeft.

Ik heb het niet ondienstig geacht M.H. een' blik te werpen in het inwendige onzer Vereeniging, omdat velen, met mij, in de ontvouwde bijzonderheden zullen zien eene eenvoudige verklaring van hetgeen meerderen een raadsel was, hoe namelijk de Vereeniging met de beperkte, haar ten dienste staande middelen, het door haar verrigte heeft kunnen tot stand brengen.

De kennis van die inwendige kracht der Vereeniging is nuttig, omdat zij er toe kan en zal leiden, die kracht in stand te houden en daardoor den bloei der Vereeniging onafhankelijk te doen blijven, van het aanwezen in Indië van enkele personen.

Zware verliezen hebben de Vereeniging in de ruim 6 jaren van haar bestaan getroffen. Niet minder dan 23 le-

den heeft zij door den dood verloren, en de omvang van
dat verlies zal een ieder onzer levendig voor oogen zijn,
wanneer ik herinner de namen van Schwaner, Smits,
Van Heijningen, Van der Pant, Van Lijnden, S. H.
De Lange en Melvill van Carnbee, die allen der Vereeniging zoozeer tot sieraad strekten.

Maar die verliezen hebben juist bewezen de kracht, gelegen in Vereenigingen als de onze. Instellingen van dezen
aard hebben eene grootere levensvatbaarheid dan stichtingen
van afzonderlijke personen, welke, veelal van die personen
afhankelijk, met hen bestaan en te gronde gaan. Zij zijn
gelijk een boom, wiens kracht bestaat in de opeenhooping
van de planten-eenheden, waaruit hij is opgebouwd, en
waaraan die eenheden gedeeltelijk kunnen worden ontnomen, zonder dat hij in zijne kracht of pracht verzwakt.

Thans M.H. heb ik meer in het bijzonder verslag te
doen van de verrigtingen en lotgevallen onzer instelling,
in het jongste vereenigingsjaar.

In de eerste plaats zij het mij veroorloofd uwe aandacht
weder te vestigen op het Tijdschrift.

Sedert de jongste algemeene vergadering, gehouden den
28n Februarij van het vorige jaar, zijn weder uitgegeven
twee deelen van het Tijdschrift, het 11e en 12e deel of het
1e en 2e deel der Derde Serie. De bouwstoffen voor die
beide deelen had de Vereeniging te danken aan de heeren
J. J. Altheer, Aquasie Boachi, J. M. Van Bemmelen, J.
H. Croockewit, C. L. Doleschall, R. Everwijn, P. F. H.
Fromberg, W. Hubers van Assenraad, J. Hageman Jcz.
C. C. Hardenberg, O. F. U. J. Huguenin, A. F. J. Jansen,
A. J. Krajenbrink, M. J. H. Kollman, G. A. De Lange,

P. Baron Melvill van Carnbee, J. G. T. Bernelot Moens,
D. W. Rost van Tonningen, R. F. De Scijff, J. E. Teijsmann en referent.

In de jongste algemeene vergadering is bepaald geworden
dat de Vereeniging, behalve het Tijdschrift, nog zou uitgeven bundels Verhandelingen

Het 1e deel dier Verhandelingen is in Oktober des vorigen jaars verschenen. Daarin zijn opgenomen bijdragen
van de adviserende leden, de heeren J. K. Hasskarl en
H. Zollinger, alsmede van referent.

Gedurende het afgeloopen vereenigingsjaar zijn de werkzaamheden der Vereeniging, wat het publiceren der wetenschappelijke bijdragen betreft, onverflaauwd voortgegaan.

Men mag zeggen, dat met de uitgave van de bundels Verhandelingen, de Vereeniging een nieuw tijdperk is ingetre-
den.

Meerdere bijdragen in de 11e en 12e deelen van het Tijdschrift en het 1e deel der Acta opgenomen, had de Vereeniging te danken aan de belangstelling van het gouvernement.

Deze bijdragen zijn:

1. Verslag eener dienstreis der geographische ingenieurs van
   10 November tot 28 December 1855 door de Preanger-regentschappen, door G. A. DE LANGE.
2. Verbinding van Batavia met Cheribon, door G. A. DE
   LANGE.
3. Verslag van een' togt naar den Goenoeng Klam en naar
   het Penein-gebergte, door J. H. CROOCKEWIT Hz.
4. Bijdragen tot de geologische en mineralogische kennis van
   Nederlandsch Indië, door de ingenieurs van het mijnwezen
   in Nederlandsch Indië.
   xv. Onderzoek naar tinerts in het landschap Kandawangan,
   door R. EVERWIJN.
   xvi. Onderzoek naar het aanwezen van steenkolen in het

terrein aan de Tjiletoekbaai, residentie Preanger-regentschappen, door AQUASIE BOACHI.

XVII. Onderzoek naar het aanwezen van steenkolen in het
terrein aan de Tjiletoekbaai, residentie Preanger-regentschappen, door O. F. W. J. HUGUENIN.

5. Scheikundig onderzoek der penghawar-djambi, door J. M.
VAN BEMMELEN.

6. Uittreksel uit het dagverhaal eener reis door Oost-Java,
Karimon-Java, en Bali-Boleling door J. E. TEIJSMANN.

7. Berigt over een scheikundig onderzoek van muskaatnoten-
schillen met het oog op hare bruikbaarheid, door P. F. H.
FROMBERG.

8. Scheikundig onderzoek van het mineraal water van Sadjira
in de residentie Bantam, door J. J. ALTHEER.

9. Verslag over de proeven met kultuur van suikerriet, door
P. F. H. FROMBERG.

10. De zoutbron aan de Spauk-rivier in het landschap Sintang,
residentie Wester-afdeeling van Borneo, door J. H. CROOC-
KEWIT Hz.

11. Scheikundig onderzoek van een mineraalwater afkomstig
van het eiland Borneo, door D. W. ROST VAN TONNINGEN.

12. Physisch en chemisch onderzoek van de gronden der sui-
kerfabriek Wonopringo in Pekalongan, uitgevoerd door
D. W. ROST VAN TONNINGEN

13. Verslag van de uitkomsten van het chemisch onderzoek,
hoofdzakelijk op het suikergehalte van verschillende suiker-
rietsoorten van Java alsmede van eenige monsters zoogenaamde ampas, door P. F. H. FROMBERG.

14. Retzia sive observationes botanicae quas inprimis in hor-
to botanico bogoriensi fecit J. K. HASSKARL.

15. Observationes botanicae quas de filicibus horti botanici bogoriensis nec non ad montem Gedeh aliisque locis sua spon-
to crescentibus annis 1855 et 1856 fecit J. K. HASSKARL.

Voor het 13e deel van het Tijdschrift en het 2e deel der
Acta zijn meerdere bijdragen beschikbaar, welke gedeeltelijk
reeds zijn afgedrukt t. w.

1. Eetbare aardsoorten en geophagie, door J. J. ALTHEER.

2. Verslag van de geodesische triangulatie der residentie Ban-joemas door G. A. De Lange en J. J. Van Limburg Brou-wer, door G. A. DE LANGE.

3. Over het aantal onweder- en regendagen op Java, door H. ZOLLINGER.

4. Observationes botanicae novae, door H. ZOLLINGER.

5. Vervolg van het verslag van de uitkomsten van het che-misch onderzoek van verschillende suikerriet-soorten enz. door P. F. H. FROMBERG.

6. Over meteorologische waarnemingen in Nederlandsch Indië, door M. H. JANSEN.

7. 10e Bijdrage tot de kennis der ichthyologische fauna van Borneo, door referent.

8. Conspectus specierum piscium moluccensium hucusque cog-nitarum, door referent.

9. 6e Bijdrage tot de kennis der ichthyologische fauna van Suma-tra. Visschen van Padang, Oelakan, Priaman, Sibogha en Palembang, door referent.

10. Observationes botanicae, quas de filicibus horti bogoriensis nec non ad montem Gedeh aliisque locis sua sponte cres-centibus 1855 et 1856 fecit J. K. HASKARL (continuatio).

11. 8e Bijdrage tot de kennis der vischfauna van Amboina, door referent.

12. Tweede bijdrage tot de kennis der ichthyologische fauna van Boero, door referent.

13 Bijdrage tot de nadere kennis van het geslacht Collocalia Gr. (Cypselus esculentus en Cypselus nidificus), door A. BERNSTEIN.

14. Verslag van het onderzoek van een aantal monsters ampas van suikerriet, door P. F. H. FROMBERG.

15. Over het begrip en den omvang eener Flora malesiana, door H. ZOLLINGER.

16. Vierde Bijdrage tot de kennis der vischfauna van Japan, door referent.

17 Massieve en molekulaire schommelingen. Herziening van staande en voortgaande schommelingen, door B. H. Egberts.

Uit deze rei van beschikbare bouwstoffen, meerdere van welke van vrij grooten omvang zijn, kan ontwaard worden, dat het zelfs met behulp van het Tijdschrift en van de Akten der Vereeniging, thans reeds moeijelijk valt, de openbaarmaking der ingezondene stukken met den wenschelijken spoed te doen plaats hebben.

Zooals te voorzien was, is het publiceren van de Acta der Vereeniging niet zonder geldelijke gevolgen voor haar gebleven. De kosten der uitgave worden evenwel door de inteekenings-gelden der leden en niet-leden voor het grootste gedeelte goedgemaakt en indien, gelijk onder het bestuur van onzen honorairen beschermheer, den heer Duymaer van Twist, de kosten van drukken enz. der door het gouvernement ter plaatsing aangeboden stukken, door de staatskas werden gedragen, waarop door de direktie gerekend was, zouden de overige lasten der drukwerken gemakkelijk door de Vereeniging kunnen worden bestreden.

Zeker was het eene teleurstelling voor de direktie, toen zij moest vernemen, dat tegenwoordig niet wordt gehuldigd het beginsel, dat de kosten der openbaarmaking van die stukken, welker openbaarmaking door het gouvernement zelf wordt verlangd, niet door de staatskas behooren gedragen te worden, wanneer zij aan wetenschappelijke ligchamen ter openbaarmaking worden afgestaan; — maar die teleurstelling, werd veel vergoed door de officiële mededeeling, dat de tegenwoordige opperlandvoogd immer bereid zal bevonden worden, kunsten en wetenschappen te bevorderen, ook door het verleenen van toelagen aan wetenschappelijke genootschappen. Die mededeeling is voor de direktie niet verloren gegaan en zij heeft, naar aanleiding daarvan, zich tot de regering gewend met het verzoek, dat haar eene vaste jaarlijksche tegemoetkoming uit de staatskas werd toegestaan, als ekwivalent voor de tegemoetkoming, welke onder het bestuur van den heer **Duymaer van Twist** werd verleend als terugbetalingen van wegens de plaatsing van gouvernementsstukken voorgeschoten drukloonen. Op dit adres, in Oktober des vorigen jaars ingediend, is de Vereeniging nog beschikking wachtende.

Ten opzigte van de verzending van het Tijdschrift en van de Akten der Vereeniging aan Akademiën en Genootschappen in Nederland en het Buitenland zijn bezwaren gerezen, gelegen in het hooge bedrag der porten, welke voor eenige landen meer bedragen, dan de verkoopprijs van het Tijdschrift en waardoor de waarde van de werken der Vereeniging als schenking geheel werd weggenomen. De direktie heeft zich, ten einde die bezwaren opgeheven te zien, tot de regering gewend, met het verzoek, dat voortaan die verzending mogt plaats hebben door tusschenkomst der regering, even als zulks geschiedt ten opzigte der verzendingen van het Bataviaasch Genootschap van kunsten en wetenschappen. De beslissing op dit verzoek is onderworpen geworden aan het opperbestuur in Nederland, en nog niet ter kennis van de direktie gekomen.

Zeer levendig is in het afgeloopen vereenigingsjaar geweest de gemeenschap met buitenlandsche wetenschappelijke instellingen. Nieuwe betrekkingen zijn aangeknoopt met de Koninklijke Akademie van Wetenschappen te Madrid, de Koninklijke Akademie van geneeskunde te Brussel, de Amerikaansche Akademie van kunsten en wetenschappen te Boston, de Smitsonian Institution te Washington, de Kaiserlich-königlichen geologischen Reichsanstalt te Weenen, de Naturforschende Gesellschaft te Zürich, de Linnean Society te Londen, de Philosophical Society te Victoria, het Australian Museum te Sydney, meerdere van welke Akademien en Genootschappen het initiatief hebben genomen om met de Vereeniging een stelsel van ruiling van boeken en natuurvoorwerpen aan te gaan. De werken der Vereeniging worden thans geregeld verzonden aan de volgende wetenschappelijke instellingen.

IN NEDERLANDSCH INDIË.

Bataviaasch Genootschap van kunsten wetenschappen te Batavia.

Vereeniging ter bevordering der geneeskundige wetenschappen in Nederlandsch Indië te Batavia.

Nederlandsch-indische Maatschappij van Nijverheid te Batavia.

Koninklijk Instituut van ingenieurs, Afdeeling Oost-Java te Soerabaja.

Maatschappij tot nut van 't algemeen in Oost-Indië, te Batavia.

IN NEDERLAND.

Koninklijke Akademie van wetenschappen te Amsterdam.

Hollandsche Maatschappij der wetenschappen te Haarlem.

Provinciaal Utrechtsch Genootschap van kunsten en wetenschappen, te Utrecht.

Koninklijk zoölogisch genootschap Natura artis magistra te Amsterdam.

Koninklijk nederlandsch meteorologisch ·instituut te Utrecht.

Bibliotheek der Hoogeschool te Leiden.

Redaktie van het Tijdschrift de Gids te Amsterdam.

Redaktie van de algemeene Konst- en Letterbode, te 's Gravenhage.

Redaktie van het Tijdschrift voor Nederlandsch Indië, te 's Gravenhage,

In het Buitenland.

EUROPA.

a. Frankrijk.

Académie impériale des sciences, te Parijs.

Muséum d'Histoire naturelle te Parijs.

Societé impériale des sciences naturelles te Cherbourg.

Académie des sciences, arts et belles lettres te Dyon.

Societé géologique de France, te Parijs.

b. Duitschland.

Kaiserlich-königliche Akademie der Wissenschaften te Weenen.

Kaiserlich-königliche geologische Reichsanstalt te Weenen

Koniglich Baierische Akademie der Wissenschaften te München.

Königlich Böhmische Gesellschaft der Wissenschaften te Praag.

Königlich Preussische Akademie der Wissenschaften te Berlijn.

Konigliche Gesellschaft der Wissenschaften, te Goettingen.

Academia Caesarea Leopoldino-Carolina Naturae Curiosorum, te Breslau.

Senckenbergische Naturforschende Gesellschaft te Frankfort a/M.

Redaktie van het Archiv für Naturgeschichte te Bonn.

c. Engeland.

Royal Society te Londen.

Zoological Society te Londen.

Linnean Society te Londen.

Wernerian Society of natural history, te Edinburgh.

Cambridge philosophical Society, te Cambridge.

d. Belgie.

Académie Royale des sciences, arts et belles lettres, te Brussel.

Académie Royale de medécine, te Brussel.

e. *Denemarken.*

Kongelige Danske Videnskabernes Sellskab, te Koppenhagen.

Naturhistorisk Forening, te Koppenhagen.

f. *Zweden.*

Kongelige Svenska Vetenskaps Akademien te Stockholm.

g. *Rusland.*

Académie impériale des sciences, te St. Petersburg
Société impériale des Naturalistes te Moskou.

h. *Zwitserland.*

Société de physique et d'histoire naturelle te Genève.
Naturforschende Gesellschaft te Zürich.

i. *Sardinië.*

Academia reale delle scienza te Turin.

k. *Napels.*

Reale Academia delle scienza e belle lettere, te Napels.

l. *Spanje.*

Academia Reale dos ciencias, te Madrid.

m. *Portugal.*

Academia Reale de sciencias, te Lissabon.

AMERIKA.

American Academy of natural science te Philadelphia.
American Academy of arts and sciences te Boston.
Smithsonian Institution te Washington.
New-Orleans Academy of science.

AZIE.

Asiatic Society of Bengal te Calcutta.

Wederkeerig ontvangt de Vereeniging van meerdere der bovengenoemde instellingen de door haar uitgegeven wordende werken.

Behalve de schenkingen dier wetenschappelijke ligchamen heeft het niet ontbroken aan talrijke aanbiedingen van boekwerken door bijzondere personen. Deze boekgeschenken zijn alle vermeld in de notulen der in het jongste jaar gehouden bestuursvergaderingen.

Zoodra de Vereeniging in het bezit zal zijn van een gebouw, waarin zij hare boekerij behoorlijk zal kunnen plaatsen en ten algemeenen nutte ten gebruike openstellen, zal een volledige katalogus der boekerij worden gedrukt en aan elk der leden een exemplaar daarvan worden aangeboden.

Talrijk zijn gedurende het afgeloopen vereenigingsjaar geweest de toezendingen van voorwerpen tot natuurkundig onderzoek.

Naturaliën uit het rijk der delfstoffen had de Vereeniging te danken aan de heeren G. F. De Bruijn Kops, P. Van Bleiswijk Ris, F. C. Schneider en generaal Van Swieten.

Planten en voorwerpen uit het plantenrijk van verschillende eilanden van den Indischen Archipel werden der Vereeniging aangeboden door de heeren leden A. J. F. Jansen, M. J. H. Kollmann, generaal Van Swieten, J. E. Teijsmann en den direkteur der produkten en civiele magazijnen.

Talrijker waren de toezendingen van voorwerpen uit het dierenrijk. Ten dezen hebben zich jegens de Vereeniging verdienstelijk gemaakt de heeren leden C. L. Doleschall, J. F. Gijsbers, J. W. Goetzee, C. Helfrich, F. Junghuhn, A. J. F. Jansen, J. J. Lindgreen, C P. Brest van Kempen, E. F. J Van Kappen, M. J. H. Kollmann, E. H H. Mühlert, D. C. Noordziek, J. O. Van Polanen Petel, J. B. Quartero,

D. Sigal, P. L. Van Bloemen Waanders, J. H. Walbeehm en Jhr Mr. H. C. Van der Wijck, terwijl de Vereeniging bovendien eene fraaije verzameling nieuw-hollandsche vogels ontving van het Victoria-Museum te Melbourn.

Ik mag ook niet nalaten te vermelden, dat de Vereeniging in het jongste jaar ook begiftigd is geworden met dotatiën in geld van haren overleden vicepresident wijlen P. Baron Melvill van Carnbee en van de heeren G. G. Couperus, Dr. D. L. Van Hattum en J. A. Krajenbrink.

De heer Haskarl, wegens ziekte naar Nederland hebbende moeten vertrekken heeft, voor zijn vertrek, de bepaling gemaakt, dat bij zijn eventueel overlijden, zijne boekerij het onbezwaard eigendom der Vereeniging zal worden.

Het lid de heer J. C. W. Baron Van Heeckeren tot Walien heeft de Vereeniging aan zich verpligt, door de bewerking voor de publiciteit van eenige hem ten dien einde in handen gestelde manuskripten.

De bestuursvergaderingen hebben gedurende het afgeloopen jaar op de gewone wijze plaats gehad. Meermalen werden deze vergaderingen bijgewoond door gewone leden der Vereeniging. De notulen dier vergaderingen in het Tijdschrift opgenomen zijnde, zij het mij veroorloofd, omtrent het daarin verhandelde naar het Tijdschrift te verwijzen. De direktie vleit zich, dat daaruit zal blijken, dat ook weder dit jaar hare werkzaamheden zich niet hebben bepaald tot het beschouwend gedeelte der wetenschap, maar ook gerigt geweest zijn op de stoffelijke voordeelen, voor de maatschappij uit de wetenschap te behalen

Omtrent de erlanging van een gebouw voor de Vereeniging, welk onderwerp reeds in vorige algemeene verslagen besproken is, is nog geene voldoende uitkomst bereikt.

De middelen, welke der direktie toeschenen, het meeste

geschikt te zijn ter verwezenlijking harer wenschen ten dezen, zijn niet in werking kunnen worden gebragt, vermits de aanvragen om een niet benuttigd wordend stuk gouvernementsgrond, alsmede de toestemming tot de uitschrijving eener loterij, door de regering zijn gewezen van de hand.

Overtuigd, dat deze afwijzende beschikkingen niet haren grond hadden in geringe belangstelling der regering, vermits de regering officieel verklaard heeft bereid te zijn tot het verleenen van stoffelijke ondersteuning, is de direktie er toe overgegaan, die ondersteuning in te roepen, door het gouvernement te verzoeken, dat der Vereeniging worde verleend een renteloos voorschot ter gemoetkoming in de erlanging van een gebouw, bestemd tot museum en boekerij der Vereeniging. Op dit verzoek, gedaan in de maand Oktober des vorigen jaars, is de direktie nog beschikking wachtende.

In het Programma der Vereeniging van het vorige jaar is de aandacht van verzamelaars en onderzoekers gevestigd op talrijke punten, welker toelichting door de Vereeniging werd gewenscht. Meerdere dier punten zijn, zoo als ter kennis der direktie is gekomen, het onderwerp geweest van nasporingen van meerdere personen in deze gewesten, en omtrent enkelen dier punten zijn in de, in het vorige jaar uitgegevene en nog ter perse zijnde werken der Vereeniging nieuwe waarnemingen en beschouwingen nedergelegd, zooals over de nederlandsch-indische eetbare aardsoorten, den oorsprong en aard der stof van de eetbare vogelnesten, de kikvorschaardige reptiliën van den Indischen Archipel, de insekten welke de kultures op Java schadelijk zijn, de javasche dipteren, de verbreiding der cyprinoïden beoosten Java en Borneo, de toezending van petrefakten, enz.

Niettegenstaande door die waarnemingen reeds veel licht

over de bedoelde onderwerpen is verspreid, blijft ten dezen
nog veel te onderzoeken over, en de direktie heeft gemeend
bij voortduring de aandacht op alle vroeger in het Programma opgenomen punten te moeten vestigen. Zij zal voor
het Programma voor het jaar 1857 bovendien nog de uitschrijving van eenige nieuwe punten van onderzoek aan
de goedkeuring der algemeene vergadering onderwerpen.

Is het afgeloopen jaar in zoo ruime mate der Vereeniging
gunstig geweest, het is ook weder niet voorbijgegaan zonder dat haar gevoelige slagen zijn toegebragt.

Den 24en Oktober 1856 ontviel haar door den dood, hare
vicepresident P. Baron Melvill van Carnbee.

Het is nog geen jaar geleden, dat ik mij, in onze jongste
algemeene vergadering, van eene dergelijke treurige taak
had te kwijten als thans. De vervanger in het ondervoorzitterschap van onzen waardigen S. H. De Lange, heeft
even als hij, zijn' werkzamen geest voor den dood moeten
doen bukken, en is even zoo van ons weggegaan in de
kracht van den mannelijken leeftijd, bezwijkende onder de
slagen van een noodlottig klimaat, te midden van eene groote
wetenschappelijke onderneming, welke hij niet ten einde
heeft mogen brengen.

P. Baron Melvill van Carnbee werd geboren te 's Gravenhage den 20n Mei 1816 uit Augustus Isaak Baron Melvill
van Carnbee en Johanna Jacoba Wilhelmina Louisa De
Salis, dochter van Rudolph Baron De Salis. Hij stamde
af van een oud adellijk geslacht in Schotland, en wel van
sir Richard de Melvill, die in het midden der 13e eeuw
leefde en wiens zoon Robert, de baronnie Carnbee, in het
graafschap Fife, verkreeg. Een tak van dat geslacht vestigde zich in het begin der vorige eeuw, in Holland, in
John Melvill van Carnbee, die als kapitein in het regiment

van Argyle in den slag van Malplaquet sneuvelde.

In November 1831 op 15-jarigen leeftijd werd onze Melvill geplaatst als adelborst der 3e klasse bij het koninklijk instituut voor de marine te Medemblik, waar hij, wegens meerdere aan den dag gelegde kennis, dadelijk werd toegelaten in het 2e studiejaar, waardoor hij reeds in 1834 kon worden benoemd tot adelborst der 1e klasse. In dien rang vertrok hij in 1835 met z. m. korvet Boreas naar Indië, waar hij tot in 1838 verbleef, na in deze gewesten de reede van Riouw en omliggende vaarwaters te hebben opgenomen en aan boord van de Bellona de reis van prins Hendrik der Nederlanden in deze gewesten medegemaakt. In Junij 1839 tot luitenant ter zee der tweede klasse bevorderd, kwam hij in July 1839 voor de eerste maal in Nederland terug, doch vertrok nog voor het einde van hetzelfde jaar weder naar Indië met z. m. korvet Boreas.

De talenten en kennis van Melvill werden, na zijne terugkomst in Indië, spoedig op prijs gesteld. In 1840 geplaatst bij de kommissie tot verbetering der indische zeekaarten en in 1841 belast met het beheer van het depôt van zeekaarten te Batavia, legde hij weldra de grondslagen van den roem, dien hij zich in de hydrographie en geographie van Nederlandsch Indie heeft verworven.

In 1845 andermaal naar Nederland terug gekeerd, zijnen weg nemende over Bengalen en Egypte, werd Melvill in het begin van 1846 geplaatst bij het departement van marine te 's Gravenhage, waarbij op zijn voorstel, in Oktober 1849, werd opgerigt een geo- en hydrographisch bureau, hetwelk echter een maand na zijne oprigting weder werd opgeheven. Tijdens het 2e verblijf van Melvill in Nederland, in zijn' rang van luitenant ter zee der tweede klasse gaf hij daar uit de „Moniteur des Indes orientales et occidentales", van welk tijdschrift 3 deelen in 4o zijn verschenen.

In de Moniteur zijn talrijke kaarten geplaatst, door Melvill naar de beste bestaande gegevens zamengesteld, terwijl daarin bovendien meerdere artikels van zijne hand voorkomen, deels handelende over onze koloniale staatkunde en de strekking hebbende die staatkunde tegen de aanvallen van het buitenland te verdedigen, deels meer bepaald gewijd aan de geographie, ethnologie en statistiek van deze gewesten.

Onderscheidingen bleven niet achter. Reeds in 1843 werd Melvill geschonken het ridderkruis der orde van den nederlandschen leeuw. Achtereenvolgens benoemd tot lid, korresponderend en besturend lid van het Bataviaasch Genootschap van kunsten en wetenschappen, van de keizerlijke en koninklijke Geographische Genootschappen te Parijs, Berlijn en Londen, van het Historisch genootschap te Utrecht, en tot ridder der orde van het legioen van eer, mogt Melvill de voldoening hebben, dat het nut zijner werken, zoowel in het vaderland als in het buitenland werd erkend.

In 1849 werd Melvill het aanbod gedaan met rang van kapitein-luitenant ter zee in oostenrijksche dienst over te gaan. Hij gaf echter de voorkeur aan een ander aanbod, dat van den viceadmiraal Van den Bosch, om hem als adjudant in zijn kommandement der zeemagt in deze wateren ter zijde te staan en dien ten gevolge vertrok hij in 1850 ten derden male naar Nederlandsch Indië.

Dit laatste verblijf van Melvill in deze gewesten was niet het minst belangrijke tijdvak van zijn leven.

In Maart 1850 bevorderd tot luitenant ter zee der 1e klasse, werd hij in Mei van hetzelfde jaar benoemd tot lid der kommissie ter verbetering der indische zeekaarten.

In July 1850, toen het plan tot stichting onzer Vereeniging tot uitvoering kwam, behoorde Melvill tot de oprigters onzer Vereeniging. In hetzelfde jaar nog, na het aftreden als president van den medeoprigter der Veree-

niging C. L. Schwaner, werd Melvill tot president gekozen,
welke betrekking hij toen echter, met het oog op de onzekerheid van zijne positie in Indie meende niet te mogen
aannemen. Toen later het vicepresidium der Vereeniging
door het vertrek wegens ziekte naar Nederland van onzen
S. H. De Lange openviel, en de stelling in Indie van
Melvill meer vastheid had, werd het ondervoorzitterschap
hem aangeboden en door hem aanvaard. In die betrekking
tot de Vereeniging is hij haar door den dood ontvallen.

Na Melvill's tweede verblijf in Indie was aan het hoofd
van het depôt van zeekaarten opgetreden onze onvergete-
lijke H. D. A. Smits, die zich, even als Melvill, heeft
beroemd gemaakt door zijne hydrographische kaarten van
den Indischen Archipel en evenzoo behoord had tot de
oprigters onzer Vereeniging, van welke hij bestuurder en
sekretaris was. Na het overlijden van Smits, in February
1853, werd Melvill, eerst voorloopig, en na zijn ontslag
uit het vaste korps der nederlandsche marine gevraagd en
erlangd te hebben, voor vast bij de zoogenaamde sedentaire marine in Indie geplaatst en benoemd tot de betrekkingen, reeds vroeger door hem, en na hem door Smits, bekleed bij het depot van zeekaarten en de kommissie tot
verbetering der indische zeekaarten. Hierdoor had Melvill
weder gelegenheid zijne krachten te wijden aan zijne lieve-
lingsstudie, de hydrographie en geographie van den Indischen Archipel en werden nog eenige belangrijke, door
het overlijden van Smits onvoltooid geblevene hydrographische kaarten afgewerkt, terwijl hij tevens aan zijne
groote onderneming, de vervaardiging van een' uitgebreiden
atlas van Nederlandsch Indie, een begin van uitvoering
kon geven.

In 1853 huwde Melvill, jonkvrouw Louisa Wilhelmina
Geertruida De Kock, dochter van den raad van Nederlandsch

Indië, Baron Albertus Hendrik Wendelien De Kock. Zijne jeugdige echtgenoote werd echter reeds in 1854 door den dood van hem weggerukt, na hem een' zoon geschonken te hebben, die eenige maanden na zijne geboorte de moeder in het graf volgde. Zeker hebben deze treffende slagen van het noodlot, welke gade en zoon achtereenvolgens van zijne zijde rukten, er toe bijgedragen, de gezondheid van Melvill, sedert jaren reeds min of meer lijdende, verder te schokken.

Meermalen dan ook ontkiemde in hem het voornemen, in het belang zijner gezondheid, naar Nederland terug te keeren, doch de voorliefde voor den door hem opgevatten arbeid, zijn Atlas van Nederlandsch Indië, welks voortzetting bij zijn vertrek uit deze gewesten, aan onoverkomelijke zwarigheden scheen bloot te staan, deed dat voornemen telkens onderdrukken.

Met den hem eigen ijver bleef hij dan ook aan zijne hydrographische kaarten en aan zijnen grooten Atlas arbeiden, toen hij in Augustus 1856 bevorderd werd tot kapitein-luitenant bij het sedentaire zeewezen en benoemd tot direkteur van het maritiem etablissement op het eiland Onrust.

Deze bevordering, welke Melvill zoo zeer had verdiend, doch hem in een' zeer bedrijvigen werkkring plaatste op een ongezond eiland, verhaastte het einde van zijne loopbaan. Naauwelijks 2 maanden in zijne nieuwe betrekking werkzaam, werd hij door eene hevige dysenterie aangetast, welke den 24n Oktober 1856 een einde aan zijn nuttig leven maakte. Zijn sterfbed getuigde nog van zijne liefde voor de wetenschappen zijner keuze en ofschoon hij zich met gelatenheid aan zijn lot wist te onderwerpen, trof het het ons meermalen, wanneer in half ijlenden toestand de woorden „atlas en kaarten" op zijne lippen zweefden.

Gewis moet het sterven minder ligt zijn, voor wien nog

eene grootsche taak te vervullen overblijft.

Van Melvill zijn de volgende werken bekend geworden.

1. Kaart van het eiland Java en omliggende eilanden en
   wateren, uit de jongste berigten en opnamen te zamengesteld in 1842 Uitgegeven in 1845; verbeterd in 1818

2. Zeemansgids voor de vaarwaters rondom het eiland Java;
   1e uitgave, Amsterdam 1842 4°. 2e omgewerkte en verbeter-
   de uitgave, Amsterdam 1849 4°.

3. Kaart van de vaarwaters en eilanden tusschen Sumatra en
   Borneo. 1843—1846.

4. Kaart van de Zuid- en Oostkust van Linga, 1844. In het 5e
   deel van Tijdschrift toegewijd aan het Zeewezen.

5. Plan der baai van Riouw, opgenomen in 1837. Ibid.

6. Hoogte der Bergen op Java, met eene kaart en tafel.
   In Verhandelingen en berigten betrekkelijk het zeewezen
   4e deel 1844.

7. Berigt, betrekkelijk de zamenstelling van de kaart van Java
   en omliggende eilanden. Ibid. 5e deel 1845.

8. Oppervlakte van het eiland Java. In het Tijdschrift van
   Neerl. Indie Jaarg. V.

9. Oppervlakte der voornaamste eilanden, gelegen in den Ne-
   derlandsche- oostindischen Archipel. Ibid.

10. Oppervlakte der Nederlandsche oostindische bezittingen. Ibid.

11. Iets over de mahomedaansshe tijdrekening op Java. Ibid.

12. Over de hoogte der bergen in den indischen Archipel. Ibid.
    Jaarg. VI.

13. Iets over den Nederlandschen sterrekundige Johan Maurits
    Mohr te Batavia. Ibid.

14. Nog iets over der bergen in den Indischen Archipel. Ibid.

15. Aanteekeningen, gehouden gedurende eene reis, van Java
    over sommige der engelsche oostindische bezittingen en
    Egypte naar Europa. Ibid. Jaarg VII.

16. Onnaauwkeurigheid van de europesche zeekaarten. In Verh.
    en Berigten in betrekkelijk het zeewezen. Jaarg. 1849.

17. De Loosduinshoogte in de chinesche zee. Ibid. Jaarg. 1848.

18. Carte générale des possessions néerlandaises aux Indes orientales. Moniteur des Indes. Vol. I. 1846.

19. Carte générale des possessions néerlandaises aux Indes orientales. Ibid. 1846.

20. Carte hypsométrique de l'archipel des Indes orientales. Ibid. 1846.

21. Carte des iles de Bali et de Lombok. Ibid. 1846.

22. Carte de l'île de Java. Ibid. 1847.

23. Carte des iles Moluques Ibid. Vol. II. 1847.

24. Carte générale des possessions néerlandaises sur la côte de Guinée (Afrique) Ibid. 1847.

25. Carte de l'archipel de Riouw, Singapore et Linga Ibid. 1848.

26. Carte de l'île de Borneo. Ibid. Vol. III. 1848.

27. Carte de l'île de Célébes. 1848. Ibid..

28. Carte de l'île de Sumatra. 1848. Ibid.

29. Essai d'une déscription des îles de Bali et de Lombok. Ibid. Vol. I.

30. Tableaux généraux de la population des Indes orientales et des possessions néerlandaises dans l'Archipel Indien oriental. Ibid.

31. Un mot sur l'état actuel de la littérature et des recherchers scientifiques dans les Indes orientales néerlandaises. Ibid.

32. Tableaux et documents statistiques relatifs à la population et à l'étendue de l'Archipel des Moluques. Ibid Vol. II.

33. Tableaux et documents statistiques relatifs à la population de Java. Ibid. Vol. II.

34. Kaart van de Java-zee en aangrenzende vaarwaters door Smits en Melvill. 1853—1854.

35. Kaart van de Oostkust van Celebes met aangrenzende vaarwaters, door Smits en Melvill. 1855.

36 Atlas van Nederlandsch Indië:
Van dezen Atlas waren bij het overlijden van Melvill reeds meerdere kaarten in manuskript in gereedheid, waarvan thans naar ik meen reeds in den handel of ter perse :
a. Kaart van de residentie Batavia. 1853.
b. Kaart der Nederlandsche Bezittingen op het eiland Nieuw Guinea. 1853.

c. Kaart van het eiland Nieuw-Guinea. 1853.

d. Kaart van de Afdeeling Krawang. 1853.

e. Kaart van de Minahassa in de residentie Menado. 1853.

f. Kaart van het midden en zuidelijk gedeelte van den Molukschen Archipel. 1853.

g. Kaart van de residentie Ternate. 1854.

h. Kaart van de residentie Amboina. 1854.

i. Kaart van de residentie Banda. 1855.

k. Kaart van het eiland Amboina. 1856.

l. Kaart van de residentie Rembang. 1856.

m. Kaart van de residentie Krawang. 1853.

Deskundigen alleen kunnen beoordeelen, de inspanning, welke het moet hebben gekost, in betrekkelijk zoo geringen tijd zoo veel arbeids te verrigten, als aan Melvill's kaarten is besteed.

De mare van Melvill's dood was te Batavia eene treurmare. De ter aarde bestelling van den ontslapene getuigde van de algemeene deelneming der ingezetenen van Batavia. Ieder gevoelde het, dat de wetenschap in Melvill een groot verlies had geleden.

Dadelijk, na de bijzetting van Melvill's lijk, vormde zich eene kommissie, als tolk der verschillende standen van de maatschappij, ter oprigting van een openbaar gedenkteeken, den verdienstelijken afgestorvene waardig.

Een tweede verlies leed de Vereeniging in het afgeloojaar door het overlijden van H. W. Schwanefeld.

H. W. Schwanefeld, gewoon lid der Vereeniging, officier van gezondheid der 2e klasse, heeft wel niet in de wetenschap geschitterd, maar toch der wetenschap wezenlijke diensten bewezen.

Geboren te Embden den 25n Maart 1810, volbragt hij zijne geneeskundige studien te Goettingen, waarna hij eenige jaren als officier van gezondheid in pruissische dienst was.

In het jaar 1841 ging hij over in nederlandsche dienst als officier van gezondheid 3e klasse en vertrok nog in hetzelfde jaar naar deze gewesten. Op zijne verschillende standplaatsen, op Java en Sumatra, wist hij zich geacht en bemind te maken als geneesheer. Tijdens zijne plaatsing ter Westkust van Sumatra was hij meermalen door het gouvernement der kust in kommissie gesteld ter nasporing van de mineralogische rijkdommen van onder Sumatra's Westkust behoorende landstreken, en daar was het ook, dat hij zich onledig hield met het daarstellen van verzamelingen van natuurvoorwerpen, welke gediend hebben om voornamelijk de kennis van Sumatra's vischfauna uit te breiden. Drie van de vele door hem ontdekte vischsoorten dragen zijn' naam, eene Barbus, eene Julis en eene Lobocheilos. In 1847 werd hij bevorderd tot officier van gezondheid der tweede klasse. Hij overleed te Banjoewangi in de maand December 1856.

Overzien wij M. H. na deze treurige herinneringen, de overige veranderingen, welke in het personeel der Vereeniging hebben plaats gegrepen.

Toen de vorige opperlandvoogd de heer Mr. A. J. Duymaer van Twist het gezag over deze gewesten nederlegde, wenschte hij tevens af te treden als Beschermheer der Vereeniging. De direktie meende echter, dat verzoek slechts gedeeltelijk te mogen inwilligen. De Vereeniging heeft te groote verpligting aan den heer Duymaer van Twist, dan dat zij zou mogen toelaten, dat hare betrekking tot dien waardigen opperlandvoogd werd verbroken. De direktie besloot alzoo den heer Duymaer van Twist den titel van Honorair Beschermheer aan te bieden, als een blijk, op hoe hoogen prijs werd gesteld, al hetgeen hij als opperlandvoogd voor de Vereeniging heeft gedaan.

Ons medelid in het bestuur de heer W. M. Smit, vertrok in Mei des vorigen jaars met den afgetreden gouverneur generaal naar Nederland. Uit aanmerking van zijne
verdiensten jegens de Vereeniging heeft de direktie den heer
Smit benoemd tot honorair lid.

Het besturend lid de heer R. F. De Seijff is, wegens
zijne verplaatsing in Cheribon, bij de geographische opname dier residentie, overeenkomstig de wetten der Vereeniging als direkteur afgetreden, en weder onder de gewone
leden opgenomen.

Ter voorziening in de opengevallen plaatsen door deze af-
tredingen in de direktie veroorzaakt, zijn tot direkteuren verkozen, de gewone leden de heeren M. Th. Reiche en D.
J. Uhlenbeck, welke sedert in de direktie hebben zitting genomen.

Meerdere leden der direktie zijn gedurende het vorige
jaar voor korteren of langeren tijd van Batavia afwezig geweest, waardoor het nu en dan moeijelijk was, de bestuursvergaderingen geregeld te doen plaats hebben. De heeren
Croockewit, De Groot en Rost van Tonningen zijn door
hunne dienstbetrekking voortdurend van Batavia afwezig,
terwijl de heeren Groll, De Lange en De Seijff wegens
dienstreizen de hoofdplaats meermalen voor korteren of langeren tijd hebben moeten verlaten en de heer Weitzel de
militaire expeditie in de Lampongsche distrikten heeft medegemaakt.

De heer Groll, door zijne nieuwe betrekking als chef
van de telegraphische dienst dikwerf buiten Batavia moe-
tende verblijven, heeft den wensch te kennen gegeven,
zijne betrekking van thesaurier neder te leggen. De heer
J. C. R. Steinmetz heeft die betrekking toen tijdelijk wel
willen aanvaarden en is sedert bij de jongste jaarlijksche
verkiezingen tot thesaurier benoemd voor het loopende jaar.

Deze nieuwe verkiezing had evenwel naauwelijks plaats gehad, toen ook de heer Steinmetz, wegens overplaatsing als luitenant-kolonel onderdirekteur der genie te Soerabaja, het penningmeesterschap heeft moeten nederleggen. De keuze der direktie is toen gevallen op den heer Reiche, welke dezer dagen de betrekking van thesaurier heeft aanvaard.

Bij de overige verkiezingen tot de verschillende betrekkingen bij de direktie zijn de keuzen weder gevallen op de heeren, welke die betrekkingen reeds bekleedden, zoodat ten deze geene verandering heeft plaats gehad.

Ter vervanging van onzen overleden vicepresident Melvill is verkozen de heer Dr. A. J. D. Steenstra Toussaint.

De Vereeniging is in het afgeloopen vereenigingsjaar met vrij talrijke leden vermeerderd geworden, terwijl slechts zeer enkele leden door vertrek naar Nederland zijn afgetreden.

De Vereeniging bestaat thans uit 208 leden t. w.

Honorair Beschermheer.	1
Besturende leden.	14
Honoraire leden.	4
Korresponderende leden in Nederland.	30
„ „ „ „ het Buitenland.	30
Adviserende leden.	3
Leden korrespondenten in Nederlandsch Indië.	7
Gewone leden in Nederlandsch Indië.	117
„ „ buiten Nederlandsch Indie.	2

Sedert het laatste algemeen verslag is het aantal leden met 48 toegenomen, waaronder 25 gewone leden.

Ten einde eenen vasten regel te stellen bij het verleenen van onderscheidigen aan personen buiten Nederlandsch Indië, welke zich in de natuurwetenschappen een' beroemden naam hebben gemaakt, en ten einde aan die onderscheidingen eene hoogere waarde bij te zetten, is het aantal korresponderende leden voor den vervolge bepaald op 60, waarvan 30 in het moederland en 30 in het buitenland, terwijl tevens is aangenomen, dat voor de benoeming tot korresponderende leden in het buitenland slechts in aanmerking zullen mogen komen de meest beroemde natuurkundigen. Het bepaalde cijfer dier leden thans bereikt zijnde, zullen nieuwe benoemingen voortaan slechts mogen plaats hebben bij ontstane vakatures en uit eene vooraf opgemaakte lijst van kandidaten.

———

De finantiele toestand der Vereeniging blijft bij voortduring gunstig, doch laat nog niet toe, alle die maatregelen te nemen in het belang der werkzaamheden van de Vereeniging, welke wenschelijk zijn. Het vooruitzigt bestaat, zooals hiervoren reeds is gemeld, dat eene vaste gouvernements-toelage de nog bestaande bezwaren tegen eene verdere uitbreiding der werkzaamheden zal wegnemen.

———

Ik heb thans M. H. medegedeeld, wat sedert onze laatste algemeene vergadering meldenswaardig met de Vereeniging is voorgevallen. Zeker zal de blik, dien wij op hare werkzaamheden hebben geslagen de overtuiging hebben gegeven, dat zij ook weder in het jongste jaar hare beschikbare krachten heeft aangewend ter bereiking van het doel harer stichting.

Ontveinzen wij het ons echter niet, dat zij nog veel meer zou hebben kunnen verrigten, indien zij over ruimere middelen had kunnen beschikken.

Het veld der natuurwetenschappen is zoo groot, en, wat Nederlandsch Indië betreft, ook zelfs na het reeds verrigte, nog zoo weinig ontgonnen, dat in de meeste takken van kennis nog bijkans alles te doen overblijft. Wij kunnen slechts zeggen, dat er eenig licht begint op te gaan, maar dat is ook nog slechts het licht van den dageraad, die op eene lange duisternis is gevolgd. Het boek onzer kennis der natuur van den Indischen Archipel is nog niet veel verder gevorderd dan zijne inleiding.

Dit bewustzijn moge der Vereeniging en voor alle hare leden eene opwekking wezen. Waar wij ook in eenige af-deeling der groote natuur binnendringen, openbaren zich voorwerpen en verschijnselen, welke in de wetenschap, dat is, in de woordenboeken der natuur, nog niet zijn opgetee-kend of verklaard of toegepast. Overal is alzoo nog een rijke oogst te vergaren en belooft de arbeid ruime opbrengsten.

Met zulk een terrein vóór haar, met zulk een' goeden geest in haar, met zoo veel belangstelling en medewerking buiten haar, wie zou er aan twijfelen, dat het met onze Vereeniging is, als met de wetenschappen, die het doel zijn van haar streven, dat is, dat zij nog slechts verkeert in den aanvang van eene grootere ontwikkeling.

Dit zij ons allen levendig voor oogen. Is het geoorloofd, met voldoening terug te zien op wat achter ons ligt, het voegt niet, ons daarbij neer te leggen en te teren op den goeden naam, met zooveel inspanning verkregen. Beschou-wen wij alzoo het verledene slechts als een punt tot verge-lijking in het toekomende, en spannen wij op nieuw onze krachten in, ten einde elk later tijdperk der Vereeniging gunstig uitkome bij den tijdkring, die daar achter ligt.

PROGRAMMA

VAN DE

NATUURKUNDIGE VEREENIGING IN NEDERLANDSCH INDIE

VOOR HET JAAR 1857,

VASTGESTELD IN DE ZEVENDE ALGEMEENE VERGADERING,

GEHOUDEN DEN 12ᵉ FEBRUARIJ 1857.

I. De Vereeniging vestigt de aandacht op de overblijfselen van planten en dieren, welke in de thans reeds van vele deelen van den Archipel bekende kolenbeddingen voorkomen. Zij verlangt toezending van die overblijfselen, vergezeld van monsters der lagen, waarin zij zijn aangetroffen, alsmede zooveel mogelijk eene naauwkeurige beschrijving der aangrenzende lagen.

II. Het is bekend, dat de aardsoorten, welke na roostering door de inlanders gegeten en onder den naam van ampo op de bazaars verkocht worden, talrijke infusoriënschalen bevatten. De Vereeniging verlangt eene opgave der plaatsen, van waar die ampo wordt verkregen, alsmede een naauwkeurig mikroskopisch onderzoek daarvan, als ook toezending van monsters dezer aardsoorten. Indien der beantwoording van het tweede gedeelte bezwaren in den weg staan, zal niettemin de beantwoording van het eerste gedeelte gaarne ontvangen worden, waarbij tevens gewenscht zal zijn eene beschrijving van het terrein der plaats van voorkomen.

III. Er heerscht nog altijd eenige duisternis over den oorsprong der stof van de zoo bekende en zoo kostbare vogelnestjes. De Vereeniging verlangt naauwkeurige waarnemingen daaromtrent en vestigt te meer de aandacht daarop, omdat zij van oordeel is, dat eene naauwkeurige kennis daarvan zal kunnen leiden tot de daarstelling van voorwaarden, welke de bouwers dier nestjes in grooter aantal zouden kunnen aanlokken en de produktie van dit kostbare artikel doen toenemen.

IV. In den jongsten tijd zijn enkele plantaardige voedingsmiddelen bij de inlanders in gebruik, zooals de javarijst en de java-kassave, scheikundig onderzocht. De Vereeniging wenscht dit onderzoek uitgestrekt te zien tot de overige plantaardige voedingsmiddelen, bij de volken van den Indischen Archipel in gebruik.

V. Op de Moluksche eilanden worden talrijke soorten van ethersche oliën uit daar inheemsche planten verkregen. De Vereeniging wenscht te ontvangen een monster dier verschillende vlugtige oliën met de opgave van de sysmatische namen der planten uit welke ze zijn verkregen, of met bijvoeging van takjes met bladen, bloemen en vruchten van elke dier planten en met naauwkeurige opgave van hare inlandsche benamingen.

VI. De Vereeniging verlangt beschrijvingen en afbeeldingen van de insekten, welke der voornaamste kultures op Java schadelijk zijn, alsmede aanwijzing van de meest geschikte middelen om die insekten schadeloos te maken. Exemplaren van die insekten, gedroogd en op wijngeest, zullen daarbij zeer welkom zijn.

VII. De soorten van bloedzuigers van den Indischen Archipel zijn nog weinig bekend. Men bezit ook nog geene juiste opgaven omtrent het voorkomen daarvan op de verschillende eilanden. De Vereeniging verlangt toezending van de soorten van bloedzuigers op wijngeest van de meest verschillende plaatsen van den Archipel. Naauwkeurige beschrijvingen en afbeeldingen naar den verschen toestand zijn daarbij van geene onderschikte waarde.

VIII. De tweevleugelige insekten van den Indischen-Archipel, zelfs die van Java, zijn nog uiterst onvolkomen bekend. De teedere organisatie van zeer talrijke soorten daarvan maakt de goede bewaring veelal zeer moeijelijk. De Vereeniging vestigt de aandacht op deze orde van ongewervelde dieren en verlangt naauwkeurige afbeeldingen dier insekten, zooveel mogelijk vergezeld van de insekten zelve gedroogd en op wijngeest.

XI. De Vereeniging verlangt afbeeldingen en beschrijvingen van de verschillende soorten van witte mieren van den Indischen Archipel, zooveel mogelijk vergezeld van toelichtingen betreffende hare huishouding en levenswijze, alsmede van de insekten zelve in hunne verschillende toestanden gedroogd en op wijngeest.

X. De Vereeniging verlangt onderzoekingen naar het jodiumgehalte der wieren van de Java-zee.

XI. Er bestaat veel grond tot het vermoeden, dat de Indische Archipel in het bezit is van meerdere planten, welke min of meer belangrijke alkaloiden bevatten. De Vereeniging verlangt scheikundige onderzoekingen, de strekking hebbende om tot de kennis van die alkaloiden te geraken.

XII. Van de eilanden van den Indischen Archipel, gelegen beoosten Borneo, is tot nog toe geene enkele soort van karperachtige visschen bekend geworden, zoodat Borneo de grens dier familie schijnt uit te maken. Ten einde hieromtrent tot zekerheid te geraken, verlangt de Vereeniging toezending van de soorten van zoetwatervisschen van verschillende gedeelten van Celebes, van de Moluksche eilanden en van eilanden Bali, Sumbawa, Flores en Timor.

XIII. De Vereeniging verlangt eene opsomming der Gramineën van Java.

XIV. Het is in den laatsten tijd meer en meer gebleken, dat verschillende eilanden van den Indischen Archipel rijk zijn aan petrefakten. De Vereeniging wenscht haar Museum ook in deze rigting uit te breiden en verlangt toezending van fossile planten en dieren van de meest verschillende punten van den Archipel, vergezeld zooveel mogelijk van naauwkeurige aanteekeningen betreffende de plaats van voorkomen. Bijzonder belang wordt daarbij gesteld in de fossile overblijfselen van gewervelde dieren, vooral van visschen.

XV. De Vereeniging verlangt eene naauwkeurige opgave van den tijd waarop en de sterrebeelden waarin men de zoogenaamde vallende sterren in deze gewesten ziet verschijnen en verdwijnen.

XVI. De Vereeniging verlangt herhaalde waarnemingen en naauwkeurige beschrijving van het zodiakaallicht, zoo als het zich in deze gewesten vertoont.

XVII. De Vereeniging verlangt naauwkeurig waarnemingen van de getijden in Nederlandsch Indie. Indien iemand zich met deze waarnemingen wenscht te belasten en minder bekend is met de wijze hoe, zullen de noodige inlichtingen gaarne gegeven worden.

XVIII. De invloed der maansphasen op het weder en in het bijzonder op de regens is, niettegenstaande als volksgevoelen vrij algemeen aangenomen, op goede gronden ontkend. Voor Nederlandsch Indie bestaan desbetrekkelijk nog geene bepaalde waarnemingen. De Vereeniging wenscht de aandacht op dit punt te vestigen en verlangt bepaalde waarnemingen ten dien opzigte, welke zullen kunnen leiden om met voldoenden grond over dien invloed, wat deze gewesten betreft, te oordeelen.

XIX. De kennis der houtsoorten van den Indischen Archipel, hare aanwendbaarheid in de verschillende takken van nijverheid, van de mate waarin zij voorkomen, enz. is van in het oog vallende waarde. Die kennis wordt grootelijks belemmerd, doordien dezelfde boomsoorten op de verschillende eilanden en zelfs op de verschillende deelen van een zelfde eiland verschillende namen dragen De Vereeniging verlangt eene zamenstelling van het tot dusverre met zekerheid bekende omtrent inlandsche synoniemen (gelijkbeteekenende namen) dier houtsoorten met bijvoeging der systematische namen. Elke toezending van houtsoorten met bijvoeging der inlandsche namen en nuttige praktische inlichtingen, alsook van een takje met bladen en bloemen en vruchten van den boom , waarvan ze zijn verkregen, zal der Vereeniging aangenaam zijn.

XX. De tripangsoorten van den Indischen Archipel, zijn, mettegenstaande zij eenen zoo belangrijken tak van nijverheid en handel vormen, in een wetenschappelijk opzigt nog zeer onvoldoende bekend. De Vereeniging noodigt een ieder uit, die daartoe in de gelegenheid is, de tripangsoorten in de nabijheid zijner woonplaats te verzamelen en die, in spiritus bewaard, der Vereeniging te doen geworden, zoo mogelijk met opgave der versche kleuren, der bruikbaarheid voor den handel, der hoeveelheid van voorkomen, en van alles, wat omtrent dezen tak van industrie opheldering of nuttige aanwijzingen kan verschaffen.

XXI In den jongsten tijd is als een merkwaardig feit in de huishouding der dieren bekend geworden, dat eene soort van visch, behoorende tot familie der Ophidini, als parasiet in verschillende soorten van Echinodermen zich ophoudt De Vereeniging verlangt nadere waarnemingen

daaromtrent, alsmede opheldering van het verschijnsel, dat
levende visschen van de grootte van Oxybeles Brandesii,
in de ligchamen van zeesterren en tripangs geraken en
daar voortleven

XXXII. De Vereeniging verlangt eene opsomming en
beschrijving des Hymenopteren van eenige bepaalde streek
van den Indischen Archipel.

XXXIII. De Vereeniging verlangt eene opsomming en
beschrijving der kikvorschachtige reptiliën van een der
groote Soenda-eilanden.

XXIV. De Vereeniging verlangt eene op eene voldoende
rei waarnemingen gegronde berekening van de hoeveelheid
slib, welke door de Kalimas en Solo-rivier, in Oostelijk
Java, jaarlijks in zee wordt afgevoerd.

XXV. De Vereeniging wenscht aan te leggen eene verzameling geographische, hydrographische en geologische
kaarten, zoowel gedrukte als in manuskript, betreffende deze bezittingen. Zij noodigt een ieder uit, die in het bezit
is van dergelijke kaarten en genegen ze af te staan, ze
aan de Vereeniging in te zenden, ten einde de bedoelde verzameling gaande weg daargesteld kunne worden.
Alle kaarten, hetzij een geheel eiland of wel eene enkele
residentie, afdeeling, distrikt, of eenig nog meer beperkt
gedeelte behandelende, zullen zeer welkom zijn. Zelfs onder de oude kaarten van de voormalige O. I. Kompagnie,
hoe ouderwetsch en onoogelijk ze soms uitzien, worden er
vaak aangetroffen, die thans nog groote waarde hebben,
hetzij uit een geographisch of uit een historisch oogpunt.
Dergelijke stukken zullen daarom ook met dank aangenomen worden.

XXVI. De Vereeniging verlangt scheikundige onderzoekingen van koffijbladen, op verschillende tijden en ouderdom verzameld. Zij wenscht die beredeneerd vergeleken

te zien met de bestaande of nog te leveren analysen van
goede theesoorten.

XXVII. Van het groote eiland Celebes zijn tot nog toe
slechts enkele soorten van schaaldieren (Crustacea) bekend
geworden. De Vereeniging noodigt uit tot het daarstellen
van verzamelingen uit deze dierklasse op genoemd eiland,
en toezending daarvan aan de direktie, ten einde die soorten wetenschappelijk kunnen worden bepaald.

XXVIII. Van de eilanden der groep van Halmaheira
zijn tot nog toe geene soorten uit de klasse der reptilen
bekend geworden, tenzij Testudo Forstenii Schl. Mull.,
Varanus bivittatus DB. en Varanus chlorostigma DB. van
Halmaheira, en Calopisma plicatilis DB. van Ternate.
Hierbij gevoegd eene soort van slang, Brachyorrhos albus
Kuhl, onlangs op Batjan gevonden, bedraagt het aantal
der van de geheele Gilologroep bekend gewordene soorten
slechts 5. De Vereeniging verlangt toezending van krui-
pende dieren van genoemde eilanden, ten einde de kennis
ten deze kunne worden uitgebreid.

XXIX. De Vereeniging verlangt eene opsomming der
planten, welke tot nu toe van de verschillende Moluksche
eilanden zijn bekend geworden.

XXX. Omtrent de zoetwater-vischfauna van het eiland
Timor bezit de wetenschap nog geene gegevens. Die fauna is hoogstwaarschijnlijk zeer merkwaardig wegens de nabijheid van Australië en van hooge belangrijkheid voor de
kennis van de geographische verbreiding der zoetwater-
dieren. De Vereeniging verlangt toezending van rivier-
visschen van Timor, waarbij tevens zeer welkom zullen zijn
zoetwater en land-mollusken van hetzelfde eiland.

XXXI. De nagelboomen in Molukken zijn onderhevig
aan eene ziekte, welke begint met de vorming van een wit
draadachtig weefsel langs de kleinere takken en eindig

met den dood der boomen. Men is nog in het onzekere aangaande den aard dier ziekte, welke nu en dan van zeer nadeeligen invloed is op den nageloogst. Er schijnt veel grond te bestaan voor de juistheid eener meening van den heer Bleeker, ter kennis van de direktie gebragt, dat de oorzaak dier ziekte gezocht moet worden in eene rups, welke op den nagelboom leeft en zich daar tusschen de bladen der takjes inspint om er hare gedaanteverwisseling tot pop te ondergaan. De Vereeniging verlangt een naauwkeurig onderzoek van dit punt, in verband met de middelen, welke zullen kunnen worden aangewend om de ziekte te voorkomen of, bij gebleken bestaan, uit te roeijen.

XXXII. De kennis der zamenstelling van zaden en vruchten van vele in deze gewesten voorkomende planten is nog zeer onbevredigend. De Vereeniging verlangt een scheikundig onderzoek van de vruchten en zaden der planten, behoorende tot de familie der Anacardiaceae, hoofdzakelijk wat den aard en het gehalte aan vetten betreft.

XXXIII. Voor zoo verre bekend is zijn tot heden in Nederlandsch Indie nog geene onderzoekingen gedaan naar het ozon-gehalte van den dampkring. De Vereeniging geeft haar verlangen te kennen, in het bezit te worden gesteld van eene rei van dagelijksche waarnemingen ten dezen opzigte van meerdere plaatsen van den archipel.

Voorts stelt de Vereeniging voor het jaar 1857 nog de volgende nieuwe vragen.

XXXIV. In de kalkbergen van de residentie Japara zijn gevonden groote opeenstapelingen van beenderen van zoogdieren, welke veel op die van olifanten gelijken. Het is niet uitgemaakt, of deze beenderen tot het diluvium of tot de tertiaire formatie behooren en ook niet tot welke ge-

slachten of soorten ze terug te brengen zijn. De Vereeniging verlangt eene naauwkeurige beschrijving der plaatsen,
waar die beenderen gevonden worden, alsmede toezending van monsters der beenderen en van de terreinen der
vindplaatsen.

XXXV. De Vereeniging verlangt eene zoo volledig
mogelijke opgave van de aardbevingen, welke in den Indischen
Archipel zijn waargenomen geworden.

XXVI. De Vereeniging verlangt eene dergelijke opgave van berguitbarstingen.

XXXVII. De Vereeniging verlangt een kwalitatief en
kwantitatief scheikundig onderzoek van de uitwerpselen der
vulkanen op Java.

XXXVIII. De Vereeniging verlangt toezending van de
rotssoorten en mineralen van Hitoe en Leitimor met opgave
der plaatsen van voorkomen en van alle bijzonderheden,
welke tot eene nadere geognostische en oryktognostische
kennis van het eiland Amboina kunnen bijdragen.

XXXIX. De Vereeniging verlangt eene opsomming der
thans van den Indischen Archipel bekende vogels, met bijvoeging bij elken soortnaam van de synonomen en van het
eiland en de plaats van voorkomen.

XL. De Vereeniging verlangt kwalitatieve en kwantitatieve scheikundige onderzoekingen van rivier-, bron- en put-
wateren van verschillende plaatsen in Nederlandsch Indië,
zooveel mogelijk in verband gebragt met de geaardheid des
bodems van de onderzochte wateren.

XLI. De Vereeniging wenscht eene opsomming en beschrijving der arachniden van eenig gedeelte van Nederlandsch
Indië.

XLII. De Vereeniging wenscht in het bezit te geraken
van eene volledige verzameling van de verschillende soorten van polypenstokken, waaruit de koraalriffen in deze ge-

westen zijn opgebouwd. Zij noodigt daarom uit tot toezending van koralen van de verschillende gedeelten van den Indischen Archipel. Koralen, waar de polypen zelve nog aanwezig zijn, zijn daarbij vooral van waarde.

XLIII. De Vereeniging verlangt eene beschrijving der diersoorten, welke in deze gewesten aan houtwerken in en buiten water schadelijk zijn en nasporingen omtrent de middelen, om de door hen aangerigt wordende verwoestingen tegen te gaan.

XLIV. De Vereeniging verlangt eene beschrijving der wieren, welke langs de kusten van Java worden aangetroffen.

BATAVIA, *den* 12^n *Februarij* 1857.

De President,

P. BLEEKER.

De Sekretaris,

J. J. ALTHEER.

NAAMLIJST

DER LEDEN VAN DE

NATUURKUNDIGE VEREENIGING IN NEDERLANDSCH INDIE.

OP DEN 12n FEBRUARIJ 1857.

Oprigters der Vereeniging.

P. BLEEKER, J. H. CROOCKEWIT Hz, C. DE GROOT, P. J. MAIER,

P. BARON MELVILL VAN CARNBEE † 1856, C. M. SCHWANER †

1851. H. D. SMITS † 1853.

HONORAIR BESCHERMHEER.

Mr. A. J. DUYMAER VAN TWIST.

BESTUUR.

President.

Dr. P. BLEEKER.

Vicepresident.

Dr. A. J. D. STEENSTRA TOUSSAINT.

Besturende leden naar volgorde van benoeming.

		Datum van Benoeming.
1. P. BLEEKER, te Batavia.	. . . . . .	19 Julij 1850.
2. J. H. CROOCKEWIT, te Sintang.	. . . .	19 " "
3. C. DE GROOT, te Buitenzorg.	. . . . .	19 " "
4. P. J. MAIER, te Batavia.	. . . . . .	19 " "
5. J. C. R. STEINMETZ, te Batavia.	. . .	31 Oktob. "
6. D. W. ROST VAN TONNINGEN, te Buitenzorg.	27 Decemb. "

7. J. GROLL, te Batavia. . . . . 21 April. 1852.

8. A. J. D. STEENSTRA TOUSSAINT, te Batavia. 12 Febr. 1853.

9. G. A. DE LANGE, te Batavia. . . . . 24 Decemb. ,,

10. G. F. DE BRUIJN KOPS, te Batavia. . . 11 Maart 1854.

11. A. W. P. WEITZEL, te Batavia. . . . 17 April 1855.

12. J. J. ALTHEER, te Batavia. . . . . 14 Junij ,,

13. M. F. REICHE, te Batavia. . . . . 29 Dec. 1856.

14. D. J. UHLENBECK, te Batavia. . . . 17 Jan. 1857.

Honoraire Leden.

1. Z. H. KAREL BERNHARD HERTOG VAN SAKSEN
   WEIMAR EISENACH, te 's Gravenhage. . . 6 Febr. 1851.

2. W. BOSCH, te Arnhem. . . . . . . 6 ,, ,,

3. E. G. VAN DER PLAAT, te 's Gravenhage. 19 Julij 1854.

4. W. M. SMIT, te Hellevoetsluis. . . . . 14 Mei 1856.

Korresponderende Leden in Nederland.

1. C. L. BLUME, te Leiden. . . . . . . 13 Januar. 1852.

2. S. G. VAN BREDA, te Haarlem. . . . . 13 ,, ,,

3. J. VAN DER HOEVEN, te Leiden. . . . 13 ,, ,,

4. F. KAISER, te Leiden. . . . . . . 13 ,, ,,

5. R. LOBATTO, te Delft. . . . . . . 13 ,, ,,

6. F. A. G. MIQUEL, te Amsterdam. . . . 13 ,, ,,

7. G. J. MULDER, te Utrecht. . . . . . 13 ,, ,,

8. R. VAN REES, te Utrecht. . . . . . 13 ,, ,,

9. G. SIMONS, te 's Gravenhage. . . . . 13 ,, ,,

10. C. J. TEMMINCK, te Leiden. . . . . 13 ,, ,,

11. W. VROLIK, te Amsterdam . . . . . 13 ,, ,,

12. C. H. D. BUIJS BALLOT, te Utrecht. . . 17 Februar. 1853.

13. P. HARTING, te Utrecht. . . . . . 17 ,, ,,

14. H. SCHLEGEL, te Leiden. . . . . . 17 ,, ,,

Datum van Benoeming.

15. Jklir Ph. F. Von Siebold. . . . . . 17 Febr. 1853.
16. W. H. De Vriese, te Leiden. . . . . . 17 „ „
17. P. Elias, te Haarlem . . . . . . 19 Julij „
18. J. L. C. Schroeder van der Kolk, te Utrecht. 19 „ „
19. F. J. Stamkart, te Amsterdam. . . . . 19 „ „
20. F. C. Donders, te Utrecht. . . . . . 16 Febr. 1854.
21. J. A. C. Oudemans, te Utrecht. . . . . 16 „ „
22. J. K. Van den Broek, te Utrecht. . . 19 Julij „
23. J. A. Herklots, te Leiden. . . . . . 19 „ „
24. L. Ali Cohen, te Groningen. . . . . . 28 Febr. 1855.
25. S. Müller, te Leiden. . . . . . . 28 „ „
26. A. W. M. Van Hasselt, te Utrecht. . . 28 „ 1856.
27. C. Mulder, te Groningen. . . . . . 28 „ „
28. M. C. Van Hall, te Groningen. . . . 28 „ „
29. J. E. De Vrij, te Rotterdam. . . . . . 28 „ „
30. J. K. Hasskarl. . . . . 28 „ „

Korresponderende Leden in het Buitenland.

1. Th. Cantor, te Chinsurah. . . . . . 17 Febr. 1853.
2. A. Decandolle, te Genève. . . . . . 17 „ „
3. P. Flourens, te Parijs. . . . . . . 17 „ „
4. J. Liebig, te München. . . . . . . 17 „ „
5. W. F. Maury, te Washington. . . . . 17 „ „
6. R. Owen, te Londen. . . . . . . 17 „ „
7. F. Schönbein, te Basel. . . . . . . 17 „ „
8. F. H. Troschel, te Bonn. . . . . . 16 „ 1855.
9. Th. Horsfield, te London. . . . . 19 Julij „
10. P. J. Van Beneden, te Leuven. . . . 28 Feb. „
11. R. Brown, te Londen. . . . . . . 28 „ „
12. J. P. Dumas, te Parijs. . . . . . . 28 „ „
13. A. A. Duméril, te Parijs. . . . . . 28 „ „
14. C. G. Ehrenberg, te Berlijn. . . . . 28 „ „
15. M. Faraday, te Londen. . . . . . . 28 „ „

16. H. R. GÖPPERT, te Breslau. . . . . . 28 Febr. 1856.
17. J. W. HOOKER, te Londen. . . . . . 28 » »
18. J. HYRTL, te Weenen . . . . 28 » »
19. U. L. LEVERRIER, te Parijs. . . . . . 28 » »
20. C. F. P P. VON MARTIUS, te München. . 28 » »
21. A. MOUSSON, te Zurich. . . . . . . 28 » »
22. J. MÜLLER. te Berlijn . . . . 28 » »
23. CH. LYELL, te London. . . . . . . 28 » »
24. L. A. J. QUETELET, te Brussel. . . . 28 » »
25. L. REICHENBACH. te Dresden. . . . . 28 » »
26. J. STEENSTRUP, te Koppenhagen. . . . 28 » »
27. A. VALENCIENNES, te Parijs. . . . . 28 » »
28. L. AGASSIZ, te Boston. . . . . . . 12 Febr. 1857.
29. C. L. BONAPARTE, Prins van Canino, te Parijs. 12 » »
30. J. STRUVE, te Pultowa. . . . . . . 12 » »

Adviserende Leden.

1. P. F. H FROMBERG, te Buitenzorg. . . 28 Febr. 1856.
2. F. JUNGHUHN, te Tjandjioer. . . . . 28 » »
3. H. ZOLLINGER, te Banjoewangi. . . . . 28 » »

Leden Korrespondenten.

1. J. E. TEIJSMANN, te Buitenzorg . . . 19 Sept. 1850.
2. J. HAGEMAN, Jcz., te Soerabaja . . . 2 Julij. 1851.
3. A. SCHARLEE, te Muntok. . . . . . . 13 Dec. »
4. W. R. SEVERING, te Samarang . . . . 9 Nov. 1853.

Datum van Benoeming.

5. D. S. Hoedt, te Amboina . . . . 16 Febr. 1851.
6. D. A. J. B. De Graaf, te Makassar . . . 19 Julij „
7. L. H. Deeleman, te Padang . . . . . . 9 Nov. 1854.

Gewone Leden in Nederlandsch Indië.

1. O. F. W. J. Huguenin, te Desima . . . 15 Aug. 1850.
2. C. G. Van Dentsch, te Batavia . . . . 19 Sept. „
3. J. A. Krajenbrink, te Toelokdjambe . 19 „ „
4. P. F. C. Vreede, te Soerabaja . . . . 19 „ „
5. S. Schreuder, te Laboeha . . . . 31 Oktob. „
6. J. R. Bauer, te Makassar . . . . . 31 „ „
7. J. Einthoven, te Samarang . . . . . 31 „ „
8. J. Wolff, te Koetei . . . . . . 31 „ „
9. E. F. G. Kreijenberg, te Soerabaja . 7 Nov. „
10. G. Stompendissel, te Willem I. . . . 7 „ „
11. O. G. J. Mohnike, te Amboina . . . 7 „ „
12. J. Munnich, te Batavia . . . . . . 27 Decemb. „
13. H. A. Modderman . . . . 27 „ „
14. P. L. Onnen, te Soerabaja . . . . . 27 „ „
15. P. F. Uhlenbeck, te Onrust . . . . 27 „ „
16. H. Von Gaffron, te Sintang . . . . . 13 Maart. 1851.
17. J. Hartzfeld, te Batavia . . . . . 13 „ „
18. F. C. Schmitt, te Samarang . . . . 13 „ „
19. H. Von Dewall, te Batavia . . . . 13 „ „
20. D. L. Wolfson, te Soerabaja . . . . 13 „ „
21. S. L. Blankenburg, te Tjandjoer . . 17 April „
22. C. F. A. Schneider, te Willem. I. . . 17 „ „
23. J. G. X. Broekmeijer, te Soerabaja . . 10 Mei „
24. G. Wassink . . . . 14 Aug. „
25. S. Binnendijk, te Buitenzorg . . . . 9 Okt. „
26. G. C. Daum, te Batavia . . . . . . 12 Nov. „
27. D. F. Schaap, te Poerworedjo . . . . 12 „ „
28. T. Arriëns, te Soemanap . . . . . 13 Dec. „

29. J. E. Van Leeuwen, te Samarang . . . . 13 Jan. 1852.
30. S. D. Schiff, te Batavia. . . . . . . 5 Mei   ,,
31. E. Netscher, te Batavia. . . . . . . 5 ,,   ,,
32. A. Prins, te Batavia   . . : . . . 5 Junij   ,,
33. J. A. Vriesman, te Tegal. . . . . . . 5 ,,   ,,
34. E. F. Graaf Van Bentheim Teklenburg
      Rheda, te Batavia. . . . . 4 Sept.   ,,
35. F. U. Van Hengel, te Batavia. . . , 4 ,,   ,,
36. J. E. Herderschee, te Pekalongan. . . 4 ,,   ,,
37. B. M. F. Philippeau, te Lembang. . . 4 ,,   ,,
38. J. P. Van Rouveroy Van Nieuwaal, te
      Samarang. . . . . 4 ,,   ,,
39. A. J. Swart, te Batavia. . . . . . . 4 ,,   ,,
40. J. Tromp, te Batavia. . . . . 4 ,,   ,,
41. C. Visscher, te Batavia. . . . . . . 4 ,,   ,,
42. H. L. Van Bloemen Waanders, te Mara-
      wang. . . . . 15 Dec.   ,,
43. A. W. Kinder, te Soemedang. . . . . 15 ,,   ,,
44. Jkhr. H. C. Van der Wijck, te Tjan-
      djioer. . . . . 15 ,,   ,,
45. F. L. W. Vogler, te Padang. . . . . 12 Jan. 1853.
46. J. K. Van den Broek, te Desima. . . 17 Febr.   ,,
47. W. F. Godin, ter Sumatra's Westkust. . . 19 Julij   ,,
48. P. L. Van Bloemen Waanders, te Bole-
      ling (Bali.) . . . . 19 ,,   ,,
49. T. T. Bik, te Batavia. . . . . 9 Nov.   ,,
50. C. Chaulan, te Batavia, · . . . . . 9 ,,   ,,
51. E. W. Cramerus, te Batavia. . . . . 9 ,,   ,,
52. W. J. Van de Graaf, te Batavia, . . 9 ,,   ,,
53. A. A. Reed, te Batavia. . . . . . . 9 ,,   ,,
54. W. C. Von Schierbrand. te Batavia . . 9 ,,   ,,
55. Jkhr C. F. Goldman, te Amboina. . . . 16 Feb. 1854.
56. W. Van Ommeren, te Batavia. . . . . 16 ,,   ,,
57. N. Baron Gansneb genaamd Tengnagel,

58. W. Cores de Vries, te Batavia, . . . 16 Febr. 1854.
59. L. Weber. te Tjogrek. . . . . . 16 „ „
60. C. W. R. Voigt, te Batavia. . . . . 19 „ „
61. J. W. E. Arndt, te Batavia. . . . . 19 Julij „
62. J. J. Van Limburg Brouwer, te Batavia. . 19 „ „
63. J. J. Lindgreen, te Willem. . . . . 19 „ „
64. G. J. Filet, te Pontianak. . . . . . 19 „ „
65. A. F. J. Jansen, te Manado . . . . 19 „ „
66. J. Loudon, op Biliton. . . . . . 19 „ „
67. C. A. Bensen. te Serang. . . . . . 19 „ „
68. F. R. De Seijff, te Cheribon. : . . . 19 „ „
69. J. N. Stevens. . . . . 19 „ „
70. H. H. Haase, te Salatiga. . . . . . 19 „ „
71. A. Meis, te Samarang. . . . . . 28 Febr. 1855.
72. J. C. J. Van Oven, te Samarang . . . 28 „ „
73. C. L. Doleschall, te Amboina . . . . 28 „ „
74. D. M. Piller, te Djokdjokarta. . . . 28 „ „
75. C. W. F. Mogk, te Samarang. . . . . 28 „ „
76. P. G. Wijers, te Samarang. . . . . 28 „ „
77. S. Van Deventer Jcz. te Buitenzorg. . 28 „ „
78. R. Everwijn, ter Borneo's westkust. . . 28 „ „
79. C. Helfrich, te Bandjermasin. . . . . 28 „ „
80. A. G. C. Visscher van Gaasbeek, te Bandong. . . . . 28 „ „
81. D. L. Van Hattum, te Kalipatten. . . 28 „ „
81. W. Hubers van Assenraad, te Bonthain. 28 Febr 1856.
82. A. Bernstein, te Gadok. . . . . . 28 „ „
83. C. J. Bosch, te Banjoewangi. . . . 28 „ „
84. C. A. De Brauw, te Makassar. . . . . 28 „ „
85. C. C. Hardenberg, te Sambas. . . . 28 „ „
86. L. Lindman, te Batavia. . . . . . 28 „ „
87. J. G. F. Bernelot Moens, te Labocha. . 28 „ „
88. Dr. E. H. H. Mühlert, te Manado. . . 28 „ „
89. J. O. Van Polanen Petel, te Malang . 28 „ „
90. D. Sigal, te Sintang, ... 28 „ „

Datum van Benoeming.

91. J. C. J. Smits, te Batavia.	28 Febr.	1856.
92. C. A. M. M. Von Ellenrieder, te Willem I.	25 Maart	»
93. W. Poolman, te Batavia.	26 Junij	»
94. E. F. J. Van Kappen, te Muntok. . . .	26 »	»
95. Don Luis Augusto d' Almeida Mareda, te Timor-delhi.	26 »	»
96. H. K. Jansen.	19 Julij	»
97. A. Bierwirth, te Batavia	9 Oktob.	»
98. C. Bosscher, te Amboina.	9 »	»
99. C. Van der Moore, te Banjoemas. .	9 »	»
100. E. Tall, te Banda-neira.	9 »	»
101. D. C. Noordziek, te Toelongagong . .	9 »	»
102. J. W. Goetzee, te Manado.	9 »	»
103. A. Kunze, te Samarang.	9 »	»
104. J. F. Gijsbers, te Gombong	9 »	»
105. J. Van Swieten, te Padang.	9 »	»
106. J. B. Quartero, te Pasoeroean. . .	9 »	»
107. H. L. Janssen, te Batavia.	21 »	»
108. C. P. Brest Van Kempen, te Serang. .	21 »	»
109. H. Von Rosenberg, te Batavia. . . .	28 Dec.	»
110. C. W. Schönberg Muller, te Cheribon. .	28 »	»
111. J. C. W. Baron Van Heeckeren tot Walien, te Batavia.	28 »	»
112. J. Van Vollenhoven, te Soemedang. .	28 »	»
113. J. Motley, te Bandjermasin.	17 Jan.	1857.
114. D. C. A. Graaf Van Hogendorp, te Patti.	12 Febr.	»
115. G. G. Couperus, te Batavia.	12 »	»
116. B. H. Egberts, te Sinkawang	12 »	»
117. C. S. A. Thurkow, te Samarang . .	12 »	»

Gewone Leden buiten Nederlandsch Indië.

Datum van Benoeming.

1. C. HERGT, te 's Gravenhage. . . . . . 2 Junij   1851.
2. C. II. G. STEUERWALD, te Nymegen. . 21 „   1854.

———————

TWEEDE BIJDRAGE

TOT DE KENNIS DER

ICHTHYOLOGISCHE FAUNA

VAN

BOERO,

DOOR

P. BLEEKER.

Nadat ik, in Mei dezes jaars, naar door mij zelven verzamelde en mij door den heer D. S. Hoedt afgestane voorwerpen, eene eerste bijdrage (1) had kunnen geven tot de kennis der ichthyologische verhoudingen van het nog zoo weinig bekende eiland Boero, zag ik mij, weinige maanden daarna, op nieuw in de gelegenheid gesteld, de ten deze bestaande kennis aanmerkelijk uit te breiden. Die gelegenheid had ik weder te danken aan den heer Hoedt en deels ook aan den heer G. J. L. Van der Hucht te Batavia, die mij de boerosche visschen zijner verzameling met dezelfde welwillendheid heeft afgestaan ten nutte der wetenschap, als hij mij in het bezit heeft gesteld van een groot aantal amboinasche visschen, welke ik vroeger niet bezat.

De nieuwe verzamelingen van de heeren Hoedt en Van der Hucht bevatteden niet minder dan 143 soorten t. w.

---

(1) Bijdrage tot de kennis der ichthyologische fauna van het eiland Boero. Nat. Tijdschrift voor Nederlandsch Indie. Dl. XI, 1856 p. 383—414.

Species piscium buroenses collectionis Hoedtio-Huchtianae.

1* Apogon ceramensis Blkr.
2*   »   frenatus Val.
3   »   melanorhynchos Blkr.
4   »   melas Blkr.
5   »   novemfasciatus CV.
6 Apogonichthys polystigma Blkr.
7* Ambassis batjanensis Blkr.
8   »   Dussumieri CV.
9*   »   interrupta Blkr.
10*   »   urotaenia Blkr.
11 Grammistes orientalis Bl.
12 Serranus alboguttatus CV.
13   »   hexagonatus CV.
14*   »   Hoevenii Blkr.
15*   »   myriaster CV.
16* Mesoprion amboinensis Blkr.
17*   »   bottonensis Blkr.
18   »   octolineatus Blkr.
19* Cirrhitichthys oxycephalus
    Blkr.
20 Dules maculatus CV.
21*   »   marginatus CV.
22 Holocentrum leonoides Blkr.
23   »   orientale CV.
24 Sillago malabarica CV.
25* Percis tetracanthus Blkr.
26* Pterois antennata CV.
27*   »   volitans CV.
28 Scorpaena bandanensis Blkr.
29   »   cyanostigma Blkr.
30 Scorpaenodes polylepis Blkr.
31* Apistus amblycephaloides Blkr
32* Scolopsides lineatus QG.
33* Gerres oyena CV.

34 Chaetodon auriga Forsk.
35   »   oligacanthus Blkr
36   »   vagabundus Bl.
37   »   virescens CV.
38 Heniochus macrolepidotus CV.
39 Scatophagus argus CV.
40 Holacanthus Vrolikii Blkr.
41 Platax vespertilio CV.
42 Toxotes jaculator CV.
43* Equula gomorah CV.
44* Gazza tapeinosoma Blkr
45* Amphacanthus guttatus Bl.
46*   »   marmoratus CV.
47* Acanthurus chrysosoma
    Blkr.
48 Naseus annulatus Blkr.
49 Mugil cunnesius CV.
50 Salarias ceramensis Blkr.
51*   »   diproktopterus Blkr.
52*   »   interruptus Blkr.
53*   »   melanocephalus Blkr.
54   »   quadripinnis CV.
55* Gobius celebius CV.
56*   »   giuris Buch.
57   »   grammepomus Blkr.
58*   »   kokius CV.
59   »   periophthalmoides Blkr.
60*   »   puntangoides Blkr.
61 Gobiodon erythrophaios Blkr.
62*   »   melanosoma Blkr.
63   »   quinquestrigatus Blkr.
64* Periophthalmus argentili-
    neatus CV.
65* Eleotris Hoedtii Blkr

66 Eleotris ophicephalus K. v. H

67 *   „   strigata CV.

68 * Butis amboinensis Blkr.

69 *   „   melanopterus Blkr.

70 * Culius macrocephalus Blkr.

71 *   „   niger Blkr.

72 Echeneis neucrates L

73 · Antennarius nummifer Blkr

74 Pseudochromis fuscus Mull.

      Trosch.

75 *   „   cyanotaenia Blkr.

76 *   „   tapeinosoma Blkr.

77 Amphiprion bifasciatus Bl.

78 *   „   chrysargurus Richds.

79 * Pomacentrus albifasciatus

      Schl.

80   „   bankanensis Blkr.

81 *   „   bifasciatus Blkr.

82   „   chrysopoecilus. K. v H.

83 *   „   fasciatus CV.

84   „   littoralis K. v. H.

85 *   „   melanopterus Blkr.

86   „   moluccensis Blkr.

87 *   „   notophthalmus Blkr.

88   „   pavo Lac.

89   „   punctatus CV.

90   „   taeniometopon Blkr.

91 *   „   trimaculatus CV.

92 Dascyllus aruanus CV.

93   „   melanurus Blkr.

94   „   trimaculatus Rüpp.

95   „   xanthosoma Blkr.

96 *Glyphisodon nemurus Blkr.

97 *   „   rahti CV.

98 *   „   septemfasciatus CV.

99 Heliases ternatensis Blkr.

100 *Labroides paradiscus Blkr.

101 *Julis(Julis)oxyrhynchosBlkr.

102 * „   (Halichoeres) balteatusQG.

103 * „ („) dieschismena-

      canthoides Blkr.

104 * „ („) elegans K. v. H.

105 * „ („) Harloffii Blkr.

106   „ („) interruptus Blkr.

107 * „ („) kallosoma Blkr.

108 * „ („) leparensis Blkr.

109 * „ („) melanurus Blkr.

110 * „ („) mola Cuv.

111 * „ („) podostigma Blkr.

112 * „ („) polyophthalmus

      Blkr.

113 * „ („) Reichei Blkr.

114 * „ („) Renardi Blkr.

115 * „ („) spilurus Blkr

116 * „ („) strigiventer Benn.

117 Cheilinus decacanthus Blkr.

118 *Chanos orientalis CV.

119 *Harengula moluccensis Blkr.

120 *Brotula multibarbata T. Schl.

121 Anguilla Elphinstonei Syk.

122 Ophisurus colubrinus Richds.

123   „   maculosus Cuv.

124 *Muraena albimarginata T.

      Schl.

125 *   „   amblyodon Blkr.

126 *   „   buroensis Blkr.

127   „   ceramensis Blkr.

128 *   „   colubrina Richds.

129 *   „   griseobadia Richds.

130   „   isingteena Richds.

131 *   „   polyuranodon Blkr.

132   „   polyzona Richds.

133* Muraena variegata J.R. Forst. 140 Triacanthus brevirostris Val.
134* „ zebra Cuv. 141 *Syngnathus brachyurusBlkr.
135 Arothron? kappa Blkr. 142 Gasterotokeus biaculeatus
136* Balistes aculeatus Bl. Heck.
137 „ lineatus Bl. 143* Carcharias (Prionodon) ja-
138 „ praslinus Lac. vanicus Blkr.
139* Monacanthus Houttuyni Blkr.

De in deze lijst met een * gemerkte soorten, ten getale
van 81, zijn niet vermeld in mijne vroegere bijdrage over
Boero. Nieuw voor de wetenschap zijn slechts Acanthurus chrysosoma Blkr, Salarias diproktopterus Blkr, Salarias
interruptus Blkr, Culius macrocephalus Blkr, Pseudochromis cyanotaenia Blkr, Glyphisodon nemurus Blkr, Julis
(Julis) oxyrhynchos Blkr en Muraena buroensis Blkr.

In het geheel zijn thans van Boero bekend de volgende
soorten.

Species piscium buroenses hucusque cognitae.

1 Cheilodipterus amblyuropterus Blkr, Nat. T. N. Ind. p. 393.
2 Apogon amboinensis Blkr, ibid. V p. 329.
3 „ bandanensis Blkr, ibid. VI p. 95.
4 „ buroënsis Blkr, ibid. XI p. 391.
5 „ ceramensis Blkr, ibid. III p. 256.
6 „ fraenatus Val., Act. Soc. Scient. Ind. Neerl. I Vissch.
Amb. p. 25.
7 „ melanorhynchos Blkr, ibid. p. 26.
8 „ melas Blkr, ibid. p 27.
9 „ novemfasciatus CV., Nat. T. Ned. Ind. III p. 113.
10 „ trimaculatus CV.
11 Apogonichthys perdix Blkr, Nat. T. Ned. Ind. VI p 321.
12 „ polystigma Blkr = Apogon punctulatus Blkr (nec
Rüpp.). ibid. III p. 696, VI p. 484.
13 Ambassis batjanensis Blkr, ibid. IX p. 196.
14 „ buroensis Blkr, ibid XI p. 396.
15 „ Dussumierii CV. Verh. Bat. Gen. XXII Perc. p. 30.

16 Ambassis interrupta Blkr, Nat. T. N. Ind. III p. 696.

17   „   urotaenia Blkr, ibid. III p. 257.

18 Grammistes orientalis Bl. Schn., ibid. IV p. 105.

19 Serranus alboguttatus CV., ibid. IV p. 245.

20   „   hexagonatus CV., ibid. VI p. 191.

21   „   Hoevenii Blkr, Verh. Bat. Gen. XXII Perc. p. 36.

22   „   maculatus Blkr, Nat. T. Ned. Ind. XI p. 398.

23   „   microprion Blkr, ibid. III p. 552.

24   „   myriaster CV., ibid. VI p. 192.

25 Mesoprion amboinensis Blkr, ibid. III p. 259 = M. melanospilos Blkr, ibid. III p. 750.

26   „   bottonensis Blkr, ibid. II p. 170 = M. janthinurus Blkr, ibid. VI p. 52.

27   „   coeruleopunctatus Blkr, ibid. II p. 169.

28   „   marginatus Blkr, ibid. III p. 554.

29   „   octolineatus Blkr, Verh. Bat. Gen. XXII Perc. p. 40.

30   „   striatus Blkr, = Diacope striata QG. = M. janthinuropterus Blkr. ib. p. 41, Nat T. N. Ind III. p. 751

31 Cirrhitichthys graphidopterus Blkr = Cirrhites graphidopterus Blkr, Nat. T. N. Ind. IV p. 106.

32   „   oxycephalus Blkr = Cirrhites oxycephalus Blkr, ibid. VIII p. 408.

33 Dules maculatus CV., ibid. V p. 333.

34   „   marginatus CV., ibid. III p. 573.

35   „   rupestris CV., ibid. VI p. 209.

36 Myripristis adustus Blkr, ibid. IV p. 108.

37   „   hexagonus CV. = M. botche CV? Blkr, Verh. Bat. Gen. XXII Perc. p. 52.

38 Holocentrum diadema CV., Nat. T. N. Ind. III p. 259.

39   „   leonoides Blkr, Verh. Bat. Gen. XXII Perc. p. 54.

40   „   melanotopterus Blkr, Nat. T. N. Ind. IX p. 302.

41   „   orientale CC., Verh. Bat. Gen. XXII Perc. p. 53.

42   „   sammara CV., ibid. p. 53 N. T. N. Ind. III p. 555.

43 Percis tetracanthus Blkr, Nat. T. N. Ind. IV p. 458.

44 Sillago malabarica Cuv. = S acuta CV., Verh. Bat. Gen. XXII Perc. p. 61.

45 Upeneoides sundaicus Blkr. Act. Soc. Scient. Ind. Neerl. II
    8e Bijdr. Amb.

46 Mulloides flavolineatus Blkr, Nat. T. Ned. Ind. III p. 697.

47 Pterois antennata CV., Nat T. Ned. Ind. V p 72.

48   »   volitans CV., Verh. Bat. Gen. XXII Sclerop. p 7

49   »   zebra CV., Nat. T. N. Ind. III p. 265.

50 Scorpaena bandanensis Blkr = Sc. aplodactylus Blkr, ibid.
    II p 237, III p. 698.

51   »   cyanostigma Blkr, ibid. XI p. 400.

52 Scorpaenodes polylepis Blkr = Scorpaena polylepis Blkr, ib.
    II p. 173.

53 Platycephalus isacanthus CV., ibid. II p. 481, III p 63.

54 Apistus amblycephaloides Blkr, ibid. IV p 250.

55   »   depressifrons Richds. = Apistus binotopterus Blkr,
    ibid. I p. 26.

56 Amphiprionichthys apistus Blkr, ibid. VIII p 173.

57 Scolopsides lineatus QG, ibid. V p. 73.

58 Lethrinus latifrons CV. = L. semicinctus CV., ibid. II p. 220.

59   »   microdon CV.

60   »   olivaceus CV.

61 Gerres oyena CV., Verh. Bat. Gen. XXIII Maen. p. 12.

62 Chaetodon auriga Forsk. Nat. T. Ned. Ind. V p 164.

63   »   baronessa CV., ibid. II p. 239.

64   »   biocellatus CV. = Ch. ocellatus Blkr (nec Bl. nec
    CV.) ibid. VI p. 213, XI p. 403.

65   »   nesogallicus CV., ibid. II p. 240.

66   »   oligacanthus Blkr, ibid. I p. 105, Verh Bat Gen.
    XXIII Chaet. p. 16.

67   »   vagabundus Bl., Verh. Bat. XXIII Chaet p. 18.

68   »   virescens CV., ibid. p. 17.

69   »   vittatus Bl. Schn., ibid. p. 18.

70 Heniochus macrolepidotus CV, ibid. p 21.

71 Scatophagus argus CV., ibid. p. 21.

72   »   ornatus CV., Nat. T. Ned. Ind. VI p. 492.

73 Holacanthus semicirculatus CV. = Chaetodon microlepis Blkr
    IV p. 257, VIII p. 414.

— 61 —

74 Holacanthus Vrolikii Blkr, ibid. V p. 339.

75 Platax vespertilio Cuv = Platax Blochii CV., Verh. Bat. Gen. XXIII Chaet. p. 27.

76 Toxotes jaculator CV., ibid. p. 31.

77 Chorinemus tol CV., ibid. XXIV Makr. p. 43.

78 Caranx Forsteri CV., ibid. p. 57. Nat. T. N. Ind. III p. 161.

79   »   melampygus CV., Nat. T. Ned. Ind. VI p. 58.

80 Equula ensifera CV., Verh. Bat. Gen. XXIV Makr. p. 80.

81   »   gomorah CV., ibid. p. 82.

82 Gazza tapeinosoma Blkr, Nat. T. Ned. Ind IV p. 260.

83 Amphacanthus concatenatus CV., Act. Soc. Scient. Ind. Neerl. I Vissch. Amb. p 46.

84   »   doliatus CV.

85   »   guttatus Bl., Verh. Bat. Gen. XXIII Teuth. p. 10.

86   »   marmoratus CV. = A. scaroides Blkr, Nat T. Ned. Ind. IV p. 262.

87 Acanthurus chrysosoma Blkr, ibid. XIII 2 Bijdr. Boero p. 67.

88   »   matoides CV., Verh. Bat. Gen. XXIII Teuth p. 12

89   »   triostegus CV., ibid p. 13.

90 Naseus amboinensis Blkr = Keris amboinensis Blkr, Nat. T. Ned. Ind. III p. 272.

91   »   annulatus Blkr = Priodon annularis CV., ibid. III p. 558, IX p. 304.

92 Mugil coeruleomaculatus Lac., ibid. II p. 484.

93   »   cunnesius CV., ibid. III p. 454.

94 Petroskirtes anema Blkr, ibid. III p. 273.

95 Pholidichthys leucotaenia Blkr, ibid. XI p. 406.

96 Salarias celebicus Blkr, ibid. VII p. 250.

97   »   ceramensis Blkr, ibid. III p. 701.

98   »   diproktopterus Blkr, ibid. XII. 2 Bijdr. Boero p. 69.

99   »   interruptus Blkr, ibid. XIII. ibid. p. 68.

100   »   melanocephalus Blkr, Verh. Bat. Gen. XXII Blenn. Gob. p. 18.

101   »   phaiosoma Blkr, Nat. T. Ned. Ind. VIII p. 317.

102   »   quadripinnis CV., Verh. Bat. Gen. XXII Blenn. Gob. p. 19.

103 Gobius caninoides Blkr, Nat. T. Ned. Ind. III p. 274.

104   »   celebius CV., ibid. VII p. 318.

105   »   decussatus Blkr, ibid. VIII p. 442.

106   »   giuris Buch, Verh. Bat. Gen. XXII Gob. p. 24.

107 Gobius grammepomus Blkr, Nat. T. Ned. Ind. IX p. 200.

108   »   javanicus Blkr, ibid. XI p. 88.

109   »   kokius CV., Verh. Bat. Gen. XXII Gob. p. 24.

110   »   periophthalmoides Blkr, Nat. T. Ned. Ind. I p. 249.

111   »   puntangoïdes Blkr, ibid. V p. 242.

112 Gobiodon ceramensis Blkr, = Gobius ceramensis Blkr, ibid.
        III p. 704.

113   »   erythrophaios Blkr = Gobius erythrophaios Blkr.
        Verh. B. Gen. XXII Gob. p. 29, Nat. T. Ned,
        Ind. XI p. 409.

114   »   heterospilos Blkr, Nat. T. Ned. Ind. XI p. 409.

115   »   melanosoma Blkr = Gobius melanosoma Blkr, ibid.
        III p. 703.

116   »   quinquestrigatus Blkr = Gobius quinquestrigatus CV.,
        ibid. V p. 82.

117   »   xanthosoma Blkr = Gobius xanthosoma Blkr, ibid.
        III p. 703.

·118 Periophthalmus argentilineatus CV., ibid. III p. 26.

119   »   Koelreuteri CV.

120 Eleotris cyanostigma Blkr, Nat. T. Ned. Ind. VIII p. 42.

121   »   Hasseltii Blkr, ibid. XI p. 413.

122   »   Hoedtii Blkr. ibid. VI p. 496.

123   »   ophicephalus K. v. H, Verh. Bat. Gen. XXII Gob.
        p. 22.

124   »   strigata CV., Act. Soc. Scient. Ind. Neerl. I Vissch.
        Amb. p. 48.

125 Culius acanthopomus Blkr = Eleotris acanthopomus Blkr,
        Nat. T. Ned. Ind. IV p 275.

126   »   macrocephalus Blkr, ibid. XIII. 2 Bijdr. Boero p. 70.

127   »   niger Blkr = Eleotris nigra QG., Verh. Bat. Gen.
        XXV Nal. Ichth. Beng. p. 105.

128 Butis amboinensis Blkr = Eleotris amboinensis Blkr, Nat. T.
        N. Ind. V. p. 343

129 Butis melanopterus Blkr = Eleotris melanopterus Blkr, ibid.
III p. 706.

130 Echeneis neucrates L. Verh. Bat Gen XXIV Chiroc. etc. p. 22.

131 Antennarius nummifer Blkr, Nat. T. N. Ind. VI p. 497.

132 Plesiops coeruleolineatus Rüpp. = Plesiops melas Blkr, ibid.
IV p. 116.

133 Pseudochromis cyanotaenia Blkr, ibid. XIII, 2 Bijdr. Boero p. 72.

134   „   fuscus Mull. Trosch., ibid. III p. 708, IX p. 69.

135   „   tapeinosoma Blkr' ibid. IV p. 115.

136   „   xanthochir Blkr, ibid. VIII p. 443.

137 Amphiprion bifasciatus Bl. Schn. ibid. III p. 282.

138   „   chrysargurus Richds. sub nom. A. xanthurus Blkr,
nec CV. ibid. III p 560.

139 Pomacentrus albifasciatus Schl. Mull. = Pomac leucopleura
Blkr, ibid. VII p. 85.

140   „   bankanensis Blkr [sub nom. Pom. taeniops CV?].
ibid. III p. p. 729.

141   „   bifasciatus Blkr, ibid. VI p. 330.

142   „   chrysopoecilus K. v. H., ibid. III p. 284.

143   „   emarginatus CV.

144   „   fasciatus CV., Nat. T. Ned. Ind. IV p. 281.

145   „   katunko Blkr, ibid. III p. 169.

146   „   littoralis K. v. H. ibid. IV p. 483.

147   „   melanopterus Blkr, ibid. III p. 562.

148   „   moluccensis Blkr, ibid IV p. 118.

149   „   nematopterus Blkr = Pristotis trifasciatus Blkr, ol.
ibid. III p. 285.

150   „   notophthalmus Blkr, ibid. IV p. 137.

151   „   pavo Lac, ibid II p. 247.

152   „   prosopotaenia Blkr, ibid. III p. 67.

153   „   punctatus CV. = P. prosopotaenioides Blkr = Pom.
cyanospilos Blkr, ibid. III p. 286, 709.

154   „   taeniometopon Blkr, ibid. III p. 283.

155   „   taeniops CV. [haud CV? Blkr], ibid. V p. 512.

156   „   trimaculatus CV., ibid. IV p 481.

157 Dascyllus aruanus CV., ibid. II p 217, V p. 512.

158   „   melanurus Blkr, ibid. VI p. 109.

159 Dascyllus trimaculatus Rupp. ⇌ Dascyllus niger Blkr, Verh.
       Bat. Gen. XXI Labr. eten. p. 10.

160   »   xanthosoma Blkr, Nat. T. Ned., Ind. II p. 247.

161 Glyphisodon antjerius K v. H. ⇌ Gl. biocellatus CV., ibid.
       IV p. 286, VII p. 48, VIII p. 454.

162   »   batjanensis Blkr, ibid. VII p. 285.

163   »   modestus Schl. Müll., ibid. IV p. 285.

164   »   nemurus Blkr, ibid. XIII 2e Bijdr Boero p. 73.

165   »   rahti CV., ibid. Bijdr. Boero p. III p. 287.

166   »   septemfasciatus CV., ibid. III p. 582.

167   »   unimaculatus CV., ibid. IV p. 284.

168 Heliases frenatus CV? ⇌ Glyphisodon bandanensis Blkr, ib.
       II p 248, III p. 710.

169   »   ternatensis Blkr, ibid. X p. 377.

170   »   xanthochir Blkr, ibid. II p. 248.

171 Labroides paradiseus Blkr, ibid. II p. 249 [synonym. ex parte
       exclusis].

172 Julis (Julis) leucorhynchos Blkr, Act. Soc. Scient. Ind. Neerl.
       I Vissch. Man. p. 57.

173   »   (») oxyrhynchos Blkr, Nat. T. Ned. Ind. XIII 2e
       Bijdr. Boero p. 74.

174   »   (Halichoeres) balteatus QG., ibid. II p. 253.

175   »   (») dieschismenacanthoides Blkr, ibid. IV p. 121.

176   »   (») elegans K. v. H., ibid. III p. 289.

177   »   (») Harloffii Blkr, Verh. Bat. Gen. XXII Gladsch.
       Labr. p. 22.

178   »   (») Hoevenii Blkr, Nat. T. Ned. Ind. III p. 250.

179   »   (») interruptus Blkr, ibid. II p. 252.

180   »   (») kallosoma Blkr, ibid. III p. 289.

181   »   (») leparensis Blkr, ibid. III p. 730.

182   »   (») melanurus Blkr, ibid. III p. 251, V p. 87.

183   »   (») modestus Blkr, Verh. Bat. Gen. XXII Gladsch.
       Labr. p. 26.

184   »   (») mola Cuv. ⇌ Jul. (Hal.) notophthalmus Blkr,
       ibid. p. 22.

185   »   (») podostigma Blkr, Nat. T. Ned. Ind. VI p. 332.

186   »   (») polyophthalmus Blkr, ibid. III p. 731.

187 Julis (Halichoeres) Reichei Blkr, Act. Soc. Scieut Ind. Necil.
    II 6e Bijdr Sumatr. p 43.

188 „ („) Renardi Blkr, Nat. T. N. Ind. II p 253.

189 „ („) spilurus Blkr, ibid. II p. 252.

190 „ („) strigiventer Benn., ibid. II p. 251.

191 Cheilinus decacanthus Blkr, ibid. II p. 256.

192 „ tetrazona Blkr, ibid. IV p 293.

193 Plotosus anguillaris Cuv. ≡ Pl lineatus CV., Verh. Bat. Gen.
    XXI Silur. bat p 57.

194 Hemiramphus Lutkei CV.

195 Exocoetus micropterus CV., Act. Soc. Scient Ind. Necil I
    Vissch Amb. p. 63.

196 Chirocentrus dorab CV., Verh Bat. Gen. XXIV Chiroc p 10.

197 Chanos lubina CV.

198 „ orientalis CV., Verh. Bat. Gen. XXIV Chiroc. etc. p. 11.

199 Megalops indicus CV., ibid. p. 15.

200 Harengula moluccensis Blkr, Nat. T. Ned. Ind. IV p. 609.

201 Sardinella lineolata CV.

202 Brotula multibarbata T. Schl. Nat. T. N. Ind. XIII 2e Bijdr.
    Boero p 75.

203 Anguilla Elphinstonei Syk, Nat T Ned. Ind. IV p 504.

204 Ophisurus colubrinus Richds., ibid. XI, p. 106.

204 „ maculosus Cuv., ibid. II p. 258, Verh. Bat. Gen.
    XXV Mur. p. 29.

205 Muraena albimarginata T. Schl., Nat. T. N. Ind 2e Bijdr.
    Boero p. 77.

206 „ amblyodon Blkr, ibid. I Vissch. Manad. p. 72.

207 „ bullata Richds., Nat. T. Ned. Ind IX p 276.

208 „ buroensis Blkr, ibid. XIII 2e Bijdr. Boero p. 79.

210 „ catenata Bl. (haud Richds.), Act. Soc. Sc. Ind. N.
    I Vissch. Amb. p. 66.

211 „ ceramensis Blkr, Nat. T. N Ind. III p. 297, Verh.
    Bat. Gen. XXV Mur p. 51.

212 „ colubrina Richds. Nat. T. N. Ind. VI p 335.

213 „ griseobadia Richds., ibid. VIII p. 325.

214 „ isingteena Richds., ibid. IX p. 277.

215 „ melanospilos Blkr, ibid. IX p. 279.

216 Muraena polyuranodon Blkr, ibid. IV p. 218, Verh. Bat.
        Gen. XXV Mur p. 75.

217   »   polyzona Richds, Act. Soc. Sc. Ind. Neerl. I Vissch.
        Man. p. 73.

218   »   variegata J. R. Forst. Richds., Nat. T. Ned. Ind.
        III p. 295, V. Bat. Gen XXV Mur. p. 47.

219   »   zebra Cuv. Nat. T. N. Ind. XIII 2e Bijdr. Boero p 80.

220 Balistes aculeatus Bl. Verh. B Gen. XXIV Balist p. 15.

221   »   lineatus Bl., ibid. p. 14, N. T. N. Ind. II p. 260.

222   »   praslinus Lac. Verh. Bat. Gen XXIV Balist. p. 14.

223 Monacanthus chrysospilos Blkr, Nat. T. Ned Ind. IV p 126.

224   »   Houttuyni Blkr, ibid. V p 351.

225 Triacanthus brevirostris Val. = Tr Russelhi Blkr, Verh. B
        Gen. XXIV Balist p. 25.

226   »   Nieuhofii Blkr, ibid. p 26. N. T. N. Ind. III p. 459.

227 Arothron? kappa Blkr = Tetraodon kappa Russ. N. T. Ned.
        Ind. III p 301, Verh, Bat. G. XXV Nal. Ichth.
        Beng. p. 160

228   »   virgatus Blkr = Tetraodon virgatus Richds., Nat. T.
        Ned. Ind. III p. 299. V. B. G. XXIV Blootk. p 24.

229 Anosmius Bennetti Blkr = Tropidichthys Bennetti Blkr, N.
        T. Ned. Ind. VI p 504.

230   «   margaritatus Blkr = Tetraodon margaritatus Rüpp.,
        ibid. III p. 302, VI p. 501.

231   »   striolatus Blkr = Tropidichthys striolatus Blkr, ib
        VI p 503.

232 Syngnathus brachyurus Blkr, ibid VII p. 105, V. B. G
        XXV Trosk p 16.

233   »   haematopterus Blkr, ibid. II p. 259, ibid p. 20.

234 Gasterotokeus biaculeatus Heck. = Solenognathus Blochii
        Blkr, ibid. II p 259, ibid. p. 23.

235 Hippocampus kuda Blkr, ibid. III p. 82, 306, ibid. p. 26.

236 Carcharias (Prionodon) javanicus Blkr, Verh. Batav. Gen.
        XXIV Plagiost. p 38.

237   »   (») melanopterus QG., ibid. p 33.

238 Actobatis narinari MH., ibid. p. 87.

DESCRIPTIONES SPECIERUM DIAGNOSTICAE.

TEUTHIDES.

Acanthurus chrysosoma Blkr.

Acanth. corpore oblongo compresso, altitudine $2\frac{3}{4}$ ad $2\frac{4}{5}$ in ejus longitudine, latitudine $2\frac{2}{5}$ circiter in ejus altitudine; capite obtuso 4 ad $4\frac{1}{4}$ in longitudine corporis, paulo altiore quam longo; oculis diametro $2\frac{2}{3}$ circiter in longitudine capitis; linea interoculari convexa; linea rostro-frontali superne convexa, inferne concaviuscula; sulco praeoculari parum conspicuo; rostro obtuso altitudine oculi diametrum aequante; dentibus cuneiformibus, utraque maxilla 12 singulis dimidio apicali multidentatis; regione suboculari squamata; praeoperculo valde obtusangulo angulo rotundato; operculo valde, osse scapulari non striatis; squamis minimis, lateribus plus quam 100 in serie longitudinali; linea laterali simplice, curvata, supra spinam caudalem decurrente; spina caudali oculo breviore; pinnis dorsali et anali obtusis rotundatis; dorsali parte spinosa parte radiosa vix humiliore, spina postica spinis ceteris longiore corpore plus duplo humiliore; anali dorsali vix vel non humiliore; pectoralibus acute rotundatis $4\frac{1}{2}$ circiter, ventralibus acutis $5\frac{3}{5}$ circiter, caudali extensa truncata angulis acuta $4\frac{2}{3}$ ad $4\frac{3}{4}$ in longitudine corporis; colore corpore pinnisque aurantiaco-citrino, dorsali superne, anali inferne, caudali superne et inferne leviter fusco marginatis.

B. 5. D. 9/24 vel 9/25. P. 2/11. V. 1/5. A. 3/24 vel 3/25. C. 1/14/1 et lat. brev.

Habit. Kajeli, in mari.

Longitudo 4 speciminum 43''' ad 51,'''.

Aanm. Deze soort van Acanthurus is gemakkelijk herkenbaar aan haar oranje-citroenkleurig ligchaam en vinnen. Zij behoort overigens tot de groep in het geslacht met echte schubben en wigvormige gezaagde tanden.

BLENNIOIDEI.

Salarias interruptus Blkr

Salar. corpore elongato compresso, altitudine 7 ad $7\frac{1}{2}$ in ejus longitudine, latitudine $1\frac{2}{5}$ circiter in ejus altitudine; capite truncato 6 fere in longitudine corporis; altitudine capitis $1\frac{1}{5}$ ad $1\frac{1}{4}$, latitudine $1\frac{3}{4}$ circiter in ejus longitudine; fronte inter orbitas concaviuscula; rostro obtuso truncato, non ante frontem prominente; oculis diametro 3 circiter in longitudine capitis; vertice nuchaque crista vel cirris nullis, orbita et naribus anterioribus cirro membranaceo gracili simplice oculo breviore; maxilla inferiore utroque latere canino curvato mediocri, labio superiore non crenato; regione suboculari et limbo praeoperculari poris conspicuis; cute laevi; linea laterali conspicua, antice tubulosa, post apicem pinnae pectoralis paulo deflexa ibique desinente; pinna dorsali partem spinosam inter et radiosam valde incisa, dorsali spinosa dorsali radiosa paulo humiliore et breviore, spinis productis nullis, mediis ceteris longioribus; dorsali radiosa obtusa rotundata, radiis mediis radiis ceteris longioribus corpore paulo humilioribus, postice cum basi pinnae caudalis unita?; pectoralibus obtusis rotundatis $5\frac{1}{2}$ circiter, ventralibus 9 fere, caudali obtusa convexa $6\frac{1}{2}$ circiter in longitudine corporis; anali simplice obtusa convexa dorsali radiosa paulo humiliore, membrana inter singulos radios mediocriter incisa; colore corpore roseo-luteo, rostro operculisque plus minusve violascente, corpore margaritaceo maculato-nebulato, corpore striis brevibus fuscis longitudinalibus in series 5 ad 4 longitudinales dispositis; pinnis flavescente- vel roseo-hyalinis;

\violaceo-fuscis pinna dorsali in series 3 ad 4 longitudinales, pinna caudali in series 5 vel 6 transversas, pinna anali basin versus in seriem longitudinalem unicam dispositis.

B. 6. D. 12/19 P. 14. V. 2 A 21. C. 8/9 /7 p. m. lat brev. incl. Habit. Kajeli, in mari.
Longitudo speciminis unici 58."'

Aanm. Den naam dezer sierlijke soort ontleen ik aan de bruine veelvuldig afgebrokene overlangsche bruine streepjes op ligchaam en staart. Deze en de overige bijzonderheden der kleurteekening, van vinbouw enz. laten de soort gemakkelijk van de aan haar verwante onderkennen.

Salarias diproktopterus Blkr.

Salar. corpore elongato compresso, altitudine 7 circiter in ejus longitudine, latitudine 1¼ circiter in ejus altitudine; capite truncato-convexo 6⅖ circiter in longitudine corporis, altitudine capitis 1¼ circiter, latitudine 1½ fere in ejus longitudine; fronte inter orbitas concaviuscula; rostro obtuso truncato-convexo paulo ante frontem prominente; oculis diametro 3 circiter in longitudine capitis; vertice crista vel cirris nullis; nucha utroque latere orbita et naribus anterioribus cirro membranaceo simplice oculo multo breviore; maxilla inferiore caninis nullis; labio superiore non crenato; regione suboculari et limbo praeoperculari poris seriatis conspicuis; cute laevi; linea laterali conspicua, antice tubulosa, post apicem pinnae pectoralis deflexa ibique desinente; pinna dorsali partem spinosam inter et radiosam valde incisa, dorsali spinosa dorsali radiosa humiliore sed non breviore, radiis productis nullis, radiis subanticis radiis ceteris longioribus; dorsali radiosa obtusa rotundata radiis mediis radiis ceteris vix longioribus, postice cum basi caudalis unita; pectoralibus obtusis 4¼ circiter, ventralibus 10 circiter, caudali obtusa convexa 5⅖ circiter in longitudine corporis; anali membrana interradiali mediocriter incisa, incisura profundiore bipartita, parte anteriore parte posteriore longiore sed humiliore obtusa ro-

tundata, parte posteriore postice angulata; corpore viridescen-
te-luteo, violascente plus minusve diffuse nebulato; corpore
postice caudaque maculis rotundis parvis et punctis rufo-fuscis;
pinnis dorsali et anali flavescente-hyalinis, maculis numerosis
parvis rufo-fuscis et maculis et rivulis margaritaceis; dorsali radiosa dimidio basali violascente; anali luteo marginata; pectoralibus radiis aurantiacis membrana hyalinis, radiis maculis oblongis
margaritaceis in series 3 vel 4 transversas dispositis; ventralibus
aurantiacis; caudali radiis aurantiaca, membrana hyalina, basi
guttulis aliquot rufis, postice violascente marginata.

B. 6. D. 11/17 vel 12/17 P. 14. V. 2. A. 13/9. C. 8/9 /4 vel
8/9 /5 lat. brev. incl.

Habit. Kajeli, in mari.

Longitudo speciminis unici 94.'''

Aanm. Deze Salarias is bijzonder opmerkelijk door hare
tweedeelige, als het ware dubbele, aarsvin, welker voorhelft
aanmerkelijk langer doch wat lager is dan de achterhelft.
Reeds door deze bijzonderheid alleen is zij van alle overige
mij bekende soorten van Salarias te onderkennen.

ELEOTRIOIDEI.

Culius macrocephalus Blkr.

Cul. corpore elongato, antice latiore quam alto, postice compresso, altitudine 7 et paulo in ejus longitudine; capite acuto
depresso 3¾ fere in longitudine corporis cum, 3 fere in longitudine corporis absque pinna caudali; altitudine capitis 2, latitudine 1¾ circiter in ejus longitudine; linea rostro-dorsali rostro et
nucha convexa, fronte et vertice concaviuscula; oculis diametro
5 circiter in longitudine capitis, vix plus diametro 1 distantibus,
rostro oculo paulo breviore, alepidoto, linea anteriore obtuse rotundato; maxilla superiore maxilla inferiore breviore sub medio oculo desinente, 3 fere in longitudine capitis; dentibus maxillis multiseriatis,
serie externa ex parte ceteris paulo majoribus caninis nullis: sulco

oculo-operculari conspicuo; genis subcruciatim leviter sulcatis; fronte, vertice, praeoperculo operculoque squamosis, squamis praeopercularibus squamis ceteris parcioribus; squamis rostrum inter et pinnam dorsi 1ᵐ 45 p. m. in serie longitudinali; regione infraoculari alepidota; praeoperculo oblique et obtuse rotundato spina deorsum spectante valde conspicua; squamis lateribus 50 p. m. in serie longitudinali, squamis caudalibus squamis postscapularibus majoribus; appendice anali oblonga acute rotundata; pinna dorsi 1ᵃ acutiuscule rotundata corpore minus duplo humiliore, spinis flexilibus 2ᵃ et 3ᵃ ceteris longioribus; dorsali radiosa analique obtusis rotundatis corpore paulo tantum humilioribus; pectoralibus radice squamosis rotundatis 4½ circiter, ventralibus anum subattingentibus 5⅓ circiter, caudali obtusa rotundata 4⅔ ad 4¾ in longitudine corporis; colore corpore superne fuscescente-viridi, inferne aurantiaco-viridi, pinna dorsali spinosa violaceo-fusca, apice hyalina et dimidio basali vitta longitudinali curvata hyalina, pinnis ceteris aurantiacis violaceo-fusco plus minusve arenatis et variegatis, maculis violaceo-fuscis pinnis dorsali radiosa et anali in vittas subundulatas longitudinales, pinna caudali in vittas transversas unitis vel subunitis.

B. 6. D. 6—1/8 vel 6—1/9. P. 17. V. 1/5. A. 1/8 vel 1/9. C. 12/12 /12 p. m. lat. brev. incl.

Habit. Kajeli, in aquis fluvio-marinis.

Longitudo speciminis unici 105.'''

Aanm. De onderwerpelijke is de vijfde soort van Culius, welke ik van den Indischen Archipel heb leeren kennen. Zij onderscheidt zich van de overige soorten voornamelijk door aanmerkelijk langeren, doch slankeren en lageren, kop, slank ligchaam en talrijke schubreijen tusschen snuit en eerste rugvin. In habitus nadert zij meer dan de overige soorten tot dien van de soorten van Butis Blkr, doch de preoperkeldoorn en buisvormige voorste neusgaten wijzen haar bepaald eene plaats aan in het geslacht Culius.

PSEUDOCHROMIDES

Pseudochromis cyanotaenia Blkr.

Pseudochrom. corpore elongato compresso, altitudine 5 et paulo in ejus longitudine, latitudine 2 fere in ejus altitudine; capite
acutiusculo convexo-4⅔ circiter in longitudine corporis, longiore
quam alto; linea rostro-frontali convexa; oculis diametro 3 circiter in longitudine capitis; rostro acuto oculo multo breviore;
maxilla superiore maxilla inferiore vix breviore, sub medio oculo
desinente; maxillis dentibus pluriseriatis; maxilla superiore antice caninoideis 6 inaequalibus; maxilla inferiore antice caninoideis 4, mediis externis multo brevioribus; dentibus vomero-pala-
tinis parvis in vittam formam ferri equini subreferentem dispositis; vertice, fronte genisque squamosis; squamis lateribus 33 p. m.
in serie longitudinali; linea laterali tubulis simplicibus notata, sub
pinnae dorsalis parte posteriore interrupta; pinna dorsali supra basin
pinnae pectoralis incipiente, parte spinosa parte radiosa multo humiliore, spinis gracilibus flexilibus, spina 2ª spina 1ª longiore, dorsali radiosa corpore humiliore postice rotundata; pectoralibus et
caudali obtusis rotundatis 5 circiter, ventralibus acutis 5⅓ circiter in longitudine corporis; anali dorsali paulo humiliore postice rotundata; colore capite pinnisque pectoralibus et ventralibus
fuscescente-aurantiaco, corpore pinnisque imparibus violaceo-ni-
gro; corpore vittis transversis obliquis postrorsum descendentibus
subaequidistantibus cyaneis 8 vel 9.

B 6. D. 2/21 vel 2/22. P. 17 V. 1/5. A. 2/13 vel 2/14. C.
1/15 /1 et lat. brev.

Habit. Kajeli, in mari.

Longitudo 2 speciminum 45‴ et 47.‴

Aanm. Deze soort is zeer na verwant aan Pseudochromis tapeinosoma Blkr, doch verschilt er van door bijzonderheden in het tandenstelsel en door de kleuren van ligchaam
en ongepaarde vinnen. De blaauwe bandjes op het ligchaam zijn
bij mijne voorwerpen zeer sterk uitgedrukt en metaalglanzig.

LABROIDEI CTENOIDEI

Glyphisodon nemurus Blkr.

Glyphis. corpore oblongo compresso, altitudine $3\frac{1}{4}$ ad $3\frac{2}{5}$ in ejus longitudine, latitudine $2\frac{1}{4}$ ad $2\frac{1}{3}$ in ejus altitudine; capite obtuso convexo $5\frac{1}{4}$ ad $5\frac{1}{3}$ in longitudine corporis, aeque alto circiter ac longo; oculis diametro 3 circiter in longitudine capitis; linea rostro-dorsali nucha et capite convexa, rostro oculo breviore; osse suborbitali postice squamato, sub oculo oculi diametro plus triplo humiliore, maxillis aequalibus, superiore sub oculi margine anteriore desinente, dentibus utraque maxilla p. m. 40, praeoperculo subrectangulo angulo rotundato, squamis lateribus 28 p. m. in serie longitudinali; linea laterali sub media dorsali radiosa interrupta, antice tubulis simplicibus, postice poris conspicuis notata; pinnis dorsali radiosa et anali acutis, altitudine subaequalibus, corpore humilioribus; dorsali spinosa spinis gracilibus spina postica spinis ceteris longiore, corpore triplo vel plus triplo humiliore, membrana interspinali valde incisa lobata; pectoralibus obtusiuscule rotundatis 5 ad $5\frac{1}{3}$, ventralibus acutis radio 1° in filum producto $4\frac{1}{3}$ ad $4\frac{2}{3}$, caudali profunde incisa lobis acutissimis plus minusve in fila productis, superiore inferiore longiore 3 et paulo ad $3\frac{1}{4}$ in longitudine corporis; anali spina 2ª spina 1ª duplo circiter longiore, radiis mediis radiis ceteris longioribus; colore corpore superne violaceo, inferne violascente-aurantiaco, cauda pinnaque caudali totis aurantiaco-flavis; squamis singulis capite et cauda guttula, trunco macula oblonga transversa pallide coerulea; macula nitente coerulea fusco cincta supraoperculari initio lineae lateralis; pinna dorsali fusco-violacea, parte radiosa dimidio posteriore aurantiaco-flava; pectoralibus aurantiacis, basi superne macula magna trigona fusca, ventralibus aurantiacis, radio 1° fusco; anali aurantiaca plus minusve fuscescente.

B. 6. D. 13/10 vel 13/11. P. 2/15. V. 1/5. A. 2/10 vel 2/11.
V. 1/13 /1 et lat. brev.

Hab. Kajeli, in mari.

Amboina, in mari.

Longitudo 3 speciminum 80''' ad 86.'''

Aanm. Deze soort is verwant aan Pomacentrus violascens Blkr, zoowel in habitus als kleurteekening, maar behoort, wegens de volstrekte afwezigheid van preoperkeltanden, tot het geslacht Glyphisodon. In dit geslacht biedt zij meerdere punten van overeenkomst aan met Glyphisodon anabatoides Blkr, doch is daarvan reeds door haren geheel oranje-gelen staart en staartvin te onderscheiden, even als door hare min of meer draadvormig verlengde staartvinkwabben. Eene andere soort van Glyphisodon, met gelijke kleuren van staart en staartvin, door mij ontdekt en Glyphisodon xanthurus genaamd, wijkt geheel van de onderwerpelijke af door veel hooger ligchaam (hoogte $2\frac{2}{3}$ tot $2\frac{3}{5}$ in de lengte), aanmerkelijk talrijker rugvin- en aarsvinstralen, bruinen dwarschen band voor op het operkel, enz.

LABRICHTHYOIDEI.

Julis (Julis) oxyrhynchos Blkr.

Jul. (Jul.) corpore elongato compresso, altitudine 7 circiter in ejus longitudine, latitudine 2 circiter in ejus altitudine; capite acuto 4 circiter in longitudine corporis, duplo longiore quam alto; oculis diametro 5 circiter in longitudine capitis; linea rostro-frontali declivi rectiuscula; rostro acuto, cum maxilla superiore oculo duplo circiter longiore; maxillis subaequalibus, superiore longe ante oculum desinente; dentibus maxillis mediocribus, anticis caninis parum curvatis mediocribus non divergentibus; angulo oris dente prominente nullo; rostro, regione suboculari, maxillaque inferiore poris pluribus valde conspicuis; squamis lateribus 120 p. m. in serie longitudinali; linea laterali simplice, lineae dorsali valde approximata, sub dimidio dorsalis radiosae posteriore valde deflexa, pinnis dorsali et anali basi alepidotis, dorsali spinis gracilibus vix pungentibus, postica ceteris longiore corpore minus duplo humiliore; dorsali radiosa dorsali spinosa vix altiore postice angulata;

pectoralibus acutiuscule rotundatis 7 circiter, ventralibus acute
rotundatis 12¼ ad 13, caudali extensa postice convexa angulis
acuta 6¼ ad 6¼ in longitudine corporis; anali dorsali paulo humiliore postice obtusangula; corpore pinnisque flavescente-roseis;
corpore utroque latere vittis 3 cephalo-caudalibus violaceo-fuscis;
vitta superiore rostro-supraoculo-caudali lineae dorsi maxime
approximata dorsoque caudae desinente; vitta media rostro-oculo-
caudali genu lineae lateralis secante et cauda supra lineam lateralem desinente, vitta inferiore ceteris latiore maxillo-thoraco-
caudali tota ejus longitudine infra lineam lateralem decurrente
et posteriore parte pinnae caudalis desinente; iride flava.
    B. 6. D. 9/12 vel 9/13. P. 2/11. V. 1/5. A. 3/12 vel 3/13. C. 1/12/1
    et lat. brev.
    Habit. Kajeli, in mari.
    Longitudo speciminis unici 76.'''

    Aanm. De onderwerpelijke soort behoort tot de groep
van Julis annulatus CV., dat is, tot de groep zonder hoek-
tanden in de bovenkaak, met onbeschubte rugvin en aarsvin, 9 rugvindoornen, kleine ligchaamsschubben en spitsen
snuit. Zij is in die groep gemakkelijk herkenbaar aan haar
tandenstelsel en aan de drie overlangsche bruine ligchaamsbanden

GADOIDEI.

Brotula multibarbata T. Schl. Faun Japon. Poiss. p. 251
tab. 111 fig 2.

    Brotul. corpore elongato compresso, altitudine 6 ad 7 in ejus
longitudine, latitudine 1⅔ ad 1½ in ejus altitudine; capite acutiusculo, labiis exceptis, ubique squamoso, 5¾ ad 6¾ in longitudine corporis; altitudine capitis 1¼ ad 1½ in ejus longitudine; oculis cute diaphana totis tectis, diametro 3¾ ad 4 et paulo in longitudine capitis; minus ad plus diametro ½ distantibus; linea ros-

tro-dorsali fronte et vertice declivi rectiuscula rostro convexa; rostro convexo acutiusculo oculo paulo breviore; naribus posterioribus foraminiformibus rotundis cirro rostri posteriori magis quam oculo approximatis, anterioribus rostri apici approximatis tubulatis tubulo e fovea sat profunda oriunte; cirris rostralibus utroque latere 3 supero-posteriore ceteris brevioreppu pillam subattingente, supero-anteriore rostri apici approximato oculum attingente, inferiore ceteris longiore pupillam attingente; cirris maxilla inferiore inferne utroque latere 3 subaequalibus oculo longioribus; maxilla superiore maxilla inferiore longiore, sub oculi margine posteriore desinente 2 et paulo in longitudine capitis, dentibus pluriseriatis parvis subaequalibus, vomerinis in thurmam ∧ formem, palatinis utroque latere in vittam gracilem dispositis; maxilla inferiore symphysin versus utroque latere poro unico conspicuo; praeoperculo rotundato, operculo ∨ formi crure superiore spina crassa acuta, suboperculo maxime evoluto; squamis cycloideis laevibus, lateribus 150 ad 160 p. m. in serie longitudinali; linea laterali conspicua vix curvata, simplice; pinnis, ventralibus exceptis, squamosis; dorsali et anali aequialtis corpore plus triplo humilioribus, dorsali paulo post basin pectoralium, anali antice in 3ª quinta corporis parte incipiente; caudali acute rotundata; pectoralibus obtusis rotundatis capite duplo circiter brevioribus; ventralibus pectoralibus paulo longioribus, sub praeoperculo insertis; colore corpore aurantiaco-olivaceo, inferne dilutiore; dorso plus minusve fuscescente; iride fusco et flavo tincta; membrana oculari annulo nigro cincta; pinnis ventralibus aurantiacis, ceteris aurantiaco-fuscis fusco-nigro et flavo limbatis; cirris aurantiacis, ex parte basi fuscis.

B. 8. D. 117 + C. 10 + A. 90 = 217 ad D. 125 + C. 10 + A. 105 p m. P. 23 vel 24. V. 2.

Syn Wuninamagu Japonens.

Habit. Kajeli, in mari.

Amboina, in mari.

Longitudo 3 speciminum 86''' ad 310'''.

Aanm. Mijne voorwerpen behooren ongetwijfeld tot de borengenoemde soort en het groote is weinig kleiner dan de afbeelding daarvan in de Fauna japonica Zij zijn echter aanmerkelijk slanker van ligchaam, zeggende de heeren Temminck en Schlegel, dat bij de japansche voorwerpen de hoogte des ligchaam slechts 4 tot $4\frac{1}{2}$ maal gaat in de geheele lengte en de kop slechts 5 maal in de lengte des ligchaams. Ik vind ook een aanmerkelijk grooter aantal vinstralen (in de Fauna japonica D. C. A. $=$ 186). De aangehaalde afbeelding vertoont niets van de vinschubben en de schubben des ligchaams niet juist, zijnde zij niet in de huid verspreid, maar dakvormig over elkander geplaatst, zoo zelfs, dat een groot gedeelte van elke schub onder die der voor haar liggende rei verborgen is.

Brotula imberbis T. Schl van de Fauna japonica kan niet met Brotula vereenigd blijven, wegens de geheele afwezigheid van voeldraden, verschillenden bouw en plaatsing der voorste neusopening, verschillenden bouw van zwemblaas en darmkanaal, enz. Ik heb dit geslacht in eene in bewerking zijnde nieuwe bijdrage tot de kennis der vischfauna van Japan naar den japansche naam der soort *Sirembo* genoemd.

MURAENOIDEI.

Maraena albimarginata T.Schl.Faun.Jap.Poiss.p. 267 tab. 118.

Muraen. corpore valde elongato compresso, altitudine 24 ad 26 in ejus longitudine. capite acuto 9 ad 10 in longitudine corporis, triplo vel triplo fere longiore quam alto; oculis diametro $8\frac{1}{4}$ ad $9\frac{1}{4}$ in longitudine capitis, naribus anterioribus tubulatis, posterioribus non tubulatis; linea rostro-dorsali convexa, supra oculos tantum rectiuscula; rostro acuto convexo oculo paulo longiore; poris supra-et inframaxillaribus uniseriatis albo cinctis valde conspicuis; maxillis aequalibus; rictu post oculum producto 3 ad $2\frac{3}{4}$ in longitudine capitis; dentibus acutis ossibus omnibus uniseriatis;

dentibus palatinis compressiusculis utroque latere p. m. 10 ad 12 anterioribus posterioribus longioribus; dentibus nasalibus periphericis conico-compressiusculis p. m. 11 dentibus palatinis longioribus, mediis 2 subulatis; dentibus vomerinis conicis brevibus 7 ad 10; dentibus inframaxillaribus compressiusculis utroque latere 12 ad 18 anterioribus ceteris longioribus; apertura branchiali in inferiore dimidio corporis sita, oculo non vel vix majore; linea laterali inconspicua; pinna dorsali vertice longe ante aperturam branchialem incipiente, corpore minus duplo humiliore; anali postice in corporis dimidio anteriore vel antice in corporis dimidio posteriore (postice in sexta 11ᵃ parte corporis) incipiente, dorsali multo humiliore; caudali acutiuscule rotundata; colore corpore superne flavescente-umbrino, inferne flavescente-margaritaceo; pinnis flavescente-umbrinis albo marginatis.

D. 385 p. m. A. 275 p. m. C. 10 p. m. = D. A. C. 670 p. m.
Habit. Kajeli, in mari.

Amboina, in mari.
Longitudo 2 speciminum 380''' et 450''

Aanm. In de Fauna japonica is eene soort beschreven en afgebeeld onder den naam van Muraena albimarginata, welke zoo groote verwantschap met mijne voorwerpen aanbiedt, dat ik meen deze daartoe te moeten brengen. De afbeelding in de Fauna japonica vertoont het ligchaam minder slank en ligchaam en vinnen aanmerkelijk donkerder gekleurd, verschillen evenwel, welke toe te schrijven kunnen zijn aan den verder gevorderden leeftijdstoestand. De beschrijving van het tandenstelsel dezer soort in de Fauna japonica is onvoldoende en de getallen der vinstralen zijn er niet aangegeven.

Bij mijn grootste voorwerp begint de aarsvin nog in de voorste helft des ligchaams, doch in mijn kleiner voorwerp op de ook in de Fauna Japonica opgegevene plaats.

Muraena buroënsis Blkr.

Muraen. corpore elongato compresso, altitudine $13\frac{1}{2}$ in ejus longitudine; capite acuto $7\frac{2}{3}$ ad $7\frac{3}{4}$ in longitudine corporis, duplo circiter longiore quam alto; oculis diametro **7** circiter in longitudine capitis; naribus anterioribus tubulatis, posterioribus non tubulatis; linea rostro-dorsali rostro et vertice convexa, supra oculos concaviuscula; rostro acuto convexo oculo paulo tantum longiore non ante maxillam inferiorem prominente; rictu post oculum producto $2\frac{1}{3}$ ad $2\frac{1}{4}$ in longitudine capitis; dentibus acutis; dentibus palatinis biseriatis, nasalibus triseriatis, vomerinis uniseriatis, inframaxillaribus tri-, bi- et uniseriatis; dentibus palatinis conicis utroque latere serie externa p. m. 20 subaequalibus, serie interna p. m. 10 mobilibus serie externa longioribus aequalibus; dentibus nasalibus conicis serie externa brevibus p. m. 20, serie media 14 p. m. ex parte mobilibus serie externa multo longioribus subaequalibus, serie interna 3 subulatis mobilibus symphysi approximatis; disco nasali linea media insuper dentibus 2 vel 3 subulatis mobilibus; dentibus vomerinis conicis brevibus p. m. 13; dentibus inframaxillaribus conicis ex parte mobilibus, symphysealibus triseriatis, postsymphysealibus biseriatis, mediis et posterioribus uniseriatis, dentibus serie externa utroque latere 26 p. m., serie media utroque latere 4 p. m. dentibus serie externa longioribus, serie interna utroque latere 1 vel 2, apertura branchiali paulo infra mediam corporis altitudinem sita, oculo non vel vix majore; linea laterali inconspicua, pinna dorsali ante; aperturam branchialem incipiente corpore plus duplo humiliore anali antice in corporis dimidio posteriore incipiente, dorsali humiliore; caudali acutiusculo rotundata; corpore pinnisque umbrino-fuscis, fusco-violaceo ubique dense punctatis et reticulatis.

D. 296 p. m. A. 192 p. m. C. 10 p. m. ⇌ D. C. A. 448 p. m.
Habit. Kajeli, in mari.
Longitudo speciminis unici 307.‴

Aanm. De onderwerpelijke Muraena past, wat haar tandenstelsel betreft, in geene der door den heer Richardson in de Zoologie der Erebus en Terror opgestelde groepen, evenmin als in een der groepen door mij opgesteld in mijne Bijdrage tot de kennis der Muraenoiden en Symbranchoiden van den Indischen Archipel. Zij grenst ten deze het naaste aan Muraena Blochii Blkr, waaraan zij overigens ook vrij na verwant is, doch bij Muraena Blochii zijn zoowel de voorste onderkaakstanden als de neustanden tweereijig en niet driereijig. In habitus heeft het bovenbeschreven voorwerp veel van Muraena amblyodon Blkr, doch deze heeft een geheel ander tandenstelsel, alle tanden stomp en de gehemeltanden drie-, de ploegbeenstanden twee-reijig, enz.

Muraena zebra Cuv. Règn. anim. éd. 3e, Poiss p. 319.

Muraen. corpore elongato compresso, altitudine 17 circiter in ejus longitudine; capite 9⅓ ad 9¾ in longitudine corporis, minus duplo longiore quam alto; oculis diametro 10 ad 12¼ in longitudine capitis; linea rostro-dorsali rostro et vertice valde convexa, fronte concaviuscula; naribus anterioribus et posterioribus tubulatis; rostro elevato valde convexo oculo duplo vel minus duplo longiore, vix ante maxillam inferiorem prominente; rictu post oculum producto, 3 circiter in longitudine capitis; dentibus obtusis graniformibus; dentibus palatinis biseriatis in vittam brevem dispositis 12 ad 18 dentibus ceteris minoribus; dentibus nasalibus p. m. 30 in thurmam ovalem dispositis medianis et periphericis approximatis, thurma seriebus dentium 5, dentibus serie peripherica dentibus ceteris minoribus; dentibus vomerinis in thurmam oblongam antice et postice acutam antice thurmam dentalem nasalem attingentem dispositis 45 ad 55 media thurma 4- ad 6- seriatis, mediis periphericis majoribus; dentibus inframaxillaribus 3- ad 4- seriatis utroque latere 45 ad 55 internis externis et posticis majoribus; apertura branchiali paulo infra mediam corporis altitudinem sita, oculo vix majore; linea laterali inconspicua; pinna dorsali valde carnosa, paulo post aperturam branchialem incipiente, corpore plus duplo humiliore, anali antice in 3ª tertia corporis parte incipiente dorsali humiliore; caudali obtusiuscule rotundata; corpore pinnisque fusco-violaceis vittis transversis numerosis luteis (36 ad 60), vittis plurimis pinnas et corpus totum cingentibus, vittis pluribus mediis lateribus desinentibus et obliquis; vitta 1ª interoculari, 2ª frontali vulgo interrupta, 3ª temporo-postmaxillari.

D. 355 p. m. A. 180 p. m. C. 10 p m = D A C. 545 p. m.

Syn. *Serpens marina americana annulata* Seb. Thesaur II p. 72 tab. 70 fig. ??

Serpens marina surinamensis Seb. Thes II p. 73 tab. 70 fig. 3?

Gymnomuraena zebra Shaw Nat. Misc. p. 101, Richds. Zool. Voy. Ereb. Terr. Fish. p. 95.

Zebra eel Shaw l. c.

Gymnothorax zebra Bl. Schn. Syst. posth. p. 528.

Gymnomuraena doliata Lac. Poiss. V p. 618, 619.

Gymnomurène cerclée Lac. Poiss V 648, 619 tab 19 fig. 4. Dict. Scienc. nat. XX p 125 Planch. Poiss 79 fig 2.

Habit. Kajeli, in mari.

Amboina, in mari.

Longitudo 2 speciminum 294''' et 486.'''

Aanm. De vinstralen zijn slechts op mijn kleinste voorwerp geteld, zoodat zij op het grootere misschien wat talrijker zijn. Zij zijn zeer dun en digt bijeenstaande.

In Seba's Thesaurus komen twee afbeeldingen voor van Muraenen, welke even fabelachtig voorgesteld als beschreven zijn, doch welke welligt Muraena zebra tot grondslag hadden (Vol II tab 70 fig. 1 en vooral fig. 3), niettegenstaande de afgebeelde voorwerpen gezegd worden van Amerika afkomstig te zijn. Alle mij bekende overige afbeeldingen dezer soort zijn zeer gebrekkig en laten de soort slechts herkennen aan de bandteekening.

Mijne beide voorwerpen behooren tot den niet ver gevorderden leeftijdstoestand des diers, vermits de soort eene

lengte bereikt van omstreeks een meter. De dwarsche ligchaamsbanden worden met toenemenden leeftijd talrijker. Bij
mijn kleinste voorwerp zijn er slechts 36 en bij het grootere
60, doch hun aantal stijgt, volgens de bestaande beschrijvingen, bij de oude voorwerpen tot meer dan 70. Misschien
dat ook het tandenstelsel eenigzins verschilt naar de verschillende leeftijds-toestanden, wat schijnt te blijken uit de
kleine verschillen in de beschrijvingen van het tandenstelsel van den heer Richardson en de hierboven gegevene.

In mijne Bijdrage tot de kennis der Muraenoiden en Symbranchoiden van den Indischen Archipel, opgenomen in het
25e deel der Verhandelingen van het Bataviaasche Genootschap van kunsten en wetenschappen heb ik, in overeenstemming met Cuvier, mijn gevoelen te kennen gegeven,
dat het geslacht Gymnomuraena Lac. niet aannemelijk is.
Het onderzoek der vinnen van mijne exemplaren van Gymnomuraena zebra Lac. steunt allezins dit gevoelen, vermits
na wegneming der dikke vinhuid de stralen zeer goed zigtbaar worden, en geen enkel verschil ten deze met meerdere andere dikvinnige Muraenen te ontwaren is.

Scripsi Batavia Calendis Decembris MDCCCLVI.

EETBARE AARDSOORTEN

EN

GEOPHAGIE.

DOOR

J. J. ALTHEER.

Hoewel de kennis van de aardsoorten, door de bewoners der verschillende luchtstreken, vooral onder de tropen, door vrouwen en kinderen gegeten, niet geheel nieuw mag genoemd worden, hebben toch nog slechts weinige scheikundigen ze onderzocht (1) en er in die gevallen slechts onverbrandbare stoffen in aangetroffen. Het uiterlijk aanzien pleitte daarvoor ongetwijfeld zoo zeer, dat men er geen nader opzettelijk onderzoek voor noodig achtte.

---

(1) *Argile alimentaire du Canton de Richmond* (Cotting Inst. 1837).

Kieselzuur	31
IJzeroxyde	12
Aluinaarde	31
Magnesia	10
Water	12
Verlies	1

Terre Comestible de la Nouvelle-Calédonie (Vauq. Journ. des mines, Prairial

Langen tijd is men evenwel van meening gebleven, dat bij die onbewerktuigde stoffen wel andere konden worden aangetroffen, die, eene min of meer belangrijke rol in de voeding spelende, het zoo algemeen verspreid gebruik der eetbare aardsoorten zouden verklaren. Talrijke overblijfselen van mikroskopische maagdieren (Gahonella, Navicula) en van Phytolitharien schenen voor dat gevoelen te pleiten, en de veel in zwang zijnde vorm van kaneelpijpjes, met een weinig olie dikwijls bedeeld en daarna geroosterd, kwam welligt niet zoo geheel onsmakelijk voor; waarbij nog komt, dat de aarden in warongs of eetkraampjes te midden van allerlei eetwaren als eene soort van snoepernij ten verkoop, worden aangeboden.

Het is reeds geruimen tijd geleden, dat ik het voornemen had opgevat, de verschillende soorten van tanah-ampoh— onder dien naam zijn op Java de eetbare aardsoorten bekend — scheikundig te onderzoeken, daartoe eenen aanvang makende met die hier (te Batavia) in den vorm van kleine half afgebrokkelde roode pijpjes, in gedroogde bladen van pisang of andere planten gewikkeld, worden verkocht. Wel kwam zij in uitwendige eigenschappen overeen met roode klei- of pottebakkers aarde, maar toch hield ik het niet voor onmogelijk, dat er eenigerlei aromatische, voedende, geneeskrachtige of in het algemeen organische stof kon ingemengd zijn.

Het scheikundig onderzoek toonde mij evenwel, dat die soort geheel van organische stof was ontbloot. Door verhitten namelijk in een glazen buisje bij stijgende warmte tot gloeijens toe, ontwikkelde zich slechts water. er had niet de minste verkoling plaats, noch werden er empyreumatische of andere produkten uitgedreven. De stof zelve onderging geene hoogere verkleuring dan zulks altijd plaats vindt wanneer ijzeroxyde bevattende mengsels verhit worden.

Van 0,487 grm. stof
waren de uitkomsten

			Tot 100 berekend:
Water	= 0,097 grm.		19,79°/₀

Van 0,487 grm. stof
waren de uitkomsten

Tot 100 berekend:

Water	= 0,097 grm.	19,79°/₀
Kieselzuur	= 0,165 „	33,68 „
Aluinaarde	= 0,144 „	29,39 „
IJzeroxyde	= 0,084 „	17,14 „

De voornaamste eigenschappen worden overigens nader vermeld.

Dit onderzoek was reeds langen tijd afgeloopen, toen de heer P. G. Wijers, op vroeger daartoe gedane uitnoodiging, mij eene geheel andere soort van ampoh toezond, afkomstig van Soerabaja, die eenen zouten smaak bezit. Ik onderwierp ook haar aan een onderzoek en het bleek al spoedig, dat hier mede aan geene ingemengde organische stoffen te denken viel. Zij bestond uit kieselzuur en aluinaarde, vrij homogeen bedeeld met ijzerprotoxyde, terwijl de zoute smaak afkomstig is van keukenzout, waarmede de geheele massa is doordrongen, zoodat het er zich in den vorm van kleine kristallen als een efflorescerend aanslag over uitbreidt.

Van Samarang ontving ik ampoh, in vorm overeenkomende met die van Batavia, hoewel de kleur er eenigzins van verschilt. Ook zij bestond uit kieselzuur, aluinaarde en ijzeroxyde, bij algeheel gemis aan organische stoffen.

Het scheikundig onderzoek der delfstof, door sommige arbeiders in het steenkolen etablissement Oranje-Nassau op Borneo gegeten, en vroeger (1) door mij medegedeeld, heeft aangetoond, dat zij bestond uit kolenschiefer of bitumineusen schieferthon, bestaande weder hoofdzakelijk uit kieselzuur en aluinaarde, bezwangerd met eene stof, bitumen,

---

(1) Tijdschrift der Vereeniging tot bevordering der geneesk. wetenschappen in Ned. Ind. 3e Jaargang afl. I, II en III p. 187. Natuurk. Tijdschr. Dl VI p. 369.

die, hoewel van organischen aard, als voedingsmiddel zoo min in aanmerking komt als de aarde zelve, en bedeeld met eene zekere hoeveelheid ijzerkies, welk ligchaam in genoemden schiefer zelden achterwege blijft.

De heer G. Wassink, chef der geneeskundige dienst, verzocht mij eenige soorten van ampoh te willen onderzoeken, die door den heer O. Brummer, officier van gezondheid te Kediri waren overgezonden, en waarvan vermeld werd, dat zij, behalve door zwangere inlandsche vrouwen ook door vele inlanders in genoemde residentie gegeten worden. Mijne bevindingen daaromtrent (1) hebben tot gelijke uitkomst geleid en staan in de hier volgende tabel gedeeltelijk vermeld.

De heer Dr. O. Mohnike deelde voor eenigen tijd mede, dat hij van den voormaligen adsistent-resident ter Ooskust van Borneo, den heer H. Von Dewall, vernomen heeft, dat de stam der Dajahs, genaamd Mogon, die drie dagreizen boven Samarinda verblijf houdt, eene zoetsmakende aardsoort tot voedsel gebruikt. Die aarde zou twee palmen dik op den bodem eener rivier gelegen zijn, welker oevers twee- tot drie honderd voet hoog zijn. Toen nu omtrent deze bijzonderheid aan den resident der zuid- en oosterafdeeling van Borneo eene meer uitgebreide en naauwkeurige opgave verzocht was, werd van hem een brief ontvangen (zie notul. der bestuursverg. van 23 Aug. 1855) geleidende twee mandjes met aarde en eene missive van den adsistent-resident van Koetei, gedagteekend Samarinda 1 Junij 1855, waarin berigt werd: „dat de mededeelingen ten aanzien eener alhier gevonden wordende aardsoort, bij de direktie der Nat. Vereeniging in N. Indie

(1) Zij zijn medegedeeld in het aangehaald Geneeskundig tijdschrift, Ven Jaargang afl 1, 2, 3 en 4, bladz. 808 en vervolgens.

ontvangen, niet zijn mogen bevestigd worden; dat de aarde, welke vijf dagreizen boven Samarinda gevonden wordt, ongeveer zes rijnl. voeten boven den gemiddelden waterstand aan den 19 rijnl. voet hoogen regteroever der kreek Lêtèkh aan den dag komt, ter plaatse waar zij zich in de Koctei-rivier uitstort. De Dajahs Long-wahi en Long-bêlèkh, die tot den uitgebreiden stam der Modangs behooren, zijn de eenige, die van deze kleiaarde slechts bij wijze van lekkernij gebruik maken, gelijk de Javaan van de hampooh (tanah ampoh) met dit onderscheid alleen, dat de ampoh vooraf gebakken en de bewuste aardsoort, alhier onder den naam van tanahklap of tanah-lijat bekend, in de zon gedroogd wordt. Ook hier zijn de vrouwen en kinderen de grootste snoepers dezer zonderlinge délice, terwijl de mannen er onverschillig voor zijn en de Bahaoe-, Wahaoe-, Poepan-, Toendjoeng-, Benoea-, Bentiean-, Boengan-en Basap-stammen er in het geheel geenen smaak voor aan den dag leggen."

De toegezonden aarde bestaat uit amorphe zeer fijnkorrelige stukken ter grootte eener vuist. De breuk is oneffen en aardachtig. De hardheid is zeer gering, ongeveer $= 1 : 1,5$. De aarde is vetachtig op het aanvoelen en zonder moeite tusschen de vingers tot poeder te wrijven. Soort. gewigt $= 2$. Ondoorzigtig en dof; over het algemeen geelachtig wit van kleur, bij nadere beschouwing vuil wit met gele tot roode puntcn, strepen of vlakken voorzien. De streek is licht geel. De massa is reukeloos, blijft aan de vochtige lippen hangen en knarst bij het fijnverdeelen tusschen de tanden. Meermalen heb ik de aarde geproefd en den smaak nu eens zeer zwak zoet, dan weder zuurachtig bevonden, terwijl het mij ook weder voorkwam dat die er geheel aan ontbrak.

Eene vrij groote hoeveelheid dier aarde (drie stukken van bovengenoemde grootte) werd met gedestilleerd water bevoch-

tigd. Onder een zwak sissend geluid, doch zonder vrij-
wording van warmte, werd dit er gretig door opgenomen;
bij verdere toevoeging vielen de stukken tot een fijn poeder
uiteen. De reaktie der vloeistof bleef neutraal, doch wanneer blaauw lakmoespapier met het bezonken gedeelte in
aanraking kwam, werd de kleur bleeker en bleeker, totdat
het papier nagenoeg ontkleurd was eene eigenschap die
toekomt aan fijnverdeelde, in zuren oplosbare aluinaarde.
Het mengsel werd gekookt, en de vloeistof afgefiltreerd.
Deze was waterhelder, reageerde neutraal, en liet na verdamping een gering residuum achter, dat bijna smakeloos, althans noch zuur noch zoet was, eene bruinachtige kleur bezat en gedeeltelijk van organischen aard bleek te zijn. Het
was intusschen slechts een naauwelijks merkbaar spoor, afkomstig van de fragmenten der varenbladen, die hier en daar
toevalliger wijze tusschen de massa werden aangetroffen.

In het waterig aftreksel werd geen zwavelzuur, chloor,
enz. aangetroffen. Het onverbrandbare gedeelte was kieselzuur.

Met zeezoutzuur overgoten ontwikkelde de aarde slechts
zeer weinig gasbellen. In dit zure aftreksel werden gevonden .

Kieselzuur, aluinaarde en ijzeroxyde met geringe hoeveelheden kalk en magnesia. Zwavelzuur noch phosphorzuur waren daarin aanwezig.

Bij verhitting in eene glazen buis werd de aarde eenigzins donkerder gekleurd: er ontwikkelde zich waterdamp,
doch geene dampen en ontledingsprodukten van organischen
oorsprong. Blaauw lakmoespapier werd niet rood gekleurd.

Na het roosteren der aarde bij niet zeer verhoogden warmtegraad, werd zij met water bevochtigd en daarmede eenen
geruimen tijd in aanraking gelaten. De waterige vloeistof

HERKOMST.	VORM.	BREUK.	HARDHEID EN SOORTELIJK GEWIGT.	DOORZIGTIGHEID.	GLANS.	KLEUR EN STREEK.	REUK EN SMAAK.	VERHOUDING TEGENOVER WATER.	SCHEIKUNDIGE BESTANDDEELEN.	AANMERKINGEN.

werd afgefiltreerd en bevatte niet de minste sporen van zwavelzuur.

Uit dit een en ander blijkt alzoo, dat de aarde van Samarinda zelve niet de minste sporen van organische stof bevat. Den zeer twijfelachtigen smaak, waarover later, vermoedde ik eerst dat van een aluinaarde-zout en wel van zwavelzure aluinaarde kon afkomstig wezen. Het onderzoek toonde evenwel van dit ligchaam niet de geringste hoeveelheid aan.

De uitkomsten des onderzoeks van de verschillende mij toegezondene aardsoorten heb ik kortelijk in het hier volgende overzigt opgeteekend (Zie bijgevoegd tabellarisch overzigt).

De tanah-ampoh-soorten, afkomstig van Bantam en der. Natuurkundige Vereeniging toegezonden door den heer Kollmann, komen in hoofdeigenschappen met de vermelde overeen. Het zijn alle min of meer zuivere stukken kleiaarde, die geene organische stoffen bevatten, maar welligt talrijke onbewerktuigde overblijfselen van georganiseerde ligchamen. Het uitwendig aanzien is als volgt:

1. Tanah-ampoh, afkomstig van het distrikt Pandeglang, dessa Korandji. Vuil grijze, geelbruin en zwart gevlekte stukken.

2. Tanah-ampoh, afkomstig van het distrikt Kollelet, dessa Tjirangkong en riviertje Tjibala Licht gele, roodgevlekte, ligte stukken, die uitwendig met vele holten zijn voorzien. Bij het doorbreken ontwaart men, dat die ontstaan zijn door het uitvallen der glazige fragmenten (kwarts), die door de geheele massa verspreid liggen.

3. Tanah-ampoh, afkomstig van het distrikt Baros, dessa Djaha. Bruin gespikkeld, fijnkorrelig.

4. Tanah-ampoh, afkomstig van het distrikt Baros, dessa

Maijak-Stukken, die oppervlakkig het aanzien bezitten van gomhars, en geelbruin tot grijsgroen van kleur zijn.

5. Tanah-ampoh, afkomstig van het distrikt Serang; dessa Passirawi. Roode massen pottebakkersklei.

6. Tanah-ampoh, afkomstig van het distrikt Tjiomas, afdeeling Pandeglang. Vrij gelijkmatig donker grijsgeel gekleurde brokken (1).

Ik laat hier eenige opgaven volgen, door verschillende reisbeschrijvers en natuuronderzoekers omtrent de geophagie en de geaardheid der zoogenoemde eetbare aarde medegedeeld (2), om te doen uitkomen in hoeverre daarmede de door mij verkregen uitkomsten overeenstemmen. Het zal daaruit verder blijken, dat niet alleen in de tropische gewesten de geophagie in zwang is, maar dat zij ook bestaat bij de bewoners der meer gematigde luchtstreken.

In China schijnt het gebruik vrij uitgebreid te zijn, zoodat de heer Ehrenberg er zelfs een berigt over geschreven heeft; de stof is naar genoemden geleerde eene witte kleiaarde. In Siam zou het volgens Labillardière speksteen zijn (deze bestaat uit 65,6°/₀ kieselzuur, 30,8°/₀ magnesia en 3,6°/₀ ijzeroxydule). In Bengalen is het aarde-eten mede zeer algemeen. Op de markten te Calcutta verkoopt men kleine schijven gebrande klei (pat-kola), die de vrouwen eten; in de omstreken van Patna eene geelachtig graauwe klei, overeenkomende met zegelaarde, waaruit eene fijne soort van alkarazas (gargoulettes, gendies) vervaardigd wordt, die

---

(1) Ik heb mij later, bij een togtje van Batavia over Serang naar Anjer overtuigd, dat de meeste dezer soorten van ampoh behooren tot de wadas-formatie van Bantam, waarvan de beschrijving voorkomt in *Junghuhn's Java* IIIe afdeeling C. fijne en grove puimgesteenten van verschillenden aard.

(2) Zij zijn gedeeltelijk overgenomen uit het werk van C. F. Heusinger, die sogenannte Geophagie oder tropische (Malaria-) Chlorose, en uit de Dictionnaire de mat. med. par Mérat et De Lens, art. Terres comestibles.

door indiaansche vrouwen, inzonderheid door de zwangere, verbroken en gegeten worden. De Tonguzen en Kamschatdalen gebruiken eene witte geslibte klei, die met water vermengd als melk in groeven en putten aan de oostkust van Siberie voorkomt. Van deze wordt gezegd, dat zij in het eerst geheel smakeloos is, maar eenen zoeten nasmaak heeft als van aluin. Ook in Syrie wordt door de vrouwen veelvuldig aarde gegeten, terwijl die van Nishabur (W. Perzie) door de artsen (van dat land) zelfs als geneeskrachtig wordt aangegeven. Zij komt geheel overeen met die van Kimolis (bolus of zegelaarde) en is zuivere kleiaarde.

Van Afrika vindt men weinig omtrent de geophagie aangegeven. Intusschen wordt de volgende phrase van Thiebault de Chanvallon, Voyage à la Martinique, door den heer Von Humboldt in zijne Ansichten der Natur aangehaald: „de negers van Guinea zeggen, dat zij in hun vaderland eene zekere kleiaarde eten, waarvan de smaak hun zeer bevalt, terwijl zij er zich niet door bezwaard gevoelen. Die zich aan het gebruik van Caouac, dit is de naam dier aarde, hebben overgegeven, zijn zoozeer daaraan gehecht, dat geen straf hoegenaamd in staat is hen daarvan terug te houden".

Niet slechts in Azie en Afrika, ook in Amerika is het nuttigen zeer in gebruik en wel volgens de mededeelingen van den heer Von Humboldt in buitengewoon groote mate.

De Ottomaken eten handen vol aarde en stof. Wanneer zij zich in de rivier gaan baden, gebruiken zij met onuitsprekelijk genoegen geheele stukken klei. De mannen verdragen het zonder nadeelig gevolg, de vrouwen, die ook gaarne er een overvloedig gebruik van zouden willen maken, benijden de eerste, omdat het haar verstoppingen veroorzaakt. Willen de moeders de kinderen zoet houden, zoo geven zij hen een stuk klei, waaraan de kleinen zoolang lekken, totdat er niets meer van over is gebleven (hieruit blijkt dat de klei zeer fijnkorrelig en zacht moet wezen, en dus waarschijnlijk veel in zuren en alkaliën oplosbare aluinaarde bevat). Het brood, door de Ottomaken gegeten, bestaat uit meel van maïs, vet van alligators of schildpadden en klei.

Zoolang het water in de Orinoco en Meta laag staat, zegt de heer Von Humboldt, leven de Ottomaken van visch en schildpad. Zwellen de stroomen periodisch op, dan houdt de vischvangst op en men ziet de menschen ongeloofelijke hoeveelheden klei verslinden, die hunnen levensvoorraad uitmaakt. Dagelijks wordt er door een Indiaan van $^3/_4$ tot $^5/_4$ pond verbruikt.

Volgens Depons eten alle zwervende horden aan de oevers van de Meta eveneens kleiaarde, zoo ook de Indianen aan de Amazonen-rivier.

Te Parannagua en Guaratula alsmede meer in het zuiden der provincie St. Catherina maken mannen en vrouwen gebruik van eene aardsoort, die in de nabijheid van warme bronnen wordt aangetroffen. Zij eten die met graagte, terwijl de jonge lieden meer de voorkeur geven aan eene soort van aardewerk van Bahia, dat eenigzins geparfumeerd is en waarop zij elkander onthalen.

Ook in de meer zuidelijk gelegen landen van Europa is de geophagie niet onbekend. Zij klimt tot de hooge oudheid op. Immers, het is bekend hoe in het oude Griekenland door de geneesheeren Hippokrates, Dioskorides, en in navolging van hen later door Galenus, bij ziekten van vrouwen meermalen aardsoorten werden aangewend, waarvan het gebruik volgens sommige schrijvers ongemeen groot moet geweest zijn. Het waren witte, gele, graauwe of roode kleisoorten, zooals de Lemnische aarde, die van Samos en Chios, van Kimolis, van Synope, Malta enz.

Het gebruik van leem en pottebakkersklei bleef langen tijd voortduren, en omdat zij uit Armenië werd aangevoerd verkreeg de klei den naam van Armenischen bolus. Het waren platronde schijven, waarop de ouden het afbeeldsel eener geit, een zegel, drukten: van daar de naam *zegelaarde*, *terra sigillata*. In later tijd drukte men er zegels op, eenen arend, Christus of den H. Paulus voorstellende.

Bij de Romeinen bestond nog eene andere gewoonte. Zij bedienden zich namelijk van gips (die voortdurend uit de solfataren van Napels werd opgeworpen) om stevigheid aan de spijzen bij te zetten.

Verder vindt men nog de volgende bijzonderheden omtrent de geophagie in Europa vermeld.

In Macedonië verkoopt men talkaarde op de markten, die onder het brood gebakken wordt. Eene andere aardsoort is daar zoozeer in gebruik, dat eenmaal eenige Ulemas uit Anatolie den grootvizier daarvan verschillende monsters kwamen aanbieden als een goedkoop voedingsmiddel voor de Turksche troepen.

In Ogliastra op Sardinië wordt een deeg van eikels tot brei gemaakt en eene zekere hoeveelheid vette kleiaarde daarbij gevoegd; het mengsel vervolgens tot koeken bereid, die met asch bestrooid of wel met eenig vet besmeerd worden, is een zeer alledaagsche kost.

In het zuidelijke gedeelte van Spanje wordt de almagro, eene roode klei van Almarazon in Murcia met poeder van spaansche peper vermengd en veelvuldig gegeten.

De aarde van Bucaros en de klei van Estremoz, waaruit de alkarazas vervaardigd worden, zouden in dien vorm voor Portugals schoonen zeer geliefdkoosde spijzen zijn.

Ook uit de noordelijk gelegen landen van Europa zijn voorbeelden van geophagie bekend.

De boeren van Zweden doen jaarlijks bij honderden van

wagenvrachten infusoriën-aarde aanvoeren, om die te eten.

Is het dus uit mijne onderzoekingen gebleken, dat de bestanddeelen der eetbare aarden nagenoeg steeds dezelfde zijn en hoofdzakelijk neêrkomen op kieselzuur en aluinaarde, daar al de andere te zeer in hoeveelheid varieren of dikmaals ontbreken, — de mededeelingen der reizigers komen er geheel mede overeen. De tanah-ampoh is kleiaarde, op verschillende wijzen toebereid of wel niet bereid, van verschillende plaatsen, in den regel uit de omgeving der verbruikers, afkomstig: van daar het verschil, dat de zamenstelling nu en dan oplevert. Meestal van tertiaire kleilagen genomen, bevat zij niet zelden aanzienlijke hoeveelheden ijzeroxyde of ijzeroxydule en is dan donkerrood, bruin, zwart, grijs enz. gekleurd; somtijds is zij met bitumen bezwangerd, of wel in zeldzamer gevallen met zouten, als keukenzout en aluin, of met zwavelijzer bedeeld; dikwijls wordt er kalk of magnesia in aangetroffen. Geheel toevallig komen er somtijds plantaardige zelfstandigheden, fragmenten van vegetabilen oorsprong, in voor, en in het algemeen kunnen de bijzondere inmengselen zeer uiteenloopend zijn van aard, somtijds zelfs schadelijke stoffen, zooals de scheikundige Vanquelin heeft aangetoond, die in den speksteen, dien de bewoners van Nieuw-Caledonie eten, een niet onaanzienlijk gehalte koper vond (1). Organische, verbrand-

---

(1) Hij vond de zamenstelling als volgt:

Magnesia	27
Kiesel	36
IJzeroxyde	17
Water	3
Kalk en koper	2
Verlies	5
	100

bare, stoffen maken evenwel nimmer een gedeelte der hoofd-
massa uit.

Men heeft gemeend, dat, wanneer de eetbare aarde volgens het scheikundig onderzoek uitsluitend uit onbewerktuigde stoffen bestaat, dit in strijd is met de waarneming van
den heer Ehrenberg, die aantoonde, dat de eetbare klei van
Samarang uit mikroskopische versteeningen van dieren was
opgebouwd. Die meening evenwel is zeer onjuist. Versteeningen toch zijn verblijfselen van georganiseerde ligchamen, maar daarvan is de vorm alleen behouden gebleven, het organische gedeelte zelf is door kiesel of door
stoffen van anorganischen aard verdrongen zoodat het aanwezen van die pantsers en schalen nog meer zou pleiten
voor den onbewerktuigden aard, indien daartoe eene nadere
bevestiging noodig was.

Nu doet zich de vraag op, waaraan dan sommige kleisoorten haren bijzonderen zoo zeer gezochten smaak ont-
leenen. Ik merk op, dat in de meeste gevallen geen smaak
bestaat, maar dat daar, waar zulks wordt opgemerkt, dit
in enkele gevallen is toe te schrijven aan de eigenschap
van de kleiaarde om vreemde gasvormige ligchamen in zich
op te nemen, misschien te kondenseren, waardoor dikwijls
en reuk en smaak worden opgewekt Bij het bevochtigen
van klei, pijpaarde enz., bij het vallen van regen op eenen
uitgedroogden kleibodem, wordt steeds een bijzondere reuk
ontwikkeld, waarvan de oorsprong in die stoffen zelve niet
kan worden aangewezen. De reuk staat in een naauw verband met den smaak, en daar aluinaarde, hoewel in den
vorm van hydraat adstringerend op tong en gehemelte,
voor zich zelf in water onoplosbaar is en veeltijds ook in
alkaliën of zure vloeistoffen, zoo kan, waar deze onoplosbare vorm wordt aangetroffen en geene bijmengselen aanwezig zijn, die eenen eigenaardigen smaak bezitten, voor

dezen wel geene andere verklaring gevonden worden. Maar in andere gevallen, wanneer bijv. de smaak zoetachtig is, zooals boven bij de klei of oker van Samarinda staat opge- teekend en vermeld is bij de klei van Siberië, die in het eerst smakeloos is maar eenen zoeten nasmaak heeft als van aluin, kan zulks wel niet uitsluitend worden toegekend aan het absorptie-vermogen der kleiaarde voor gassoorten, maar moet gezocht worden in de aluinaarde of hare verbindingen. In het eerste geval moet men dan aannemen, dat een ge- deelte zich met het zure slijm verbindt of wel in het speek- sel wordt opgenomen, welk laatste, hoewel een neêrslag in aluinoplossingen te weeg brengende, door de alkalische re- aktie tot die aanname eenigzins geregtigt. Verder is het niet onwaarschijnlijk, dat sommige eetbare aardsoorten aluin bevatten, waartoe onder andere welligt de klei uit Siberië behoort, daar toch de tertiaire kleilagen niet zelden zelfs kristallen van aluin uitzweeten. Dit heeft plaats wanneer kleilagen, die oplosbare aluinaarde bevatten met sulphure- tum ferri aan de lucht zijn blootgesteld geweest, hetgeen zich gemakkelijk laat verklaren. Het laatste ligchaam na- melijk, zuurstof opnemende, wordt onder den invloed der ten opzigte van het ijzer elektro-positieve aluinaarde ontbon- den, ten gevolge waarvan zich sulphas aluminae vormt en sulphas ferri of ijzeroxyde.

Kan de klei werkelijk eene voedingsstof zijn? Kunnen aardsoorten geassimileerd worden, d. i. in bestanddeelen van het menschelijk ligchaam overgaan of dienen zij slechts als ballast in de maag? Zetten zij alleen de wanden van de maag uit en verdrijven zij op deze wijze den honger?

Ziedaar eenige vragen door den heer Von Humboldt gesteld.

De algemeene notie van voeding is, dat de door het le- vensproces verbruikte deelen door eene gelijke (bij het vol- wassen individu) of door eene grootere hoeveelheid stoffen

(bij het onvolwassen individu) vervangen worden. Die stoffen, voedingsmiddelen, moeten dus naar gelang harer
waarde aan eene of meer der navolgende voorwaarden voldoen.

I.   De eiwitachtige stoffen, de spieren en het bloed, kun-
     nen onderhouden;

II. De ademhaling, vetvorming, enz.;

III. De beenderen-massa en de anorganische deelen;

wanneer de zoodanige, die de voeding bemiddelen, als daar
zijn water, keukenzout enz. buiten rekening worden gelaten.

Na hetgeen vroeger behandeld is, kan het niet moeijelijk
wezen, de hiervoren gestelde vragen te beantwoorden.

De eetbare aarde, de tanah ampoh, bevat geene organische stoffen, en kan dus nimmer als voedsel in aanmerking
komen in de beteekenis van I en II. Hoedanig is het er
nu mede gelegen ten opzigte van III?

Om dit op te lossen, dient in de eerste plaats onderzocht
te worden of er in de anorganische deelen (de asch) van
het menschelijk ligchaam dezelfde stoffen worden aangetroffen als in de tanah-ampoh. Wij zullen dit hier achtereenvolgens doen van de drie hoofdbestanddeelen, het *ijzeroxyde*, het *kiezelzuur* en de *aluinaarde*.

a. Het ijzeroxyde is ten dezen opzigte het belangrijkste.
In het bloed van één mensch komen voor 2,5 wigtjes
ijzer en verder zijn er in het maagsap sporen van ijzer-
chlorure en in het miltvocht van phosphorzuur ijzeroxyde
aangewezen. Het komt voor in de gal, en ten bedrage
van 0,058 tot $0,39^{\circ}/_{\circ}$ in de haren. Het is dus duidelijk,
dat het ijzer eene hoogst gewigtige stof is ten opzigte der
dierlijke voeding, waarvoor nog pleiten kan, dat het ook
in eijeren en melk voorkomt. In alle door mij onderzochte eetbare aardsoorten nu zijn ijzerverbindingen aanwezig
in eenen vorm, die het ter opname in het organisme zeer
eigent. Maar wanneer men daarom de eetbare aarden be-

langrijk voor de voeding zou achten, daarbij aanvoerende dat het ijzer eene steeds onbegrijpelijke rol in het organisme vervult en vroeger zelfs door Lecanu beweerd werd, dat de in het menschelijke ligchaam voorkomende hoeveelheid misschien te groot is om onvoorwaardelijk te kunnen aannemen, dat het van het gewone voedsel zou afkomstig zijn, is zulks toch wel voor overdreven te achten, want men is door naauwkeuriger ontledingen der gewone voedingsmiddelen en van het drinkwater tot het resultaat gekomen, dat daarin eene meer dan genoegzame hoeveelheid ijzer wordt aangetroffen om er voortdurend het ligchaam voldoende mede te voorzien, zoodat men geene ijzerhoudende klei noodig heeft. En al mogt die behoefte aan ijzer bestaan, dan nog zouden uiterst kleine hoeveelheden voldoende zijn.

b. Het kieselzuur komt slechts als sporen voor in het bloed van den mensch, in de urine en in de haren. In de vaste drekstoffen wordt het aangetroffen als zand en als residu van het plantaardig kieselhoudend voedsel.

c. De aluinaarde. Zeer weinige physiologen kennen aan deze stof eene plaats toe onder de onbewerktuigde zelfstandigheden van het dierlijk ligchaam en dus ook van dat des menschen. Intusschen moeten er sporen in de asch worden aangetroffen, want alhoewel het een voor goed uitgemaakt feit is, dat in de *plantenasch*, dus ook in de planten zelve, geene aluinaarde wordt aangetroffen (op eene enkele uitzondering na misschien, daar Arozenius in het Lycopodium complanatum tartaras aluminae zou hebben aangetroffen), zoo bekomen toch de plantenetende dieren aluinaarde, door het stof en de klei, die aan de oppervlakte der planten kleven, even als dat onvervalschte, onversneden wijn geringe hoeveelheden tartaras aluminae bevat, terwijl in de druif zelve geene sporen van dat zout voorhanden zijn. De oorzaak hiervan is mede daarin gelegen, dat aan de oppervlakte, het waslaagje van de druif, eenig stof is hangende gebleven, dat bij de kneuzing in het plantaardig zuur van het sap wordt opgenomen. Een tweede reden, dat in de asch van dieren aluinaarde moet voorkomen, ligt daarin, dat de meeste rivier- en bronwateren aluinaarde bevatten, omdat dit zoowel in koolzuurhoudend als in alkalisch water min of meer oplosbaar is. Slechts één opgave is mij bekend, waarbij aluinaarde onder de bestanddeelen eener dierlijke stof is opgenomen. Zij is van Sprengel, die aangeeft, dat de urine eener koe op 100,000 deelen 2 deelen aluinaarde bevat, eene hoeveelheid, die zeker te groot is om over het hoofd te worden gezien.

Het blijft een moeijelijk op te lossen vraagstuk in hoeverre stoffen, tot een minimum in het organisme voorhanden, daarin al dan niet noodzakelijk zijn. De verdeeling der anorganische stoffen des ligchaams in *toevallige* en in *mechanisch* of *chemisch* werkende is slechts problematisch, omdat zij op zeer losse grondslagen berust. Zoo brengt men tot de eerste ook stoffen, onder anderen het rhodan-natrium, die, hoewel tot geringe hoeveelheid, standvastig in het ligchaam voorkomen, en daarom wel geschikt zijn het vermoeden te doen rijzen, dat zij *niet* zoo geheel toevallig zijn. De bestanddeelen van drinkwater, die geheel uiteenloopend zijn, zoo in hoeveelheid als in geaardheid, en naauwelijks $\frac{1}{1000}$ tot $\frac{2}{1000}$ aan gewigt er van uitmaken meent men daarentegen *noodzakelijk*, niettegenstaande door het al dan niet gebruik maken van vleesch, groenten, keukenzout, enz., alsmede van dat water zelf, die stoffen tot eene onvergelijk grootere hoeveelheid willekeurig worden opgenomen of achterwege gelaten.

Maar genoeg, al komt de aluinaarde in het ligchaam voor, zelfs aannemende dat zij daarin mechanisch of chemisch werkzaam en bijgevolg noodzakelijk zij, dan is de hoeveelheid toch zoo gering, dat die voldoende door het drinkwater wordt aangevoerd. In geen geval zal men daarvoor tot het nuttigen van aarde behoeven over te gaan.

Ook ten opzigte van III, om de anorganische deelen zal de eetbare aarde nimmer als voedsel in aanmerking kunnen komen.

Hoedanig hebbe men zich dan het gebruik der klei te verklaren?

Sommigen nemen het aan als eene natuurlijke neiging tot een geneesmiddel, als voorbeeld aanhalende hoe gelijksoortige middelen tegen zekere ziekelijke toestanden door de geneesheeren der ouden worden voorgeschreven. Maar wanneer het zulks oorspronkelijk was, zoo is het spaarzaam gebruik langzamerhand ontaard in eene ziekelijke gewoonte, die het zoodanig overvloedig heeft doen worden, dat men de klei als voedsel meende te moeten begroeten. Dit laatste, hebben wij aangetoond, kan de kleiaarde nimmer zijn, maar voor zoo verre zij aluinaarde in den in zuren en alkaliën oplosbaren vorm bevat, is het niet onmogelijk, dat er een gedeelte van wordt opgenomen, dat zich evenwel spoedig aan de wanden der organen vastleggen zal en aanleiding geven tot eene ware looijing, waaruit gevoelloosheid moet voortvloeijen, zoodat de prikkelbaarheid dier deelen, dus ook de gewaarwording van honger, zal ophouden te bestaan. Ziektetoestanden van velerlei aard zullen er het gevolg van wezen. Het proces, door den heer Greiner beschreven van de koolschiefereters op Borneo (zie Tijdschrift der Vereeniging tot bevordering der geneeskundige wetenschappen in Ned. Indië, 3e jaarg. afl. I, II en III pag. 182 en vervolgens), kan er als een voorbeeld van strekken.

———

OVER

METEOROLOGISCHE WAARNEMINGEN

IN

NEDERLANDSCH INDIE

DOOR

M. H. JANSEN,

Luitenant ter zee.

———

Het aandeel, hetwelk ik gehad heb in het ontwerpen van
het stelsel van weerkundige waarnemingen, dat thans door
alle zeevarende natien is aangenomen en volgens hetwelk
aan boord van alle schepen op eenvormige wijze wordt
waargenomen, en het invoeren van dat stelsel op de nederlandsche schepen, hebben mijne aandacht meermalen op
den Oostindischen archipel gevestigd. Het kwam mij
dan telkens voor, dat eene meer volledige kennis der natuurverschijnselen, welke zich in deze, door hare ligging
zoo hoogst belangrijke eilanden-groep voordoen, om verschillende redenen hoogst nuttig zoude zijn. Dikwerf heb
ik met uitstekende mannen in het buitenland over dit on-

derwerp gedachten gewisseld en ik heb met hen de behoefte gevoeld aan zorgvuldige, en met onderling vergelijkbare
instrumenten gedane, eenvormige meteorologische waarnemingen uit Nederlandsch Indië.

Nu ik mij hier bevind, zullen zij van mij verwachten,
dat ik pogingen zal aanwenden om de leemte aangevuld te
krijgen, welke tusschen de waarnemingsplaatsen in Australië en die van de Vaste kust van Azië gevonden wordt
en daardoor in de gevoelde behoefte te doen voorzien, voordat de weerkundige journalen van duizende schepen, welke
den Indischen Oceaan en de Zuidzee bevaren, onder bewerking komen, want dan worden de waarnemingen uit den
Archipel onmisbaar.

Steeds koesterde ik de hoop, dat deze taak door kundiger
handen zou zijn opgevat. Ik meende dit te mogen verwachten, omdat het intellektuele leven in de laatste jaren in Nederlandsch Indie zoo is toegenomen, dat waarschijnlijk menig
denker, te midden van de prachtigste natuurverschijnselen geplaatst, te vergeefs getracht zal hebben ze te verklaren,
missende hij daartoe de daarvoor noodzakelijke gelijktijdige
gedane eenvoudige waarnemingen; — en dit, zoo dacht ik,
zou hebben moeten aansporen om pogingen in het werk te
stellen, anderen tot het doen dier waarnemingen aan te
zetten.

Zoo ver mij bekend is, heeft dit nog niet plaats gehad en
toch geloof ik, dat zeer velen bereid zijn, hun aandeel
waarnemingen te leveren, wanneer slechts geformuleerd
wordt, wat men verlangt en de plaats wordt aangewezen,
waar de waarnemingen ontvangen worden.

Wanneer zich eenmaal in Nederlandsch Indië eene meteorologische vereeniging zal vestigen of eene meteorologische inrigting mogt tot stand komen, dan mag men van zoodanige
vereeniging of inrigting bepaalde voorschriften te gemoet

zien. Deze bladzijden hebben slechts ten doel, het belang aan te toonen van weerkundige waarnemingen in den Oostindischen archipel, in de hoop van daardoor de meer vermogende pogingen van anderen uit te lokken, tot het tot stand brengen eener zoo zeer gewenschte zaak, waarbij de landman en de zeeman, de geneesheer en de fabrikant allen belang hebben.

Wind-waarnemingen.

Het moge aanvankelijk vreemd klinken, bij de kennis die wij reeds van de moessons in den archipel bezitten, het doen van wind-waarnemingen in het belang der zeevaart aan te bevelen; doch bij nader onderzoek zal men tot de overtuiging komen, dat die kennis uiterst oppervlakkig is; terwijl de minst ingewijde in het vak van navigatie kan begrijpen, dat juist in het gebied der moessons eene juistere kennis der winden van het hoogste belang moet zijn, niet alleen voor zeil- maar ook voor stoomschepen. Wanneer toch een stoomschip van een' voordeeligen wind gebruik maakt, dan kan het steenkolen besparen, door met expansie te werken. Wanneer het stilten of flaauwe koelten kan opsporen, in plaats van tegen de moesson te stoomen, al is het, dat men daarvoor een' kleinen omweg moet maken, dan zal daardoor, zonder de reis te vertragen, ook het steenkolen-verbruik minder zijn en zullen de werktuigen niet zooveel te lijden hebben.

Bij het meer en meer in gebruik komen van het hulpstoomvermogen, wordt eene juistere kennis der winden, met het oog op de daaruit voortvloeijende bezuiniging in brandstoffen, een dringend vereischte. En dat zij voor het zeilschip vooral hier van het grootste belang moet zijn, waar de winden aan zoovele en krachtige verstoringen onderhevig zijn, zal wel geen betoog behoeven.

Wanneer men de zeil-aanwijzingen voor den Archipel opslaat, om iets aangaande de winden en de stroomen te vernemen, dan slaat men, teleurgesteld, die boeken digt, dewijl zij niet veel meer dan gevaar- en kust-beschrijvingen bevatten, en geene zeilaanwijzingen kunnen zijn, zoolang eene juistere kennis van winden en stroomen ontbreekt, waaruit zij moeten voortspruiten.

Om daartoe in staat te stellen behoort onderzocht te worden:

1°. Welke de rigting van den wind is, in elke maand van het jaar, daar waar de moessons onbelemmerd waaijen.

2°. Tusschen welke grenzen dit geschiedt.

3°. Aan welke verstoringen de moessons buiten deze grenzen onderhevig zijn.

4°. Op hoedanige wijze de moessons verstoord worden; en

5°. Op welke wijze de moessons kenteren.

Het is echter vooral hier noodig, aan de rigting de kracht van den wind te verbinden. Immers, wanneer men de grenzen wil afbakenen der doorstaande winden, dan behoort men de windkracht te kennen waaruit ze moeten worden afgeleid. Deze kennis is zoowel voor zeil- als voor stoomschepen nuttig.

Voor de zeevaart is het echter voldoende, wanneer men hier den wind in 3 kategorieën verdeelt, en bijvoorbeeld door 0 te kennen geeft stilten en flaauwe koelten, waarmede men minder dan 3 mijls vaart loopt; door 1, wanneer men bij den wind meer dan 3 mijls vaart loopt en bramzeils kan voeren; en door 2 de hardere koelten. Hieronder zijn echter de buijen niet begrepen, waarover afzonderlijk gehandeld zal worden. Om de windkracht der buijen in cijfers uit te drukken, kunnen admiraal Beaufort's cijfers van 0 tot 12 dienen. Aan den wal is het echter wenschelijk, dat de windkracht zuiver gemeten worde.

Het stelselmatig onderzoek naar de verschijnselen op en in den oceaan, door den heer Maury uitgedacht, en waaruit Maury's voortreffelijke wind- en stroomkaarten voortgesproten en waarop zijn uitmuntende zeilaanwijzingen gegrond zijn, heeft door de belangrijke resultaten, welke, reeds weinige jaren na hare invoering, er door verkregen werden, zich bij alle zeelieden aanbevolen en men mag met regt verwachten, dat een onderzoek naar de kracht van den wind in en om den Oostindischen archipel niet minder verrassende en belangrijke vruchten zal opleveren. Door de gelijktijdige waarnemingen in en buiten den Archipel gedaan te verzamelen en onderling te vergelijken, zal men het verband tusschen de verschillende verschijnselen opmerken, tot de vermoedelijke oorzaak opklimmen en daaruit gevolgtrekkingen maken kunnen om het verder onderzoek te leiden. Stellen wij ons voor, dat men het kenteren van de oost- op de westmoesson in de Java-zee wenschte na te vorschen. Men weet, dat gedurende den tijd, waarin de oostmoesson in de Java-zee heerscht, de zuidwest moesson op het noorder- halfrond in de Chinesche en Indische zee waait Het noordelijkste gedeelte van den Archipel ligt dan tusschen die beide moessons, terwijl in de Java-zee de oostmoesson nog steeds doorstaat.

Wanneer hier daarentegen de westmoesson heerscht, dan waait de noordoost-passaat op het noorder-halfrond, waarin het noordelijkste gedeelte van den Archipel gelegen is. Op hoedanige wijze heeft de overgang van den eenen op den anderen toestand plaats?

Vooronderstellen wij nu een' waarnemer op het meest noordelijke punt onzer bezittingen geplaatst; ook waarnemers op doelmatig gekozene plaatsen, te Tappanoli op Sumatra, te Riouw, te Sambas, te Manado en te Ternate, welke plaatsen nagenoeg in dezelfde breedte liggen, vervolgens waarnemers op even goed gekozene plaatsen te Ambon, te Makassar, op de Zuidhoek van Borneo, op Biliton, op Banka en te Benkoelen; weder andere waarnemers in de Lampongs, op Java, zoo mogelijk op de Oostelijke eilanden, op Banda en op Timor geplaatst, dan lijdt het geen twijfel, of men is in staat het geheele verschijnsel der kenteringen te overzien, want de zeemagt, die reeds zulke gewigtige diensten aan de hydrographie bewezen heeft, zal ook hier weder het verband weten daar te stellen tusschen de verschillende eilanden van den Archipel.

Ik heb van de westmoesson, die van November tot Maart in de Java-zee waait, eene verklaring trachten te geven (1) en op het dorre land van Australië gewezen, als de vermoedelijke oorzaak, waaraan zij haar ontstaan verschuldigd is. Gedurende mijn verblijf in dat land, werd ik in deze meening versterkt door de heete winden, welke, in het jaargetijde, waarin de westmoesson in den Archipel heerscht, op de zuid- en oostkust van Australië ondervonden worden en die zoo duidelijk op eene bron van hitte wijzen, meer noordwaarts in het binnenland gelegen. In eenen brief van mijnen vriend, den luitenant W. Chimmo der engelsche marine, die naar de Albert- en Victoria- rivieren op de noordkust van Australië gezonden was, om narigten in te winnen omtrent de *exploring expedition* van Gregory, waarover men zich ongerust maakt, wordt mij geschreven, dat die expeditie tot 300 eng. mijlen landwaarts ingedrongen was, en dat zij op weinig afstands van de kust niets dan dor en zandig land had aangetroffen, behoorende tot eene uitgestrekte woestijn, waarin zij niet verder had durven doordringen. Dit feit geeft meerder grond aan mijne vooronderstelling, dat de westmoesson in den Archipel ontstaat door de verhitting van deze zandwoestijn in den zuidelijken zomer.

_____

(1) In de Bijdrage tot Maury's Natuurkundige beschrijving der Zeeën, uitgegeven door P. K. Braat, te Dordtrecht.

Doch in eenen brief, gedagteekend Washington 8 Mei 1856 vestigt mijn uitstekende vriend Maury mijne aandacht op een verschijnsel, dat zich gelijktijdig in het midden van den Indischen oceaan voordoet. Uit de waarnemingen, loopende over 8000 dagen in den Indischen Oceaan, hem toegezonden door de Meteorologische Vereeniging te Mauritius, alwaar zij uit scheeps-journalen verzameld waren, is het hem gebleken, dat schepen, die den n. o. passaat in den zuidelijken zomer b. v. op 1° n. br. verloren hadden, wanneer zij om de zuid gaande, de stilten doorgeworsteld waren, eerst n. w. en daarna z. w. winden kregen, voordat zij in de stilten kwamen, welke gevonden worden op de ekwatoriaal-grens van den z. o. passaat, dien men tusschen 10° en 15° z. br. intrad. Gedurende de zomermaanden van het zuider-halfrond bestaan er dus in het midden van den Indischen oceaan ook n. w. en z. w. winden tusschen den equator en 10 z. br. En nu rijst de vraag, of er ook eenig verband bestaat tusschen deze verschijnselen en die, welke gelijktijdig in den Archipel worden waargenomen. En mogt hierop een bevestigend antwoord verkregen worden, dan zou waarschijnlijk het dorre land van Australië niet de eenige oorzaak zijn, waardoor de westmoesson wordt voortgebragt. De verschijnselen ter Westkust van Sumatra doen denken, dat er werkelijk eenig verband tusschen die winden bestaat. Op de Oostkust van Sumatra heb ik dit eveneens vermoed. Wanneer in het laatst van Augustus en in September de z. w. moesson in de Chinesche zee met kracht heerscht, dan vindt men ook z. w. winden ten noorden van den equator in de eilanden-groepen van Linga en Riouw. De oostmoesson waait dan in de Java zee iets zuidelijker en trekt meer en meer naar het zuiden, naarmate men van om de zuid die eilanden nadert. Het schijnt dus, dat dan de z. p. passaat, naarmate hij hier den equator nadert, zui-

delijker waait en op het noorder-halfrond gekomen in z. w.
moesson verandert. Ik mogt daarom vooronderstellen, dat de
kentering van de moesson te Riouw op het kenteren van
de z. w. moesson en de Chinesche zee moet wachten. In
het laatst van Oktober stonden de z. w. winden te Riouw
nog krachtig door en dit deed mij besluiten om de noord
te gaan, in de vaste overtuiging, dat deze z. w. winden door
den n. o. passaat moesten vervangen worden; doch naauwelijks was ik behoorden de 2° n. br. gekomen, of ik vond,
dat er tegen de z. w. winden stijve n. w. winden aanston-
den zonder stilten tusschen beiden. Het schijnt dus, dat er
hier ook n. w. en z. w. winden tusschen de n. o. en z. o.
passaten instaan. En ik mag er de opmerkelijke bijzonderheid bijvoegen, dat die n. w. winden van geene elektrieke
verschijnselen vergezeld gingen, welke nimmer aan de z. w.
winden ontbraken, en dat daarentegen het ozone-papier in
het eerste geval zwaar verkleurde, terwijl het met de zwaarste onweders, waarmede de z. w. winden vergezeld gingen,
eene niet noemenswaardige verkleuring onderging. En hierin meen ik eene aanwijzing te vinden, dat die z. w. en n. w.
winden tot verschillende groote luchtstroomen behooren.

Ik zou nog verscheidene andere voorbeelden kunnen bij-
brengen, om te doen uitkomen, hoe gering tot nog toe onze
kennis der heerschende winden is en om de noodzakelijkheid aan te toonen, om bij de uitbreiding van onzen handel en van onze scheepvaart de gegevens te verzamelen, waaraan de navigatie vooral in den tegenwoordigen tijd en het
meest hier in deze zeeën, dringend behoefte heeft; doch ik vertrouw, dat het weinige medegedeelde daartoe voldoende zal zijn.

Ten slotte vestig ik de aandacht op het onderzoek
naar den invloed van de maan op de weerverschijnse-
len tusschen de keerkringen; want zoo de maan er eenigen
invloed op uitoefent, dan moet het tusschen de keerkringen ontdekt worden.

Stroom-waarnemingen

Eene juistere kennis van de winden, die in den Archipel heerschen is, voor de scheepvaart vooral, van het hoogste belang; doch zonder eene meer volledige kennis van de stroomen, blijft het bevaren van deze eilanden-zee voor den onervarene uiterst moeijelijk, dewijl men over het algemeen met of tegen de moesson zeilt, en in het laatste geval op den loop der stroomen behoort acht te geven om eene voorspoedige reis te maken. Het waarnemen van de stroomen heeft echter vele bezwaren in zich; doch op verscheidene plaatsen, waar men ankergrond heeft, en waar men herhaaldelijk verpligt wordt het anker te werpen, vindt men menigmaal gelegenheid den stroom regtstreeks te meten, waardoor al die bezwaren vervallen.

Daar waar midden in zee grootere diepten gevonden worden, waarin een schip niet ankert, daar zijn de stroomen ook minder gevaarlijk, zoodat de bezwaren om den stroom te meten aangroeijen, naarmate men in de ruimte komt, en afnemen naarmate men het land nadert.

In diepe straten, waarin zware stroomen loopen, kunnen zij van uit den wal worden waargenomen. Ook biedt het land de gelegenheid aan, de stroomen met juistheid te bepalen, zoowel bij het doorvaren van straten, als bij het zeilen langs de kusten der eilanden, waarvan de bodems in groote diepten liggen.

Het onderzoek naar de zeestroomen in den Archipel is dus minder moeijelijk dan het aanvankelijk schijnt te zijn, wanneer men slechts met de lust bezield is, telkens de verschijnselen waar te nemen, als de gelegenheid daartoe gunstig is.

Er zijn twee voorname oorzaken, waardoor het water in den Archipel in beweging wordt gehouden, namelijk door de verdamping en door de getijden.

De stroom, welke uit de verdamping van het zeewater voortspruit, is nabij den equator vermoedelijk aan halfjaarlijksche veranderingen onderhevig. Door de verdamping in de gezengde luchtstreek ontstaan er stroomen van de beide polen naar den equator, die elkander ergens ontmoeten zullen. En aangezien de zon beurtelings het eene of het andere halfrond het meest verwarmt en daardoor ook beurtelings op het een of op het ander halfrond de verdamping het krachtigste moet plaats hebben, mag men vooronderstellen dat de ontmoetingslijn der stroomen, welke er door veroorzaakt worden, in dezelfde beweging deelt en beurtelings op het eene of op het andere halfrond zal gevonden worden. De winden van de moessons in den Archipel waaijen in dezelfde rigting als de stroomen, welke er door versterkt worden en in de oostmoesson om de n. w., in de westmoesson om de z. o. loopen. Plaatselijke oorzaken doen deze stroomen van rigting veranderen. Ware de verdamping de eenige oorzaak, waardoor stroomen ontstaan, dan zouden in den Archipel wind en stroom steeds in dezelfde rigting vloeijen en het daardoor bijna onmogelijk worden tegen de moesson op te werken; want men schat dat die stroom 20 eng. mijlen in het etmaal zou bedragen. Dit ondervindt men in de ruimte, alwaar de getijstroomen zeer gering zijn. Naarmate men echter de kust nadert, worden de getijstroomen belangrijker en zij zijn het sterkst in de straten, die de eilanden van elkander scheiden. Zij zijn het, die aan de schepen de gelegenheid verschaffen, met voordeel tegen de moesson op te werken, en daarom behooren zij zorgvuldig waargenomen te worden. Maar als men de wonderbaarlijke onregelmatigheid der getijden binnen den Archipel opmerkt, dan wordt men somtijds er van afgeschrikt, uit vrees van eenen vergeefschen arbeid te verrigten. Ik geloof dat die vrees verdwijnen zou, wanneer men meer het oog op de getijstroomen dan op de getijden vestigde.

De hindernissen, in de veelvuldige meer of minder naauwe straten, die de vloedgolf ontmoet om binnen den Archipel te komen, stuiten hare geleidelijke voortplanting. Zij verdeelen de hoofdgolf, die zelve reeds door het semi-diurnale getij bijzondere eigenaardigheden bezit, in onder-deelen, die binnen den Archipel weder zamenvallen, tot de zonderlingste kombinatiën aanleiding geven, en de ver-rassendste verschijnselen doen ontstaan. Het is zelfs niet onwaarschijnlijk, dat de vloedgolf in de eene moesson, door den verdampingsstroom en door den wind zoodanig voort-geholpen en in de andere moesson zoodanig tegengewerkt wordt, dat daardoor de kombinatien, waartoe de verdeelde vloedgolf aanleiding geeft, in de eene moesson geheel an-ders zijn, dan die, welke in de tegenovergestelde moes-son waren waargenomen, zooals dit in de Java-zee is op-gemerkt.

Wanneer men evenwel de getijstroomen van het hoog- en laagwater los maakt, dan worden de verschijnselen veel een-voudiger. Voor het aandoen van bepaalde getijhavens is de kennis van den tijd van hoogwater hoogst nuttig, maar voor de zeevaart heeft dit tijdstip het minste belang. De naviga-teur verlangt den tijd van stroomkentering te kennen, voor-al wanneer hij door de straten van den Archipel zeilen moet. Om de tijden van stroomkentering, afgescheiden van het hoog en laagwater, te bepalen, behoort men weder tot de oude methode terug te keeren, welke in de 16e en 17e eeuw in gebruik was.

In eene hoogst belangrijke brochure (1), mij door den

_____

(1) Exposé du régime des courants par F. A. E. Keller, ingénieur hydrogra-phe. Paris. Firmin Didot frères 1855.

geachten schrijver aangeboden, wordt met zeer veel talent aangetoond, dat door het verwerpen der methode, om den tijd van stroomkentering door de streek aan te geven, waarin de maan op dat oogenblik gepeild wordt, met eene kompasroos, die in het vlak van den equator gehouden werd (waarvoor de beugels van Cardanus dienden) en door in stede daarvan de havengetallen in gebruik te brengen, aan de nautische wetenschap bepaald nadeel toegebragt en aan de zeevaart schade berokkend is.

Deze methode werd verworpen, uithoofde geen der waarnemigen in latere tijden strookte met de aangegeven maanspeilingen, op vroegere waarnemingen gegrond. De schrijver toont aan, dat de verschillen tusschen de vroegere en latere waarnemingen het natuurlijk gevolg waren van de verandering, welke de magnetische miswijzing in dat tijdsverloop had ondergaan en ook daarvan, dat men in lateren tijd verzuimde de kompasroos in het vlak van den equator te houden, bij het doen der peiling.

In den Oostindischen archipel ligt de kompasroos van zelf in het vlak van den equator en bovendien wordt thans van het regtwijzend kompas gebruik gemaakt, zoodat hier vooral de oude methode om de tijden van stroomkentering in streken van het kompas aan te geven, zeer aanbevelenswaardig is.

Het zou mij te ver van mijn onderwerp leiden, indien ik langer bij deze methode verwijlde. Ik heb alleen de mogelijkheid willen aantoonen om getijstroom-waarnemingen te doen, zonder kennis van het hoog- en laagwater te bezitten en om de vrees te verbannen van door die waarnemingen eenen vergeefschen arbeid te verrigten.

Wij hebben gezien, dat de stroom, die in den Archipel wordt waargenomen, het gevolg is van meer dan eene oorzaak. Ik heb er slechts twee van genoemd. De koraal- en schelpvorming, de zeeplanten en de visschen, de kunstmatige zoutwinning, de plasregens en de rivieren, welke zich in zee ontlasten, zijn zoovele mindere oorzaken, die medewerken om het evenwigt in den oceaan te verbreken, waaruit stroomen geboren worden, dat men ook mag aannemen dat de stroom in den Archipel er den invloed van van ondervindt. Er bestaat dan ook een zeer gegrond vermoeden, dat er in de diepe straten van den Archipel onderstroomen zullen gevonden worden, en mogt de ondervinding dit vermoeden staven, dan zou men waarschijnlijk van deze onderstroomen gebruik kunnen maken, om vrij van de kust te blijven, wanneer een schip in stilten lag en door den opperstroom naar het land gedreven werd.

Om getijhavens aan te doen, waaronder ook de rivieren met baren voor hare monding behooren gerangschikt te worden, is de kennis van den tijd van hoog en laag water noodzakelijk. Het is daarom voor bepaalde plaatsen wenschelijk, het op en neêr gaan van het water regelmatig waar te nemen en aan te teekenen. Men heeft daarvoor in de laatste jaren zelfregistrerende peilschalen uitgedacht, waaraan men, behalve de zorg voor het instrument, niets anders te doen heeft, dan eenmaal daags het papier te verwisselen. Mogten deze waarnemingen op verschillende goed gekozene punten van den Archipel kunnen geschieden, zooals dit minder gelukkig in 1839 gedaan werd, dan twijfel ik er niet aan, of zij zullen tot gewigtige uitkomsten leiden, maar daarvoor zijn noodzakelijk de

Diep-zeeloodingen.

Het is niet meer geoorloofd, de diepte van den oceaan peilloos te noemen. Bij het aflooden van den Noord-Atlantischen oceaan door de officieren van de marine der Vereenigde Staten van Amerika is men tot de ervaring gekomen,

dat het mogelijk is, uit eene diepte van 2000 vademen, met
het lood, dat daartoe gebruikt wordt, grond van den bodem
der zee op te brengen en bij benadering de diepte van den
oceaan tot over de 4000 vademen te peilen.

Waarschijnlijk zullen deze loodingen, als bloot wetenschappelijke onderzoekingen ten doel hebbende, minder de
algemeene aandacht tot zich getrokken hebben en als ku-
riositeiten beschouwd zijn. Doch wanneer men overweegt,
dat het leggen van de onderzeesche telegraaf-kabels, niet
alleen afhankelijk is van de gedaante maar ook van den
aard des zeebodems, dan zullen diep-zeeloodingen eensklaps
eene groote praktische belangrijkheid verkrijgen. En dit zal
vooral in den Oostindischen archipel het geval zijn, alwaar men
reeds den tijd voorzien kan, waarin Singapore en alle de bui-
ten-bezittingen met de hoofdplaats op Java door onderzeesche telegrafen in gemeenschap gebragt zullen worden. En
de tijd is welligt niet ver af, dat met dit hoogst belangrijk
onderzoek een aanvang gemaakt zal moeten worden. Door
zoodanig onderzoek is men tot de wetenschap gekomen, dat
het meerdere technische bezwaren in heeft, een kabel
over de Middellandsche zee, van Sardinie naar Afrika te
spannen, dan dwars over den Atlantischen Oceaan van Ier-
land naar Newfoundland.

De diep-zeeloodingen hebben uit verscheidene oogpunten
groote waarde. Bij de meerdere aandacht, die aan mijn-
ontginningen in den Archipel geschonken wordt, is het te
verwachten, dat het geologisch onderzoek met kracht zal
doorgezet worden. De diep-zeeloodingen zullen daarvoor
het verband daarstellen tusschen de eilanden onderling.

Het mikroskopisch onderzoek naar de bestanddeelen van
den door het lood opgebragten grond, hetzij uit groote
diepten of uit de alluvia voor de mondingen van minder
geexploiteerde rivieren, kan tot belangrijke ontdekkingen

aanleiding geven. De geologische wetenschap is reeds voldoende gevorderd om uit de voor het bloote oog bijna onzigtbare stofdeeltjes der alluvia, gevolgtrekkingen te maken aangaande den vermoedelijken mineralen rijkdom van de landstreek, waardoor eene rivier vloeit.

Regen-waarnemingen.

Wanneer men de werkingen der natuur wil navorschen, dan is het onmogelijk, daarbij eenzijdig te blijven, want alles in haar is met zooveel wijsheid geordend, dat zij met een enkel middel in duizenderlei behoeften voorziet. Onder deze bekleedt de regen eene voorname, zooal niet de voornaamste plaats. Voor den zeeman is de kennis van tijd en plaats, waar hij regen te verwachten heeft van groot nut, ook omdat de regen vaak van buijen vergezeld gaat, die lastiger zijn naarmate men zich in naauwten of tusschen gevaren van allerlei aard bevindt.

Voor het leger is die kennis onmisbaar, om zich daarop te kunnen inrigten bij het maken van expeditiën. Bedrieg ik mij niet, dan moet het gebrek aan deze kennnis eene militaire expeditie wel eens in ongelegenheden gebragt hebben.

Om de velden eener uitgestrekte landstreek te bewateren, het water aan de fabrieken te leveren en toch de rivieren bevaarbaar te houden, behoort men te weten, hoeveel regenwater er over de bedoelde landstreek valt, wil men niet door de lofwaardige zucht om de nijverheid te gerieven, de riviergemeenschap gestremd zien, waaraan zij evenzeer behoefte heeft.

In de Bijdrage tot Maury's Natuurkundige beschrijving der zeeën heb ik de oorzaken trachten aan te geven, waarom Java en zijne keten Oostelijke eilanden van April tot September den droogen tijd hebben, als in de Molukken

de regentijd heerscht, en waarom de eerstgenoemde eilanden van September tot April den regentijd hebben.
Het is echter van grooter belang, het juiste tijdstip te
kennen, waarop de regens gemiddeld aanvangen en eindigen.
Deze kennis is voor den fabrikant en vooral voor den
landbouwer van het hoogste belang. De padi-aanplant is
onder anderen geheel afhankelijk van het invallen van de
regens, en ik geloof, dat eene juistere kennis ten dien aanzien vele misgewassen of te late aanplantingen zoude voorkomen.

De eenvoudigste regenwaarnemingen zijn die, waarbij
men slechts aanteekent, wanneer en hoelang het regent en
hoe de rigting van den wind is, die den regen aanvoert. Is
men evenwel in staat de hoeveelheid gevallen regen te
meten of naauwkeurig waar te nemen hoeveel regen er
uit elke windstreek valt, dan zal daardoor de waarde der
waarnemingen aanzienlijk stijgen. Ook is het belangrijk
de temperatuur van den regen te kennen.

Temperatuur-waarnemingen.

Het is algemeen bekend, dat de groote verstoorster van
het evenwigt in den dampkring en in den oceaan, de
warmte is. Om dus van de verschijnselen, welke het verstoorde evenwigt ons aanbiedt, tot de oorzaak der verstoring te kunnen opklimmen, zijn temparatuur-waarnemingen
noodzakelijk.

Wanneer wij echter aan de groote stroomen in den
dampkring en in den oceaan, waardoor de generale cirkulatie van de lucht en van het zeewater onderhouden worden, voor een oogenblik den naam van algemeene verschijnselen geven en de plaatselijke verstoringen, welke zij
ondergaan, bijzondere verschijnselen noemen, dan is het

duidelijk, wanneer ik zeg, dat men niet tot de oorzaak van een bijzonder verschijnsel kan opklimmen, zonder op de oorzaak van het algemeene verschijnsel te letten, want hetgeen wij waarnemen wordt door die beide oorzaken voortgebragt. Daarom is het noodig, temperatuurwaarnemingen te doen in verband met gelijke waarnemingen, die op vele andere plaatsen van den aardbol geschieden. En opdat deze onderling vergelijkbaar zouden zijn, springt de noodzakelijkheid in het oog om daarvoor vergelijkbare instrumenten te gebruiken en eene gelijke waarnemings-methode te volgen. Het belang hiervan is zoo groot, dat de voornaamste zeevarende natiën daarvoor opzettelijk afgevaardigden naar Brussel gezonden hebben, om vaste bepalingen te doen aanzien te ontwerpen. Dit betrof evenwel slechts de waarnemingen ter zee, doch het is te verwachten, dat in een eerlang te houden algemeen kongres ook de landwaarnemingen in overeenstemming gebragt zullen worden met de waarnemingen, welke nu reeds over alle zeeen van den aardbol op eenvormige wijze gedaan worden. Even als de zeewaarnemingen hebben ook de landwaarnemingen reeds tot hoogst belangrijke uitkomsten geleid.

Niet lang geleden is door den hoogleeraar Dove te Berlijn eene belangrijke verzameling tafels uitgegeven, bevattende de gemiddelde temperatuur van de lucht in het jaar en in de verschillende maanden en saizoenen van het jaar voor meer dan duizend verschillende waarnemingsplaatsen op de aarde en deze arbeid heeft tot gevolgtrekkingen geleid van het hoogste belang, zoowel voor de klimatologie als voor de algemeene wetten der warmte-verspreiding over de oppervlakte der aarde. Daardoor heeft men gezien, hoeveel er reeds tot stand is gebragt, welke leemten er nog bestaan en wat men regtmatig verwachten mag, wanneer zoowel ter zee als te land zamengewerkt wordt om onze kennis der temperatuur-verandering te vermeerderen.

In de thermaal kaarten, door den heer Maury ontworpen, worden de temperaturen van het zee water voor elke maand aangegeven, zooals die in de scheepsjournalen gevonden werden; doch nu de voorschriften der maritime konferentiën algemeen opgevolgd worden, nu mag men spoedig gelijke tafels, als door den heer Dove van het vaste land vervaardigd zijn, van den oceaan verwachten. Het is daarom wenschelijk, dat ook wij daartoe ons aandeel brengen, opdat er in zoodanige tafels geene te groote ruimte tusschen de waarnemingsplaatsen overblijven. En aangezien de waarnemingen uit den Oostindischen archipel het verband moeten daarstellen tusschen de waarnemingsplaatsen in Australië en op het vaste land van Azië en tusschen de zee-waarnemingen in den Indischen oceaan en in de Stille Zuidzee gedaan, zou het nalaten dier waarnemingen eene dringende behoefte onvervuld laten.

Wanneer wij daarentegen van den Oostindischen archipel kunnen leveren 1° de gemiddelde jaarlijksche temperatuur; 2° de periodieke veranderingen ten aanzien van dagen, maanden en jaargetijden; en 3° de maat der waarschijnlijke onregelmatige afwijkingen, dan kan men in den tegenwoordigen toestand der wetenschap, wat de temperatuur aanbelangt, niets meer van ons vorderen.

Om de maat der waarschijnlijke onregelmatige afwijkingen te vinden zijn de voornaamste meteorologen overeengekomen, behalve de maandelijksche en dagelijksche, ook nog 5 daags gemiddelden te berekenen. Deze beginnen steeds met 1° Januarij. In schrikkeljaren wordt de 29e Februarij als 6e dag in de 5 daagsche gemiddelden opgenomen, waarin hij valt.

Barometer-waarnemingen.

Wanneer door de warmte het evenwigt verstoord wordt, dan ontstaat er in vloeibare zelfstandigheden beweging, om het verstoorde evenwigt te herstellen.

In de lucht heeft dit insgelijks plaats; doch behalve de winden, die wij kunnen waarnemen, en de wolken, die wij zien drijven, zijn er nog groote bewegingen in den damp-kring, welke voor onze zintuigen ontoegankelijk zijn. Het eenige, wat wij doen kunnen, is de lucht te wegen; uit die waarnemingen de gemiddelde dampkringsdrukking af te lei-den, en de verschijnselen van weer en wind in verband te be-schouwen met de afwijkingen van den barometer.

Het is algemeen bekend, dat deze nasporingen aan den barometer den naam van weerglas verworven hebben, en dat de zeeman zich thans met vertrouwen door zijne aanwijzin-gen laat geleiden. En het schijnt inderdaad, dat de vruch-ten van dit onderzoek onuitputtelijk zijn, want dagelijks worden er nog nieuwe ontdekkingen gedaan, waardoor de waarde der barometer-waarnemingen, zoo mogelijk, nog verhoogd wordt.

Het is daarom wenschelijk, het waarnemen van ver-schijnselen in den dampkring steeds te doen vergezeld gaan van dat van den stand van den barometer.

Behalve voor deze nasporingen dienen ook de barometer-waarnemingen om daaruit voor elke plaats de gemiddelde drukking van den dampkring voor ieder jaar, en voor elke maand en voor de verschillende jaargetijden van het jaar te berekenen en deze onderling te vergelijken. Het is daarom noodzakelijk barometers te gebruiken, die met eenen stan-daard-barometer vergeleken zijn, waardoor alle waarnemingen tot denzelfden standaard herleid kunnen worden.

Voor de waarnemingen, welke in zee geschieden, wordt

de zee-oppervlakte in ruiten verdeeld en aangenomen, dat elke waarneming, gedaan aan boord van een schip, dat zich ergens in eene ruit bevindt, de drukking van den dampkring over de geheele ruit aangeeft. Deze ruiten moeten dus kleiner gemaakt worden in die streken, zooals den Oostindischen archipel, waar men verwachten kan, dat deze vooronderstelling slechts over eene geringe ruimte nabij de waarheid zal blijven.

Deze waarnemingen zijn ook van het hoogste belang om tot eene juistere kennis der moessons te komen.

Men heeft reeds opgemerkt, dat eene verminderde drukking van den dampkring wordt waargenomen in den stiltengordel, die de passaten van elkander scheidt; terwijl eene meerdere drukking gevonden wordt, op de grenzen aan de poolzijde der passaten. Wanneer iets dergelijks op de grenzen der moessons werd opgemerkt, dan zou de barometer weder belangrijke aanwijzingen voor de zeevaart kunnen leveren. De barometer-waarnemingen behooren daarvoor met zorg gedurende het kenteren der moesson voortgezet te worden. Daarvoor zouden zelfregistrerende barometers op enkele goed gekozene plaatsen, noord en zuid van elkander gelegen, belangrijk nut kunnen stichten. Ook zouden zij tevens kunnen dienen om de twee maxima en twee minima, welke tusschen de keerkringen in de lezingen van den barometer dagelijks worden waargenomen, zuiver af te bakenen.

Behalve deze dagelijksche afwijkingen van den middelbaren dampkringsdruk, heeft men nog andere periodieke en onregelmatige afwijkingen over groote aardoppervlakten waargenomen en gevonden, dat gelijktijdig over eene groote uitgestrektheid eene vermeerdering en over eene andere met mindere uitgestrektheid eene overeenkomstige vermindering in de drukking van den dampkring wordt waargenomen. Het zou te bejammeren zijn, wanneer de Oostindischen archipel, door gebrek aan waarnemingen, een hinderpaal moest op-

leveren om dergelijke verschijnselen in hun geheel te overzien, waardoor het moeijelijker zoude worden tot hunne
oorzaken op te klimmen.

Hygrometer-waarnemingen.

Wanneer men, doordrongen van het hoog belang van
zuivere barometer-waarnemingen, er toe mogt overgaan,
in den Oostindischen archipel de drukking van den dampkring
met juistheid te meten, dan is het evenwel zeer wenschelijk, dit gepaard te doen gaan met hygrometer-waarnemingen, ten einde den dampkringsdruk te kunnen ontleden
in drukking van de drooge lucht en drukking van den
waterdamp. De waterdamp, welke in de lucht aanwezig
is, heeft, even als stoom, eene zekere spanning, waarmede
de drukking van de drooge lucht vermeerderd wordt. De
som dezer beide drukkingen wordt door den barometer gemeten. Om nu de oorzaken der fluktuatien van het kwik en
den barometer te kunnen nasporen, behoort men in de eerste
plaats te onderzoeken, welk aandeel de spanning van den
waterdamp daarin heeft. Daartoe dienen de waarnemingen
met den hygrometer, en ook om de betrekkelijke vochtigheid te leeren kennen, die van zooveel gewigt voor de
klimatologie eener plaats is. Het leven van planten en
dieren is er afhankelijk van.

Voor deze waarnemingen worden de thermometers met
droogen en natten bol gebruikt en voor de berekening van
de spanning van den waterdamp de tafels van Regnault en
Magnus.

Ik heb tot het doen van weerkundige waarnemingen
verscheidene instrumenten aangegeven en met de kennis,
welke ik van het indische leven bezit, is het te verwachten, dat men tegen deze waarnemingen zal opzien om de

moeite, welke er aan verbonden is, en dat menigeen, die in koelere klimaten een ijverig waarnemer zoude zijn, hier in de drukkende hitte van den arbeid af zal zien. Doch het waarnemen van de instrumenten is zoo hoogst eenvoudig, dat ik overtuigd ben, dat handige Javanen met weinig voorbereidende oefening al die waarnemingen zullen kunnen doen en wat meer is, dat zij die trouw, eerlijk en zorgvuldig zullen doen, wanneer zij er van doordrongen zijn, dat er belang in gesteld wordt.

Een ander argument, dat hoogstwaarschijnlijk door velen aangevoerd zal worden, is het ongelukkige denkbeeld „ik ben daar niet wetenschappelijk genoeg voor." Dit gezegde is ontstaan sedert de schoolgeleerden de wetenschappelijkheid op den voorgrond geplaatst hebben. Zij hebben daardoor aan de wetenschap veel nadeel berokkend, want het praktisch gevormde gezond verstand, dat met juist oordeel waarneemt, heeft zijn opmerkingen voor zich gehouden, uit vrees zich minder wetenschappelijk uit te drukken. Het gevolg hiervan was, dat kamergeleerden de wetenschap uit bespiegelingen optrokken, en van deze wetenschap is de praktijk afkeerig. In plaats van elkander de hand te reiken, stonden theorie en praktijk vijandig tegen elkander over; de een riep: „ ge zijt niet wetenschappelijk," en de andere antwoordde: „je maalt".

Men krijgt het gezond verstand niet uit boeken, maar alleen door veelvuldige aanraking met de buitenwereld en in de bedrijvigheid van het dagelijksche leven. Daardoor wordt het verstand een zelfstandig denkend iets. Instinktmatig stoot het valsche theorieen van zich en wanneer het zich op de natuurkundige wetenschap toelegt, dan blijft het, in plaats van aan theorieen, aan de feiten zich vastklemmen en niet dan met geweld laat het zich door bespiegelingen van zijnen vasten grond afbrengen. Het oordeel, de opmerkingen en waarnemingen van zulke verstanden, zoo als Nederlandsch Indië er zoo vele bezit, worden door kundige mannen verkozen boven die van uitsluitend wetenschappelijke waarnemers. Zij hechten niet zoo veel waarde aan de zoogenaamde wetenschappelijkheid, die vaak met indigestie der hersenen vergezeld gaat, omdat zij meer voedsel gekregen hebben, dan zij verdragen kunnen. Om weerkundige waarnemingen te doen behoeft men in het geheel niet wetenschappelijk te zijn.

Verdamping en Soortelijk gewigt van het zeewater.

Dewijl de oceaan de groote vergaarbak is, waaruit de waterdamp wordt opgenomen, die elders als regen neerstort, waardoor rivieren gevormd worden, welke het water weder naar den oceaan terugvoeren, waarin het, na zijne vruchtbare werking op het land volbragt te hebben, eene niet minder gewigtige taak vervult tot het onderhouden van de cirkulatie van het zeewater; en daar bij gevolg de kennis van de hoeveelheid water, die dagelijks op verschillende plaatsen onder verschillende breedten gelegen, verdampt wordt, een onmisbaar vereischte is om den waterdamp te kunnen volgen van zijnen oorsprong af, met de winden die hem overvoeren, tot daar waar hij als regen neerstort, is het ook wenschelijk, te dien aanzien waarnemingen in den Oostindischen archipel te doen.

De kunstmatige zoutpannen bieden daartoe eene geschikte gelegenheid aan, ook omdat zij de verdamping kunnen leeren kennen van zeewater van onderscheiden zoutgehalte. Men heeft opgemerkt, dat de verdamping minder wordt, naarmate het zoutgehalte toeneemt. Het is daarom ook wenschelijk met de temperatuur gelijktijdig ook het zoutgehalte van het zeewater in zee waar te nemen, om daaruit de vermoedelijke verdamping te kunnen afleiden. Deze waarnemingen zijn hoogst belangrijk voor de stoomketels en voor ijzeren schepen, die meer en meer in gebruik komen.

De zoutpannen kunnen tevens eene zuivere maat aangeven der vaste bestanddeelen van het zeewater en van hunne verhouding. Bij de verdamping gaan alleen eenige vlugtige zelfstandigheden verloren, welke door een meer zorgvuldig chemisch onderzoek behouden blijven. Bij het doen dier waarnemingen behoort men evenwel acht te geven op de temperatuur maar vooral ook op

De helderheid van de lucht en den vorm der wolken.

Naarmate van de meerdere of mindere helderheid van de lucht oefent de zon een meerder of minder vermogen uit om het zeewater te verdampen, en aangezien het hier verdampte water, elders als regen nedervalt, ziet men, hoe in het raderwerk der natuur de wolken en de zonneschijn eene voorname rol vervullen.

Het is daarom noodzakelijk, bij het onderzoek naar de werkingen van de natuur, het oog op beiden gevestigd te houden.

Men is overeengekomen, den hemel denkbeeldig in 10 deelen te verdeelen, om in cijfers van 0 tot 10 aan te kunnen geven, hoeveel van die deelen onbewolkt zijn, zoodat door 10 de onbewolkte en door 0 de geheel bewolkte hemel wordt verstaan.

Evenwel is dit nog niet voldoende, want de hemel kan door ligte vederwolken overdekt zijn, die aan de verdamping weinig schaden, maar ook door eene dikke wolkenlaag, waardoor ter naauwernood het zonnelicht tot ons komt en beide deze toestanden worden door 0 aangegeven. Daarom is het noodig, ook den vorm der wolken te omschrijven, en het is

niet onwaarschijnlijk dat men daardoor tot belangrijke ontdekkingen geleid zal worden. Eene aandachtige beschouwing der vormen en der vervorming van de wolken en van
hare bewegingen heeft aan oude zeelieden zooveel weer-
kennis doen krijgen, dat zij als weerkundige orakels on-
dervraagd worden. Het ligt in den geest van onzen tijd
het *waarom* hunner uitspraken na te vorschen.

Bij gebrek aan iets beters en ter wille van de eenvoudigheid heeft de maritime konferentie de bestaande en meer
algemeen in gebruik zijnde benamingen van Howard voor
de wolken-vormen aangenomen. Zij voldoen echter niet
volkomen aan het doel, daaruit voor de zeevaart nuttige
wenken af te leiden. Het is daarom wenschelijk, bepaalde verschijnselen meer in het bijzonder te beschrijven.
Onder deze bekleeden in den Oostindischen archipel een voorname plaats de

Onweersbuijen.

Zoo ergens, dan zeker is het hier, dat men met vrucht de
weersverschijnselen zal kunnen beoefenen door de plotselinge veranderingen, welke er in plaats grijpen. Hier ziet
men herhaaldelijk, in weinige oogenblikken aan den helde-
ren hemel eene laag bolvormige stapels wolken met blaauw
witte koppen aan de kim ontstaan, die zich uitbreiden en
zich verheffen en waaruit elektrische ontladingen plaats hebben, gevolgd door zware buijen van wind en regen, waarna de lucht opklaart en de hemel weder even helder te voorschijn komt. Men is dus in staat het geheele verschijnsel
met aandacht gade te slaan, het als het ware elke minuut
van gedaante te zien veranderen, en het ontstaan, het ontwikkelen, het uitbarsten en verdwijnen met de tijden waarop
en waartusschen dit geschiedt duidelijk te beschrijven, en

daarbij vooral de soort van bliksem en het tijdsverloop tusschen den bliksem en den donder aan te geven.

Door zoodanige beschrijvingen wordt men in staat gesteld, gelijkslachtige verschijnselen met elkander te vergelijken, om daardoor tot de wetenschap te komen, wat men van bepaalde wolkenvormen in zekere windstreken, op bepaalde plaatsen en onder zekere omstandigheden, verwachten kan. Alleen door het stelselmatig rangschikken van bepaalde feiten, zooals dit door den heer Maury in zijne voortreffelijke wind-en stroomkaarten geschiedt, wordt eene nooit te voren verkregen kennis verspreid, waarvan het nut door alle weldenkende zeelieden dankbaar erkend wordt.

Bovendien verschaft ons zoodanige rangschikking de gelegenheid, den algemeenen regel op te merken, volgens welke bepaalde verschijnselen zich in de verschillende maanden of jaargetijden voordoen. Doch om tot het wezen der zaak door te dringen, om tot de oorzaak van verschijnselen op te klimmen, welke uit hunnen aard zeer bijzonder zijn, daarvoor is het noodig, dat zulke verschijnselen door den waarnemer in al hunne gedaantewisselingen en te midden der zamenloopende omstandigheden zorgvuldig worden gade geslagen en beschreven. Wanneer dit geschiedt dan mag men de hoop voeden, eenmaal in de geheimenissen der natuur te zullen doordringen om daar de oplossing te vinden van vraagstukken, waarvan men, in den tegenwoordigen toestand onzer kennis, te vergeefs het antwoord zoekt. Onder deze bekleeden de onweersbuijen eene voorname plaats.

Men kan zich voorstellen, dat eene wolk, even als de zeepbel, welke de kinderen spelend voortblazen, onder bepaalde omstandigheden gevormd wordt en eene bepaalde gedaante verkrijgt en dewijl zij uit waterdamp bestaat drijft zij in de zwaardere lucht.

Maar om in een' bepaalden vorm in de lucht te kunnen drijven, moet de wolk weerstand kunnen bieden aan de drukking, die er van alle zijden door de omliggende lucht op uitgeoefend wordt. Elke wolk bezit dus eene zekere mate van spanning om daaraan weerstand te kunnen bieden.

Wanneer men nu vooronderstelt, dat de vorm van de wolk door eene elektrische ontlading of door andere oorzaken verbroken wordt, dan spreekt het van zelf, dat de koelere omringende lucht in de wolk zal dringen, waardoor eensklaps, even als de stoom in den kondensator eener stoommachine, den waterdamp, waaruit de wolk gevormd is, kondenseert en als regen nedervalt. De ruimte, welke de wolk in de lucht innam, wordt daardoor eensklaps leeg en even snel weder aangevuld door de omliggende lucht, doch hoofdzakelijk door den luchtstroom waarin de wolk zweefde.

Het kondenseren van den waterdamp gaat dus steeds vergezeld van beweging in de lucht, al worden wij dit aan de oppervlakte der aarde niet anders gewaar dan door de waarnemingen van den barometer, die ons den verstoorden toestand leert kennen.

Maar wanneer wij ons die lagen op elkander gestapelde wolken voorstellen, over eene uitgestrektheid van mijlen en mijlen ver en daarbij aan die verschrikkelijke plasregens denken, die doen zien, hoe overmatig die wolken met waterdamp beladen waren en hoe groot hare oppervlakte en hare spanning moeten geweest zijn om zich in de lucht zwevende te houden, dan zal men het kunnen begrijpen, dat bij eene plotselinge kondensatie van zulk eene wolkenlaag er eene geweldige toestrooming van lucht moet plaats hebben, die door het kondenseren van den waterdamp, welken zij medevoert, als het ware olie op het vuur werpt.

Het zou in bijzondere omstandigheden mogelijk kunnen zijn, dat zulk eene kondensatie, door elektrische ontladingen

te weeg gebragt, eene zoo verbazende verstoring deed ontstaan, dat daardoor de geheele onderste luchtstroom (die
van de moesson) werd opgebroken en dit de lucht van den
bovensten luchtstroom (die in tegengestelde rigting der passaten vloeit) door de breuk heenviel om het verstoorde evenwigt te herstellen. Het is daarom noodig, ook de aandacht op dit verschijnsel te vestigen. Het neerslaan van
den rook der stoomschepen doet aan eene dergelijke werking in de lucht denken. De buijen, waarin dit geschiedt, zijn daarom voor de scheepvaart zoo gevaarlijk,
omdat het vermogen van den wind op de zeilen, even als
bij valwinden, met het overhellen van het schip toeneemt.

In de kentering van de moessons, waarin de groote
luchtstroomen van rigting veranderen, en waardoor zij dus
gemakkelijker tot groote verstoringen aanleiding kunnen
geven, zal een aandachtig waarnemer belangrijke vruchten
kunnen zamelen. Waar die verandering zacht en gelijk
vloeijend plaats heeft, daar mist men veelal de gelegenheid
de geheimen der werkplaatsen in de natuur op te merken, welke, wanneer de natuurkrachten met elkander
strijd voeren, vaak uit hunne verborgen schuilplaatsen te
voorschijn komen, en voor het oog van den oplettenden
waarnemer zigtbaar worden.

In de laatste jaren heeft men een zeer vernuftig uitgedacht werktuig gebruikt om de elektriciteit van de lucht in cijfers uit te drukken. En hoe onvolkomen dit instrument
nog is, heeft het den achtingswaardigen Quetelet, de
vermaarde direkteur van het observatorium te Brussel en de
beleidvolle en kundige voorzitter der maritime konferentie,
reeds belangrijke uitkomsten doen verkrijgen.

In de verzengde luchtstreek, waarin de elektriciteit zich
zoo sterk ontwikkelt en eenen zoo hoogst belangrijken invloed uitoefent op het leven van dieren en planten, daar

mag men verwachten, dat dergelijke waarnemingen tot de meest verrassende uitkomsten zullen leiden.

De geneesheer zal al het gewigt dier waarnemingen bevroeden, maar er zijn ook gegronde redenen, die doen vermoeden, dat de landbouw in tropische gewesten er belangrijke uitkomsten van mag verwachten.

Zonder eene werktuigelijke meting zijn toch de waarnemingen van elektrische verschijnselen niet minder belangrijk, omdat er zeer zelden eene verstoring in den geregelden loop der passaten plaats heeft, zonder door elektrische ontladingen voorafgegaan te worden.

In verband hiermede verdienen ook de *Ozone*-waarnemingen te geschieden, want wanneer het zich mogt bevestigen, wat mijne waarnemingen doen vermoeden, dat de ozone ons in de grootere hoeveelheid uit de hoogere luchtstreken toevloeit, dan zou men daarin het middel verkrijgen om luchtstroomen te herkennen, die uit den bovenstroom neder vallen.

Aard- en Zeebevingen en Vulkanen.

Tot besluit vestig ik de aandacht op de werkingen van die vermogende natuurkrachten, welke het vaste land, als ware het vloeibaar, doen golven, het doen trillen en het opensplijten, het hier opheffen, ginds nederstorten, en die elders uit brakende kraters vuurvloeden voortbrengen, waardoor geheele landschappen eensklaps in diepe ellende gedompeld worden. Mogt het mogelijk zijn, met zekerheid de bevolking tijdig van het naderende gevaar te verwittigen, dan zou men daardoor eene groote weldaad aan de bevolking dier landstreken bewijzen, welke het meest aan de verschrikkelijke uitwerkingen der onderaardsche krachten blootgesteld zijn, en onder deze behoort de Oostindische archipel.

Om dit te kunnen nasporen is het noodig, in verband met de vroeger vermelde waarnemingen, alle verschijnselen van den onderwerpelijken aard zorgvuldig waar te nemen en aan te teekenen.

Er is beweerd, dat aardbevingen elektrische verschijnselen zijn en dat zij steeds van buitengewone meteoren vergezeld gaan; dat steeds de lucht eenige uren te voren ondragelijk drukkend is, terwijl de barometer een' ongewonen lagen stand heeft; ook dat zij in naauwe betrekking tot de vulkanen staan; dat uitgestrekte landstreken er voortdurend door opgeheven en neergedrukt worden; dat zij dampen uit de aarde doen opstijgen, waardoor de landstreek onvruchtbaar wordt en vroeger onbekende ziekten ontstaan en vele andere bewegingen die als traditiën bewaard zijn. Het doel van het natuuronderzoek is, door het verzamelen van feiten het ware van het onware te zuiveren. Al moge het al eens aan schrandere vernuften gelukken, de waarheid te vermoeden, door de feiten alleen is het mogelijk de overtuiging der waarheid te doen ontstaan en haar bij anderen ingang te doen vinden.

Een en ander hoopt men te zullen verkrijgen, — de feiten, van trouwe zorgvuldige en eerlijke waarnemers, — de vermoedens, door hen tevens dringend te verzoeken, hunne op ervaring gegronde weerkundige kennis niet met zich in het graf te nemen, maar die op de wereld achter te laten in het belang van de maatschappij, welke zonder dat in hare ontwikkeling voortdurend kindsch blijft en steeds op nieuw de ervaring moet opdoen, die vroegere geslachten telkens met zoo veel inspanning en ontberingen, te midden van duizende gevaren en ten koste van millioenen slagtoffers verkregen hadden.

De zeevaart levert hiervan een treffend voorbeeld op. Bijna 3 eeuwen heeft men in de vaart op Oost-Indië onverandelijk nagenoeg denzelfden weg gevolgd, waar langs de eerste zeelieden, welke zich ver van de kust waagden, gezeild hebben, en nu eerst, na dat lange tijdsverloop, is de heer Maury op het denkbeeld gekomen, feiten te verzamelen om te onderzoeken of de gevolgde weg de beste was.

De uitkomst heeft geleerd, dat er betere zeewegen bestaan.

Hieruit ziet men, hoe verkeerd het is, in het praktische leven blindelings den weg te bewandelen, door onze voorgangers ingeslagen, om voetstoots aan te nemen, wat zij voor onbetwistbaar waar hielden, zonder dat het te bewijzen was.

Veel is er in den laatsten tijd over de waarde der traditiën geredekaveld. Ik voor mij hecht er eene groote waarde aan en daarom wensch ik de verkregen ervaring, vergezeld van de feiten, waarop zij rust, te verzamelen en te bewaren, want het is een der schoonste roepingen der wetenschap om de traditiën aan den toetssteen der feiten te onderwerpen, om het bewijs te leveren van welk gehalte zij zijn, en om die overleveringen bij het klimmen der wetenschap met zich op te voeren, door ze te zuiveren van het onkruid, dat in den minder ontwikkelden menschelijken geest zoo vruchtbaar teelt.

Waar de bewijskracht der wetenschap, hetzij voor of tegen, te kort mogt schieten, daar wikkelt zij zich in haren wijsgeerigen mantel, en vleit zij zich bij de onverklaarbare traditie neêr, overtuigd als zij is, dat de menschelijke geest alleen door het vermeerderen zijner kennis in staat geraakt om slechts een zeer klein gedeelte van Gods wondervolle schepping te doorgronden. Maar deze overtuiging moet er ook een ieder toe aansporen, het zijne bij te dragen om de wetenschap, de moeder der waarheid, te verrijken, zij die én onze wereldsche belangen bevordert, én onze gedachten opvoert tot de kennis der Alwijsheid, waaraan wij zoo veel verschuldigd zijn.

Ik heb in deze weinige bladzijden slechts in grove trekken het zoo rijke veld van onderzoek geschetst, hetwelk ons de Oostindische archipel ter beoefening van de
meteorologie aanbiedt.

Waarlijk, de gelegenheid tot het doen van waarnemingen
in het belang van dezen tak der wetenschap, is in deze
overschoone gewesten overvloedig aanwezig. Ik zou de
belangrijkheid hebben kunnen doen uitkomen van aanteekening te houden van de verschillende tijdstippen, waarop
planten en gewassen verschillende trappen van ontwikkeling bereiken; die, waarop zij zich met bloemen tooijen en
dat waarop zij zaad voortbrengen; het tijdstip waarop
de boomen hunne bladen of hunne schors verwisselen;
dat waarop zij vruchten dragen; de tijd van zaaijen, van
planten en van oogsten enz, enz; want daardoor verkrijgt
men zoovele gegevens om op te klimmen tot eene zuivere
kennis van het klimaat, waarvan het plantenleven geheel
afhankelijk is. In de soort van hout, in den vorm der
bladen en in de kleur der bloemen openbaart de natuur
ons het klimaat, waaronder zij voortgebragt worden. Doch
ik hoop en vertrouw, voldoende de wenschelijkheid te hebben
aangetoond om in Nederlandsch Indië op eenvormige wijze,
met onderling vergelijkbare instrumenten, meteorologische
waarnemingen te doen.

Wanneer ik mij hierin niet bedrieg en men daarbij overweegt, dat in Rusland door het gouvernement onder de
leiding van den heer Kupfer, van de grenzen van China tot
aan de IJszee en van Kamschatka tot de grenzen van Pruis-
sen, dit uitgestrekte rijk met een net van waarnemingsplaatsen overdekt is; dat in Noord-Amerika al de eerstaanwezende
officieren van gezondheid der Vereenigde Staten reeds sedert
1818 met het doen van weerkundige waarnemingen belast
zijn en dat daar een groot aantal planters, het nut dier

waarnemingen beseffende, vrijwillig aan dien arbeid deelnemen;
dat in al de engelsche koloniën door de officieren der genie
onder de leiding van den luitenant-kolonel II. James, R.
E. over het verspreide Britsche gebied gelijke waarnemingen worden gedaan; dat bovendien in Britsch Indië mannen als Dr. Buist en Piddington krachtig door het kolo-
niaal gouvernement ondersteund worden en dergelijke waarnemingen leiden; dat geheel Europa, onder de leiding van
kundige mannen, als de heeren Dove, Quetelet, Kreil, La-
mont, Buijs Ballot en anderen met waarnemingsplaatsen overdekt is, en dat zelfs op de meest afgelegene eilanden in de Stille Zuidzee de missionarissen zich bereid verklaard hebben in
dezen algemeenen arbeid in het belang der menschheid deel te
nemen; dat elke Australische kolonie hare meteorologische inrigting heeft en dat er te Mauritius eene Meteorologische
Vereeniging onder de leiding van den heer Mildrum bestaat,
waarvan reeds hoogst belangrijke bijdragen ontvangen zijn;
en wanneer men bij dit zoo sprekend bewijs, hoe algemeen
het nut dier waarnemingen erkend wordt, zoo zelfs dat Lord
Palmerston al de engelsche konsuls met het verzamelen van
weerkundige waarnemingen belast heeft, zich bovendien herinnert, dat nu reeds de schepen van de meeste zeevarende
natiën volgens het plan van den onvergetelijken Maury en
naar het te Brussel door de gedelegeerden dier natiën ontworpen stelsel, als drijvende observatoriën alle zeeën van den
aardbol beploegen, dan vertrouw ik ook, dat Nederlandsch
Indië, waar men ten allen tijde zooveel sympathie en ondersteuning of medewerking schonk om onderzoekingen in het
belang der wetenschap te bevorderen, ook in dit onderzoek waardiglijk haar aandeel zal willen dragen.

Ik ben overtuigd, dat er overvloedig kundige en invloed-
rijke mannen gevonden worden, die hunne meer vermogen pogingen zullen willen aanwenden, ten einde de vruchten

te doen oogsten, welke ik zoo hoogst oppervlakkig in deze bladzijden heb aangewezen. Ik hoop dat een hunner belast moge worden met het verzamelen en het leiden der waarnemingen en dat deze verzamelaar door allen ondersteund zal worden, die hun penningske steeds gereed hebben om lijdende natuurgenooten te ondersteunen. De waarnemingen, welke van hen verlangd worden, zijn *eene liefdegift, in het belang van de menschheid gevraagd.*

Aan boord Z. M. Schoenerbrik Egmond
1 December 1856.

VERSLAG VAN DE UITKOMSTEN VAN HET

CHEMISCH ONDERZOEK.

HOOFDZAKELIJK OP HET SUIKERGEHALTE VAN VERSCHILLENDE

SUIKERRIETSOORTEN

VAN JAVA,

ALSMEDE VAN EENIGE MONSTERS ZOOGENAAMDE

A M P A S,

DOOR

Dr. P. F. H. FROMBERG.

(*Vervolg van Deel* XII, *bladz.* 470)

Reeds hier en daar heb ik, als ter loops, gesproken van den zamenhang tusschen de organische en anorganische bestanddeelen van het rietsap, en daarbij ook van de suiker, althans de hoedanigheid ten deele aangeroerd. Het zal thans noodig zijn, dit meer opzettelijk in gedrongen' vorm, dat is tabellarisch, voor te stellen, met inbegrip van eenige hoedanigheden ook der anorganische bestanddeelen. Daardoor zal men als met een oogopslag het verband tusschen dit alles kunnen overzien. In de laatste kolom beteekent:

Opbr. met zuren opbruisen: *V:* vochtig wordend in de lucht. Waar niets vermeld is, had noch het eene, noch het andere plaats.

Nog zij aangemerkt, dat, in *strengen* zin, nimmer *alles* gekristalliseerd was, daar er, ook bij de beste uitkomst, nog een klein weinig kleurende stroop aan de kristallen kleefde.

Afkomst en naam.	N°.	Bemesting enz.	Water %	Krist. suiker. %	Onkrist suiker. %	Kristalvatbaarheid der stroop.	Oplosb. enz enz. %	Oplosb. zouten. %	Hoedanigheid dezer zouten
M. Oerang.	1	bemest met asch.	71,12	19,81		bijna alles gekrist.	0,050	0,030	opbr. en V.
"	2	dito guano	77,20	18,70		bijna vast, geen krist.	0,052	0,056	dito dito
M. Semb.	3	dito kalk	72,90	18,19		dito dito	0,046	0,038	dito dito
	4	dito asch	74,44	18,53		alles gekristalliseerd	0,059	0,039	dito dito
	5	dito guano en asch	69,17	17,24		ten deele	0,015	0,034	dito dito
M. Rapoh.	6	dito guano	76,55	15,21		bijna vast, geen krist.	0,055	0,050	dito dito
Gemiddeld. . .	—		73,56	17,78			0,051	0,011	
M. Oerang.	7	Onbemest.	73,74	15,75		bijna vast, geen krist.	0,010	0,035	weinige opbr.
" Semb.	8		72,76	16,92		dito dito	0,086	0,044	sporen van opbr.
- Rapoh.	9		78,91	13,36		dito dito	0,058	0,050	
Gemiddeld. . .	—		75,14	15,34			0,061	0,043	
Oerang.	10	guano	73,31	16,48		geene kristallen	0,087	0,059	opbr.
	11	dito	77,80	16,35		ten deele gekrist	0,015	0,068	sterk opbr. en V.
	12	onbemest	74,90	16,33		alles gekristalliseerd	0,042	0,109	dito dito
Rapoh	13	dito	70,41	17,51		dito	0,069	0,140	dito dito
S. Kareng.	14	onbemest	71,65	16,29		bijna vast, geen krist.	0,103	0,079	sterk opbr. en V.
	15	dito uitgespoten	76,40	17,59		dito met schuim.	0,112	0,134	dito dito
	16	dito guano	72,30	15,97		alles gekristalliseerd	0,049	0,112	dito dito
	17	dito dito middels.	73,20	16,18		geen krist vol schuim	0,106	0,120	dito dito
	18	dito dito en uitgespr.	72,20	18,58		dito dito	0,117	0,090	dito dito
Kotta.	19	onbemest	73,20	18,51		alles gekristalliseerd	0,103	0,096	dito dito
	20	dito middels.	72,27	18,13		dito dito	0,103	0,105	dito dito
	21	dito kolt	73,08	12,43		dito dito	0,072	0,251	dito dito
	22	dito uitgesproten	73,65	17,87		dito dito	0,101	0,094	dito dito

Samarang.

Probolingo.

Afkomst en naam.	No.	Bemesting enz.	Water. %	Krist. suiker. %	Onkrist. suiker. %	Kristalvatbaarheid der stroop.	Oplosb. eiw. enz %	Oplosb. zouten %	Hoedanigheid dezer zouten.
	23	met guano en dito	71,73	17,49		alles gekristalliseerd	0,107	0,110	dd kooi bijna onv.b.
	24	dito middels.	71,60	16,61		dito dito	0,097	0,096	dito dito
Gemiddeld. . .			72,84	16,88			0,097	0,118	
S. Kareng. Kotta.	25	onbemest	76,00	16,89		alles gekristalliseerd	0,109	0,083	opbr. en V.
	26	met guano	71,60	16,61		dito dito	0,097	0,096	dito dito
	27	dito lang niet	71,96	18,58		dito dito	0,091	0,119	dito dito
Gemiddeld. . .			73,19	17,36			0,099	0,099	
Geel.	28	onbemest.	72,88	12,74		alles gekristalliseerd	0,054	0,112	zeer opbr. en V.
	29	dito middels.	74,85	13,50		dito dito	0,055	0,124	dito dito
	30	dito kort	76,73	14,46		dito bruin	0,030	0,122	dito dito
	31	bemest met guano	75,30	16,28		dito honggeel	0,040	0,177	dito dito
Rood.	32	onbemest kort	75,56	17,79		bijna alles gekr.	0,050	0,060	opbr.
Purperbruin 13¼ maand.	33	bemest met guano	76,48	12,59		geen kristallen	0,045	0,082	sterk opbr. en V.
" 14¼ "	44	dito dito	75,68	12,07	1,90	dito dito	0,067	0,127	dito dito
" 16¼ "	35	dito dito	73,13	13,51	1,53	geen kristallen	0,108	0,161	sterk opbr.
" " "	36	dito dito	75,53	12,07	1,36	alles gekristalliseerd	0,063	0,171	zeei st opbr. en V.
" " "	37	dito dito	75,66	13,66	1,34	dito dito	0,070	0,098	opbr.
" " "	38	dito dito	77,23	12,59	1,50	dito dito	0,082	0,110	sterk opbr.
" 17 m. boven	39	dito dito	73,66	12,12	0,83	dito droog	0,039	0,150	hevig opbr.
" " onder	40	dito dito		4,14	1,40	geen kristallen	0,096	0,123	sterk dito
" " boven	41	dito dito		12,44	1,04	dito dito	0,062	0,073	
" "	42	dito dito		6,96	2,46	dito dito	0,090	0,102	hevig opbr.

in 100 d. sup

Probolingo. Soerabaija. Buitenzorg.

Afkomst en naam.	N°.	Bemesting enz.	Water. % (in 100 d. sap)	Krist. suiker. %	Onkrist. suiker. %	Kristalvatbaarheid der stroop.	Oplosb. eiw. enz. %	Oplosb. zouten. %	Hoedanigheid dezer zouten.
Purperbuin 17 m. onder	43	Bemest met guano		16.08	1.60	alles gekristalliseerd	0.051	0.077	opbr.
,, ,, boven.	44	dito dito		10.33	2.85	geen kristallen	0 100	0.103	dito
,, ,, onder	45	dito dito		12.40	0.46	bijna vaste massa	0.078	0 352	hevig opbr.
,, 18⅓ m.	46	dito dito		20.47	0.69	alles gekristalliseerd	0.093	0.057	opbr.
,, ,,	47	dito dito		17.91	0 95	dito dito	0.090	0.050	dito
,, ,,	48	dito dito		6.12	1.07	geen kristallen	0.116	0.035	
,, ,,	49	dito dito		5.77	1.14	dito dito	0.089	0.048	dito
,, 16½ m.	50	dito dito		10 61	1.44	dito dito	0.066	0.073	
,, ,,	51	dito dito	78,5	13.87	1 05	dito dito	0.085	0.068	
,, ,,	52	dito dito	73,0	10.42	1.30	dito dito	0.054	0.079	
,, ,,	53	dito dito	78,5	9.57	1.64	dito dito	0.047	0.043	
,, ,,	54	dito dito	73,5	11,34	1.55	deels gekristalliseerd	0.048	0.052	
,, ,,	55	dito dito	73,1	10.57	1 60	alles dito	0.051	0.044	
,, ,,	56	dito dito	75,0	0.79	1.33	dito dito	0.073	0.070	
,, 14½ m.	57	dito dito	78,3	12.80	1.23	geen kristallen	0.082	0.056	een weinig opbr.
,, ,,	58	dito dito	75 88	13.14	1.64	dito dito	0.050	0.049	sterk opbr. en v.
,, 13½ m.	59	dito dito	75,36	14 93		dito dito	0.077	0.045	
Gemiddeld van	1	met guano bemest	74,55	13 87		dito dito	0.073	0.090	dito dito
,,	2	onbemest	75,06	14 58		dito dito	0.082	0.050	
,,	3	met guano bemest	75,26	12.81	1.29	alles gekristalliseerd	0.076	0.132	dito dito
,,	4	onbemest	75,52	11 17	1.42	eenigzins dito	0.061	0.061	
,,	5	met guano bemest	75,70	10.25	0.88	alles dito	0.092	0.054	dito dito
,,	6	onbemest	—	6.00	1.11	geen dito	0.103	0.042	dito dito
De bovendeelen.	7	met guano bemest	—	7.14	2 60	dito dito	0.095	0.109	dito dito
De benedendeelen.	8	dito dito	—	13.64	1.03	eenigzins dito	0.064	0.167	dito dito

Wanneer men, tot verklaring van een natuurlijk verschijnsel van groei, alleen eene verwijderde, dan wel kol-
lectieve oorzaak aanvoert; wanneer men spreekt van temperatuur, grondsoort, bemesting, leeftijd, enz: dan is zulks
niet voldoende, omdat het niet juist genoeg omschreven,
niet wetenschappelijk is. De leer der natuur eischt andere
verklaringen; zij is gebouwd op de kennis van de eigenschappen en onderlinge betrekkingen der stof; daaruit alleen laat
zij verklaringen gelden.

Met de rationele landbouwkunde is het niet anders, want
haar grondslag is een gedeelte van het gebied der natuurkundige wetenschappen. Wat zou het ook in een praktisch opzigt baten, indien wij hier naar kollektieve oorzaken gingen zoeken. Zelve maar al te vaak gevolgtrekkingen van oppervlakkige of niet begrepene waarnemingen
zijnde, missen zij het kenmerk van éénheid en bestendigheid. Het niet afzonderen van bepaalde, stoffelijke, agen-
tia bewerkt eene verwarring in de onderstelde oorzaken,
verhindert de juiste waardering van elke afzonderlijk, en
van de invloeden, die zij weder op elkander kunnen
hebben.

Ook in het suikerriet moet de hoeveelheid en hoedanigheid van het technisch, voornaamste bestanddeel, van zulke
stoffelijke oorzaken afhangen.

Wij kunnen ons dit niet denken, zonder het begrip van
kontakt, van onmiddellijke aanraking tusschen de minerale
en organische deelen van het rietsap, in staat van oplossing,
in den fijnst verdeelden toestand en groote bewegelijkheid
verkeerende. Eene zekere onderlinge verhouding tusschen die
heterogene, elkander onophoudelijk beroerende molekulen,
eene verscheidenheid in den aard van sommige dier molecu-
len zelve, een overwegende invloed van sommige, door tal
of hoedanigheid, deze omstandigheden moeten de werkende

tusschen- of naaste oorzaken zijn, waarvan het suikergehalte
in het sap afhangt.

Wat ons, naar de straks aangevoerde cijfers, voor de
hand ligt te vragen is:

Bestaat er verband tusschen de hoeveelheid, dan wel de
hoedanigheid der suiker, en *de hoeveelheid der zouten* in het
sap opgelost?

Of is het welligt de *hoedanigheid* der laatste, die de suiker beheerscht.

Of eindelijk, moeten wij naar de *eiwitachtige stoffen* om-
zien, tot oplossing van het gestelde vraagstuk.

Naar deze tabel, zijn de volgende betrekkingen gevonden
tusschen hoeveelheid van suiker en zouten. Ik zal hier tot
regt verstand, eene zekere rangschikking in acht nemen, een
hoog suikergehalte met de vergezellende zouten vergelijkende, en omgekeerd.

Het buitenzorgsche riet komt hier niet in aanmerking.

	Suiker in 100 deelen riet.	Oplosbare zouten in 100 deelen riet.	In 100 deelen suiker bevat aan oplosbare zouten.
Van Buitenzorg.	16,33	0,109	0,67
	17,51	0,140	0,80
	17,59	0,134	0,76
	15,97	0,112	0,70
	16,18	0,120	0,74
	18,13	0,108	0,58
	17,49	0,110	0,63
	18,58	0,119	0,64
	16,28	0,177	0,109
Gemidd. 17,12	0,125	0,73	

— 141 —

Van Genteng.	19,81	0,030	0,15
	17,70	0,056	0.32
	18,19	0,038	0,21
	18,53	0,039	0,21
	17,24	0 034	0,20
	15,75	0,035	0,22
	16,92	0,044	0,26
	16,48	0,059	0,36
Gemidd. 16,74		0,037	0.22

Al dit riet was van $12\frac{1}{2}$ tot $14\frac{1}{2}$ maanden oud. Daar wij hier, bij een gemiddeld schier even hoog suikergehalte, in de met die suiker verbondene zouten een verschil in verhouding vinden als 100 : 332, zoo schijnt de gevolgtrekking juist, dat de *hoeveelheid* van zouten, in het sap aanwezig binnen de genoemde grenzen, geenen regtstreekschen invloed heeft op de hoeveelheid suiker, die het bevat.

Maar deze regel geldt niet meer, wanneer een aanmerkelijk hooger maximum, bij eene bepaalde grondsoort bereikt wordt, dan hier gegeven is, blijkens de volgende voorbeelden.

Rietsoort.	Suiker in 100 d. riet.	Opl. zouten in 100 d. riet.	Verh. van opl. zouten t. suiker pCt.
M. Semb. $12\frac{1}{2}$ m. v. Buitenz.	13,37	0,337	2,5
» Oerang $14\frac{1}{2}$ m. v. Genteng.	11,09	0,247	2,2
» » » » »	12,08	0,243	2,0
» » » » »	11,26	0,268	2,4
» » » » »	11,57	0,199	1,7
» Rapoh » » »	11,39	0,140	1,2
» » » » »	11,67	0,117	1,0
Fabr. Kotta $14\frac{1}{4}$ m. v. Buitenz.	12,43	0,251	2,0
Gemiddeld. . . .	11,86	0,225	1,9

Is welligt zulk een hoog zoutgehalte alleen ontstaan door de aanwezigheid van eenig oplosmiddel in het sap, b. v. azijnzuur? — maar dan moest er tevens een hoog eiwitgehalte zijn.

Zeker is het, dat, wanneer de vermeerdering der zouten in het sap buitengewoon groot wordt, deze tevens grootelijks afwijken van de gewone zamenstelling.

Maar dat ook zelfs veel kleinere verschillen in de hoeveelheid der zouten invloed kunnen hebben op die der suiker, zoo het maar volkomen dezelfde en onder dezelfde omstandigheden gegroeide rietsoorten geldt, dit zou men moeten opmaken naar de uitkomsten, onder no 380 tot 399 van tabel A vermeld. Met een of twee uitzonderingen, was steeds het sap van het korte riet meer zouthoudend, dan dat van het lange, en ofschoon het suikergehalte iets minder standvastig daarnaar geregeld was, zoo is toch de gemiddelde uitkomst, dat in het sap van kort riet $^1/_{16}$ minder suiker en $\frac{1}{4}$ meer aan zouten voorkwam, dan in het andere

Indien wij eindelijk de vergelijking bepalen tot dezelfde *individuen*, dan vinden wij, blijkens de nos. 368-379 der tabel, de volgende gemiddelden,

	Suiker	Zouten
de leden met knoopen	19,37°/o	0,294°/o
de knoopen alleen	18,50 „	0,443 „

Terwijl de nos. 350-367 deze uitkomst geven.

	Suiker	Zouten
Onderhelften	17,98°/o	0,092°/o
Bovenhelften	16,16 „	0,116 „

Elders heb ik reeds de opmerking gemaakt, dat, volgens mijne analysen van het riet uit Borneo, het aandeel in de oplosbare zouten naar boven, dat is in het jongere, doorgaans minst suikerhoudende-deel, was tot dat der onoplosbare zouten afgenomen; terwijl naar beneden toe het omgekeerde had plaats gevonden.

In onrijp riet neemt dat overmatig aandeel boven in het riet nog toe, omdat hier ook de som der minerale stoffen sterk is toegenomen, blijkens deze uitkomst, door mij verkregen.

Minerale stoffen, in buitenzorgsch riet van bijna 9½ maand oud. droog berekend

2e lid van onderen	0,221°/₀	0,89
4 „	„	0,240 „0	,96
6 „	„	0,277 „	1,09
8 „	„	0,276 „	1,19
10 „	„	0,302 „	1,45
12 „	„	0,254 „	1,16
14 „	„	0,542 „	1,90
16 „	„	0,474 „	3,41

Doch is het tijdstip van rijpheid daar, dan is ook die groote overmaat verdwenen, dewijl dan de som der minerale stoffen boven in het riet werkelijk minder is, dan beneden, blijkens deze uitkomsten.

Minerale stoffen in rijp riet uit Probolingo en Soerabaja, gekweekt in den laboratoriumtuin.

Deelen van het riet.	in versch riet.		droog berekend,	
	Probol	Soerab.	Probol	Soerab.
2e lid van onderen.	0,552 %	0,567 %	2,04 %°	1,60 %
4e » » »	—	0,440 »	—	1,52 »
5e » » »	0,477 »	—	1,74 »	—
6e » » »	—	—	—	—
8e » » »	0,418 »	0,330 »	1,64 »	1,20 »
10e » » »	—	—	—	—
11e » » »	0,403 »	—	1,45 »	—
12e » » »	—	—	—	—
14e » » »	0,416 »	0,288 »	1,55 »	1,07 »
16e » » »	—	0,307 »	—	1,15 »
11e » » »	0,373 »	—	1,42 »	—
18e » » »	—	—	—	—
20e » » »	0,375 »	—	1,36 »	—
22e » » »	—	0,256 »	—	1,03 »
23e » » »	0,400 »	—	1,50 »	—
21e » » »	—	0,290 »	—	1,22 »
26e » » »	0,376 »	0,298 »	1,40 »	1,36 »
29e » » »	0,352 »	—	1,32 »	—
32e » » »	0,420 »	—	1,51 »	—
35e » » »	0,421 »	—	1,79 »	—
38e » » »	0,496 »	—	2,26 »	—

Alleen, zoo wij het vochtgehalte wegnemen, was in het probolingosche riet, dat dan ook buitengewoon lang was, de uiterste top iets rijker in minerale stoffen, dan het onderste gedeelte.

Die overmaat van zouten in het sap boven in het riet, vergeleken met dat uit het oudere, lagere gedeelte, blijft dan altijd bestaan; en hiermede gaat eene afname der suiker gepaard.

In de drie bovenstaande voerbeelden is de suiker niet bepaald geworden; doch behalve het Borneo-riet, voornoemd, kunnen ook de nos. 81-84, tabel A, dit bewijzen, terwijl de nos. 85 en 89 de hoofdstelling nog versterken, daar hier het benedendeel, anders steeds het rijkst in suiker, armer dan het topdeel is, *maar tevens meer dan driemaal zoo veel zouten in het sap bevat.*

De n[os]. 129 en 130 tegenover n[os]. 125-128 en de n[os]. 343 345, 347 en 349 tegenover 442, 344, 346 en 348 toonen tevens aan, dat in rijp riet, waarvan de oogen of knoppen zijn uitgesproten, eene toename heeft plaats gehad van zouten en van de minerale stoffen in het algemeen, maar dat de suiker verminderd is. Met het voorgaande voert dit mij tot het besluit, dat terwijl in elk nog groeijend deel van het riet de suiker altijd beneden het normale gehalte is, zulks een uitwerksel is van een te hoog bedrag van opgeloste zouten.

De hoeveelheid suiker zal dus in riet, dat met elkander vergelijkbaar is, namelijk van dezelfde soort, ouderdom en grond, wel degelijk afwisselen, zelfs waar de zouten niet aanmerkelijk in hoeveelheid verschillen.

Zijn de laatstgenoemde echter in groote overmaat aanwezig, zoo als in de boven gegevene voorbeelden van het samarangsche riet, dan wordt de regel toepasselijk, van welke soort of van welken ouderdom het riet ook moge wezen. De zamenstelling dier zouten is dan, met de groote vermeerdering, te zeer veranderd, om niet de overige invloeden te overheerschen.

Het is zeker grootendeels de hoedanigheid van den grond, waardoor de hoeveelheid oplosbare zouten bepaald wordt. Bij een onderzoek, dat ik hieromtrent op den grond van den proeftuin te Genteng, en dien achter het laboratorium alhier, heb aangevangen, is gebleken, dat, na behandeling met een mengsel van één deel zeezoutzuur en honderd deelen water, bij gewone temperatuur, de eerste $0,46°/_o$, de laatste $0,90°/_o$ zouten had afgegeven. Nu zijn de negen eerste rietsoorten te Buitenzorg, de acht volgende te Genteng gekweekt geworden.

Of de hoedanigheid der suiker in verband staat met
de hoeveelheid der zouten, die er in het sap mede verbonden zijn, of zij in kristalliseerbaarheid aanmerkelijk is
toegenomen, ook daarop luidt het antwoord tot heden ont-
kennend, echter met hetzelfde voorbehoud, als zoo even is
genoemd, en waartoe ik later een sprekend bewijs zal aanvoeren. De voorbeelden onder n°s. 12, 13, 16, 23, 27, 28,
29, 30, 31, alle als volkomen gekristalliseerd voorgesteld,
bevatteden echter veel zouten, zelfs meer, dan in het bovengenoemd gemiddelde, namelijk:

voor 15,87 suiker 0,125 zouten of circa 0,80°/$_{o}$.

Omgekeerd zien wij bij de n°s. 2, 3, 6, 7, 8, 9, 10, 14,
15, 17, 18, 33, 34, 40, 41, 42, 44, 45, 48, 49, 50, 51,
52, 53, 57, 58 en 59, aangemerkt, dat er geene kristallisatie plaats had, en de hoeveelheid zouten was daar afwisselend groot en zeer klein.

Met het gezegde komt ook overeen het gelijktijdige
gemis van verband, tusschen de hoeveelheid zouten en
glukose, welke laatste als een beletsel tegen de kristallisatie te beschouwen is. Dit gemis blijkt uit de gemiddelde
uitkomsten mijner onderzoekingen van het buitenzorgsch
riet, in verschillende omstandigheden van leeftijd en groei.
Zoo men al uit het zamentreffen van eene groote hoeveelheid
glukose, in de bovendeelen van het riet, met een aanmerkelijk zoutgehalte, tot eenig oorzakelijk verband tusschen
beide wilde besluiten, dan vervalt dit besluit door de opmerking, dat een nog hooger zoutgehalte met slechts de
helft der straks bedoelde hoeveelheid glukose gepaard gaat,
ja dat een ander, weinig van dit laatste verschillend, cijfer tegenover de laagste verhoudingen van zouten is geplaatst, wij vinden toch.

$$260 : 109 = 100 : 42$$
$$129 : 132 = 100 : 102$$
$$142 : 61 = 100 : 43$$
$$111 : 42 = 100 : 38$$

Dat de twee laatste evenredigheden, die elkander vrij digt naderen, beide op onbemest riet betrekking hebben, heeft naar mij toeschijnt, geene beteekenis, omdat de eerste tot bemest riet behoort.

Ook schijnt de invloed van de hoeveelheid der zouten op de kristallisatie der suiker niet die der glukose aan te vullen. Eene vergelijking toch van de cijfers, nevens n°s. 36, 37, 38, 39, 43, 46, 47, 85 en 56 - alle behoorende tot volkomen kristalschietende stroopen, leert ons, dat de twee hoogste gehalten aan glukose, in zeer verschillende suikerkwantums aanwezig (n° 43 en 55), aan zeer verschillende zoutgehalten beantwoorden, ja dat de laatste, niet merkelijk boven eene andere, n° 38, staande, slechts 44°/$_o$ van deszelfs zoutgehalte, naar het sap bevatte, en dit heeft toch geenen invloed op de kristalschieting gehad.

Ten aanzien van de *hoedanigheid* der zouten, als betrekking hebbende op de hoeveelheid of hoedanigheid der suiker, dient vooraf iets gezegd ter aanduiding van de beteekenis, die ik hier aan de hoedanigheid der oplosbare zouten bijleg.

In twee opzigten verschilden de zouten, die na verbranding der stroopen terug bleven, namelijk, door vochtig te worden aan de lucht, en door op te bruisen met zuren. Het laatste toonde aanwezigheid van koolzuur, het eerste wees aan, dat dit koolzuur met alkalien, waarschijnlijk alleen met potasch, was verbonden.

Had er hevige opbruising plaats, dan kwam daarbij, ligte smeltbaarheid van een gedeelte dier asch, zamensintering van het geheel, moeijelijke verbrandbaarheid der kool: er was eene groote hoeveelheid koolzure potasch aanwezig.

De asch, die vochtig werd in de lucht en met zuren opbruiste, was afkomstig van stroopen met eene ruime hoeveelheid organisch zuur, vermoedelijk appelzuur, dat aan potasch gebonden was, In de meeste gevallen vond ik het versche rietsap min of meer zuur reagerend, maar niet altijd, en dan gaf de asch ook geene merkbare opbruising met zuren.

Indien ik dus van hoedanigheid der oplosbare zouten van het rietsap spreek, dan bedoel ik hier alsnog enkel die, welke de tegenwoordigheid van een plantenzuur in het sap verraadt; en uit het overzigt dier hoedanigheid, in verband met de hoeveelheid en aard der suiker in eene gegevene rietsoort aanwezig, zal de nuttigheid der plantenzuren in het rietsap, en dus van de omstandigheden, waaronder zij ontstaan, moeten bewezen worden.

Zonder mij hier in te laten met de bijzondere wijze van vorming, met de eigenschappen van het appelzuur, herinner ik alleen aan de algemeene wet, die de funktiën van den plantenorganismus schijnt te beheerschen, namelijk: de desoxydatie van zuurstofrijke bestanddeelen; — zonder de aanwezigheid van de laatste, van een of ander plantenzuur namelijk, in de vereischte hoeveelheid, — geene bouwstof voor die noodige werking der plantenorganen, geen of een gebrekkig plantenleven.

Het valt moeijelijk te beoordeelen, of zich zulk een gebrek het eerst of enkel openbaart in de hoeveelheid der produkten van het gewas, van de suiker in het suikerriet, — dan wel tevens of voornamelijk, in het uitwendige voorkomen, in de hoogte, omvang en uitstoeling. De uitkomsten, die de twee onderscheidene gronden van den proeftuin te Buitenzorg en Genteng hebben opgeleverd, het meestentijds lage zoutgehalte en de zeer geringe hoeveelheid, soms volkomene afwezigheid, van koolzure potasch in de oplosbare zouten, zonder blijkbare vermindering der suiker in hoeveelheid of hoedanigheid, zouden mij doen overhellen, enkel eene belette celvorming, niet eene verhinderde suikervorming, als gevolg van zulk een gemis van plantenzuren aan te zien.

De vloeibare stof, uit een gedeelte waarvan de celwand zal te voorschijn treden, gaat daar binnen besloten, om zoo te spreken, met hare organisatie voort, en doorloopt achtereenvolgens de phasen van dextrine, suiker, glukose en der zure ontbindingsprodukten, die met den dood van het riet intreden.

In welk verband staat **nu** de bedoelde hoedanigheid der zouten van het rietsap, tot de suiker, waarmede zij verbonden zijn?

Het gemiddelde der zes eerste voorbeelden, op pag 190, geeft aan

17,78 suiker.	0,041 zouten.	0,23 pCt.
15,34 „	0,013 „	0,28 „

De drie volgende alle van den berggrond te Genteng.

Van n⁰ 14 tot 24, alle rietsoorten van den sawahgrond te Buitenzorg, bekomen wij gemiddeld:

16,88 suiker.	0,128 zout.	0,70 pCt.

en van de drie volgende.

17,36 „	0,099 „	0,57 „

Er is vermeld, dat in de beide laatste en de eerste dezer gemiddelden, de zouten alle, deels sterk, opbruisten en vochtig werden aan de lucht, terwijl bij de tweede weinig of geene opbruising werd waargenomen. Dat nu het verschil in de verhouding der zouten, vooral tusschen de eerste en de beide laatste gemiddelden, aanzienlijk grooter is, dan tusschen de eerste en tweede, is blijkbaar zonder invloed geweest op het zoutgehalte, maar niet zoo de *hoedanigheid* dier zouten. Deze heeft, in weerwil van het verschil in hoeveelheid, overwegend op het quantum van suiker gewerkt. Het gemis van, of gebrek aan organische zuren in het sap heeft de vorming van suiker belemmerd. Met andere woorden: de vorming van het plantenzuur, welks gedurige reduktie tot de eindvorming van suiker noodig is, heeft opgehouden, voordat de hoeveelheid dier suiker tot haar maximum geklommen was.

Het is dus niet zoo zeer de hoeveelheid, als wel de hoedanigheid der oplosbare zouten in het rietsap, die zijn suikergehalte bepaalt; en hier kan ik niet verzuimen op te merken, dat deze uitkomst eenig licht werpt op de wijze van werking der meststof. Verreweg het meeste riet, namelijk, waarvan de oplosbare zouten sterk met zuren opbruisten, welks sap dus veel van het eigene plantenzuur bevatte, was bemest geweest, en wel met guano, met asch of met beide. Dit geldt inzonderheid voor het riet, te Genteng gekweekt, welks grond, gelijk gezegd is, weinig oplosbare alkalische zouten bevat. Terwijl in den vruchtbaren sawahgrond te Buitenzorg genoeg van die zouten voorhanden was, om gereedelijk in het riet te kunnen overgaan, en de vorming van het noodige plantenzuur te voorschijn te roepen, was daartoe te Genteng eene meststof noodig, die of, zoo als de guano, tevens en vooral de endosmotische hoedanigheid van de celvliezen der wortelspitsen wijzigde.

Daar het buitenzorgsche riet te Genteng, — en dit was daar, met uitsluiting van al de overige soorten, in zijnen natuurlijken toestand, — bemest zijnde, *en meer* en *sterker opbruisende* oplosbare zouten bevatte, dan zonder bemesting, zoo schijnt het mij duidelijk toe, dat die meerdere opgenomene zouten enkel in oplosbare alkaliën bestaan hebben, waardoor weder eene grootere hoeveelheid plantenzuur in het sap is te voorschijn geroepen.

Het verband tusschen dit alles, en de toename in volume, uitspruiting, suikergehalte enz. die de bemesting op het riet te weeg brengt, alles weder gezamelijk een uitwerksel van meerder groeikracht, valt in het oog; zoomede het feit, dat de jongste, als het ware meest levende, deelen van het riet ook altijd de meest steeds sterk opbruisende zouten bevatten. Hier echter is het suikergehalte doorgaans lager, het quantum aan plantenzuur kan dus *te hoog* zijn. Gelijk reeds plaatselijk vroeger is aangewezen, is ook daar de glukose op haar maximum, en deze overgangstoestand van de rietsuiker is juist een gevolg van den, naar gisting gelijkenden invloed, die door zuren op haar wordt uitoefend.

De minerale stoffen van het samarangsche riet van 20 m. (zie no. 240 tot 244 tabel A) vertoonden geen zweem van opbruising met zuren. Het sap had dus hier zijn plantenzuur verloren.

De medegedeelde cijfers kunnen ook eenigzins aanwijzen, of en in hoeverre de aanwezigheid van plantenzuur in het sap gelijken tred houdt met het gehalte aan glukose, dat is, met de hoedanigheid der suiker, waarvan hare vatbaarheid tot kristallisatie afhangt.

Het oog slaande op de zes gemiddelden, waar de hoeveelheid glukose afzonderlijk is aangegeven, vinden wij naast elkander gerangschikt.

Glukose.	Suiker.	Zouten.
(3 en 5) 1,09	alles gekristalliseerd	sterk opbruisend.
(4 en 8) 1,23	eenige dito.	dito dito.
(6 en 7) 1.86	geene dito.	dito dito.

Hier is dus, bij ongeveer gelijk sterke opbruising der zouten, een groot verschil in de kristallisatie-vatbaarheid, die zich naar den gang van het glukose-gehalte schijnt te regelen. Doch ik stem toe, dat geenszins de schatting van de mate van opbruising, maar alleen eene regtstreeksche analyse der zouten ons kan leeren, hoeveel plantenzuur, zijn karakter bekend zijnde, in het sap voorkomt. Bovendien zijn in deze gemiddelden zeer uiteenloopende verschillen verborgen.

Dalen wij tot de afzonderlijke cijfers af, dan vinden wij, meest bij sap, dat het volkomen kristalliseerde.

	Glukose percent.	Oplosbare zouten
In 100 deelen riet	0,83 tot 1,60	Opbr: tot hevig opbr.
In 100 deelen sap	0,69 tot 1,60	Opbruisend.

(waar de opbruising het sterkst was, bestond ook de groot-ste verhouding aan zouten), terwijl sap, dat volstrekt geene kristallen gaf, de volgende verhoudingen opleverde

	Glukose $\%$	Oplosbare zouten
In 100 deelen riet	1,05 tot 1,90	Weinig tot sterk opbr.
In 100 deelen sap	1,40 — 2,83	Opbr. tot hevig opbr.

No 45 (zie pag 2 en 4) is, even als n° 21, in eenen wat buitengewonen toestand. Het is hier wel niet twijfelachtig, dat de hoeveelheid aan alkali gebonden plantenzuur veel te hoog was, zoodat en de hoeveelheid suiker gering en de hoedanigheid, in weerwil van het lage glukosegehalte, slecht was. Deze overmaat heeft dus hier in denzelfden zin ge-werkt, als de overmaat van glukose in de bovenstukken van dit en het sub 42 en 43 bedoelde riet. Wij zien hier in het gewas zelf iets gelijksoortigs, als plaats heeft in som-mige fabrieken, waar door bijvoeging van eene overmaat van kalk, de kristallisatie belemmerd, ja soms meerendeels verhinderd wordt. Ook de kalk heeft, naar het schijnt, althans bij hooge temperatuur, het vermogen, om de rietsuiker in druiven- of stroopsuiker om te zetten.

Eene zekere bepaalde hoeveelheid alkalische zouten, met het plantenzuur verbonden, moet dus noodzakelijk in het sap voorkomen, om daarin het maximum van suiker te doen ontstaan.

Doch het is mij nog niet regt duidelijk, welke betrek-king er bestaat tusschen de hoeveelheid van dit zuur en de kristallisatie-vatbaarheid van het sap, althans zijne gehalte aan glukose. Welligt dat de eiwitachtige stoffen, a priori zoo geschikt te achten om de suiker te doen veran-deren, hierop eenig meerder licht kunnen werpen.

Het is reeds herinnerd, dat in volkomen rijp riet het maximum van kristalliseerbare suiker, bereikbaar voor eene bepaalde soort van grond en klimaat, aanwezig is; dat dit maximum, na de rijpwording, wel gedurende eenen zekeren, niet voor elk riet gelijken termijn, bestendig blijft, doch meestal vrij spoedig afneemt; dat de areometer dit verlies niet zoo spoedig aantoont, omdat aanvankelijk een gedeelte kristalliseerbare suiker wordt veranderd in glukose, die evenzeer op den areometer teekent.

Voorts, dat de oplosbare zouten, stijgende in hoeveelheid, naarmate de rijpheid nadert, daarna allengs afnemen, waarin dan tevens het plantenzuur, noodig tot de vorming van suiker, zal deelen. Ten gevolge hiervan, zou het schijnen, dat de altijd voortgaande vorming van glukose, gedurende den groei, wordt vergoed door eene voortdurende vorming van kristalliseerbare suiker, maar dat, met het verminderen van groei na het tijdstip van rijpheid, die vergoeding niet meer plaats heeft.

Eindelijk, dat het oplosbaar eiwit, vóór en na de rijpwording, in het sap gedurig blijft toenemen, waarbij zijne betrekkelijke hoeveelheid en mate van vermeerdering, in verband met de hoeveelheid en hoedanigheid der gelijktijdig aanwezige suiker, nog te bespreken valt.

No 1, 4 en 5, alle goed kristalliserende stroopen voorstellende, bevatten gemiddeld, per 100 deelen riet.
18,53 suiker en 0,051 oplosbaar eiwit, verhouding 100: 0,28.

Nos 2, 3, 6, 7, 8, 9, alle niet kristalliserende stroopen voorstellende, bevatten, gemiddeld 16,19 perct. suiker en 0,056 oplosbaar eiwit: verhouding 100· 0,35.

Dit alles was riet van den schralen berggrond te Genteng, $12\frac{1}{2}$ maand oud. Het toont een gelijktijdig voorkomen van weinig en slecht of niet kristalliseerbare suiker, en een hoog gehalte van oplosbaar eiwit.

Ik merk hier weder aan, dat de drie eerstgenoemde afkomstig waren van riet, met asch bemest. Het is, alsof
daardoor werd voorgekomen, dat in het riet te veel van eene
stof gevormd werd, die het eiwit uit den houtvezel kan oplossen.

De nos 11 tot 32, alle van riet uit het oosten van Java,
maar te Buitenzorg gekweekt, vertoonen ten deele de straks
genoemde verhoudingen nog duidelijker.

De nos 11, 12, 13, 16, 19, 20, 22, 23, 24, 25, 26, 27,
28, 29, 30, 31 en 32, alle vermeld als goed kristalliseerende stroopen, geven gemiddeld per 100 deelen riet.

$$\text{Suiker} \quad . \quad . \quad . \quad . \quad . \quad . \quad . \quad \underline{16{,}58}$$
$$\text{Opl: eiwit enz.} \quad . \quad . \quad . \quad . \quad 0{,}075$$
$$\text{Verhouding} \quad . \quad . \quad . \quad . \quad 100: 0{,}45$$

No 14, 15 17 en 18 kristalliseerden niet. Het gemiddeld suikergehalte is. 17,16
oplosb: eiwit enz. 0,112
verhouding. 100: 0,64

Dit met het vorige vergelijkende, kan men, ook al wordt
gelet op het gemiddelde der uitkomsten, vermeld op tabel A
onder nos 380 — 399, geenszins onvoorwaardelijk eene vermindering van suiker met of door de toename der oplosbare eiwitachtige stoffen aannemen; maar de verhindering der
kristallisatie door die toename schijnt op nieuw hieruit te
blijken. Zeker is het vreemd, dat in het eerste voorbeeld
eene verhouding van 0,35 op 100 zou bewerkt hebben, wat
in dit tweede bij de verhouding van 0,45 op 100 niet geschied is. In dit dilemma zie ik voorshands geene andere uitkomst, dan aan te nemen, dat de verschillende aard
der twee proefgronden, — zij het dan door eene andere zamenstelling der zouten, daaruit door het riet opgenomen, — alle vergelijking tusschen deze twee paren voorbeelden verbiedt.

Bepalen wij ons tot de twee laatste onderling, dan hebben wij weder gemis van kristalliseerbaarheid met eene volstrekte en betrekkelijke toename van oplosbare eiwitachtige stoffen of proteine-verbindingen.

Slechts twee van de zeventien, straks aangehaalde, nummers, nam: 23 en 25, naderen in het eiwitgehalte digt tot de vier, waarbij de stroop niet kristalliseerde en welke zich tusschen 0,063 en 0,065 bewogen.

In de derde plaats kunnen de nos. 40 tot 49, buitenzorgsch riet voorstellende, het vroeger gezegde op eene veel meer in het oog vallende wijze bevestigen. Nos. 43, 46 en 47, alle volkomen kristalliseerende stroopen, vertoonen gemiddeld, per 100 deelen sap,

aan suiker en glukose 19,23
„ glukose 1,08
„ oplosb: eiwit stoffen 0,078
„ verhouding 100: 0,38

nos. 40, 41, 42, 43, 44, 48, 49, waar geene kristallisatie plaats had, hielden gemiddeld weder, in 100 deelen sap.

aan suiker en glukose 9,30
„ glukose 1,67
„ oplosb: eiwitstoffen enz: 0,092
verhouding . . . . 100: 1,13.

of drie maal zoo groot, als in de volkomen gekristalliseerde stroopen, hoofdzakelijk ten gevolge van het meer dan dubbel zoo groote suikergehalte in de laatste.

Hier zijn dus vereenigd: aanzienlijke vermindering van suiker en geheele verhindering der kristallisatie, bij eene duidelijke toename aan oplosbaar eiwit, en een om 50% verhoogd gehalte aan glukose.

Doch andere nummers van buitenzorgsch riet, mede te Genteng gekweekt, schijnen al deze gevolgtrekkingen eensklaps te ontzenuwen. Ik bedoel de nos. 36 tot 39 en 50 tot 56. De nummers 36, 37, 38, 39, 55 en 56 melden', „alles gekrd," en zij geven gemiddeld per 100 deelen riet

aan suiker en glukose 13,23
„ glukose 1,33
„ oplosbaar: eiwit, enz. 0,071
verhouding . . . . 100 : 0,54.

Op de nummers 34, 35, 50, 51, 52, en 53 vinden wij geen enkel met kristalliseerbare stroop, en voorts per 100 deelen riet:

aan suiker en glukose 13,72
„ glukose 1,47
„ oplosbaar eiwit enz. 0,075
verhouding . . . . 100 : 0,54.

Dus juist gelijk de vorige, terwijl het eenige verschil te vinden is in de toename van glukose om $1/_{10}$.

Is hier derhalve de grootere hoeveelheid, hoofdzakelijk met eenig plantenzuur verbondene, zouten, die in het kristalliseerende sap gemiddeld ruim 40°/o hooger was, dan in het andere, als de oorzaak van dit verschil in hoedanigheid aan te zien? En is dus het gehalte aan oplosbaar eiwit, tegenover dat aan suiker alleen, een vergezellend, niet een oorzakelijk verschijnsel, afhangende van den vereenigden invloed der minerale stoffen en het plantenzuur?

De hoeveelheid dextrine die, hoe gering ook, hier en daar zal vermengd geweest zijn met de eiwitachtige stoffen, weêrhoudt mij, hierover breeder uit te weiden; terwijl toch ook verre de meeste der verkregene uitkomsten het boven gezegde bevestigen, namelijk: dat de vermeerdering van oplosbare eiwitachtige stoffen en glukose, in het rietsap doorgaans vergezeld gaat van eene vermindering der suiker en der kristalliseerbaarheid, beide tot op een volslagen verlies der laatste, terwijl dit verlies ook bij een hoog suikergehalte kan plaats hebben.

Als toepassing van al het aangevoerde, zou ik thans moeten overgaan tot eene beschouwing van de omstandigheden, onder welke het rietsap het waarschijnlijkst zulk eene hoeveelheid plantenzuur, aan een deel der alkalische bases gebonden, nevens oplosbare proteine-verbindingen, zal kunnen opnemen, als voor het bereiken van een maximum van kristalliseerbare suiker noodig zijn.

In hoeverre kan de grond daarop van invloed wezen? Te Genteng heeft, in het tweede kultuurjaar, eene, ofschoon ook slechts geringe, vermindering plaats gegrepen in het volume en het suikergehalte van het riet. Er heeft tegelijk eene algemeene vermindering plaats gehad in de zouten van het sap. Indien er, niettegenstaande de bewerking van den grond, in dat eene jaar reeds meer van de noodige oplosbare zouten vereischt werd, dan door den invloed des dampkrings alleen kon hersteld worden, dan is het gezegde een bewijs te meer voor de ondoelmatigheid, om op denzelfden grond twee jaren achtereen, zonder stilstand, hetzelfde gewas te planten.

Dit valt echter zamen met de werking der gezamelijke minerale stoffen, en zal dus onder de algemeene gevolgtrekkingen, aan het slot van dit stuk plaats vinden.

Ik deel hier nog mede, voor zooveel noodig, welke uitkomsten ik verkregen heb bij de analyse der zouten van eenige rietsappen, in zoo ver ik tot heden de gelegenheid gehad heb, die uit te voeren.

In 100 deelen dier zouten zijn gevonden.

	Potasch	Kiezelaard	Phosphorz.
a Probolingo-riet uit den tuin te Buitenzorg	44,65	17,80	10,52
b Hetzelfde " " " Genteng.	25,77	19,87	17,00
c Purperbruin buitenzorgsch riet " "	16,91	40,30	—
d Geel " " " "	14.04	38,03	22,40
e Licht batav. riet uit het westerkwartier.	38,10	12,25	29,51
f Bruinr. dito (van een and. fabr.) papar. en bem	—	10,43	19,84

Er zijn in deze uitkomsten, hoe beperkt ook, toch eenige bijzonderheden, die de aandacht verdienen, namelijk.
De sawahgrond van Buitenzorg, even als die uit het wes-
terkwartier van Batavia, heeft eene veel grootere hoeveelheid potasch aan het rietsap geleverd, dan de schrale berggrond te Genteng.

Het in elk opzigt zoo voortreffelijke probolingo-riet
heeft echter uit dien schralen grond veel meer potasch
kunnen opnemen, dan het trager groeijende en minder sui-
kerhoudende buitenzorgsche. Een blijvend endosmotisch
karakter der wortelspitsen schijnt dus aan riet, naar soort
of afkomst, eigen te zijn, waardoor zijne eigenaardigheid
bepaald wordt.

Dat die potasch vooral eene gewigtige rol speelt, bij de
vorming van het plantenzuur, welks noodzakelijkheid tot
het ontstaan van suiker ik vroeger betoogd heb, schijnt mij
weinig twijfelachtig toe.

Het lichtroode bataviasche riet was van betrekkelijk nieu-
wen, het andere van lang met riet beplanten grond, en tevens tweede gewas of zoogenaamd paparan. In weerwil
van de katjang-bemesting, waren de zouten van het laatst-
bedoelde sap toch arm in het zoo noodige phosphorzuur,
verbonden met alkali.

Wat aan de som der opgegevene cijfers, c en f uitgezonderd, ontbreekt, bestond uit zouten van phosphorzuur
met kalk en magnesia, kiezelaarde, met sporen van ijzeroxyde, koolzuur, benevens soda en chloor.

Van dit koolzuur, hetwelk de maatstaf is van het appelzuur, vermoedelijk in het rietsap aanwezig, bevatte a eene
groote hoeveelheid, b slechts weinig, c zeer weinig d, e en
f niets of hoogstens sporen.

Men zou geneigd zijn, aan te nemen, dat in het probolingo-riet, uit den grond van Genteng, door phosphor-

zuur is aangevuld, wat tot verzadiging der potasch aan appelzuur ontbrak.

Welke rol het chloorpotassium of sodium in deze sappen speelt, kan ik nog niet met waarschijnlijkheid aangeven. Zooveel is zeker, dat als de zouten in het sap zeer overvloedig waren, deze tevens aanmerkelijk veel chloor bevatteden en zeer spoedig vochtig werden, dat het sap weinig suiker hield, en dat deze suiker niet of slecht kristalliseerde.

Dit gedeelte van het onderzoek is thans nog naauwelijks aangevangen.

Ik kom thans tot het laatste gedeelte van de zamenstelling van het riet, en wel, tot zijne vaste, organische en anorganische deelen, die men *geheel zuivere, sapvrije ampas* zou kunnen noemen. Deze kunnen gevoegelijk te gelijk beschouwd worden, zoo gezamenlijk, in betrekking tot het sapgehalte, als onderling vergeleken.

Met het laatste zal ik eenen aanvang maken.

Dat er een innig verband bestaat tusschen de organische en minerale bestanddeelen van het riet, ook tusschen zijne vaste of houtige deelen en de onoplosbare minerale zouten, is thans te wel en te algemeen bekend, om betoog noodig te hebben, en dus kan ik mij hier onthouden van aan te toonen, hoe noodzakelijk de laatst gemelde zijn voor den groei van ons gewas.

Dit zoo zijnde, moet men ook aannemen, dat zij zullen verschillen, naarmate de groei hiervan verandert, naarmate de soort of hoedanigheid is, en eenmaal bekend zijnde met *hoeveel* en *hoedanig*, dat in eene voortreffelijke soort wordt gevonden, zullen wij eenen maatstaf bezitten, om de geschiktheid van een' gegeven' grond te beoordeelen, ja ook om die geschiktheid allengs daar te stellen, waar zij mogt ontbreken.

Naar soort en afkomst heb ik de volgende verhoudingen gevonden.

— 160 —

Afkomst.	Geel riet.					Rood riet.				
	Miner. stof.	Onoplb. stof.	Houtvezel (1)	Asch in houtv.	Zw. van het riet	Miner. stof.	Onoplb. stof.	Houtvezel	Asch in houtv.	Zw. van het riet
	%	%	%	%	N. G.	%	%	%	%	N. G.
Probolingo	0,500	0,318	8,60	3,56	0,85	0,325	0,272	11,1	2,40	1,42
Dito van and fabr.	—					0,357	0,295	8,9	3,21	1,09
Soerabaja	0,390	0,239	8,05	2,88	1,60	0,320	0,242	9,4	2,51	0,67
Samarang	0,368	0,259	8,62	2,92	1,85					—
Cheribon	0,581	0,251	8,70	2,80	—	0,562	0,215	13,4	1,50	—
"	0,493	0,235	7,30	3,12	—	0,682	0,318	13,8	2,23	—
"	0,448	0,187	8,30	2,20	—	0,533	0,331	8,6	3,71	—
Gemiddeld	0,464	0,218	8,26	2,91	—	0,463	0,279	10,9	2,61	—

(1) Hier wordt overal *aschvrije* houtvezel bedoeld.

Het riet uit de drie eerstgenoemde residentien was digt bij een in den laboratorium-tuin gekweekt, dat uit Cheribon was van de fabriek Soerawinangong, waarvan het terrein vroeger reeds kortelijk is omschreven, en dat door de groote hoeveelheid minerale stoffen, de nieuwheid der gronden verraadt.

Van dit riet kan ik de zwaarte niet mededeelen, maar
het mogt geenszins dik genoemd worden, daar de omvang
van het gele riet tusschen 106 en 114, die van het roode
tusschen 93 en 112 ned. strepen afwisselde. Het japara-
glaga-riet was verre het dunste.

Het gele riet uit Probolingo was van de fabriek Gending,
het roode van de fabrieken Soemberkarang en Kotta of
Oembool. De middelmatigheid van het eerste tegen over
de beide andere gele rietsoorten, en omgekeerd, de voor-
treffelijkheid van het roode uit Probolingo, tegenover dat
uit Soerabaja, blijkt onder anderen uit de vergelijking van
derzelver gewigt. Alleen voor de beide roode, afkomstig
van aan een grenzende fabrieken, en dus alleen strikt vergelijkbaar, blijkt een verhoogd gehalte aan minerale zouten,
gelijktijdig, met de meerdere zwaarte van het riet, dat, als
vroeger gezegd is, ook in alle andere opzigten uitmuntend
is te noemen. De uitzonderingen hierop, namelijk kort riet
met *veel* minerale stoffen, zijn, naar mijn gevoelen, verklaarbaar, door de *hoedanigheid* der laatste.

In zulke gevallen is de verhouding veelal bovenmatig
groot, als hadde er eene werktuigelijke indringing, nevens
de vitale opneming, plaats gehad, dat natuurlijk den groei
van het riet benadeelt.

Zoo vond ik in purperbladriet, gekweekt op een plekje
gronds, nabij den mesthoop van mijn' paardenstal, de verbazende hoeveelheid van $1,24^\circ/_\circ$ aan minerale stoffen, waarvan $0,576^\circ/_\circ$ onoplosbaar, en daar het riet $8,5^\circ/_\circ$ houtvezel
bevatte, hield deze $6,78^\circ/_\circ$ daarvan in. Dit donker-pur-
perroode riet, waarvan één stoel twaalf stokken gaf, woog
gemiddeld slechts 0,77, de langste mat 1,85, de kortste 0,90 n. el., de omvang was 90 n, strepen, het sap teekende 9°, het riet bevatte $13,73^\circ/_\circ$ suiker, maar deze was
niet tot kristallisatie te brengen. De proeven met dit riet

worden voortgezet, deels op denzelfden, deels op eenen grond van middelmatige vruchtbaardeid.

In denzelfden zin spreekt de verhouding van minerale stoffen, ten opzigte van het bijna algemeene verschil in zwaarte tusschen geel en rood riet, namelijk:

het gele bevatte gemiddeld . . . . 0,419°/₀
het roode „ „ . . . . 0,344 „
en in 100 deelen houtvezel werd gevonden.

van het gele . . . . 3,12°/₀
van het roode . . . . 2,71 „

aan minerale stoffen, en zulks, ofschoon in het tegenwoordige geval, het gele gemiddeld slechts zeer weinig zwaarder was, dan het roode. Het gehalte aan minerale stoffen in de vezels van het roode riet van Samarang (rapoh) en Soerabaja, uit den laboratorium-tuin, bedroeg gemiddeld slechts 0,77°/₀.

Ten aanzien van de monsters uit Cheribon is de verhouding omgekeerd. Doch vooreerst weet ik niets bepaald omtrent de gelijkvormigheid der gronden van die fabriek; ook is het Kijong-riet, hier het laatste onder de roode, zeker eene verbastering, en evenaart in zwaarte niet zelden het zwaarste gele, terwijl verder, deze rietstukken niet geheel versch zijnde, eene verandering van het sap, die bij het gele rasscher, dan bij het roode riet voorvalt, ook een verandering in de verhouding der onoplosbare zouten moet veroorzaakt hebben.

De invloed van den grond, van groeiplaats in het algemeen, is zeer groot geweest, blijkens de navolgende cijfers

Bijzonderheden.	Land. G.Sindoer in Buitenz.nabij de gr. v. Batav.	Westerkwartier v Batavia	Proeftuin te Genteng, 18½ m. oud.
Miner. stoffen in 100 d. riet.	0,435	0,404	0,217
Onoplosb. „ „ „ „	0,217	0,208	0,101
Houtvezel „ „ „	9,55	9,9	11,0
Miner. stoff. in 100 d houtvez.	2,27	2,71	1,46
Gewigt van het riet.	1,86 n. ℔	2,28 n. ℔	1,70 n. ℔

Het waren vermoedelijk dezelfde variëteiten, van kleur meer of min bruinachtig purperrood.

Afkomst en soort.	Tuin te Genteng					Tuin te Buitenzorg.				
	Min stof in 100 d. riet.	Onopl. st in 100 d. riet.	Houtvezel in 100 d. riet.	Min. stof in 100 d. houtvezel.	Gewigt van het riet.	Min stof in 100 d. riet.	Onopl. st in 100 d. riet.	Houtvezel in 100 d. riet.	Min. stof in 100 d. Houtvezel.	Gewigt van het riet.
Probolingo rood.	0.372	0.328	9.1	3.61	N. ℔ 0.78	0.325	0.272	11.1	2.45	N. ℔ 1.42
" geel.	0.367	0.312	9.1	3.43	1.06	0.357	0.205	8.9	3.31	1.99
" "	0.392	0.351	8.8	4.00	0.42	0.500	0.318	8.6	3.70	0.85
Soerabaja "	0.202	0.240	13.8	1.74	0.65	0.300	0.239	9.05	2.97	1.60
Samarang	0.209	0.174	10.4	1.67	0.76	0.368	0.259	8.6	3.00	1.85
Gemiddeld. . . .	0.330	0.280	10.2	2.89	0.73	0.388	0.276	9.0	3.08	1.54

In het eerste tafeltje zien wij voor elke plaats een verschil, zoo in de hoeveelheid minerale stoffen, als in de verhouding van het onopgeloste gedeelte. In de laatste gaat, wat de gemiddelden betreft, de grootste zwaarte van het riet op dezelfde plaats zamen met de grootste vehouding aan minerale stoffen; maar in de bijzondere voorbeelden komen groote afwijkingen voor. Zoo was het gele riet van Probolingo, op beide groeiplaatsen, het ligtste en tevens het rijkste in minerale bestanddeelen, als bestond hier eene erfelijke eigenschap, krachtiger dan de invloed des bodems.

Er was tusschen dit en de twee roode riet-variëteiten uit dezelfde residentie, te Genteng, in gehalte aan minerale stoffen, even als in houtvezel, veel meer overeenkomst, dan tusschen de gele soorten onderling. Letten wij, gelijk ik geloof dat noodig is, vooral op de verhouding van minerale stoffen in den zuiveren houtvezel en de zwaarte van het riet, dan zien wij bij het gele, vooral dat van de bergachtige, ongelijkmatig gevormde kweekplaats, eene onregelmatigheid, die bij het roode riet niet of veel minder wordt gevonden.

Indien de standvastigheid, waarmede de minerale bestanddeelen van het riet verbeeld zijn tusschen sap en houtvezel, iets bewijst, hetzij voor de bestendigheid der soort, of voor de waarde van den grond, afgescheiden van het klimaat, dan geven zeker de roode rietsoorten en de hellende, niet sterk waterhoudende gronden den meesten waarborg tegen verbastering. Het is inderdaad opmerkelijk, dat deze induktie oorspronkelijk is uit resultaten der analyse, zoodat zij een nieuw bewijs kan leveren voor het hooge gewigt, dat de hoeveelheid en aard der minerale stoffen kunnen hebben voor de hoedanigheid van het riet.

Tot opheldering voer ik hier aan, dat in de vijf voorbeelden de volgende verdeeling der minerale stoffen heeft plaats gevonden.

Afkomst.	Genteng.		Buitenzorg.	
	In de vez.	In het sap.	In de vez.	In het sap.
Probolingo rood. . .	88 °/o	12 °/o	84 °/o	16 °/o
» » . . .	85 »	15 »	83 »	17 »
» geel . . .	89 »	11 »	63 »	37 »
Soerabaja » . . .	80 »	20 »	61 »	39 »
Samarang » . . .	83 »	17 »	70 »	38 »
Gemiddeld. . . .	85 °/o	15 °/o	74 °/o	26 °/o

Dat de aard des gronds niet uitsluitend hierop werkt, zou men mogen aannemen, vooreerst, omdat in het buitenzorgsche, ofschoon te Genteng gekweekte, riet mede de verhouding van 74 en 26 tusschen de niet- en wel opgeloste minerale stoffen is gevonden; maar het kan ten andere, en nog duidelijker blijken uit de volgende tabellarische berekeningen, die tevens eenig licht werpen op het verband tusschen gehalte aan minerale bestanddeelen aan de eene, en herhaalde planting op één terrein, nevens over-rijpwording aan de andere zijde.

Samarangsch riet van Genteng.

	Varieteit.	Minerale stoffen	Onopl. stoffen.	Houtvezel.	Miner. stoff. in houtvez.	Verhoud. tuss. kolom 1 en 2. perct
Oogst van 1853.	M. Oerang . . .	0,169	0,086	4,02	2,10	51
	» Semb	0,200	0,148	4,57	3,14	74
	» Rapoh	0,267	0,206	5,26	3,77	77
	Gemiddeld	0,212	0,147	4,62	3,00	67

Samarangsch riet van Genteng.

		Variëteit.	Minerale stoffen.	Onopl. stoffen.	Houtve-zel	Miner. stoff. in houtvez.	Verhoud. tuss. ko-lom 1 en 2.
			%	%	%	%	%
	12¼ Maand.	M. Oerang...	0,209	0,174	10,26	1,67	83,3
		" Semb.....	0,251	0,207	10,08	2,01	82,4
		" Rapoh...	0,283	0,233	7 39	3,06	82,3
Oogst van 1854.		Gemiddeld. ...	0,248	0.205	9,21	2,25	82,7
	15 Maand.	M. Oerang...	0,391	0,354	9.61	3,55	90,5
		" Semb ...	0 190	0,154	12,91	1,18	81,6
		" Rapoh...	0,280	0,241	4,64	4,91	86,1
		Gemiddeld...	0,287	0,230	9,05	3,22	87,0

Samarangsch riet van Buitenzorg.

1853	12¼ M	M. Oerang...	0,279	0,089	4,73	1,88	32
1854	12¼ "	" ...	0,368	0,259	8,36	3,00	70
"	14½ "	" ...	0,464	0,217	11,61	1,83	46

Probolingosch riet van Buitenzorg.

		Fabr Gending.	0,301	0,131	4,67	2,87	44
Oogst van 1853.	12 M.	" S. kareng.	0,269	0,128	3,87	3,30	48
		" Kotta....	0,330	0,174	7,73	2,25	53
		Gemiddeld....	0,300	0,143	5,42	2,81	48
	12 Maand.	Fabr Gending	0,500	0,518	7,00	4,0	64
		" S kareng	0,325	0,272	10 80	2,51	84
Oogst van 1854.		" Kotta....	0,357	0,315	8,55	3,67	88
		Gemiddeld.. .	0,391	0,302	9,04	3,39	77
	14 Maand.	Fabr. Gending.	0,472	0,343	8,46	3,90	73
		" S. kareng.	0,362	0,283	11,60	2,38	78
		" Kotta....	0,358	0,262	7,83	3,24	73
		Gemiddeld....	0,397	0,296	9,30	3,17	75

Het gedeelte der minerale stoffen, dat in de vaste deelen van het riet is bevat, bedroeg dus, bij dat van Genteng

teng, tusschen 80 en 90°/₀ van de gansche hoeveelheid, maar eerst in het tweede jaar, terwijl in het eerste door twee der samarangsche rietsoorten, slechts de verhouding bereikt werd van het buitenzorgsche, namelijk 76°/₀.

Er heeft dus, met of door die tweede beplanting van den zelfden grond met hetzelfde gewas, eene vermindering plaats gehad in het aandeel, dat het sap van die minerale stoffen bekomen heeft, of liever, terwijl in het tweede jaar eene grootere verhouding daarvan door het riet is opgenomen, zoo is dat meerdere alleen aan de vaste deelen ten goede gekomen.

Maar die vaste deelen zelve zijn in eene nog grootere mate toegenomen, ten gevolge waarvan zij, in het tweede jaar, voor eene gegevene oppervlakte, minder aan minerale stoffen bevat hebben, dan in het eerste.

De gemiddelde verhoudingen van oplosbaarheid der minerale stoffen komen, in het te Buitenzorg gekweekte riet over 1854, zoowel het probolingosche als het samarangsche, weder nabij aan wat ik hier de normale zal noemen, zijnde 76, door het buitenzorgsche riet zelf aangetoond.

Het samarangsche heeft ook hier, van 1853 tot 1854, in minerale zouten dezelfde wijziging ondergaan als te Genteng, met dit onderscheid echter, dat de toename in vaste deelen geringer is geweest, dan van de daarin aanwezige minerale stoffen. Deze zijn dus betrekkelijk rijker daarin geworden, dan in het eerste jaar van kweeking.

Bij het probolingo-riet van Buitenzorg ziet men volkomen hetzelfde, zoodat, althans naar deze uitkomsten, te besluiten is, dat op vlakke sawahgronden, bij herhaalde beplanting, dit gewas rasscher in anorganische, dan in organische vaste stoffen toeneemt, en dat het omgekeerde op hellenden, onbebouwden grond plaats heeft. Trouwens, in den laatsten was ook, priori, een spoediger afnemen van mine-

rale, door het riet opneembare stoffen te verwachten, dan
in den lang bebouwden en bewerkten bodem. Dat in weerwil hiervan, het riet ook in dien, niet of althans veel minder bewerkten grond, toch in het tweede jaar, per eenheid
van gewigt, meer zouten, dan in het eerste heeft opgenomen,
hetgeen althans geene uitputting aanduidt, kan als bewijs strekken voor den invloed, dien de bebouwing in het eerste jaar
reeds op den grond gehad heeft, en tevens voor een zeker
akkommodatie-vermogen in de celvliezen der wortelspitsen.
Voortgezette kultuur en onderzoek zullen moeten leeren, of
bij volgende oogsten van dien berggrond, ook eindelijk de
mate van toename in zouten grooter zal worden, dan die
in houtvezel, zooals te Buitenzorg reeds dadelijk heeft plaats
gehad.

Wij moeten hier weder de standvastigheid der roode rietsoorten uit Probolingo erkennen, daar zij te Buitenzorg dezelfde verdeeling der minerale stoffen, als te Genteng, behouden hebben, namelijk tusschen 80 en 90°/₀ in den houtvezel of onoplosbaar. Bij deze is dan ook te Buitenzorg
de toename voor het tweede jaar, in minerale stoffen slechts
weinig grooter geweest, dan die in houtvezel: met al de gele
of zoogenaamde witte soorten was het anders gesteld.

Terwijl, bij overrijpheid, het samarangsche riet, zoo wel
te Genteng als te Buitenzorg, is voortgegaan met toenemen
in minerale bestanddeelen, is daardoor te Genteng, bij de
onveranderde verhouding van houtvezel, deze aanmerkelijk in mineraal gehalte toegenomen, meer nog, dan in de
tabel is uitgedrukt, wegens den storenden invloed van het
Sembong-riet, dat hier (en menigmaal), eene grootere neiging tot verhouting aantoont, dan het m: Oerang. Maar
te Buitenzorg had dit laatste toen veel in sap verloren, en
er was in het nog aanwezige zooveel meer, dan vroeger,
van de minerale stoffen opgelost, dat wij hier dezelfde ver-

houding van organische en anorganische stoffen, in den houtvezel terug vinden, als in 1853. De vermeerdering in zouten is dus hier bijna uitsluitend op het sap gekomen, terwijl zij te Genteng aan de vaste deelen van het riet was toebedeeld.

Merkwaardig is hier alweder de bestendigheid van het probolingo-riet. Verhouding van minerale stoffen, van derzelver onopgelost aandeel, van houtvezel, en dus ook de organische en anorganische zamenstelling des laatsten, zijn zeer weinig veranderd.

Ik kan mij niet onthouden, hierbij te herinneren, dat juist dit riet langer, dan eenig ander, na het tijdstip van rijpheid, zijn gehalte aan, en de kristalliseerbaarheid der suiker behouden heeft, en tevens de geringste hoeveelheid glukose bleek te bevatten.

Daar bemesting altijd op eene min of meer groote verandering van het karakter der gronden uitloopt, en volgens het boven verhandelde, een verschil in opname en verdeeling der anorganische stoffen het gevolg daarvan is, zoo moet bemest riet ook hierin van het onbemeste afwijken.

Dit is zoo begrijpelijk, en de overige, voor landbouw en fabrikaadje regtstreeks meer beteekenende veranderingen, door goede bemesting in den groei van het riet te weeg gebragt, zijn vroeger zoo overtuigend aangewezen, dat ik mij hier zoude kunnen onthouden, zulks nog door cijfers opzettelijk te staven.

Doch het physiologisch belang, en ook nog het landbouwkundige, want niet alle bemesting heeft in denzelfden zin gewerkt, sporen mij aan, nog deze uitbreiding aan dit verslag toe te voegen.

Door berekeningen, aan de opgaven der hoofdtabel ontleend, bekomt men het volgende overzigt.

A. Samarangsch riet te Genteng.

Varieteiten en meststof	Bemest.					Onbemest.				
	Minerale stoffen. %	Onopgel. stoffen. %	Houtve-zel. %	Min. stof in houtv. %	Verh. van kolom 2 1. %	Minerale stoffen. %	Onopgel. stoffen n. %	Houtve-zel. %	Min. stof in houtv. %	Verh. van kolom 2:1. %
M. Oeang. Guano.	0,197	0,141	4,85	2,82	73	0,209	0,174	10,26	1,67	83
Guano en asch.	0,197	1,148	5,09	2,82	75	—	—	—	—	—
Asch.	0,153	0,123	8,87	1,37	80	—	—	—	—	—
kalk.	0,191	0,144	10,16	1,40	75					
M. Semb Guano.	0,121	0,050	14 15	0,345	46	0,251	0,207	10,08	2,01	82
Guano en asch.	0,154	0,120	13,39	0,89	78	—	—	—	—	—
Asch.	0,226	0,187	6,74	2,70	83	—	—	—	—	—
kalk	0,313	0,255	12,12	2,06	81					
Ra-poh Guano.	0,237	0,187	7,94	2,30	79	0,283	0,233	7,39	3,06	82
Kjy-ong. Guano.	0,152	0,116	7,29	1,57	76	0,214	0,189	5,79	3,16	77
Gem. in de Bolo Guano.	0,159	0,095	9,50	1,58	60	0,247	0,201	8,38	2,48	81
Guano en asch.	0,173	0,134	9,24	1,86	77	—	—	—	—	—
Asch.	0,190	0,155	7,81	2,04	82	0,230	0,191	10 17	1,84	83
kalk.	0,252	0 200	11,14	1,73	79					

De vermeerdering van het aandeel der zouten in het sap en dus de onttrekking van een gedeelte aan den houtve- zel, die volgens deze cijfers aan de guano kan worden toegeschreven, geldt dus bijna uitsluitend voor het gele riet. Het roode, ofschoon uit Samarang, vertoont weder dezelfde onveranderlijkheid, als dat uit Probolingo.

B. Buitenzorgsch riet te Genteng.

Bemesting en ouderdom.	Bemest.					Onbemest.				
	Minerale stoffen %	Onopgel. stoffen %	Houtvezel %	Min. stof in houtvez. %	Verh. van kolom 2:1 %	Minerale stoffen %	Onopgel. stoffen %	Houtvezel %	Min. stof in houtvez. %	Verh. van kolom 2:1 %
Guano. (16½ m. in bloei)	0,227	0,100	10,05	0,99	44	0,317	0,261	9,67	2,63	82
Guano en asch.	0,154	0,115	10,52	1,08	75	—	—	—	1,37	69
Guano. (1⅓ m.)	0,312	0,205	10,24	1,96	66	0,219	0,151	10,84		

C. Samarangsch riet te Buitenzorg.

Bemesting en ouderdom.	Bemest.					Onbemest.				
	Minerale stoffen %	Onopgel. stoffen %	Houtvezel %	Min. stof in houtvez. %	Verh. van kolom 2:1 %	Minerale stoffen %	Onopgel. stoffen %	Houtvezel %	Min. stof in houtvez. %	Verh. van kolom 2:1 %
M. Oerang. 12 m.	0,310	0,242	5,29	4,38	78	0,368	0,259	8,35	3,00	70
Raph. 14½ m.	0,507	0,239	8,17	2,80	47	0,461	0,217	11,64	1,83	47
14½ m.	0,260	0,143	13,55	1,04	55	0,240	0,100	14,40	0,69	42
Gemiddeld van 14½ m.	0,381	0,191	10,86	1,92	50	0,352	0,159	13,02	1,26	45

D. Soerabaijasch riet te Genteng.

Bemesting en ouderdom.	Bemest.					Onbemest.				
	Minerale stoffen %	Onopgel. stoffen %	Houtvezel %	Min. stof in houtvez. %	Verh. van kolom 2:1 %	Minerale stoffen %	Onopgel. stoffen %	Houtvezel %	Min. stof in houtvez. %	Verh. van kolom 2:1 %
Geel. (12¾ m.)	0,380	0,203	8,00	2,48	53	0,300	0,239	7,81	2,97	60
Rood.	0,310	0,242	10,46	0,65	78	0,320	0,164	9,17	0,84	51
Gemiddeld.	0,345	0,223	9,23	1,57	65	0,355	0,202	8,49	1,01	57
Geel. (1⅓ m.)	0,535	0,350	11,76	2,89	65	0,410	0,298	13,92	2,10	73
Rood.	0,316	0,256	14,16	1,78	81	0,387	0,101	10,76	0,93	30
Gemiddeld.	0,426	0,303	12,96	2,34	71	0,374	0,200	12,34	1,49	53

E. Probolingosch riet te Gentong.

Bemesting en ouderdom.		Bemest.					Onbemest.				
		Minerale stoffen.	Onopgel. stoffen.	Houtve- zel.	Min. stof in houtvez.	Verh. van kolom 2:1.	Minerale stoffen.	Onopgel. stoffen.	Houtve- zel.	Min. stof in houtvez.	Verh. van kolom 2:1.
12 Maand.	Gending	0,486	0,294	8,33	3,41	60	0,500	0,318	7,90	3,87	64
	Soenbeik.	0,392	0,315	9,04	3,35	80	0,325	0,272	10,83	2,45	84
	Kotta.	0,268	0,183	7,63	2,37	68	0,357	0,295	8,58	3,32	83
	Gemiddeld	0,382	0,264	8,30	3,04	69	0,394	0,295	9,10	3,21	77
14 Maanden.	Gending.	0,430	0,378	12,06	3,04	88	0,472	0,343	8,46	3,00	73
	Gending rood.	0,464	0,369	7,28	4,82	84	0,604	0,477	5,07	3,60	79
	Soemb. kaeng.	0,306	0,194	11,38	1,67	63	0,362	0,283	11,00	2,38	80
	Kotta.	0,414	0,295	8,93	3,19	71	0,358	0,262	7,83	3,24	73
Guano.	Gemiddeld	0,404	0,309	9,92	3,18	76	0,419	0,341	8,24	4,43	76

Uit tabel A zijn eenige besluiten af te leiden, namelijk.

1. In het bemeste riet, met gedeeltelijke uitzondering van dat, waarbij kalk gebezigd was, is de verhouding van minerale stoffen kleiner geweest, dan in het onbemeste.

2. In het bemeste Oerang-riet vinden wij, met dezelfde uitzondering, minder houtvezel dan in het onbemeste.

3. In het, met guano bemeste gele riet, is een grooter aandeel in de minerale bestanddeelen door het sap opgenomen, dan in het onbemeste; het verschil is echter niet aanmerkelijk.

4. Het roode riet heeft hierin door de guano geene verandering ondergaan, terwijl de asch en kalk in dit opzigt zonder noemenswaardigen invloed zijn gebleven.

De gevolgtrekkingen sub 1 en 3 zijn ook uit tabel B te maken, doch alleen tijdens het bloeijen. Hier vinden wij echter geene vermindering van houtvezel in het bemeste riet.

Ik maak hier de opmerking, dat het sap uit dit riet eerst tot kristallisatie was te brengen, toen het $16\frac{1}{2}$ maand oud was. Juist toen was de verdeeling der minerale stoffen tusschen sap en hout in het bemeste en onbemeste nagenoeg gelijk.

Het sap van het bemeste schijnt dus, tijdens het bloeijen, te veel ($16°/_o$), dat van het onbemeste te weinig ($18°/_o$) van die stoffen bevat te hebben, om te kunnen kristalliseren.

Van het riet van $16\frac{1}{2}$ maand is alleen datgene berekend, wat gebloeid had; er was toen een groot gedeelte, dat geene bloemstengen had uitgeschoten. Hier zien wij in het bemeste eene grootere verhouding van minerale stoffen, dan in het onbemeste; alsof, eenmaal de staat van rijpheid bereikt zijnde, een sneller verloop van groei, een gemakkelijker doorlatingsvermogen in de wortelspitsen heeft plaats gevonden; want in tabel C en D, ofschoon riet van eenen anderen grond voorstellende, vinden wij na de rijpheid, dezelfde vermeerderde opname van minerale stoffen in het bemeste boven het onbemeste riet; zoodat de verhouding omgekeerd is van die, twee maanden vroeger gevonden. Tabel E echter maakt hierop weder eene uitzondering voor het gemiddelde, daar het riet, van de fabriek Kotta of Oembool afkomstig, weder den straks genoemden regel volgt.

Tabel C bevestigt weder de gevolgtrekking, boven sub 1 gemaakt, en hetzelfde geldt ook, ofschoon in veel geringere mate, van de twee volgende.

Terwijl het dus wel een algemeene regel schijnt te wezen, dat bemest riet in den staat van rijpheid, in verhouding tot zijn gewigt, minder minerale stoffen bevat, dan onbemest, heeft toch niet alleen de aard van den grond, maar ook de, door afkomst verkregene erfelijke eigenschap van het riet zelf, eenen duidelijken invloed op de mate van die uitwerking der bemesting.

De gemiddelde verhoudingen staan tot elkander aldus.

Omschrijving.	Bemest.	Onbemest.	Verhouding.
Tabel A (¹).	180	247	100 : 137
„ C.	310	368	100 : 119
„ D en E.	364	375	100 : 103

De middelste beslist tusschen de overige. In weerwil van het verschil in kweekplaats, was deze invloed der bemesting op het samarangsche riet toch nog groot gebleven. Op den beteren grond was dezelve om de helft verminderd, terwijl zij op het, oorspronkelijk zoo veel betere riet uit Soerabaja en Probolingo, schier onbeteekenend is gebleven.

(1) De kalkbemesting is buiten rekening gelaten.

Een te groote toevoer van anorganische stoffen in het riet, dat ik hier door *mineralisatie* zal uitdrukken, is ongetwijfeld nadeelig voor zijnen groei en suikergehalte; in den staat van overrijpheid zien wij de suiker af-, de minerale stoffen sterk toenemen. Dat de bemesting, al naarmate de gebruikte stof is, den groei van organische deelen meer begunstigt en tevens deszelfs volume, uitstoeling, suikergehalte enz. doet toenemen; dat zulks meer uitkomt op den schralen, nog weinig bewerkten, dan op den vruchtbaren lang bebouwden grond, meer in een ongunstig, dan in een gunstig klimaat, bij de middelmatige, dan bij de goede, voortreffelijke rietsoorten, — dit alles zijn bewijzen in dezelfde. rigting, en door dit aan te toonen, hebben de gedane onderzoekingen en vergelijkingen zeker eene praktische waarde.

Wat sub 2 voor het Oerang-riet is aangegeven, is niet op elk afzonderlijk voorbeeld der overige rietsoorten en tabellen toepasselijk. Nemen wij echter ook van deze het gemiddelde, in staat van rijpheid, en sluiten wij den kalk buiten, dan bekomen wij, als gehalte aan houtvezel.

In bemest riet.		In onbemest riet	
Zond. min. stof.	Met min. stof.	Zond. min. stof.	Met min. stof.
9,19 %	9,37 %	9,64 %	9,87 %

Ik ben dus geneigd, ook deze tweede gevolgtrekking algemeen geldend te achten.

Het derde punt, reeds boven als onzeker gesteld, wordt niet gestaafd door de overige uitkomsten. Wij zien in deze eene groote verscheidenheid, en toch geeft de berekening voor het gemiddelde, zoo wij alleen het rijpe riet met goed kristalliserend sap in aanmerking nemen, hetzelfde getal voor onbemest riet, namelijk 69% van de som der minerale stoffen, als behoorende aan de vaste deelen.

Opmerkelijk is het, hoezeer dit overeenkomt met de uit-komst van het buitenzorgsche riet, 16½ maand oud, toen zijn sap voor kristallisatie vatbaar was.

Het gele, onbemeste riet van Soerabaja, 12½ m. oud (tabel D) leverde geene kristalliseerbare suiker, maar het twee maanden oudere, wel en volkomen. Zou een aandeel van 66 en 69°/₀ van de som der aanwezige zouten in de vezelen van het riet dan het minimum wezen? Maar in het roode uit Soerabaja, ibidem, bedroeg dat aandeel slechts 51°/₀, en toch kristalliseerde het sap volkomen. Doch dit riet leverde, 2 maanden ouder zijnde, weder een sap, dat volstrekt onkristalliseerbaar was, en het aandeel was toen tot 30°/₀ gedaald.

Er heerscht hieromtrent verschil tusschen de roode en gele of witte rietsoorten. Zoo werd het sap van het roode uit Samarang, van 14½ maand, (tabel C, bemest en onbemest) volkomen en fraai gekristalliseerd, ofschoon slechts 42 en 55°/₀ der minerale stoffen in het hout bevat waren, ter-wijl dat van het gele, onmiddellijk daarboven, met 47°/₀ voor dit aandeel, onbemest, niets dan stroop, bemest, slechts enkele kristallen opleverde.

Doch het dient herinnerd, dat het roode riet doorgaans een veel kleiner gehalte aan minerale stoffen bevat, dan het gele, en dat derhalve een grooter aandeel daarvan in het sap kan bestaan, hetwelk te gelijk, op 100 deelen sap of suiker berekend, kleiner is, dan bij het gele riet.

Dit is dan ook wel het ware oogpunt, waaruit wij dit onderwerp te beschouwen hebben, en dat de, sub 4 ver-melde, gevolgtrekking algemeen maakt in dien zin, dat het roode riet in onverbasterden staat minder gemineraliseerd zijnde, ook een zuiverder, meer suikerhoudend sap geeft, en minder wordt aangedaan, door verandering van grond (waarin ook bemesting ligt opgesloten) of klimaat, zoo lang namelijk zekere grenzen daarbij niet worden overschreden.

Maar niet vergeten moeten wij, wat reeds vroeger is aangemerkt, dat hierbij ook, en welligt in de eerste plaats, de hoedanigheid, de zamenstelling dier minerale stoffen in het spel komt, ofschoon het blijkt, dat, waar de hoeveelheid begint te schaden, dit voornamelijk, zoo niet uitsluitend, ontstaat door de toevoeging van *andere* minerale verbindingen. Te groote hoeveelheid en verandering van hoedanigheid zouden dan ongeveer synoniem zijn.

Ik kan nog slechts enkele voorbeelden aanvoeren van de zamenstelling der minerale stoffen van het geheele riet, ofschoon zij reeds voldoende zijn, om te doen zien, in welk opzigt die van den houtvezel van die uit het sap verschillen. In 100 deelen dier stoffen was bevat.

Rietsoorten.	Potasch.	Kiezel- aarde.	Phosphz.	Phos. kalk en magnes.	Aanm.
Soerab. riet geel v. Gent.	22,93	20,33	17,10	3,93	In alle was koolz. aanv.
Samar. „ Rapoh „	27,61	20,66	16,43	28,32	
„ „ Kijong „	38,82	12,10	21,48	25,93	
Buitenz. purp. bruin „	30,77	20,14	16,41	29,56	

Tot deze zamenstelling kan het minerale gedeelte van het sap slechts bijdragen in verhouding van het aschgehalte van dat sap, vermenigvuldigd met de betrekking van het sap tot het geheele riet

Eene algemeene berekening wijst dan aan, dat soms (zoo als hier in het riet van Soerabaja) verre het grootste gedeelte der potasch, slechts ongeveer de helft der kiezelaarde, en iets meer dan de helft van het phosphorzuur zich in het sap bevindt, terwijl soms, zooals in het buitenzorgsche, de kiezelaarde meerendeels in oplosbaren staat, dat is in het sap, gevonden wordt, waarmede dan ook de doorgaans meerdere zachtheid van het laatstgenoemde wel over-eenstemt.

Vergelijkende ontledingen der minerale stoffen van het sap en van de zuivere houtvezelen derzelfde rietstokken kunnen dit punt alleen ophelderen. Zij kunnen welligt lei-den tot het vinden van eene zekere evenredigheid tusschen de hoeveelheid en hoedanigheid der suiker aan de eene, en de hoeveelheid potasch, organisch zuur, phosphorzuur en kiezelaarde aan de andere zijde. Dit is nog eene opgave, der uitvoering waardig. Zij heeft echter hare moeijelijkhe-den, daar het uitwasschen der laatste sporen van sap uit de geperste vezelen geen' waarborg geeft, dat men enkel de eigenlijke zouten van het sap, en niets meer, in het vocht heeft bekomen.

Hoe het riet, in opvolgenden ouderdom, en in zijne ver-schillende deelen, in mineraal gehalte afwisselt, is reeds vroe-ger genoegzaam toegelicht, en de gevolgtrekkingen daaruit liggen derhalve voor de hand. Zij verschillen niet wezen-lijk van die, bij de behandeling der andere riet-bestanddee-len aangevoerd.

De verhouding tusschen de vaste en vloeibare deelen van het riet kan, ook bij volkomene rijpheid, zeer uiteenloo-pen. De omstandigheden, waarvan dit afhangt, zal ik hier kortelijk behandelen.

Naar afkomst en soort gerangschikt, bestond het riet, onbemest, uit de volgende verhoudingen sap en houtvezel.

Afkomst en soort.		Kweekplaats.	Ouderd.	Sap.	Houtv.
Probol.	Fabr. Gending geel . . .			91,7 %	8,3 %
	F. Soemb. kar paarschr.			88,9 „	11,1 „
	„ Kotta purperrood. . .			91,1 „	8,9 „
Soerab.	„ „ geel	Buitenzorg.	12 M,	91,95 „	8,05 „
	„ „ bruinrood . . .			90,60 „	9,40 „
Samar.	M. Oerang groengeel . .			91,40 „	8,60 „
	„ Rapoh bruinrood . .			90,70 „	9,30 „
Buitenz.	„ „ purperbruin.	Genteng.	16½ M.	88,10 „	11,90 „
	„ „ bruinachtigr.	Land Goeng Sind.	?	90,45 „	9,55 „
Batavia.	F. P. koeda paarsrood. .	Westerkw. van	?	91,20 „	8,80 „
	„ „ bruinrood. .	Batavia.		89,00 „	11,00 „

De zeven eerste waren van het tweede gewas, dat is, afkomstig van stekken, die ook reeds in den laboratorium-tuin waren gekweekt. Volgens deze bestonden dus de roode variëteiten gemiddeld uit.

$$90,5\% \qquad \text{Sap en} \qquad 9,5\% \qquad \text{hout;}$$

de gele uit·

$$91,7\% \qquad \text{Sap en} \qquad 8,3\% \qquad \text{hout;}$$

De buitenzorgsche en bataviasche, alle van de roode variëteit, uit 89,7% sap en 10,3% hout.

Terwijl in het riet uit de oostelijke residentiën, de mindere saprijkheid van het roode meestal wordt vergoed door de grootere zwaarte van het sap, is in het roode uit het westen van Java, met vermindering van sap, eene nog grootere afname van suiker gepaard. Het is, als of hier een gedeelte van de elementen der suiker is verbruikt geworden tot verdikking der celwanden.

Het eerste gewas van probolingo'sch en samarangsch riet te Buitenzorg, 12½ à 13 maanden oud, heeft andere uitkomsten gegeven, namelijk:

Van Probolingo fab. Soemb. kar	Sap 93,00 %	Houtv. 7,00 %
„ „ „ Kotta	„ 95,40 „	„ 4,60 „
„ Samarang „ M. Oerang geel . .	„ 95,20 „	„ 4,80 „
„ „ „ Sembong „ . .	„ 95,20 „	„ 4,80 „
„ „ „ Rapoh. „ . .	„ 95 90 „	„ 4,10 „

De oogst heeft beide keeren in Oktober plaats gehad.
In het jaar 1854 waren de grenzen tusschen oost- en westmoesson in dit gedeelte van Java, verder van elkander en
iets beter gekenmerkt, dan, zoo ver ik weet, in het Buitenzorgsche nog heeft plaats gehad.

Het kan zijn, dat deze wijziging in het klimaat haren
invloed gehad heeft op de verhouding tusschen de vaste en
vloeibare deelen van het riet, alhier gekweekt.

Met die vermindering in sap ging, het minst in het riet
van Probolingo, eene afname van zijn soortelijk gewigt
en suikergehalte gepaard, die wel niet groot was, maar toch
opmerkelijk, omdat zij de rigting schijnt aan te vangen, die
het buitenzorgsche en bataviasche riet reeds voltooid hebben.

Dezelfde oostelijke rietsoorten, uit den gentengschen
proeftuin, gaven deze verhoudingen.

Afkomst.	Ouderdom.	Sap.	Houtvezel.
Fabr. Dringo, geel		92,14 %	7,86 %
„ Gending, bruinrood	12¼ M	91,23 „	8,77 „
„ S. Karang „		90,94 „	9,06 „
„ Kotta olijfbruin		90 87 „	9 13 „
Soerabaja, geel	13 M.	86,22 „	13,78 „
Fabr. M. Oerang, geel		89,57 „	10,43 „
„ „ Sembong „	12½ M.	89,72 „	10,28 „
„ „ Rapoh, rood		92,38 „	7,62 „
„ „ Kijong „		94,02 „	5,98 „

De verscheidenheid is hier veel grooter, dan in het te
Buitenzorg gekweekte, wegens de zoo ongelijke vorming van
den grond, waardoor de lucht over kleine ruimten, zeer
ongelijkmatig kan inwerken.

Het probolingosche minst daaraan blootgesteld geweest zijnde, is gelijkmatiger in zamenstelling gebleven; het gele namelijk, had 92,14 sap en 7,86°/₀ hout, het roode gemiddeld
91,0°/₀ sap en 9,00°/₀ hout; beide ongeveer ½°/₀ verschillende met het boven genoemde gemiddelde over al de oostelijke rietsoorten.

De zeer ongunstige stand van het soerabajasche en het roode samarangsche riet heeft, vreemd genoeg, in het eerste het sapgehalte verlaagd, in het laatste verhoogd, met gelijktijdige verlaging van het suikerbedrag; terwijl het gele samarangsche, dat gemiddeld 89,64 % sap en 10,36% houtvezel bevatte, den gang van het (gele) soerabajasche hier van verre volgende, overeenkomstig hetgeen op de naast vorige bladzijde gezegd is, in sapgehalte is afgenomen, en tevens in suiker. Immers in het samarangsche riet werd gevonden.

	Van 1853.			Van 1854.		
M. Oerang.	Sap 95,9 %	Suiker.	18,12 %	Sap 89,6 %	Suiker.	15,75 %
„ Semb	„ 95,3 „		18 36 „	„ 89 7 „		16,92 „
„ Rapoh	„ 94 5 „		17.76 „	„ 92,4 „		13,36 „
„ Kijong	„ 95 1 „		16,10 „	„ 94,0 „		14,04 „

Te Genteng heeft dus, in het tweede jaar, bij dit oostersche riet (van het probolingosche en soerabajasche van 1853 heb ik, wegens ziekte en gemis van een' adsistent, geene onderzoekingen kunnen doen) eene opmerkelijke gegelijkheid in gang met dat uit den laboratorium-tuin plaats gehad. Immers er is bekomen.

Oogst van	Laboratorium-tuin		Genteng	
	Sap	Houtvezel	Sap	Houtvezel
1853	94,9 %	5,1 %	95,6 %	4,4 %
1854	90 9 „	9,8 „	89 6 „	10,4 „

Het Rapoh en Kijong-riet zijn hier, wegens de storende invloeden in 1854, buiten rekening gelaten. De sapvermindering bedroeg in het riet uit den laboratorium-tuin 4% in dat van Genteng 6%, hetgeen te meer nog getuigt voor den werkelijken invloed van het klimaat, die op de laatste plaats wel het ongunstigste was.

Het zou belangrijk zijn, in de oostelijke residentiën in loco, door veelvuldige onderzoekingen uit te maken of daar

inderdaad eene verhouding van bijv: 95°/₀ aan sap, en
eene evenredige verhooging van die der suiker gevonden
wordt, even als beide in dit klimaat, schoon niet gelijktijdig even sterk, afgenomen zijn.

De invloed van ouderdom en aanverwante oorzaken op
het sapgehalte van het riet is, zonder dat daartoe hier
aanmerkingen noodig zijn, uit vroegere beschouwingen
duidelijk geworden. Slechts om den algemeenen gang der
sapverhouding te doen zien, volgt hier eene korte zamenstelling van riet in opvolgende perioden van groei.

Buitenzorgsch riet van Genteng.

Zamenstelling.	9¼ Maand.	13⅙ Maand.	14¼ Maand.	16¼ Maand
Sap.	96 ⁰/₀	89,56 ⁰/₀	90,07 ⁰/₀	88,10 ⁰/₀
Houtvezel.	4 „	10 44 „	9,93 „	11 9 „

Dus vóór de rijpwording, toename van houtvezel, die
ruim eene maand voor het bloeijen tot op dat tijdstip genoegzaam niet veranderde, maar later door nog verdere sapvermindering gevolgd werd.

Soerabaja-riet van Genteng.

Zamenstelling.	6 Maand	8 Maand	9 Maand.	10 Mnd.	11 Mnd.	13 Mnd.
Sap.	00 9 ⁰/₀	92,4 ⁰/₀	90,7 ⁰/₀	92 9 ⁰/₀	88 8 ⁰/₀	39,8 ⁰/₀
Houtvezel.	9,1 „	7,6 „	9,3 „	7,1 „	11,2 „	10,2 „

Dat van zes, acht en tien maanden was van éne plek,
de andere drie van een ander stuk gronds; van elk werd
om de twee maanden gesneden.

De perioden van onrijpheid vertoonen geenen bestendigen
gang, maar na de tiende maand is er toch zigtbare afne-
ming van sap.

Riet uit den laboratorium-tuin.

Afkomst en soort.		Onderdom.	Sap.	Houtvezel.
Probolingo	Fabriek Gending	14¼ M.	88,7 ⅜	15 3 ⅜
	„ Soemb Kar . .		88,1 „	11,9 „
	„ Kotta.		91,9 „	8,1 „
Soerabaja.	„ „ geel. . . .		84,7 „	15 3 „
	„ „ rood . . .		89,1 „	10 9 „
Samarang.	„ M Oerang. . . .		88,1 „	11,9 „
	„ „ Rapoh		85,4 „	14,6 „

Met uitzondering dus van het riet der fabriek Kotta of Oemboel uit Probolingo, dat inderdaad tot de voortreffelijkste soorten behoort, hebben alle reeds door deze overrijpheid, in sap verloren: dat van Soemberkareng, hetwelk ook aanvankelijk houtiger was, dan het vorige, heeft het minste, het gele uit Soerabaja het meeste verlies in sap geleden, terwijl het Rapoh-riet uit Samarang zich hier aansluit. Zoo dit eene vaste eigenschap is, dan vereischen de twee laatstgenoemde rietsoorten eene bijzondere zorg in het kiezen van den oogsttijd, dewijl hier sprake is van eene vermindering in suiker tevens, zoo dat het sap geringer en tevens specifiek ligter wordt.

De vraag, of door aanwending van krachtige meststoffen, zoo als guano, eene aanmerkelijke verandering kan plaats hebben in de sapvorming van het riet, heeft zich herhaaldelijk aan mij voor gedaan.

Immers indien teruggang in suikergehalte door ongunstige klimaatsverandering, vertraging van groei en omzetting van suikermaterialen tot celbekleedsels, eensbeteekenend zijn, dan zal door zulke, de groeikracht versterkende bemesting, die ziekelijke vorming van vaste deelen worden verhinderd. Verre het meerendeel der verkregene uitkomsten heeft deze beschouwing bevestigd, blijkens de navolgende cijfers.

Proeftuin te Buitenzorg; oogst van 1854.

Afkomst en soort.	Bemesting.	Sap.	Houtvezel
Probolingo Fabriek Gending.		91.4 ᵍ	8,6 ᵍ
" Soemb. kar.		90,7 "	9,3 "
" Kotta.	Guano.	92,3 "	7,7 "
Soerabaja Geel.		91,8 "	8,2 "
Rood.		89,2 "	10,8 "
Samarang. Geel.		94,5 "	5,5 "

Proeftuin te Genteng.

		Bemesting	Sap	Houtvezel
Samarang.	M. Oerang.	Guano.	95,0	5,0
	"	Asch.	91,0	9,0
	"	Beide.	94,8	5,2
	M. Semb.	Guano.	85,9	14,1
	"	Asch	93.1	6,9
	"	Beide.	86,5	13,5
Buitenzorg	Purper 14½ maand	Guano.	89,85	10,15
		Dito en asch	91,07	8,93
	Roodbruin 16¼ maand.	Guano.	89,70	10,30
	17¼ "	Dito en asch.	88,30	11,70

Westerkwartier van Batavia.

		Sap	Houtvezel
Batavia.	F. Babakan gr. g br. acht.	90,05	9,95
	Dito bruinrood	92,13	7,87
	F. Tanah tinggi dito licht.	87,15	12,55
	Dito roodachtig olijfgroen	90,70	9,30

(Katjoeken.)

De bovengenoemde drie oostelijke rietsoorten waren van denzelfden ouderdom, als de onbemeste uit den oogst van 1854.

Er zijn hieronder zes gevallen van niet-toename van het sap, twee van aanzienlijke vermindering, die echter, wegens de ongelijkmatige ligging van het terrein te Genteng, ligtelijk door plaatselijke storingen te verklaren zijn.

Overigens is eene toename van sap, inzonderheid bij het samarangsche, het minste der oostelijke rietsoorten, door middel der guano, zeer blijkbaar, en wel zonder merkbare verandering van densiteit; want zoo als vroeger reeds is aangetoond, er heeft ook eene toename van suiker per 100 deelen riet, door den invloed dezer bemesting plaats gehad.

Het is als of door asch het sap minder toeneemt, dan

door guano, maar tevens beter van hoedanigheid wordt. Dit is echter nog niet veel meer dan een vermoeden te noemen.

Ik kan dus wel niet ver van de waarheid af zijn, door aan te nemen, dat in het westelijk gedeelte van Java gemiddeld minstens 90 percent sap in het riet voorkomt. Dit gehalte wordt reeds drie à vier maanden vóór het tijdstip van rijpheid bereikt, en de veranderingen, die dan in het riet voorvallen, bestaan in eene langzame vermeerdering van oplosbaar eiwit, eenen teruggang in de hoeveelheid oplosbare zouten, waarschijnlijk gepaard met eene verandering in derzelver zamenstelling, in eene vermindering van glukose, en eene toename van kristalliseerbare suiker. Ten gevolge van dit alles, nemen de belemmerende vreemde stoffen zoodanig af, dat de kristallisatie der suiker mogelijk wordt.

Na den staat van rijpheid begint, meer of minder spoedig, een verdere teruggang van het quantum aan sap, dat van oplosbaar eiwit blijft daarbij toenemen en het gehalte aan oplosbare zouten begint nu mede te vermeerderen, zoodanig dat van de geheele massa aan minerale stoffen, die zelve steeds dóór blijven afnemen, een gedurig aan wassend gedeelte in het sap wordt opgenomen.

Er heeft dus, van alle zijden eene koncentratie plaats van deze bestanddeelen van het rietsap, en de uitwerking daarvan, althans het gelijktijdig verschijnsel, is, vermindering van suiker, toename van glukose, verlies van kristalliseerbaarheid.

Die nieuwe aanvoeren van oplosbare eiwit en minerale stoffen zijn niet anders verklaarbaar, dan door de vermeerderde vorming van een zuur, welligt de omzetting van appel- in azijnzuur, waardoor de zoo even genoemde stoffen uit de houtvezelen worden opgelost. Daardoor kan tevens regtstreeks, de omzetting van suiker tot glukose worden te

weeg gebragt, terwijl de laatstgenoemde zelve een begin
van overgang van suiker tot azijnzuur uitmaakt.

Ik acht het, op vroeger aangegeven gronden, waarschijnlijk, dat het riet uit de oostelijke residentiën van Java
meer dan 90% aan sap bevat; ja dat dit tot 95% kan stijgen. Hoe groot is dan niet het verlies aan sap, dat in
de fabrieken wordt geleden, daar wij weten, dat er gemiddeld slechts 65% door persing verkregen wordt.

Elke honderd liters verkregen sap zou dan met een verlies van ruim vijf en veertig liters verzeld gaan, en ook
met afrekening van de tien perct aan vocht, die de meest
luchtdrooge ampas als minimum bevat, blijft het verlies
nog altijd meer dan een derde bedragen, van hetgeen men
door persing verkrijgt, en verkrijgen kan.

Dit laatste moge eene vreemde bewering schijnen, en
zou het ook werkelijk zijn, indien men het persen van
suikerriet fabriekmatig zoo streng kon uitvoeren, als men
bij alleenstaande proeven in het klein kan verrigten. Dan
voorwaar zou het onvergeeflijk zijn, indien men een voorwerp uit tien deelen watervrije stof en minstens vijf en
twintig deelen vocht bestaande, als volkomen uitgeperst
beschouwde en wegwierp.

Het laatste behoeft in geen geval te geschieden, en dit
uitgeperste vindt dan ook eene, ofschoon zeker niet de
meest voordeel gevende, aanwending op Java. Maar is het
wel noodig, dat ik hier betooge hoe iets, op zich zelf winst-
gevend, verlies kan berokkenen, door den tijd en arbeid,
die tot het erlangen van die winst noodig zijn? dat de
tijd, welken de cilinders voor elke omwenteling, moeten
besteden, om de vezels van het riet tot den hoogst bereik-
baren staat van droogte te brengen, nevens den daaraan

besteden arbeid, te hooger in prijs stijgt, naarmate de ampas tusschen de cilinders, in gelijke tijdruimten, minder sap loslaat? (want deze kleinigheid wordt in een geldelijk opzigt groot dewijl zij, in één oogstjaar. millioenen malen verveelvoudigd wordt). Is het niet blijkbaar, dat die tijd op Java dubbel kostbaar wordt, omdat, zoo eene bepaalde hoeveelheid riet niet in eenen bepaalden tijd kan worden vermalen en verwerkt, men het aantal molens zeer zou moeten vermeerderen, ten einde geen zuur, dor of overrijp riet te vermalen, en de gebruikte velden in tijds, tot beplanting met volksgewassen, weder te kunnen afstaan? Ik zal verder niet spreken over de kansen dat, door het digt aanschroeven der cilinders, een middel, om zonder tijdverlies meer sap te bekomen, derzelver assen gebroken worden, waardoor al dadelijk nieuwe onkosten en, in een land als Java, veel meer tijdverlies, dan in Europa ontstaat; tenzij eene fabriek genoegzaam voorzien zij van hulpcilinders, om den arbeid, gedurende het langwijlig herstellen van de beschadigde, onafgebroken te kunnen voortzetten.

De bezitter van de gunstig bekende fabriek Ardi-redjo, in Pasoeroean, de inderdaad ijverige en zaakkundige kapitein der Chinezen, Oei Hok-Ing, liet in 1850 op mijn verzoek en in mijne tegenwoordigheid, zijne cilinders op het digts aanschroeven, en hield toen, volgens de onmiddellijk uitgevoerde weging, 30$\frac{9}{9}$ ampas over. Was die vermeerdering van 5 op 65 deelen of van bijna 8$\frac{9}{9}$ aan sap, de kosten waardig, die hij in genoemd jaar reeds tweemaal had moeten dragen, om de gebrokene cilinder-assen te laten herstellen? Ik betwijfel het zeer, en voeg hier bovendien kortelijk de uitdrukking van mijn gevoelen bij, dat het houtige weefsel van het suikerriet, grover dan dat van den beetwortel en minder zamendrukbaar zijnde, in zijne tusschenruimten ook meer gelegenheid aan het overblijvende sap verschaft, om zich aan den invloed der noodzakelijk kortstondige persing te onttrekken, en dus in de ampas aanwezig moet blijven.

Er is naar mijn inzien, tot het wezenlijk voorkomen van dit verlies aan sap, geen ander middel, dan de zoo goed mogelijk geperste ampas ten spoedigste te onderwerpen aan eene uitwassching met water, waarbij de drie volgende voorwaarden zijn in acht te nemen.

1. Telkens nieuwe ampas met het reeds verkregene af-treksel te behandelen, tot dat het vocht ongeveer het gewone soortelijk gewigt van rietsap verkregen heeft.

2. Dezelfde ampas zoo dikwijls met versch water uit te trekken, tot dat het verkregen vocht slechts bijv. 2° B. teekent. Het zal bij dat alles een vereischte wezen de ampas zoo veel mogelijk ongebroken te laten, dewijl anders het weder uitpersen te bezwaarlijk zou gaan.

3. Het ter uittrekking dienende water met eene zekere hoeveelheid, bijv. één of een half perct. dubbel zwaveligzuren kalk te vermengen, om uit het verkregen sap kristalliseerbare suiker te bekomen.

Tabel A.

						BESTANDDEELEN VAN HET RIET					BESTANDDEELEN IN HONDERD DEELEN SUIKER							
Nummer.	Afkomst.	Naam of Kleur.	Groeiplaats.	Ouderdom.	Bemesting.	Lengte.	Omvang.	Gewigt.	Andere bijzonderheden, enz.	Water.	Suiker en glucose met aanzienlijk plantenmeer en hars.	Oplosbare eiwit en kaasstof. Medgrovu, enz.	Oplosbare minerale stoffen.				Zamengenomen		

igheden, en

Aanmerkingen.

et sap teekende ruim 9°,5 B ⎱ Hiernaar is het suikergehalte
9° ⎰ berekend
moeijelijk te verbranden, de asch vervloeide.

lid van onderen
dito   „   juist onder het uitspruitsel.
dito   „   Het in verdund zeezout-zuur oplosb. gedeelte
dito   „   der asch bedroeg bij

		N°.		N°.	
dito	„	342	62,9 %	343	65,5 %
dito	„	344	76,8 „	345	58,1 „
dito	„	346	69,5 „	347	?
dito	„	348	70,8 „	349	72,2 „

, binnen roo

Stroop zwartbruin, geene kristallen.
   „   lichtbruin, volkomen gekristalliseerd.

roengeel.   Geene kristallen.
groenachtig g   „   bruingeel, volkomen gekristalliseerd.
ruinachtig gee   Gekristalliseerd; groote kristallen.
geelgroen.   Dito, niets dan groote kristallen.
roenachtig bru   Volkomen gekristalliseerd, groote kristallen.
ambergeel.   Dito kleine kristallen.
eel met groen   Dito dito.
roodachtig ge   Volkomen gekristalliseerd.
ruingeel.   „   bruingeel, volkomen gekristalliseerd.
roodachtig ge   Enkele krist. volk. gekrist., deels zeer groote krist
eel.   De uitspr. waren ook aan de benedenhelft van het
dito met brui   riet, bij de overige alleen boven, volk. gekristall.
el met bruine
geel met groe   „   Bruinrood, niet gekristalliseerd.
oebel, matgee   Enkele kristallen.
dito.
oebel, bruinge   „   Stijf, vol kleine kristallen.
dito helder.   Dito, zeer geregeld.
d.
knoop.
h.
knoop.
d
knoop.
d.
knoop.

	VERH‖T SAP.	
Densiteit in graden op den areometer.	Kr. suiker 100 d⸺ ⟶ rkingen. Gevonden,	
$5\frac{1}{3}$ „		
$7\frac{1}{4}$ „		
bijna 6 „		
7 „		
$4\frac{1}{4}$ „		
bijna 5 „		
„ 5 „		
$7\frac{1}{3}$ „		
$5\frac{1}{4}$ „		
7 „		
9 „		
$5\frac{1}{4}$ „		
5 „		
$6\frac{1}{4}$ „		
5 „		
$5\frac{1}{4}$ „		
circa 7 „		
bijna 9 „		
$9\frac{1}{4}$ „		
$9\frac{1}{4}$ „		
$8\frac{1}{4}$ „		
bijna $8\frac{1}{4}$ „		
$8\frac{1}{4}$ „		
$9\frac{2}{3}$ „		
7 „		
7 „		
$7\frac{1}{3}$ „		
8 „		
$7\frac{1}{4}$ „		

grond gegroeid, volkomen blootge-
ad N°. 103—106 en N°. 109.

Tabel B.

	BIJZONDERHEDEN OVER HET SUIKERRIET.							VERHOUDINGEN VAN SUIKER EN GL

BEANTWOORDING DER VRAAG, OF HET SAP DAT IN DE AMPAS TERUGBLIJFT, MEER SUIKERHOUDEND IS, DAN HETGEEN MEN DOOR PERSING REEDS HEEFT VERWIJDERD.

Dewijl dit punt te zamen valt met het andere, of het laatst uitgeperste sap zwaarder dan het eerste is, geloof ik die beide onder het gestelde hoofd, te mogen behandelen.

De heer Wray zegt ergens in zijn werk „The practical-sugarplanter," dat in de cellen van het riet kleine suiker-kristallen zijn waar te nemen, en grondt onder anderen daarop zijn voorstel om, ter verkrijging van eene zoo groot mogelijke hoeveelheid suikervocht, de ampas, van tusschen de cilinders uitkomende, dadelijk met stoom of met water in hoogst verdeelden toestand, te bevochtigen.

De oplossing der vooronderstelde kristalletjes alsdan gevolgd zijnde, zou de half doorweekte ampas, op een metaaldoek zonder eind naar een tweede stel cilinders gevoerd, en daar aan eene hernieuwde persing onderworpen zijnde, ongeveer zoo veel minder suiker terughouden, als de verdunning van het vocht bedroeg

Het kan mijn oogmerk niet wezen, hier de doelmatigheid dezer wijze van uitwassching te beoordeelen. Alleen was te onderzoeken, of in het ampassap de verhouding van water tot suiker kleiner is, dan in het rietsap; dan ware ook het toenemen van dat sap in zwaarte op het einde der persing, en tevens het bestaan van suikerkristalletjes in het rietsap uitgemaakt.

Tot het onderzoeken daarvan ontving ik, reeds omstreeks het einde van 1853, op mijn verzoek een zeker aantal monsters van ampas uit verschillende fabrieken van Java. Ik hoopte dat door inpakken in versche bladen en snelle verzending, het uitdroogen, beschimmelen en verzuren zou kunnen worden voorgekomen, en dus dit vraagstuk, door een afdoend onderzoek voor goed zou kunnen opgelost worden.

Of die hoop zou vervuld zijn geworden, dit kan ik niet beoordeelen, daar hevige ziekte mij toen tot alle werk onschikt maakte en er geen adsistent was, om de ontvangene monsters onmiddellijk te openen en te behandelen. Op den 13n en 14n December 1853 werden mij nog monsters ampas toegezonden, die ik in staat was dadelijk te onderzoeken. Zij waren afkomstig van de fabrieken Waroe en Ketegan in Soerabaja, en Toelies in Rembang.

De eerstgenoemde waren ten deele beschimmeld, die van Ketegan het minst. Er bevonden zich echter in die van Waroe ook nog eenige witte stukken, van eenen zoeten reuk, zoodat er mogelijkheid scheen te bestaan, om met deze een onderzoek te doen. Die uit Rembang was geheel onbeschimmeld, maar miste dien reuk geheel; zij was ongebroken, en elk stuk was met de bast buitenwaarts weder zamengevoegd. Deze ampas bevatte slechts 24,8% water, zij was blijkbaar uitgedroogd en dus ongeschikt voor het doel.

In die van de fabriek Waroe vond ik 60,7% water en in die van Ketegan 49%: zoo wij 75% water aannemen in het riet, waarvan deze ampas afkomstig was, dan zou derhalve te Waroe omstreeks 44%, te Ketegan bijna 60 % van het aanwezige sap zijn verkregen.

Het laatste zal denkelijk niet ver van de waarheid, en dus zijn watergehalte gedurende het transport niet zeer

verminderd zijn. Ik zal mij dan bij de verdere beschouwing tot deze bepalen.

Door herhaalde uitkoking met verdunden alkohol werd
verkregen eene hoeveelheid stroop, die, om de meermalen
aangegevene hoeveelheid verminderd, aan 12,5° suiker zou
beantwoorden.

In 100 deelen van dit ampasvocht zouden dus 20,3 deelen suiker bevat zijn, hetgeen, naar de tabellen van Deros-
ne en Cail, eene densiteit van ruim 11° B. zou aanduiden.

Het is mij ten eenen male onbekend, welke densiteit het
sap van het riet, waaruit die ampas verkregen was, heeft
bezeten. Als gemiddelde over den oogst van 1853, komt
in de officieele opgaven 9° B. voor, dat met een gehalte
van plus minus 16,6° suiker overeenkomt.

Bedenkt men nu, aan den eenen kant, dat dit laatste
onzeker is, dat ik het sap van goed volgroeid soerabaja-
riet, alhier gekweekt, van $10\frac{1}{4}°$ à $11\frac{1}{4}°$ B. bevonden heb,
en dat de hier noodzakelijke uittrekking met slappen alko-
hol altijd eene wat te hooge uitkomst geeft, dan zal men
met mij instemmen, dat waarschijnlijk het vocht uit deze
ampas niet meer suikerhoudend geweest is, dan dat uit
het oorspronkelijke riet.

Wenschende dit punt tot meerdere klaarheid te brengen,
heb ik in den loop van 1854 in persoon eene hoeveelheid
ampas met versche stokken van het riet zelf, van twee fabrieken in deze residentie, namelijk Serogol en Bandjar-
waroe genomen, met den meesten spoed naar het laboratorium doen brengen en dadelijk in behandeling genomen.
De mogelijke tegenwerping, dat in het buitenzorgsche
riet, als minder suikerhoudend dan het soerabajasche, ook
minder aanleiding zou bestaan tot de afscheiding van suiker in den vasten vorm, meen ik daardoor te kunnen ver-
wijderen, dat, ware die vermeende afscheiding inderdaad

een gevolg van groote koncentratie, dit in het soerabaja-sche, probolingosche of samarangsche riet evenmin zou kunnen plaats hebben. De verhoudingen 75:13 en 75:18 of 75:19 verschillen daartoe inderdaad te weinig, en ook de laatste blijft op veel te grooten afstand van het verza-digingspunt van suiker in water, om kristallisatie te kun-nen veroorzaken

De hoeveelheden suiker en water, in het riet van deze twee fabrieken gevonden, waren·

Fabriek	Suiker	Water
Serogol	16.92$\frac{0}{0}$	72.25$\frac{0}{0}$
Bandjarwaroe	16.24,,	72.00
en in de ampas		
Serogol	12.8$\frac{0}{0}$	56.5$\frac{0}{0}$
Bandjarwaroe	14.51	66.5.

De waterbepalingen in de ampas heb ik drievoudig ge-daan; de uitkomsten waren, voor die van Serogol 56.1, 58.2, 56.0 in pisangblad gepakt 56.3, 52.9, 58.4, die van Ban-djarwaroe 68.1, 67.1, 64.4. Het riet zelf werd onderzocht door den heer Rost van Tonningen, gelijk op de groote tabel is aangeduid, de ampas door mij zelven.

De verhouding tusschen suiker en water was deze:

Serogol		Bandjarwaroe.	
riet	ampas	riet	ampas.
1 : 4.27 . .	1 : 4.41 . .	1 : 4.43 . .	1 : 4.58.

Het verschil, dat altijd nog eene mindere densiteit in het sap der ampas zou aanduiden is echter klein genoeg om deze uitkomsten te beschouwen als een bewijs, dat het in de ampas terug geblevene sap gelijk is in hoedanigheid aan het uitgeperste.

De gefraktioneerde persingen, die in het vorige jaar op mijn verzoek te Serogol geschied zijn, hebben geen noemenswaardig verschil in de densiteit der achtereenvolgend verkregene sappen doen blijken. De eigenaar dier fabriek, nu wijlen Graaf J. H. Van den Bosch, heeft mij daarvan schriftelijk kennis gegeven.

Meer nog blijkt uit de berigten van den heer Croockewit, omtrent het riet op Borneo. Het sap van hetzelfde riet teekende.

na de eerste persing $7\frac{1}{2}°$ B.
,, ,, tweede ,, $6\frac{3}{4}°$,,
,, ,, derde ,, $6\frac{1}{4}°$,,
,, ,, vierde ,, $6°$.

(Natuurk. Tijdschr. v. N. Indie Nieuwe serie, Deel VI aflev. 3 en 4 p 222).

Diensvolgens zou het omgekeerde plaats hebben, van hetgeen uit de vermeende tegenwoordigheid van kristallen in het riet zou moeten volgen. Ik erken echter, dat ik voor eene vermindering in de densiteit, bij opeenvolgende persingen, thans evenmin reden zie, als voor eene vermeerdering, en dat ik dus de laatstgenoemde uitkomsten alsnog niet kan verklaren. Of zou het sap in het binnenste van het riet minder suiker houden, dan dat in buitenwaarts liggende cellen?

Na het uitkoken van versch riet met slappen alkohol, ben ik dikwijls overgegaan tot herhalingen daarvan, om een aantal glinsterende puntjes, die veel naar kleine suikerkristalletjes geleken, uit te trekken.

Maar ook na nog twee, drie maal de bewerking herhaald te hebben, kwamen zijn na drooging weder te voorschijn. De vezelen waren volstrekt smakeloos, en die glinsterende stipjes bleken niets anders te wezen, dan zijdeglanzige, volkomen witte, fijne houtvezeltjes

Ik meen hiermede het vraagstuk, in hoofde dezes vermeld, vrij voldoende te hebben beantwoord; ofschoon eene voortzetting van dusdanig onderzoek aan de fabrieken zelve wenschelijk blijft.

Doch ook indien daardoor, zoo als ik verwacht, mijne ontkenning zal bevestigd worden, ook dan blijft eene zoo volkomen mogelijke afzondering der suiker uit de ampas, beter dan thans nog op Java geschiedt, eene zaak van groot gewigt, en ik zou met vertrouwen de boven voorgestelde wijze durven aanbevelen. De nadeelige invloed van de bisulphis calcis op de blijvende hoedanigheid der suiker is niet te vreezen, zoo men maar voor eene geheele verwijdering der proteine-ligchamen zorg draagt. Deze toch zijn het, welke door de inwerking van zwaveligzuur, allengs eene rozeroode kleur aannemen, en dien tint aan de suiker mededeelen. Zulks heb ik reeds in een vorig nummer van het Nat. Tijdschr. van Nederl. Indië medegedeeld, en door het feit gestaafd, dat een monster der suiker, door mij met behulp van genoemd zout in 1850 in Tegal bereid, thans nog volkomen wit is, zonder eenigen rozerooden tint. Maar ik had ook zorg gedragen om, nadat de stremming van het eiwit, enz. door de bisulphis calcis was geschied, de defekatie te voltooijen door bijvoeging van kalkmelk, totdat het sap bijna neutraal was. Aldus werden al de eiwitachtige vlokken op den bodem des ketels afgezet.

Wat door dit langdurig onderzoek van het suikerriet van Java hoofdzakelijk is gebleken, en min of meer regtstreeks van belang is voor zijne verbouwing en verwerking, kan geloof ik, in de volgende punten worden zamengevat.

1 Het suikerriet van Java verschilt zeer in zamenstelling en hoedanigheden, naarmate de soort is en de omstandigheden, waarin het verkeert.

2 Naar varieteit en afkomst kan men stellen, dat het volgroeid en rijp zijnde, de volgende hoofdbestanddeelen bevat, in 100 deelen.

Afkomst en varieteit		Water.	Suiker en glukose.	Opl. zouten en eiwit.	Houtvezel en min. stof
Probolingo.	geel	74,9	17,0	0,184	7,97
	rood	72,9	18.5	0,107	8,47
	geel	74,0	17,8	0,187	8,01
Soerabaja.	rood	72 8	17,7	0,132	9,37
	geel	74,9	17,4	0,138	7,55
Samarang.	rood	76,7	17,4	0,158	5,72
	geel	74,0	17,5	0,233	8,33
Cheribon.	rood	74,1	16,8	0,293	8,86
Buitenzorg.	purperbruin	76,3	13,8	0,148	9,75
Batavia.	bruinrood	74,4	15,7	0,243	9,27

Door het gemiddelde te nemen van een grooter aantal onderzoekingen, dan ik in het vorige jaar gedaan had, verschillen deze opgave in het suikergehalte eenigzins van de vorige, medegedeeld in het verslag over het riet van Borneo: ook is het bedrag der zouten hier afgetrokken. Met de suiker en glukose was doorgaans een veranderlijk, maar klein gedeelte van een plantaardig zuur vermengd, zoo mede, wegens de gevolgde methode, zeer geringe hoeveelheden hars en was. Het gele riet van Samarang was meeredeels te Genting gekweekt; van daar de kleine hoeveelheid oplosbare zouten en eiwit. Dit geldt geheel voor het buitenzorgsche. In het cheribonsche is het bedrag dezer klasse van bestanddeelen iets beneden het ware, omdat in een gedeelte van dit riet geene bepaling van oplosbaar eiwit gedaan is. Eindelijk is, bij het samarangsche riet, dat uit den eersten oogst (v. 1853) ten deele begrepen; van daar het lage cijfer voor de houtvezels.

3 Op de bovenstaande getallen zijn echter vele uitzonderingen. Het riet bezit overgeerfde hoedanigheden, dat

is: dezelfde varieteit, lang op eene zeer gunstige plaats gekweekt zijnde, krijgt betere eigenschappen, neemt toe in
volume en in kristalliseerbare suiker, boven dezelfde varieteit, die op eene min geschikte plaats gegroeid is.

4. Die eigenschappen bezitten eene zekere duurzaamheid,
en blijken gepaard te gaan met eenen anderen physiologi-
schen toestand van het riet.

5. Er is verband tusschen de zwaarte, de lengte en dikte
van het riet, en zijn gehalte aan minerale stoffen.

Eene hoeveelheid van 0.3 à 0.1 perct is, in het algemeen, als de voordeeligste te achten. Wordt die hoeveelheid zeer vermeerderd, zoo als door achtereenvolgend kwee-
ken op denzelfden, middelmatigen grond, dan neemt het
riet af in volume, terwijl tevens de suiker minder en minder goed kristalliseerbaar wordt.

6. Met zulk eene toename van zouten, gaat ook eene
verandering van hunne hoedanigheid gepaard, want het
extra gedeelte bestaat hoofdzakelijk uit ligt oplosbare. Dewijl deze dan in het sap overgaan, en de kristalliseerbaarheid der suiker daarbij tevens afneemt, zoo mag men
stellen, dat eene bepaalde verdeeling der minerale stoffen
tusschen hout en sap tot een normaal gehalte van goede
suiker noodig is.

7. Men mag aannemen, dat, zal de suiker goed kristalliseren, bij het witte riet niet meer dan 25⁰⁄₀ der minerale
stoffen tot het sap moet behooren; bij het roode schijnt dit
aandeel zonder schade tot 50 à 55⁰⁄₀ te kunnen stijgen,
wegens de kleine som der gezamenlijke zouten.

De eiwitachtige stoffen van het sap schijnen, zonder veel
nadeel voor de kristalliseerbaarheid of de hoeveelheid der
suiker, te kunnen toenemen. In overrijp riet worden al
de verhoudingen veranderd.

8. Voor hetzelfde riet, en ook voor dezelfde varieteit
zoo zij onder volkomen gelijke omstandigheden gegroeid is,

geldt de regel; dat toename van zouten in het sap gepaard gaat met vermindering der suiker. Voor verschillende soorten of riet van verschillende gronden geldt dit alleen
dan, wanneer de zouten zeer aanmerkelijk zijn toegenomen,
waardoor zelfs de kristalliseerbaarheid der suiker kan worden belet.

9. De veredeling van het riet gaat gepaard met eene,
altijd begrensde, toename van het gehalte aan organische
stoffen; de verbastering met eene afname daarvan (zie § 4)
Ik heb dit laatste daarom *mineralisatie* genoemd.

10. Uit de onderzoekingen is gebleken, dat ten aanzien
der hoedanigheid van het sap, en in het algemeen der bestendigheid van zamenstelling, de onverbasterde roode va-
rieteiten de andere overtreffen. Sap van rood riet bevat,
onder dezelfde omstandigheden, altijd minder zouten dan
sap van geel of zoogenaamd wit riet.

11. De bemesting met guano, en in sommige gevallen
nog meer die met asch, is voor de zamenstelling van het
riet even zoo gunstig geweest, als voor zijn' uitwendi-
gen groei.

Van de bemesting met kalk kan dit niet gezegd worden.
Het sap van riet, dat met rietasch bemest was, bevatte
steeds het minste glukose, en was het best tot kristalschieting te brengen. .

12. Bij goede bemesting, ondergaat de grond voor een
gegeven gewigt aan produkt, minder verlies aan minerale,
oplosbare stoffen, dan zonder bemesting. Dit geldt inzonderheid voor betrekkelijk schrale, maar hellende gronden,
en voor de middelmatige rietsoorten.

13. Wat betreft de zamenstelling van het riet in verschillenden ouderdom, is het gebleken, dat omstreeks of kort
na 9 maanden (iets vroeger of later) de vermindering van
het watergehalte niet meer voortgaat, terwijl de suiker,
nevens het oplosbare eiwit toenemende blijft, en de oplos-

bare zouten, de minerale stoffen in het algemeen, in hoeveelheid afnemen. Nader bij het punt van rijpheid gekomen, heeft de suiker wel haar maximum bereikt, maar de volkomene kristalliseerbaarheid daarvan schijnt een nog later proces uit te maken, dat onafhankelijk van groeikracht, het tijdstip van volkomene rijpheid kenmerkt. Door droogte en hooge temperatuur wordt dit tijdstip verhaast; door herhaling daarvan, wordt die snelle rijping erfelijk in het riet. Het suikergehalte blijft daarna, korter of langer, bestendig, zoo ook, hoewel spoediger eindigend, de vatbaarheid om goed te kristalliseren. Goede rietsoorten, zoo als de probolingosche, behouden die bestendigheid in het suikerbedrag het langste. Na de rijpwording blijft het oplosbaar eiwit toenemen, de oplosbare zouten nemen mede toe, ofschoon de som der minerale stoffen afneemt. Het is blijkbaar, dat na de rijpwording, na het kulminatiepunt van den groei, een zuur, vermoedelijk azijnzuur, allengs gevormd wordt, door welks invloed het sap in deze bijbestanddeelen rijker wordt, iets waarmede de bestendigheid der suiker onvereenigbaar is.

Het hier gezegde geldt ook voor de verschillende deelen van een' rietstok, die eigenlijk alle van elkander verschillen in ouderdom. Hoe beter en hoe meer volgroeid het riet is, des te minder verschil zal er in genoemd opzigt bestaan, tusschen zijne boven- en benedendeelen.

14 Het sap van het groeijende riet bevat eene veranderlijke hoeveelheid glukose of niet kristalliseerbare suiker.

In goede rietsoorten, vooral die op geschikte gronden gekweekt, is de glukose tot een minimum gedaald, wanneer het tijdstip van volkomene rijpheid daar is. Zij is dan ook tevens het gelijkmatigst in het riet verdeeld, en bijna het geheele suikergehalte kan bij volkomene defekatie, in kristalvorm verkregen worden.

15 Hoe zwaarder het sap is, des te geringer is door-

gaans ook de hoeveelheid glukose. Uitzondering hierop maakt echter dikwijls het sap uit het bovengedeelte van het riet, dat een vrij hoog specifiek gewigt kan bezitten, en tevens veel glukose inhoudt. Het is ook, behalve op bijzonder vette gronden, altijd rijker in zouten, dan het sap uit het midden of ondergedeelte van het riet, en zelden tot kristallisatie te brengen.

16. De uitspruiting der oogen, zoo mede het omvallen en op den grond liggen van het riet, doet de zamenstelling van zijn sap veranderen. De suiker, die nu de bouwstof wordt voor nieuwe loten, neemt eerst in hoeveelhied af, eiwit en zouten vermeerderen in het sap, de suiker verliest spoedig het vermogen tot kristalliseren, en kan reeds vóór dien tijd niet geheel zuiver meer aanschieten. De moederstok verandert in watergehalte, de vochten uit den grond voeden alleen de nieuwe spruiten.

17. Eene ruime plantwijdte in acht te nemen, heeft blijkbaar goeden invloed op de zamenstelling van het sap. Denkelijk behoorde het riet, op niet al te schrale gronden, nimmer digter dan op negen voet vierkant te staan. Op beteren grond ruimer plantwijdte. Zoo echter de grond al te rijk is, dan ontstaat, bij het ongehinderd doordringen van het zonnelicht, reeds vóór de eigenlijke rijpwording, eene ontspruiting der oogen, waarvan de gevolgen zoo even zijn aangestipt.

Eenige korte beschouwingen, naar aanleiding der hier uitgedrukte bijzonderheden, mogen dit verslag besluiten.

De invloed van den aard en den toestand der gronden, ook op de zamenstelling van het riet, is beslissend. Wat er in de eerste plaats door bepaald wordt, is de hoeveelheid zouten in den staat van oplossing aan de worteleinden aangeboden, en de hoedanigheid der zouten zelve. Zulke, die bij uitnemendheid oplosbaar zijn, zoo als de chloor-verbindingen, vermeerderen vooral de hoeveelheid, die in het riet kan doordringen, en gaan daarbij tevens schier uitsluitend en regtstreeks in het sap over. In dezelfde mate, als uit de oplossing een te klein gedeelte dier zouten tot de vaste deelen van het riet overgaat, in dezelfde mate vermindert ook de gelegenheid tot celvorming, en wordt tevens in die cellen een vocht rondbewogen, waarin door de bijbestanddeelen de volkomne vorming van het kenmerkend produkt van ons gewas verhinderd wordt. Chloorverbindingen zijn niet als stoffen te beschouwen, die in de huishouding der landplanten te huis behooren.

Op deze wijze ontstaat eene voortgaande verbastering in het riet, en deze kan op zeer rijke gronden, ook zonder zulk eene overmaat van chloorverbindingen, plaats vinden. Alleen zal dan het riet meer, ja buitengewoon in volume toenemen, zonder echter eene evenredige vermeerdering in vaste zouten te hebben bekomen. Het riet is week van vezel, breekt dikwijls af, wordt ligter vatbaar voor veranderingen van grond en klimaat; de wisselvalligheid van oogst en fabrikaat neemt toe.

Om deze wijze van verbastering te voorkomen, moet men de oorzaken vermijden of wegnemen. Het eerste is misschien op Java niet overal uitvoerbaar; het laatste wel.

Door zulke gronden een of meermalen te bebouwen met gewassen, die tieren juist door die zouten, aan welke het rietsap niet te rijk mag worden, kan men veelal zijn doel bereiken, zoo men tevens zorgt, geen zwaar bebladerd gewas te kiezen. Het zonlicht moet ruimen toegang hebben, om des te spoediger een gedeelte der humus te doen verdwijnen, welks tegenwoordigheid zoo gunstig is voor het aanzijn der bedoelde zouten. Indigo, tabak, aardvruchten zijn, met dit doel, goede voor gewassen voor het suikerriet, op de bedoelde gronden. Voor lage, moerassige gronden, waar het riet ook altijd veel van de bedoelde oplosbare zouten bevat, kan alleen in het droogleggen van den ondergrond een afdoend herstelmiddel gevonden worden.

Maar ook schraalheid van den grond kan, uit tegenovergestelde oorzaken, tot verbastering van het riet leiden. Het *te min* en *te veel* kunnen dezelfde gevolgen hebben. De wortelspitsen, door vliesjes gesloten, die voor elk gewas een eigen vermogen van endosmose moeten bezitten, kunnen niet onveranderd blijven in werkzaamheid, indien de stoffen, noodig om die in bepaalden zin op te wekken, ontbreken. Het levensbeginsel verzwakt, mechanische invloed wordt sterker, en de nu te voorschijn geroepene eigenschappen in die zuigmondjes van het riet zijn de resultanten van die nieuwe verhouding van krachten.

Men heeft schrale gronden, in het algemeen, men heeft ze ook in bijzonderen zin. Door de laatste bedoel ik die, welke bijv. ontstaan, door herhaald planten van het riet op denzelfden bodem.

Wat het riet meest noodig heeft, neemt nu het meest in dien bodem af, en de vereende invloed van lucht, vocht en warmte kunnen tot wederaanvulling daarmede geenen gelijken tred houden. Zij kunnen niet snel genoeg vormen, wat voortdurend in genoegzame mate moet voorhanden wezen. Zulk eene schraalheid van grond betreft alleen eenig bijzonder gewas; en zij is misschien nog nadeeliger, dan algemeene schraalheid, omdat nu het riet zooveel te meer bloot staat aan de intrede van zouten, die het niet verlangt, en die daarom weder de sluitvliezen der wortelspitsen in aard doen veranderen. Het behoedmiddel tegen zulk eenen toestand is, in zekeren zin, het omgekeerde van dat voor te rijke gronden: voeg bij wat ontbreekt, en zoo veel mogelijk in den vorm en toestand, waarin dit in het gewas voorkomt.

En vermits zulke, algemeen of gedeeltelijk, uitgeputte gronden ook wel immer gebrek hebben aan aktieve humus, aan zoodanige, die genoegzaam stikstofhoudend en daardoor niet in zuurachtigen toestand is, dient die bijvoeging van de noodige mineralen ook met die van dierlijke stoffen vergezeld te gaan, wier ligte ontbindbaarheid zich op die werkelooze humus overplant, en waardoor tevens de noodige ammoniakverbindingen, bouwstof voor het onmisbare proteine in het riet, geboren worden.

Hoe duidelijk ligt nu het middel voor de hand, dat in zulke gevallen tot herstel is aangewezen. Wat de fabrikant van het riet verwerpt, vraagt de aarde terug als eene gunst, neen als een regt, indien de planter meent regt te hebben, van die aarde eenen ruimen oogst te vragen.

Wat wordt hier van de bladen van het riet? wat van de uitgeperste stokken, de ampas?

De eerste, zoo ver zij nog groen en frisch zijn, dienen met de toppen, tot voedsel van het trekvee, en daar in den tijd van den oogst doorgaans het gras ontbreekt, door gebrek aan regen, is dit gebruik der bladen zeker geen verlies, indien maar de mest dier trekbeesten op het land blijft.

Wat er van de dorre bladen wordt, weet ik niet bepaaldelijk op te geven, maar ik betwijfel zeer, of zij op de nuttigste wijze besteed worden, en van de ampas is het buiten tegenspraak, dat zij veel meer voordeel kon geven dan zij nu doet, alleen voor brandstof in de fabrieken dienende.

Door die ampas zoo veel mogelijk suikervrij te maken, verwerft men, zoo de aangegevene wijze goed wordt uitgevoerd, waarschijnlijk veel voordeel; en de ampas zelve behoudt als meststof hare waarde. Het meeste zal zij die waarde behouden, door in haar geheel in den grond begraven te worden.

Eene opzettelijke proefneming heeft mij overtuigd, dat op eene diepte van ¼ tot 1 voet, in bijna 7 maanden tijds, van 12 December 54 tot 8 Julij 55, van eene zekere hoeveelheid ampas niets dan kleine stukjes onverteerd waren gebleven, terwijl die op 1½ voet nog geheel gaaf was.

Maar, zoo dit door overwegende bezwaren belet wordt, waarom dan tóch niet de asch, dat is de minerale stoffen, waarvan het groote belang voor den groei van het riet zoo overtuigend is gebleken, waarom die niet aan den grond teruggegeven? Eene opzettelijke bemesting met deze asch heeft, op beslissende wijze, de kristallisatie der suiker begunstigd.

Het berooven der ampas van de thans nog inblijvende suiker zal hare waarde als brandstof niet zeer verminderen, want die suiker is meerendeels in azijnzuur veranderd, wanneer de ampas gebruikt wordt. En bovendien, welk eene dure brandstof is die suiker!

Kunnen de middelen, die men thans aanwendt, om de vruchtbaarheid der suikergronden te onderhouden, tegen de rationele bemesting met de ampas of hare asch opwegen?

Het inunderen en irrigeren is zeker de meest werkzame en minst moeijelijke bemestingswijze; de organische en anorganische stoffen komen daardoor opgelost, dat is geheel toebereid, in het bereik der wortels, en de bewegelijkheid des waters maakt vervoermiddelen overbodig. Maar zulk eene bemesting mag men werken in het duister noemen. Wie zal verzekeren, of niet en hoe dikwijls daardoor stoffen op en in den grond gevoerd worden, die het riet niet verlangt? De bemesting met katjangkoeken treedt in de plaats, waar de aanwending van water niet doenlijk is. Daardoor worden vele zouten in het riet gevoerd, blijkens mijne analysen van dat van Batavia. Maar de zouten, zij mogen dienen tot het verkrijgen van een zwaarder gewas, van meer grondstof, ik ben geneigd te gelooven, op grond mijner onderzoekingen, dat er te veel zouten door in het sap overgaan, waardoor dit, reeds in het riet, zoo veranderd wordt, dat een deel der suiker onkristalliseerbaar wordt. De verdere verkoking van dit sap in de fabrieken veroorzaakt eene snel toenemende verhouding van die reeds overvloedige zouten, en een verlies aan eindprodukt, grooter misschien, dan door het meerdere gewigt aan grondstof, wordt opgewogen. Bovendien, hoeveel gronden zouden noodig wezen, tot voortbrenging der katjang, vereischt om deze meststof op groote schaal te leveren, en hoe zouden daardoor die gronden worden uitgemergeld, om een ander gedeelte met twijfelachtig voordeel te verrijken!

Door de ampas of hare asch, benevens die der bladen kan men de gronden op het voordeeligst in goeden staat houden.

Met elke 1000 ℔ riet ontneemt men minstens 3 ℔ minerale stoffen aan den grond, waarvan ongeveer twee derde in de ampas blijft; met elke 1000 ℔ rietbladen verliest de grond van 20 tot 30 ℔ van deze stoffen, op eene weinig verschillende wijze zamengesteld.

. Stellen wij nu, dat gemiddeld 40.000 n. ℔ riet en 16000 n. ℔ bladen, versch gewogen, van een bouw gronds genomen worden, en dit is voorzeker niet te hoog, dan bekomt men, aan minerale stoffen, eene hoeveelheid van 432 n. ℔, die juist zoo is zamengesteld, als het riet ze behoeft. Dit is gelijk aan het minerale gedeelte van 8000 n. ℔ of bijna 130 pikols katjangkoeken, en dan is de asch der laatste niet zoo zamengesteld, als voor het riet noodig is. Onder anderen wordt de kiezelaarde daarin bijna geheel gemist; deze moet het riet in eenen ligt oplosbaren staat worden aangeboden; schrale of ook weinig bewerkte gronden bevatten er in dien toestand zeer weinig van, en niets is dus geschikter, dan de bladen en ampas van het riet, om in dit gebrek te voorzien.

Onafgebroken planten van riet op denzelfden grond is, ook bij het aanwenden van meststof, een middel om het riet te doen verbasteren. Zelfs door bewatering en jaarlijksche afwisseling met padi, kan dit niet worden voorgekomen. Padi alleen kan geen geschikt wisselgewas voor suikerriet wezen. Andere, zoo als indigo, tabak, aardvruchten behooren mede in aanmerking te komen.

Het is een gewigtig feit, dat in het groeijende riet zelf altijd glukose of onkristalliseerbare suiker voorkomt; dat die kan afwisselen, met de varieteit van riet; dat die werkelijk verandert in hoeveelheid, in de verschillende deelen, in verschillenden staat van rijpheid, naar den toestand van klimaat en grond. Dit alles is reeds min of meer door cijfers aangetoond, die de uitkomsten zijn van onderzoekingen, de eerste, zoo ver mij bekend is, over dit onderwerp. De verzekering, tot heden steeds gegeven en herhaald (op gronden rustende, die nergens worden genoemd, en dus waarschijnlijk een negatief bestaan hebben), dat het rietsap al zijne suiker in kristalliseerbaren toestand bevat, die verzekering heeft nu hare stelling verloren. Hieruit ontstaan als gelijktijdig twee gevolgtrekkingen, namelijk de fabrikant is niet langer alleen verantwoordelijk voor het groote verlies aan suiker, dat jaarlijks door verstrooping wordt geleden, noch ook voor die hoedanigheden van zijn produkt, welke, afgescheiden van de kleur, aan de markt in aanmerking komen, en voor de kultuur zijn weder nieuwe wegen van, nieuwe spoorslagen tot verbetering ontstaan, die ook daarom verdienen opgevolgd te worden, omdat zij dezelfde zijn, als die, welke uitloopen op meerdere produktie van grondstof.

Dezelfde middelen, die bij minder arbeid een zwaarder, gelijkmatiger gewas kunnen opleveren, strekken tevens om dat gewas van eene betere hoedanigheid te maken, om den fabrikant tot het voortbrengen van een beter artikel in staat te stellen.

In de laatste jaren is het punt van wijder planten dan gewoonlijk, meer dan vroeger ter sprake gebragt.

Ik zelf heb, naar aanleiding van statistische data in een openbaar stuk, het werktuigelijk navolgen van de west-indische plantwijze in dezen ontraden, hoofdzakelijk op grond van eene andere verdeeling der saizoenen. Doch dit sluit geenszins alle verandering in dezen op Java buiten, zelfs niet de mogelijkheid, dat hier en daar de surinaamsche plantwijze geheel zal kunnen nagevolgd worden.

Ik mag niet aannemen, dat er heden nog aan gedacht wordt, op Java schrale gronden voor kultuur van suikerriet te bezigen. Waar dit onvermijdelijk is, daar wordt thans het middel gegeven, om dit woord, vroeger voor Java wel eens onmogelijk te verwezenlijken gedacht, met der daad tot een enkel woord terug te brengen. De guano, deze in ieder opzigt zoo aanbevelingswaardige meststof, die de gronden verrijkt, zonder andere te verarmen, en zoo krachtig werkt in kleine hoeveelheden, — de bladen en ampas van het riet, wier vergane overblijfsels de natuurlijke bouwstoffen voor een volgend gewas, en ter plaats zelve aanwezig zijn, deze maken de middelen uit, waardoor elk uitgeput rietveld zijne vruchtbaarheid zal herkrijgen.

Maar daarmede verdwijnt dan ook elke tegenwerping tegen wijder planten. Heb ik, in den schralen grond van den proeftuin te Genting, de verhouding van 8000 stekken per bouw de voordeeligste bevonden, namelijk door meerdere uitstoeling en zwaarte tevens, zonder grondverlies, dan mag dit wel als het maximum op Java gelden, en zullen er talrijke gronden bestaan of door be-

mesting te vormen zijn, waar men met de helft volstaan
kan.

In den regel heb ik bevonden, dat, op deze plantwijdte,
van eene gegevene oppervlakte het grootste gewigt aan riet
werd verkregen, dat het sap althans niet was verminderd
in soortelijk gewigt, en dat het gehalte aan glukose dan
het kleinste was. Het laatste is eensbeteekenend met
meer volkomene kristalliseerbaarheid der suiker, met gelijktijdige vermeerdering en verbetering van hetedukt uit
eene gegevene hoeveelheid sap van hetzelfde soortelijk
gewigt. Ik mag beweren, dat door in acht te nemen,
wat op de laatste bladzijden is gezegd geworden, men de
wegen zal vinden, die er toe leiden, om in het rietsap steeds
de meest geschikte, de normale hoeveelheid eiwit, zouten
en plantenzuur te doen bestaan.

Deze uitkomsten waren bijna noodzakelijk, zoo men het
onderwerp physiologisch beschouwt: eene verklaring in dien
zin zal ik hier dus niet behoeven te geven.

Met een paar woorden, zal ik nog wijzen op derzelver
praktisch nut, op het nieuwe verband, aldus tusschen kultuur en fabrikatie zigtbaar geworden.

De glukose, dat hoofdbeletsel tegen het kristalliseren
der suiker, is tegelijk met de zouten, het overvloedigst in
overrijp en in jong onrijp riet, in de jongste deelen van
het riet, en vermoedelijk ook in riet, dat is ongevallen of
welks oogen zijn uitgesproten. Onrijp riet zal niemand
snijden, zoo hij het vermijden kan; maar wie kan vermijden, dat rijp en onrijp, welligt tevens overrijp riet door
elkander gesneden wordt, indien zijn gewas, misschien in
Junij of Julij geplant, nog tot in Oktober of November
wordt aangevuld met vele duizenden jonge plantjes, die in
den gewonen oogsttijd slechts acht of tien maanden oud
zijn. Waarlijk men zou bijna de voorkeur er aan geven,
dat die inboetingen niet plaats vonden, tot het verzuimen

waarvan de Javaan trouwens al te zeer geneigd is, zoo
het in het midden van uitgestrekte plantsoenen geschieden
kan, dat een kleiner aantal stokken van hetzelfde veld,
aan den molen wierd geleverd, want dan ontving men althans riet van ongeveer denzelfden ouderdom. Doch bij
wijder planten op goede gronden zooals ieder die ernstig
wil, zich tegenwoordig kan verschaffen, zal men een gelijk en tevens ruim gewas hebben, gepaard, ik herhaal het,
met veel minder arbeid in den beginne, en bijna zonder den arbeid van inboeting, welks nut meer dan twijfelachtig is. Is de grond zoo toebereid, en wat van zelf
spreekt, tevens behoorlijk bewerkt, dan verdwijnt de mogelijkheid van uitsterving bijna geheel; de weder invulling
geschiedt veel gereeder, en loopt veel spoediger af; het gewas spruit krachtiger en talrijker uit, niet gehinderd door
gebrek aan luchtbeweging of werktuigelijken tegenstand;
het groeit gelijkmatig op; die gezonder groei bewerkt eene
volkomene vorming van het sap, dat is: eene minder ver-
mengde riet- of- kristalliseerbare suiker is er het hoofdbe-
standdeel van, en zulks in grootere verhouding, dan waarmede men zich thans moet vergenoegen.

In den tegenwoordigen toestand der kultuur, kan ik den
fabrikanten, althans den zulken, welker gronden niet onder
de beste behooren, naauwelijks genoeg aanraden, toch niet
te zeer aan te dringen op gevulde rietvelden, zoo dit alleen
door latere inboeting te verkrijgen is. Even zoo berokkenen zij zich zeker in de meeste gevallen nadeel, door een
zoo groot mogelijk gedeelte van elken rietstok bij hunne molens te willen ontvangen. Onrijp riet, overrijp riet, de
bovendeelen van het riet, alle zijn gekenmerkt door een
groot gehalte van glukose, van zouten en gedeeltelijk van
eiwit, in het sap aanwezig. Laat iemand, en op dezen
wensch leg ik nadruk, laat iemand de proef nemen, om
van een groot aantal bossen riet, de boven- en de onder-

einden afzonderlijk te bewerken, en zelfs wanneer beider sap eveneens teekent op den areometer, zelfs dan zal hij van de eerstgenoemde zoo zij hem iets anders dan stroop opleveren, toch veel minder suiker bekomen, dan van de laatste. Al wat van de eerste dus, ten minste van het bovenste vierde gedeelte, onder het overige gemengd geraakt, bederft letterlijk deszelfs hoedanigheid. De ruime hoeveelheid glukose, geholpen door de zouten, brengt eene werking voort, niet ongelijk aan die der gist. De eigene toestand wordt medegedeeld aan het goede, betrekkelijk zuivere sap, en een deel van de goede suiker in het laatste wordt dienstbaar gemaakt tot vergrooting der som van glukose, dat is, der verstrooping.

Mijn arbeid is thans ten einde. Bij den innigen wensch, dat er eenig nut door moge gesticht worden, — bij de overtuiging, dat dit zal geschieden voor hem of hen, die onpartijdig willen toepassen de voorschriften, door de medegedeelde uitkomsten aangewezen; voeg ik de hoop, dat ik weldra medehelpers moge vinden, om voor de zoo belangrijke suikerindustrie nog meerdere en betere wegen van vooruitgang te ontdekken.

Gedurende den tijd, die aan het overschrijven van dit verslag besteed is, ben ik voortgegaan met onderzoekingen over de zamenstelling van het suikerriet.

Eene daarvan geldt het buitenzorgsche riet, in nog verderen ouderdom, dan vroeger is medegedeeld, maar altijd van dezelfde plekken en datum van aanplanting. Dewijl dit gedeelte wegens de spoedig daarna gevolgde uitsterving van het riet, thans als afgesloten is te beschouwen, en vooral, omdat het mij gansch onverwacht, de mogelijkheid van een zeer hoog suikergehalte in dit, doorgaans min geachte

riet heeft doen kennen, gepaard aan een zoo gering quantum van glukose, als waarschijnlijk in eenige rietsoort van
Java voorkomt, — om al deze redenen zal het hoop ik, niet
al te zeer buiten de orde geacht worden, zoo ik de mededeeling dezer latere uitkomsten nog als aanhangsel op dit
verslag laat volgen.

Zamenstelling van buitenzorgsch suikerriet, te Genteng gekweekt.

Ouderdom, circa 19½ m.

Bijzonderheden.	Bemesting.	Glukose.	Riet-suiker.	Oplosbare zouten.	Oplosbaar eiwit.	Houtv. m mm stof	Water.	Glnk in 100 deel suiker.
1. Zeer lange leden, geene uitspruitsels.	Guano.	0.95 %	18.16 %	0.096 %	0.050 %	9.64 %	71.1 "	4.95
2. Matig lange leden, dito dito.	"	0.67 "	18.52 "	0.114 "	0.070 "	8.33 "	72.3 "	3.49
3. Korte leden, overal uitgespoten, nog niet vertakt.	"	1.31 "	16.57 "	0.172 "	0.073 "	8.37 "	74.5 "	7.80
4. Benedenend van een net met 2 vertakkingen van boven.	"	0.52 "	17.66 "	0.131 "	0.099 "	9.90 "	71.7 "	2.85
5. Bovenhelft van N° 4.	"	0.66 "	13.39 "	0.170 "	0.081 "	12.70 "	73.0 "	4.66
6. De vertakkingen zelve.	"	1.88 "	13.77 "	—	—	11.35 "	—	12.00
7. Dik, zonder uitspruitsels.	Niets	0.76 "	18.34 "	0.082 "	0.074 "	9.64 "	71.1 "	3.97
8. Immer, met vertakkingen aan den top.	"	0.71 "	19.92 "	0.053 "	0.123 "	10.20 "	69.0 "	3.43
9. Dunst, met dito dito.	"	0.61 "	19.43 "	0.052 "	0.104 "	9.40 "	70.4 "	3.04

Ouderdom 20 maanden. Bemest met Guano.

Kleur enz.	Deel.	Bestanddeelen van het riet, pCt.						
		Glukose.	Riet-suiker.	Oplosbare zouten.	Oplosbaar eiwit.	Houtv. en min. stof.	Water.	Glnk. in 100 deel. suiker.
1. Geel en groen, hier en daar bruin gevlekt, met lichtgr bandjes. Een zwaar uitspruitsel aan den top.	boven	2.14	4.68	0.136	0.083	10.30	82.8	31.38
	beneden	1.96	9.16	0.136	0.064	7.42	81.2	17.63
2. Olijfbruin en groen, met donker wijnrood. Aan de bovenhelft was elke knoop uitgesproten.	boven	2.74	4.24	0.072	0.064	9.66	83.3	39.25
	beneden	2.49	9.75	0.094	0.071	8.39	79.3	20.34
3. Roodbruin op groenen grond, met lichtgroene bandjes. Het bovenste derde met uitspruitsels	boven	1.59	10.62	0.055	0.089	14.81	72.9	18.02
	beneden	0.67	15.05	0.046	0.060	13.42	70.3	4.26
4. Violetrood met gele bandjes. Geene uitspruitsels. Lange leden.	boven	2.11	12.51	0.080	0.100	13.28	72.0	14.43
	beneden	0.96	14.50	0.088	0.078	13.31	71.2	6.21
5. Boven bruinrood, onder donker geel, met bruinroode vlekken, geelgroene bandjes. Twee zware uitspruitsels boven aan. Deze werd weggenomen.	boven	1.06	9.51	0.057	0.056	14.97	74.4	10.03
	beneden	0.95	14.68	0.042	0.047	10.83	73.5	6.08

Ouderdom circa 20½ maanden
(Gesneden 8 Oktober ll.)
Twaalf verschillende stokken.

	Kleur, enz.	Rietsuiker, glukose en zouten.	Houtvezel en minerale stoffen.	Water.
1	Bruinrood met olijfgroen.	16 43	13.97	69 6 a/u
2	Bruinrood.	—	—	73 2 „
3	„ met olijfgroen.	13 70	11.10	75.2 „
4	„ bovenhelft uitgesproten.	17.24	11 55	71 2 „
5	Lichter. Een zware loot aan den top.	15.08	14 02	70 9 „
6	Paars roodbr., hier en daar eenigz. uitg.	13 48	15 22	71.3 „
7	Bruinrood. Een zware loot aan den top	12 40	17 30	70 3 „
8	Bleekrood op geel.	17 43	13.02	69 5 „
9	„ donkerder.	16.62	13,83	69 5 „
10	Als boven.	16.92		mislukt.
11	„	16.64	14 46	68.9 „
12	„	14 49	14 00	72 5 „
	Gemiddeld. . . .	15.36	13.85	71.1 a/u

De stokken, in de laatstgenoemde tabel bedoeld, vertoonden alle beginselen van uitdrooging; de onbemeste waren reeds sedert eenigen tijd verdroogd.

Het riet van 19½ maand, met guano bemest, woog gemiddeld (na afsnijding der toppen voor stek) 2.4 n. ℔. Het onbemeste 0,94. Het dikste van het eerstgenoemde had eenen omvang van 17 n.d. van het laatste, 13½ n.d. Deze waren van de zwaarste stokken.

Bij dat van 20 maanden waren de afmetingen, enz. iets minder als:

Lengte, 170 tot 240 n. e. gem. 2,0.

Omvang 12½ tot 14½ n. d. „ 1,3.

Gewigt, 160 tot 272 n. ℔ „ 2,22.

Gewigt der bovenhelften, juist gemeten 1,03.

Aant. leden 23 tot 40 gemidd. 31.

Eindelijk bij dat van $20\frac{1}{2}$ /m. (toen alles werd gesneden, en de stokken bij tientallen gewogen) verschilde het gewigt van 11 tot $17\frac{1}{2}$ n. ℔ en bedroeg het gemiddelde 13 n. ℔.

De eerstgenoemde tabel geeft aanleiding tot de volgende opmerkingen.

Het hoogste suikergehalte gaat gepaard met het laagste gehalte aan oplosbare zouten en glukose, maar met het hoogste gehalte aan oplosbaar eiwit (8 en 9). De nos. 3, 4 en 5, even als deze vertakt of althans uitgesproten, bevatten weder meer oplosbaar eiwit, dan 1 en 2, doch hier was tevens eene en wel zeer groote toename van oplosbare zouten. Het laatste is blijkbaar aan de bemesting, het toenemen der oplosbare eiwitstof alleen aan de uitspruiting der oogen toe te schrijven. Deze gaat gepaard met de vorming van een zuur (azijnzuur), hetwelk eiwit uit de houtvezelen heeft opgelost.

Volgens het vroeger aangegevene schema, is in het riet na de rijping, de hoeveelheid oplosbaar eiwit doorgaans, die der oplosbare zouten altijd toenemend.

Het schijnt thans, dat het buitenzorgsche riet, als het ware een dubbel levensproces heeft, hetwelk zich na het bloeijen openbaart. En dat hier geen toeval, maar eene vaste regelmaat bestaat, schijnt mij toe te volgen uit de gelijktijdige verhoudingen in den gang van het suikergehalte ter eene, en van het zout en eiwitgehalte ter andere zijde.

Wij zagen namelijk, dat het suikergehalte, tijdens het bloeijen, op $14\frac{1}{2}$ maand, en twee maanden later, onveranderd was in hoeveelheid, maar niet in hoedanigheid, daar het sap eerst tot kristalvorming was te brengen toen het riet $16\frac{1}{2}$ maand oud was. Nu vonden wij in het riet van $18\frac{1}{3}$ maand, althans het bemeste, eene groote toename in de densiteit van het sap, vergeleken met circa 2 maanden vroeger, gepaard met eene vermeerdering van oplosbaar eiwit, en eene groote vermindering van glukose en oplosbare zouten. Van af $18\frac{1}{3}$ tot $19\frac{1}{2}$ maanden neemt het sap nog verder toe in densiteit, dat is in suikergehalte, zoodat het volkomen gelijk komt aan dat van riet uit den oosthoek, en alweder vermindert de glukose; maar de oplosbare eiwitstof begint aftenemen, de oplosbare zouten zijn, althans in het niet uitgesprotene riet, zoo wel bemest als onbemest, sterk vermeerderd. (Onbemest, had het door die uitspruiting, aan zouten verloren en daarbij nog meer in suiker gewonnen, bemest, was door de uitspruiting, de hoeveelheid dier zouten toe (die der suiker afgenomen).

En nu volgt eene halve maand later, op die groote veranderingen, eene omzetting, die als reeds voorspeld werd door de wijziging in de bij-bestanddeelen. Het eiwit, dat van $18\frac{1}{3}$ tot $19\frac{1}{2}$ maand, van $0,084\frac{0}{0}$ op $0070\frac{0}{0}$ gedaald was, is gemiddeld, op $0070\frac{0}{0}$ gebleven; de zouten, die van $0041\frac{0}{0}$ tot $0094\frac{0}{0}$ gemiddeld, in niet uitgesproten riet waren gestegen, zijn in het riet van 20/m tot $0,084\frac{0}{0}$ gedaald, en deze geringe verandering, bijna equivalent met stilstand in het levensproces, was verzeld van eene ongeveer drievoudige verhooging der glukose in verhouding tot de suiker, (ik neem hier alleen No. 4 in aanmerking) en eene vermindering in het suikergehalte, die 20 à $25\frac{0}{0}$ bedraagt. Waar tevens uitspruiting plaats had, en die werd op dezen leeftijd bijna algemeen, daar was de toename van glukose en de vermindering van kristalliseerbare suiker ongelijk veel grooter.

Van dit rietsap van 20/m. bij een glukose gehalte van 10 op 100 deelen suiker, bekwam ik nog eene volkomen kristalliseerbare stroop.

Doch nu is de natuur van het riet als uitgeput; zijn dood nadert met rassche schreden. Dit blijkt niet zoo zeer uit het verminderde suikergehalte, in den tusschen tijd van 25 September tot 8 Oktober, maar vooral uit het geringe-

re kristalliseervermogen der stroop (zie het straks volgende
overzigt). Beide verschijnselen zijn zoo sprekend, dat ik
eene afzonderlijke bepaling van eiwitstof, zouten en glukose
in dit, zijn einde nabij zijnde, riet min noodig heb geacht.

*Kristalliseerbaarheid der stroopen, in verband met het
gehalte aan glukose in de daarin bevatte suiker.*

Riet van 19½ maand.

N°.	Glukose.	Hoedanigheid der stroopen.
	%	
1	4.95	Geelbruin, bijna alles gekristalliseerd.
2	3.49	Eene bijna drooge kristalmassa.
3	7.80	Stijf van kristallen.
4	2.85	Eene drooge kristalmassa.
5	4.66	Dito dito.
6	12.00	Eene korrelige vaste massa.
7	3.97	Eene drooge kristalmassa.
8	3.43	Dito dito.
9	3.04	Vast, deels gekristalliseerd, schuim.

Riet van 20 maanden.

N°.	Deelen.	Glukose.	Hoedanigheid der stroopen.
		%	
1	bovenhelft	31.38	Donker roodbruin, geene kristallen.
	benedenhelft	17.63	Stijf korrelig gekristalliseerd.
2	bovenhelft	39.25	Bijna als bij N°. 1, geene kristallen.
	benedenhelft	20.34	Geelrood, doorschijnend. geene kristallen.
3	bovenhelft	13.02	Honigkleur, éene stijve kristalmassa.
	benedenhelft	4.26	Dito dito.
4	bovenhelft	14.48	Vuurrood, doorschijnend, geene kristallen.
	benedenhelft	6.21	Licht honigkleur, bijna doorsch. kristallen.
5	bovenhelft	10.03	Bruinrood, doorschijnend, geene kristallen.
	benedenhelft	6.08	Roodgeel, enkele kristallen.

Riet van circa $20\frac{1}{2}$ maand.

N°.	Densiteit van het sap	Hoedanigheid der stroopen.
1	bijna 10°	Alles gekristalliseerd
2	$10\frac{1}{4}$°	Geelrood, geene kristallen.
3	$8\frac{3}{4}$°	Bruingeel, alles gekristalliseerd.
4	ruim 10°	Deels gekristalliseerd, zeer kleine kristallen.
5	$9\frac{1}{2}$°	Als N°. 3.
6	9°	Donkerrood, schuim, geene kristallen.
7	$8\frac{1}{4}$°	Donker karmozijnrood, geene kristallen.
8	bijna 11°	Bijna als N°. 3, wat meer stroop.
9	$10\frac{1}{4}$°	Helder karmozijnrood, geene kristallen.
10	bijna 9°	Donker dito dito.
11	$10\frac{1}{8}$°	Dito dito.
12	bijna 9°	Dito dito.

Er is dus in deze laatste tabel volstrekt geen verband meer tusschen de densiteit van het sap en de kristalliseerbaarheid der stroop. De nos 2, 9 en 11 toch leverden geene gekristalliseerde suiker op, en stonden daarin gelijk met de nos. 6 en 7. Er heeft blijkbaar eene verandering in de hoedanigheid van het rietsap plaats gehad, die hoezeer ongelijk in verschillende rietstokken, toch bijna algemeen is te noemen.

Het zoo hooge suikergehalte in het riet van $19\frac{1}{2}$/m zie de nos. 1, 2, 7, 8 en 9, — was niet het gevolg van waterverlies uit het riet, maar van eene chemische omzetting, na gevolgd op het maximum der groeikracht van het riet. Er was dus een maximum van kristalliseerbare, tevens met een minimum van stroopsuiker aanwezig.

Maar dat vermeende mechanische waterverlies, het begin van uitsterving, ving eene halve maand later aan; en nu daalde het quantum aan kristalliseerbare suiker, terwijl dat van glukose toenam. Door het laatste werd waarschijnlijk de nu aanvangende verjonging van het riet in toploten bewerkt, en deze eenmaal begonnen zijnde, versnelde ten hoogste die omzetting der suiker, nu met vermindering gepaard, blijkens nos. 1 en 2, bij het riet van 20/m.

Vergelijken wij het sapgehalte van het riet in deze
drie, kort op een volgende, slottijdperken van zijn leven,
dan zijn wij genoopt, om eene omzetting van suiker tot
houtvezel aan te nemen, en het is daarom, dst ik van een
vermeend waterverlies gesproken heb. De bruikbare voorbeelden uit de drie tabellen (van de eerste nos. 1, 2, 7, 8
en 9, van de tweede, nos. 3, 4 en 5, en van de derde,
nos. 1, 3, 8, 9, 11 en 12) bij elkander stellende, bekomen
wij de volgende gemiddelde uitkomsten

Bestanddeelen	$19\frac{1}{2}$m	20/m	$20\frac{1}{2}$m
Krist· suik. en gluk. enz.	19,65	14,03	15,90
Water	71,00	71,25	70,90
Sap	90,65	85,28	86,80

Meerdere verhouting van het riet, niet uitdrooging, is
dus een der verschijnselen van het naderend levenseinde
van den moederstok. Een deel der suiker wordt, met verlies
van zuurstof, veranderd in celomkorstende stoffen, terwijl een ander, water aantrekkende en bewegelijker geworden zijnde, door den tusschentoestand van glukose heen,
als eene poging tot verjonging, tot nieuwe celvorming aanwendt, die zich in de, altijd abortieve toploten vertoont.

De laatstgenoemde werking krijgt allengs de overhand,
zoodat de moederstok, meer of min veranderd in een enkel
doorvoerkanaal van de vochten uit den bodem, weder toeneemt in watergehalte, dat een deel der suiker vervangt.
(De nos. 1 en 2 der tabel bevatten, gemiddeld, $91\frac{9}{0}$ sap)
hetgeen in de andere voorbeelden door houtvezel geschied is.

Nog een enkel woord over de veranderingen in de zamenstelling van het riet, die met de uitspruiting der oogen
gepaard gaan, en uit twee der bovenstaande tabellen zoo
duidelijk blijken.

Deze zijn·

Vermeerdering van *water*, van *zouten* en van *glukose*, de
laatste althans in de onmiddellijke nabijheid der uitspruit-

sels, en dus het meest, naarmate een grooter aantal knoppen aldus voortgroeit (vergel. no. 3 met no. 8 en 9 op de eerste tabel) en vermindering van kristalliseerbare suiker, die te meer in het oog valt, naar mate de verspreiding (no. 3, tabel) of de voortgang no. 1 en 2, 2e tabel) grooter is geworden.

Die veranderde betrekking tusschen de twee soorten van suiker, in het sap van uitgesproten riet, geeft voldoende opheldering, omtrent het geringe bedrag en de slechte hoedanigheid van het fabriekaat, daaruit verkregen. Het is vroeger reeds betoogd, dat van dezelfde hoeveelheid kristalliseerbare suiker, in opgelosten vorm, des te minder wordt terug bekomen, naarmate eene grootere hoeveelheid glukose in hetzelfde vocht aanwezig is. Hoe nu, indien de eerstgenoemde te gelijk afneemt? En de tegenwoordige onderzoekingen hebben aangetoond, dat beide werkelijke het geval is.

Totdat ik beter onderrigt ben, moet ik het er voor houden, dat beide, het *omvallen* en het *ontijdig* uitspruiten van het riet, gevolgen zijn van dezelfde oorzaak; dat die oorzaak te zoeken is, of in den aard of in den toestand des bodems, en dat men die waarschijnlijk zal vinden in een te gering gehalte aan oplosbare kiezelaarde. Ware dit zoo, dan zou er eene beweegreden te meer bestaan, om de minerale overblijfselen van het rietgewas stelselmatig aan den grond te hergeven.

Buitenzorg, 7 *November* 1855.

VERSLAG

VAN HET

ONDERZOEK VAN EEN AANTAL MONSTERS

AMPAS

VAN

SUIKERRIET.

DOOR

Dr. P. F. H. FROMBERG.

———

Het aantal pakken, elk ampas van eene afzonderlijke fabriek uit Soerabaja inhoudende, was veertien.

Zij werden hier opvolgend ontvangen, en de ampas was, wat staat van vochtigheid en konservatie betreft, zeer ongelijk De korte berigten, die er bij waren gevoegd, volgens welke de monsters versch van den molen waren genomen, laten geen' twijfel over, dat de meerdere of mindere spoed van verzending en vervoer de hoofdoorzaak van die ongelijkheid was.

Ik zal vooraf mededeelen de namen der fabrieken, den tijd van ontvangst en ook dien van afzending der monsters, volgens den datum der brieven, met het voorkomen der ampas.

Fabrieken.	Datum van ontvangst.	Datum van afzending of van brief.	Hoedanigheid der ampas.
1 Kremboong.	3 Sept.	7 Sept.	Bijna zonder schimmel, versche reuk.
2 Watoetoelies.	3 »	7 »	Ten deele besch., reuk eenigzins duf.
3 Seroeni.	3 »	8 »	Beschimmeld, duf van reuk.
4 Krian.	8 »	15 »	Niet beschimmeld.
5 Balongbendo.	8 »	15 »	Eenigzins do
6 Willem II.	9 »	15 »	Ten deele do
7 Ketegan.	11 »	19 »	Weinig do
8 Sentananlor	12 »	19 »	Beschimmeld.
9 Gempolkrep.	12 »	19 »	Idem.
10 Tangoolangin	15 »	19 »	Wit, bijna onbeschimmeld.
11 Porrong.	15 »	19 »	Deels beschimmeld.
12 Waroe.	17 »	22 »	Eenigzins do
13 Djombang	17 »	27 »	Deels do
14 Goedo.	17 »	27 »	Meer do

De bepaling van water en suiker, de laatste als stroop-zoo ver mogelijk op een zoutwaterbad uitgedampt, geschiedde ten eerste na de ontvangst, en daartoe werden de meest gave stukken uitgekozen. Tot het droogen werden zij een aantal dagen aan de temperatuur van kokend water blootgesteld; de suiker werd verkregen door herhaald uittrekken met slappen alkohol.

De uitkomsten zijn voorgesteld in de volgende tabel.

Ampas van de fabrieken.	Water %	Suikerstroop %o	
		in vochtig amp.	in water- vrije. do
Kremboong	34,2	13,2	20,0
Watoetoelies	53,7	12,1	26,2
Seroni	38.9	12,5	20,5
Krian	31,7	13,9	20,3
Balongbendo	24,0	18,2	21,0
Willem II	49,6	7,2	14,3
Ketegan :	38,9	11,7	19,1
Sentananlor	25,3	6.4	8,6
Gempolkrep	21,5	4,4	5,8
Tangoolangin.	40,8	8,7	14,9
Porrong	38,0	14,8	23,9
Waroe	38,3	11,9	19,3
Djombang	39,7	3,4	5,6
Goedo	40,0	5,0	8,3

Alleen de stroop van de ampas van Krian had nog eenen zoetachtigen smaak. De chemische verandering was dus voorafgegaan aan de vermindering der hoeveelheid, en die vermindering was juist bij die ampasmonsters het grootst, welke het langst onderweg waren, namelijk no. 8, 9, 13 en 14.

Deze dienen dus verworpen te worden, alsmede die van no. 6 en 10, welke, hoe vreemd het ook bij de laatste schijnen moge, daar die bijna zuiver wit en gaaf was, toch weder door het lage suikergehalte, eene natuurlijke, dan wel kunstmatige verandering blijken ondergaan te hebben. Het gemiddelde van de overige nos. 1, 2, 3, 4, 5, 7, 11 en 12 bedraagt dus $21,7\frac{0}{0}$ suikerstroop, of p. m. 20 deelen vatte suiker in 100 deelen watervrije ampas.

Nu is het zeer moeijelijk, om daaruit te berekenen hoeveel sap in die ampas aanwezig was, dewijl de densiteit daarvan in het riet dezer acht fabrieken, tijdens het vermalen, mij onbekend is. Uitgaande van de officiële opgave daarvan in 1854, waaruit als gemiddelde eene densiteit van ruim 8°5 B, en dus een suiker gehalte van $16\frac{9}{9}$ is af te leiden, dan zou die ampas, versch zijnde, bestaan hebben uit 80 deelen houtvezelen, en 125 deelen sap, zijnde eene verhouding van 1 deel vezelen tot 1,56 deel sap.

Stellen wij nu in het algemeen, dat het riet, versch en rijp zijnde, uit 10 deelen houtvezel, enz. en 90 deelen sap bestaan hebbe, dan zoude, indien bovengenoemd suikergehalte der ampas werkelijk voorstelt, wat er bij het verlaten van den molen in aanwezig was aan de *acht* genoemde fabrieken, gemiddeld bijna $75\frac{9}{0}$ sap uit het riet verkregen zijn. Daar dit nu verre boven het waarschijnlijke bedrag is, zoo moet in de versche ampas dier fabrieken een hooger suikergehalte zijn teruggebleven, dan hier door mij is gevonden.

Deze uitspraak is zeker niet op al deze fabrieken in gelijke mate toepasselijk. De ampas van Watoetoelies, Balongbendo, Porrong, ofschoon hier in minder goeden toestand ontvangen, dan bijv. die van Kremboong, leverde gemiddeld $24,7\frac{9}{0}$ suikerstroop, of ruim $23\frac{9}{0}$ suiker. Volgens deze uitkomst, zouden wij dan als boven rekenende, verkrijgen 77 deelen houtvezel en 143 deelen sap; in verhouding 1 tot 1,86 sap in de versche ampas, of circa 71 deelen sap uit 100 deelen riet verkregen.

Een en ander schijnt onaannemelijk. Er is, op wat wijze dan ook, zelfs uit de snelst overgezondene en best bewaard geblevene dezer ampasmonsters, een zeker gedeelte suiker verloren gegaan; en wij blijven dus nog beneden het ware cijfer, zoo wij de hoogste der verkregene uitkomsten, die der fabriek Watoetoelies, voorstellen als de type van het verlies, dat in elke 100 ℔ *versche* ampas aan suiker geleden wordt.

Dit zou dan bedragen ruim 10 ℔, en daar een bouw suikerriet al ligt 40,000 ℔ aan stokken oplevert, waarvan minstens 14000 n. ℔ versche ampas terugblijft, zoo ondergaat men daarin, *ten laagste berekend*, een gemiddeld verlies van 1400 n. ℔ of bijna 23 pikols suiker per bouw. Naarmate het sap van het riet zwaarder of de produktie aan gewas grooter is, klimt ook dit verlies; en wat er van zou kunnen behouden worden, als marktbare suiker, voorondersteld dat men die houtvezelen geheel van suikersap kon bevrijden, staat tot die 23 pikols natuurlijk in ongeveer dezelfde verhouding, als de gewoonlijk uit het sap verkregene tot de daarin aanwezige suiker.

Ik geloof door de uitkomsten van dit onderzoek duidelijk genoeg te hebben aangetoond, vooreerst dat de ampas van suikerriet, tenzij die ten snelste en volkomen gedroogd worde, zeer spoedig haar suikergehalte door chemische ontbinding, verliest, en daarmede het extra verhittend vermogen, dat men er, wegens die suiker, aan toeschrijft; en ten tweede, dat het wel verdient een punt van voortdurende zorg te blijven, om eene andere, goedkoopere brandstof, dan die ampas te bekomen, ten einde niets meer in den weg sta aan het daaruit afzonderen van *al* het sap door middel van *persen* en *oplossen*, zoo als het tegenwoordige standpunt der industrie dit vordert.

Buitenzorg, 24 *Oktober* 1856.

OVER

HET AANTAL

ONWEDER- EN REGENDAGEN

OP

JAVA,

DOOR

H. ZOLLINGER.

Met een klein werkje bezig, over het aantal en den aard der onweders in den Indischen Archipel, heb ik getracht, de bestaande aanteekeningen daaromtrent te verzamelen, en onderling te vergelijken.

Ik heb daartoe besloten, omdat ik opgemerkt heb, hoe weinig opgaven er, in den trant van die, voorkomende in Arago's beroemde verhandeling „Sur la tonnerre," uit de keerkringsgewesten verzameld zijn Ook de verstrooide aanteekeningen uit den Indischen Archipel zijn zeer ontoereikend. Zelden is het aantal onweders opgegeven, zelden worden er aaneengeschakelde waarnemingen gevonden, die zich over eenige jaren uitstrekken; nog zeldzamer zijn zij volledig en onafgebroken, ofschoon zij gemakkelijk te doen zijn, en ook veel belangrijker dan men in het eerst zou denken Ik zelf heb, gedurende mijne togten in den Archi-

pel, van Maart 1812 tot Julij 1848, zoowel het aantal on-
weder-als regendagen naauwkeurig opgeteekend: doch een
der journalen is, helaas, verloren gegaan, zoodat ik de
waarnemingen slechts van af het jaar 1845 over heb.

Het aantal waargenomen onweders is in tabel n°. 1 opgegeven; en wel voor den morgen, van 6 tot 12 uur, en
voor het overige gedeelte van den dag, en den nacht. Tabel n°. 2 toont het aantal regendagen, en het aantal regenbuijen aan, gedurende denzelfden tijd. Daar ik te dier
tijd den Archipel bereisd heb van de Lampongs tot aan
Flores en Boni, kunnen de opgaven als gemiddelde cijfers
voor de Soenda-eilanden genomen worden. De tabellen n°.
3—5 bevatten het aantal onweêr- en regendagen te Buitenzorg, getrokken uit de waarnemingen der heeren Onnen,
Rozenboom, Swaving en Swart; aan welken laatste ik
de vriendelijke mededeelingen omtrent den jongsten tijd
verschuldigd ben. Tot vergelijking heb ik er ook nog
het aantal regendagen van Batavia, naar de waarnemingen van den heer Tromp, bijgevoegd, die een tijdsverloop
van 22 jaren omvatten.

Intusschen moet hierbij opgemerkt worden, dat de heer
Tromp alleen die dagen als regendagen liet opteekenen,
waarop de wegen niet begoten moesten worden. Het werkelijke is, om die reden, te laag gesteld, ofschoon het getal regendagen te Batavia zeker veel minder is dan te Buitenzorg. Het onderscheid wordt echter eenigermate daardoor vereffend, dat, zoowel mijne waarnemingen, als die te
Buitenzorg gedaan, alleen den regen aangeven op de plaats
zelve der waarneming gevallen, terwijl te Batavia die van
het geheele stadsgebied werd opgeteekend. Vraagt iemand
naar de waarde van dergelijke waarnemingen, die een ieder gemakkelijk zelf kan bewerkstelligen, dan toont een
enkele blik op de uitkomsten genoegzaam aan, welke be-

langrijke verhoudingen zich daardoor openbaren met betrekking tot het verloopen der jaargetijden · hoe deze b. v. in Buitenzorg veel gelijkmatiger zijn dan te Batavia, in het gebergte dan aan de stranden.

Latere waarnemingen zullen merkwaardige verschillen van klimaat in Oost- en West-Java aan den dag brengen; en nog grootere tusschen de klimaten van de onderscheidene eilanden.

De heer Alphonse Decandolle wijst met nadruk, in zijne nieuwe en uitnemende „Géographie botanique," op de gewigtige beteekenis, die de kennis van de vochtigheid van de lucht en van den grond voor deze wetenschap heeft, en van lieverlede zal men leeren inzien, dat de vochtigheid in de keerkringslanden denzelfden invloed op de organische wereld uitoefent, als de warmte in de gematigde luchtstreken; hunne droogte, als de koude, in de landen buiten de keerkringen gelegen. Dit moet cum grano salis opgevat worden.

Nu is wel is waar het getal regendagen geen volstrekt bepaalde maatstaf voor het gevallen atmospherische water, maar het heeft toch zijne gewigtige beteekenis.

De heer Decandolle vestigt er de aandacht op, dat de opgaven van de hoeveelheid regenwater ons geen inzigt geven in de verdeeling der massa, die mogelijkerwijze in *één dag*, of welligt in 20 dagen gevallen is. Voor het laatste geven de getallen der regendagen betrekkelijk meer opheldoringen, en daarbij tevens, middellijk, betreffende de verdeeling van het licht, dat in het leven der plantenwereld eene zoo groote rol speelt.

Wij kunnen uit de zamenvattingen aan het slot zien, dat het maximum der onweêrs-getallen niet met dat der regendagen overeenkomt.

De onweders zijn het talrijkste (tabel no. 1), korten tijd

na de nachtevening, namelijk in Maart, April, en Oktober; terwijl het minimum in Augustus valt.

In Buitenzorg daarentegen, valt het maximum der onweders in de maanden Maart, April, Oktober en November; het minimum in de maand Julij. Ter loops merken wij hier aan, dat, in een tijdsverloop van 15 jaren, er in Buitenzorg maar *één* maand zonder onweêr verliep.

Het maximum der regendagen valt, in het algemeen, in de maand Februarij; maar men moet niet vergeten dat die maand slechts 28 dagen heeft, en Januarij en Maart daarentegen 31. Het minimum der regendagen valt, in Buitenzorg, in Junij; in Batavia, in Augustus; evenzoo (volgens tabel no. 2) in het algemeen, in dezelfde maanden.

In het oogvallend is, in Buitenzorg, het regelmatig afnemen der onweders, van 1851 tot 1853, en der regendagen van 1851 tot 1854.

Het jaar 1856 zal zeker, in beide opzigten, eene plotselinge toeneming aantoonen. Hoe in het oog vallend het onderscheid in de verdeeling der regendagen zijn kan blijkt daaruit, dat Buitenzorg in 1852 212 regendagen, Soerabaja er daarentegen slechts 134 had.

Buitenzorg had, van Oktober 1849 tot en met Maart 1851, 330 regendagen en 234 onweders. Banjoewangi daarentegen 255 „ „ 188 „

Maar ik verwijs den lezer naar de overzigten zelve; en misschien zal zich de een of ander tot dergelijke waarnemingen en hare bekendmaking, door mijne mededeelingen, genoopt gevoelen.

Staat I.

Maand.	1845. Ochtend.	1845. Midd. en nacht	1846. Ochtend.	1846. Midd. en nacht	1847. Ochtend.	1847. Midd. en nacht	1848. Januarij tot Julij. Ochtend.	1848. Januarij tot Julij. Midd. en nacht	Totaal. 6—12½ 's ochtends.	Totaal. 12½ 's midd. tot 6½ 's ochtends	Totaal. geheel totaal.
Januarij.	1	9	—	12	—	18	—	7	1	46	47
Februarij.	3	6	—	9	—	9	1	11	4	35	39
Maart.	—	8	—	12	1	16	—	17	1	53	54
April.	—	7	1	13	—	11	1	19	2	50	52
Mei.	1	2	1	5	—	6	—	16	2	29	31
Junij.	0	1	—	1	—	2	—	15	—	19	19
Julij.	1	—	—	2	—	1	—	5	1	8	9
Augustus.	—	5	—	—	—	—	—	—	—	5	5
September.	—	9	—	6	—	2	—	—	—	17	17
Oktober.	4	8	.	10	—	8	—	—	4	26	30
November.	—	14	—	18	1	5	—	—	1	27	28
December.	—	10	—	13	—	6	—	—	—	29	29
Totaal.	10	79	2	101	2	81	—	—	14 in	264	278
gemiddeld per maand.	$\frac{10}{12}$	$6\frac{7}{12}$	$\frac{2}{12}$	$8\frac{5}{12}$	$\frac{2}{12}$	7			3jar. 4,66	3jar. 88.	3jar. 92,66

2. 90 in 7 mnd.

gemiddeld.

Totaal in 't geheele jaar. 79   103   86   92

gemiddeld. van 4 jaren in.

I.	II	III	IV	V	VI	VII
11,75	9,75	13,5	13	7,75	4.75	2,25
VIII	IX	X	XI	VII		
1,66	5,66	10	9,33	9,66		

» 3 » »

Staat II.

Maand.	1845		1846		1847		1846 Jan. tot July		Totaal keeren regen.			
	dagen regen.	keeren regen.	dagen regen.	keeren regen.	dagen regen.	keeren regen.	dagen regen	keeren regen	dagen regen.	keeren regen.	dagen regen.	keeren regen.
Januarij.	23	37	29	40	24	28	20	26	96	131	24	33
Februarij.	24	38	28	40	26	49	26	37	104	161	26	41
Maart.	22	31	28	42	30	56	23	29	103	158	26	39
April.	10	11	24	26	23	25	24	33	81	95	20	24
Mei.	18	28	18	25	11	12	21	26	68	91	17	23
Junij.	7	8	6	9	7	10	17	24	37	51	9 25	13
Julij.	12	12	8	8	10	15	12	15	42	50	10,5	12,5
Augustus	13	14	8	8	6	7	—	—	27	29	9	9,66
September.	23	26	9	10	4	4	—	—	36	40	12	13
Oktober.	26	41	10	11	9	9	—	—	45	61	15	20
November.	29	34	18	22	15	19	—	—	62	73	21	24
December.	30	47	12	13	19	31	—	—	61	93	20,33	31
Totaal.	237	327	198	251	184	265	—	—	619	846		

Regendagen, gemiddeld van 3 jaren 206
Keeren regen » » 3 » . . . . — 282
Deze verdeelen zich op 6—12 k. voormidd. 12 k. tot 6 's avonds.

1845	63	175	89
1846	45	156	53
1847	52	130	83
Totaal	160	461	225
Gemiddeld in 3 jaren	53	153	75

De gemiddelden der maanden van Januarij tot en met July loopen over 4 jaren.
Die van Augustus tot December over 4 jaren.

Staat III.

Jaar.	Januarij Buijen	Januarij Regendagen.	Februarij Buijen.	Februarij Regendagen	Maart Buijen.	Maart Regendagen.	April Buijen.	April Regendagen.	Mei Buijen.	Mei Regendagen.	Junij Buijen.	Junij Regendagen.
1841	—	—										
1842	9	27	15	23	8	16	23	24	13	18	12	12
1843	11	26	10	24	26	19	9	11	17	16	—	—
1844	10	28	8	22	27	26	7	15	7	8	8	9
1845	—											
1846	11	20	14	17	16	21	21	18	28	26	16	14
1847	16	18	9	26	19	27	17	23	19	14	11	14
1848	—											
1849	14	22	5	19	17	20	17	15	12	20	4	6
1850	11	19	9	24	12	22	13	16	14	18	10	12
1851	16	26	14	25	9	25	20	18	23	21	16	16
1852	18	21	5	22	15	15	22	15	20	20	12	19
1853	24	22	10	17	8	10	20	17	19	12	11	12
1854	15	17	19	21	17	18	11	9	16	15	9	9
1855	4	19	6	23	13	17	11	17	7	9	4	3
Totaal	162	265	124	261	188	236	191	198	195	197	116	124
Maanden	12	12	12	12	12	12	12	12	12	12	11	11
Gemiddeld	13,5	22,1	10,3	21,7	15,6	18,	15,9	16,5	16,2	16,4	10,5	11,2

Staat IV.

Jaar.	Julij.		Augustus.		Septemb		Oktober		Novemb.		December.	
	Buijen.	Regendagen.	Buijen.	Regendagen.	Buijen.	egendagen.	Buijen.	Regendagen.	Buijen.	Regendagen.	Buijen.	Regendagen.
1841	—	—	—	—	6	13	9	16	16	18	17	20
1842	3	7	14	12	11	10	15	17	13	17	13	17
1843	5	10	13	13	7	10	16	19	16	21	7	16
1844	19	23	12	20	11	17	18	20	21	23	—	—
1845	20	18	10	12	20	24	23	20	29	21	27	27
1846	10	15	7	11	16	15	23	23	17	22	12	20
1847	12	14	12	11	19	18	23	21	—	—	—	—
1848	10	18	17	21	18	—	24	—	10	—	—	—
1849	14	20	12	23	8	13	17	16	22	23	14	19
1850	2	9	6	10	8	11	17	15	20	21	20	19
1851	9	20	17	24	16	14	20	18	16	18	12	13
1852	9	20	14	11	15	15	24	21	22	16	9	14
1153	9	8	3	6	13	11	17	17	23	16	12	9
1854	3	4	3	6	6	9	22	20	22	18	10	21
1855	—	4	4	6	6	8	14	13	12	18	7	20
Totaal	125	190	144	189	183	193	284	236	259	252	160	215
Maanden.	11	14	14	14	15	14	15	14	14	13	12	12
Gemiddeld	8,9	13,5	10,2	13,5	12,2	13,7	18,9	18,2	18,5	18,4	13,3	17,9

Staat V.

Jaren.	Geobserveerd getal.	Berekend getal.	Geobserveerd getal.	Berekend getal.	*Aanmerkingen.*
1841	—	147	—	206	De berekende getallen zijn
1842	152	—	200	—	gevonden, door voor de enkele
1843	—	149	—	190	ontbrekende maanden de uit de
1844	—	161	—	228	waarnemingen gevondene gemid-
1845	—	238	—	238	delden in de plaats te stellen, of
1846	194	—	224	—	doordien, met de waarnemingen
1847	—	194	—	222	van voorafgaande of volgende jaren,
1848	—	—	—	—	nieuwe reeksen werden zamenge-
1849	156	—	221	—	steld. Daardoor werd het mogelijk
1850	142	—	196	—	ook die maanden in rekening te
1851	188	—	238	—	brengen, die geen vol jaar uit-
1852	185	—	212	—	maakten. Het eindcijfer toont aan,
1853	172	—	157	—	dat de verzamelingsgemiddelden de
1854	153	—	147	—	waarheid meer nabijkomen dan die
1855	88	—	157	—	der kleinere reeksen van slechts 9
					of 5 jaren.
Totaal.	1440	889	1752	1084	Voor de onweêren krijgen wij
Gemidd.	160	178	195	217	160, 166.3 geheel door bemidde-
in jaren.	9	5	9	5	ling gevonden getal: 178.
					Voor de regendagen 190, 206.6
	1440		1752		als boven: 217.
Geheel.	889		1084		
Totaal.	2329		2836		
Gemidd.	166,3		202,6 in 11 jaren.		

Staat VI.

	I.	II.	III.	IV.	V.	VI.	VII.	VIII.	IX.	X.	XI.	XII.
Uit staat I blijkt gemidd. getal buijen	11,75	9,75	13,5	13	7,75	4,75	2,25	1,66	5,66	10	9,33	9,66
In Buitenzorg (Staat III en IV) . . .	13,5	10,3	15,6	15,9	16,2	10,5	8,9	10,2	12,2	18,9	18,5	13,3
Uit staat II blijkt gemidd. getal regend	24	26	26	20	17	9,25	10,5	9	12	15	21	20,33
In Buitenzorg (Staat III en IV) . . .	22,1	21,7	13	16,5	16,4	11,2	13,5	13,5	13,7	18,2	18,4	19,9
In Batavia (in 22 jaren. Tromp) . . .	22	20	17	12	9	7,3	7	6,6	6	13	13	15,

Verdeelt men het jaar in vier driemaandelijksche perioden, te weten: de eerste I van December, Januarij en Februarij, de tweede II van Maart, April en Mei, de derde III van Junij, Julij en Augustus, de vierde IV van September, Oktober en November, zoo zijn de middelgetallen der buijen naar staat No. I als volgt

	I.	II.	III.	IV.
Te Buitenzorg (staat I)	11,41	2,88	3,99	10,57
naar staat II	15,33	9,86	16,53	12,36
Drie der regendagen (staat II) Te Buitenzorg	23,44	21	9,85	16
Te Batavia	20,56	16,96	12,73	16,76
	19	12	6,9	13,6

Verdeelt men het jaar in twee moessons, de eene omvattende de maanden December, Januarij tot en met Mei, de andere de maanden Februarij tot en met November, zoo wordt de verhouding van de eerste tot de tweede naar

staat I = 5,93 tot 10,99
Te Buitenzorg . = 13,19 » 14,09 } voor de buijen.
naar staat II = 15,42 » 19,22
Te Buitenzorg . = 14,84 » 18,66 } voor de regendagen.
Te Batavia . = 10,2 » 16,5

Verdeelt men de twee moessons daarentegen dusdanig, dat de eerste omvat de maanden November en December, Januarij tot en met April, de tweede de maanden Mei tot en met Oktober, zoo wordt de verhouding van

staat I = 5,39 tot 11,16
Te Buitenzorg . = 12,81 » 14,51 } voor de buijen.
van staat II = 12,12 » 22,88
Te Buitenzorg . = 14,41 » 19,43 } voor de regendagen.
Te Batavia . = 8,1 » 16,5

wat met het ware verloop van de moessons meer in overeenstemming schijnt te zijn.

VERGADERINGEN

DER

NATUURKUNDIGE VEREENIGING IN NEDERLANDSCH INDIE.

BESTUURSVERGADERING,

GEHOUDEN DEN 4n FEBRUARIJ 1857, TEN HUIZE VAN DEN HEER GROLL.

Tegenwoordig zijn de besturende leden, de HH.

P. Bleeker, **President.**
A. J. D. Steenstra Toussaint, **Vicepresident.**
G. F. De Bruijn Kops, **Bibliothekaris.**
J. J. Altheer, **Sekretaris,**

hebbende de HH. Reiche en Steinmetz zoo schriftelijk als mondeling te kennen gegeven, dat zij verhinderd zijn de vergadering bij te wonen.

De president doet mededeeling, dat door het ophanden zijnde vertrek van den heer Steinmetz de heer Reiche voorloopig de funktiën van thesaurier heeft overgenomen

Worden ter tafel gebragt.

1. Brief van den heer Faraday, dd. Royal Institution 15 Nov. 1856, inhoudende betuiging zijner erkentelijkheid voor zijne benoeming tot korresponderend lid der Vereeniging.

Aangenomen voor kennisgave.

2. Brief van den heer A. Aug. Duméril, van Parijs den 17n November 1856, strekkende tot kennisgave, dat zijne

benoeming tot korresponderend lid met de meeste erkentelijkheid door hem wordt aangenomen.

3. Brief van den heer Kunze, van Samarang den 19n
Januarij 1857, inhoudende dankbetuiging voor zijne benoeming tot gewoon lid der Vereeniging.

4. Brief van het lid den heer A. J. F. Jansen, van
Manado den 10n November 1856 waarbij der Vereeniging
wordt aangeboden een mineraal, hetwelk gezegd werd, eenige overeenkomst met steenkool te bezitten. Het is afkomstig van Gorontalo. Nog werd daarbij toegezonden eenige verharde lava, bij de jongste uitbarsting van den berg
Awoe op het eiland Sangir in Maart 1856 uit dien vulkaan gevloeid.

Wordt besloten een en ander te plaatsen in het museum, den heer Jansen dank te zeggen voor de toezending
en hem tevens te melden, dat het mineraal is ijzerpyriet en
alzoo van geene waarde.

5. Van de boekhandelaars Lange en Co, van Batavia den
19n Januarij 1857, inhoudende kennisgave, dat met de Julie
Claire, gezagvoerder Van Oosteroom, aan het adres van den
boekhandelaar Van den Heuvell te Leiden geexpediëerd
worden twee kisten met boekwerken, als: 50 exemplaren
Natuurkundig Tijdschrift (vervolg-afleveringen) en 30 exemplaren Acta der Vereeniging deel I.

6. Brief van het lid den heer Baron Van Heeckeren tot
Waliën, van Batavia den 1n Februarij 1857 met aanbieding
van eene vertaling eener botanische bijdrage.

Wordt besloten genoemd lid bij brief de erkentelijkheid
der direktie te betuigen.

7. Brief van het lid den heer Doleschall, van Amboina den 4n December 1856, waarbij der Vereeniging wordt
toegezegd eene bijdrage tot de kennis der Arachniden.

Aangenomen voor kennisgave.

8. Brief van den minister van koloniën, van 's Gravenhage

den 14n November 1856 Ltt. A. no. 14, waarbij der Vereeniging wordt aangeboden de eerste aflevering van het werk:
Plantae Indiae Batavae orientalis, quas exploravit C. G. C.
Reinwardt, annis 1815-1821 etc., met toezegging dat
de verdere nummers, naar gelang hunner verschijning, ook
zullen volgen.

Wordt besloten aan den minister van koloniën den dank
der direktie voor dit geschenk te betuigen.

9. Brief van den heer G. G. Couperus, van Batavia, den
30n Januarij 1857, begeleidende een geschenk van ƒ 100 benevens een boekwerk, waarvan de aanbieding geschiedt als
een bewijs van achting voor de Vereeniging. Ref. naar Europa zullende vertrekken, verklaart zich bereid om ook
dáár der Vereeniging, als het zijn kan, van dienst te wezen.

Wordt besloten de aangeboden som in handen te stellen
van den sekretaris totdat de plaats van thesaurier vervuld
zal zijn, en den heer Couperus voor het gegeven bewijs
van belangstelling den dank der direktie te betuigen en
hem te benoemen tot lid der Vereeniging; zullende bij
voorkomende gelegenheid gaarne gebruik gemaakt worden
van het verder door hem gedane aanbod.

10. Brief van het lid den heer Broekmeijer, van Makassar den 11n December 1856, meldende de toezending van
visschen van Makassar.

Aangenomen voor berigt.

11. Brief van den resident van Japara, van Patti den
16n Januarij 1857 no. 195/₁, in antwoord op dezerzijdsch
schrijven ingevolge genomen besluit sub no. 7 in de bestuursvergadering van 30 December 1856 aanbiedende een
kistje met beenderen, van Pati-ajam en een schrijven van
heer C. S. A. Thurkow desbetrekkelijk van den 3n Januarij 1857.

De korte inhoud van een en ander is als volgt:

Terstond na het ontvangen van den brief der Vereeniging heeft de resident van Japara, de heer Mr. D. C. A Graaf Van Hogendorp, zich gewend tot den regent van Patti, die hem een jaar geleden eene *tand* had laten zien, die nabij Pati-ajam was opgedolven. De regent zeide evenwel alles wat hij van de in de residentie gevonden beenderen heeft gehad, gezonden te hebben aan den heer Thurkow. Dien ten gevolge is geschreven aan dezen heer, waarop boven-gezegd schrijven is ontvangen met het kistje beenderen, waarin zich echter geen tand bevindt, welke de heer Thur-kow ook verzekert niet ontvangen te hebben. Deze heer heeft intusschen eene kleine verzameling beenderen in bezit, waaronder twee tanden, van welke de eene waarschijnlijk van eenen Elephas primigenius, de andere zeer zeker van een niet meer levend groot viervoetig dier, enz.

Nog bevat de missive van den resident voornoemd het voorstel om op kosten der Vereeniging eene uitgraving te doen bewerkstelligen.

Wordt besloten te schrijven aan het adviserend lid der Vereeniging den heer Junghuhn, onder overlegging van een uittreksel van bovenstaande mededeelingen, met uitnoodi-ging, tijdens zijne reis over Java, ter plaatse een naauwkeu-rig onderzoek in het werk te willen stellen en de Vereeni-ging de uitkomsten daarvan mede te deelen, alsmede ken-merkende beenderen of fragmenten daarvan te willen over-zenden.

Voorts wordt besloten, den resident van Japara en den heer Thurkow dank te zeggen voor de door hen ten deze ge-gevene inlichtingen en eerstgenoemden heer mededeeling te doen, dat de direktie het voorstel om op hare kosten uit-gravingen te doen, voor alsnog in overweging houdt.

12. Brief van den heer B. H. Egberts, van Sinkawang den 21ⁿ Januarij 1847, waarbij der Vereeniging wordt

aangeboden een opstel over massive en molekulaire schommelingen.

Wordt besloten het stuk ter lezing bij de leden des bestuurs rond te zenden.

13. De heer Bleeker biedt aan ter plaatsing in het Tijdschrift en in de Acta der Vereeniging:

a Tweede bijdrage tot de kennis der ichthyologische fauna van Boero.

b. Achtste bijdrage tot de kennis vischfauna van Amboina.

14. De heer De Lange biedt aan·

Verslag van de geodesische triangulatie der residentie Banjoemas door G. A. De Lange en J. J. Van Limburg Brouwer, door G. A. De Lange.

Wordt besloten tot plaatsing van de stukken sub 13 en 14 in het Tijdschrift en in de Acta der Vereeniging.

15. De president brengt ter tafel de balans der kas, door den thesaurier opgemaakt.

16. Wordt overgegaan tot de voorlezing van het Algemeen verslag der werkzaamheden over het jongste vereenigings-jaar, hetwelk wordt goedgekeurd.

17. Wordt bepaald, dat het getal korresponderende leden in Nederland, zoomede dat van de korresponderende leden in het Buitenland niet meer dan dertig zal mogen bedragen, ten einde aan de te verleenen benoemingen eene hoogere waarde te schenken, zullende zoodanige benoemingen voortaan slechts plaats hebben uit eene vooraf opgemaakte lijst van kandidaten en na bespreking hunner aanspraken.

18. Tot dirigerend lid der Vereeniging wordt benoemd het lid de heer D. J. Uhlenbeck.

19. Ingekomen boekwerken·

1. Traité d'électricité théorique et appliquée par A De la Rive avec figures gr. 8° Tome I, Paris, 1854. Tome II 1856. (van den heer G. G. Couperus).

2. Plantae Indiae Batavae Orientalis, quas in intinere per insulas Archipelagi indici Javam, Amboinam, Celebem, Ternatam, aliasque, annis 1815 — 1821 exploravit C. G. C. Reinwardt. — Jussu augustissimi regis Guilielmi III dig. et illustr. G. H. De Vriese. Lugduni Batavorum 1856. 4°. Fasc. 1. — (van den minister van koloniën).

3. Een uitstapje naar de bloemen- tentoonstelling, gehouden door de Société d'agriculture et de botanique, te Gend, op 7, 8 en 9 Maart 1852 door Prof W. H. de Vriese (van den heer Bleeker).

De l'altération de l'air par la germination et par la fermentation, par Theod. De Saussure (Mémoire lu à la Société de physique et d'histoire naturelle de Genève, le 15 Juin 1834, et tiré des Mémoires de cette Société, T. VI, Partie II) (van den heer Bleeker).

Aanteekening over den groei van de vrucht van Glaucium luteum, door Cl. Mulder. Broch. 8°. (van den heer Bleeker).

Analecta Goodenoviearum prop. G. H. De Vriese I et II, 1849. 8°, (van den heer Bleeker).

Beschrijving van de vorming en ontwikkeling der zaden van Crinum Capense, Herbert, door H. C. Van Hall. 8°, (van den heer Bleeker).

Over eene periodieke verkorting van plantendeelen, benevens uitkomsten van metingen aangaande den wasdom, medegedeeld door W. H. De Vriese. 8°, (van den heer Bleeker).

Nadere proefnemingen over de verhoogde temperatuur van den spadix eener Colocasia odora (Caladium odorum) door G. Vrolik en W. H. De Vriese. 8°, (van den heer Bleeker).

De luchtwortels der Orchideen uit de tropische landen door W. H. De Vriese 1851. 8°, (van den heer Bleeker).

Over de biforines van Turpin, eene nieuwe ontdekking in de kristallographie van het plantenrijk door W. H. De Vriese. 8°, (van den heer Bleeker).

Onderrigting voor niet-kruidkundigen, die naar de Nederlandsche overzeesche bezittingen gaan, en genegen zijn, om, ten behoeve van hollandsche botanisten, planten in te zamelen en te droogen voor herbariën, geschreven door en gedrukt voor rekening van W. H. De Vriese) 8°, (van den heer Bleeker).

Kruidtuinen en herbarien in betrekking tot onderwijs en wetenschap, een woord bij de opening van den botanischen cursus aan de Leidsche hoogschool, in 1849, door W. H. De Vriese, Leiden, 1849 8°, (van den heer Bleeker).

Nieuwe waarnemingen over eene verhoogde temperatuur bij de mannelijke bloem van Cycas circinalis en den spadix van Amorphophallus campanulatus, waargenomen in 's lands plantentuin te Buitenzorg op Java; door J. E. Teijsmann, hortulanus in genoemden plantentuin, medegedeeld door W II. De Vriese. 8°, (van den heer Bleeker).

Novae species Cycadearum Africae australis, quas descriptionibus et figuris illustravit G. II. De Vriese. 8°, (van den heer Bleeker).

Untersuchungen über Keimung, Bau und Wachsthum der Monocotyledonen von G. Duvernoy. Stuttgart 8° 1834, (van den heer Bleeker).

Anatomisch-physiologische Untersuchungen über den Inhalt der Pflanzen-zellen, von F. J. F. Meyen, 8°. Berlin 1828 (van den heer Bleeker).

De globis igneis et meteorolithis commentarii dissertatio inauguralis etc. Schnabel. 8° Marburgi Hassorum 1833 (van den heer Bleeker.)

Die Sternschnuppen sind Steine aus dem Monde, welche um unsere Erde herumfliegen; von T F Benzenberg kl 8°. 1834 (van den heer Bleeker).

Kurze Nachrichten über die Mineral-Quellen, kohlensauren Gas-, Salzsauren-Dampf- u Schlamm-Bäder, sowie uber die Molken-Anstalt zij Kissingen. 8° Frankfurt 1841 (van den heer Bleeker).

Untersuchungen uber einige Gesteine u Mineralquellen am Hollenhagen bei Salzuflen; vom Hofrath Dr. R. Brandes u. Salinen-Inspektor W. Brandes, Lemgo 1835 8°, (van den heer Bleeker).

Die warmen Quellen in Aachen van J. F. Benzenberg 1830. 8°, (van den heer Bleeker).

Notes on the geology of Ceylon. Laterite formation. — Fluviatile deposit of Nuera Ellia bij E. F. Kelaart (van den heer Bleeker).

Bandes isothermes, et distribution de la chaleur sur le globe; par M. De Humboldt (van den heer Bleeker).

Meteorologische waarnemingen gedaan op het eiland Decima bij de stad Nagasaki op Japan. 4° (van den heer Bleeker).

Tijdschrift voor Indische taal-, land- en volkenkunde, deel VI. afl. IV en V. Batavia 1856. 8° (van de redaktie).

De Sekretaris,

J. J. ALTHEER.

ALGEMEENE VERGADERING

GEHOUDEN DEN 12ᵘ FEBRUARIJ 1857 TEN HUIZE VAN DEN HEER BLEEKER.

Tegenwoordig zijn de HH. besturende leden:

P. Bleeker, **President**,

A. J. D. Steenstra Toussaint, **Vicepresident**,

G. F. de Bruijn Kops, **Bibliothekaris**,

G. A. De Lange.

A. W. P. Weitzel.

M. Th. Reiche, **Waarnd. Thesaurier**,

D. J. Uhlenbeck.

J. J. Altheer, **Sekretaris**,

en de HH. gewone leden:

E. Netscher.

E. F. Graaf Van Bentheim Teklenburg Rheda.

C. W. R. Voigt.

C. A. Bensen.

L. Lindman.

H. L. Jansen.

J. Von Rosenberg.

Terwijl de HH. E. W. Muller en J. Ullman als gasten de vergadering bijwonen.

Nadat de president de heeren leden en gasten heeft verwelkomd, wordt voorlezing gedaan van het Algemeen Verslag van de verrigtingen en wederwaardigheden der Vereeniging gedurende den loop des vorigen jaars.

Het Programma, door de Vereeniging vroeger vastgesteld, wordt daarna voorgelezen en de voorgestelde nieuwe vraagpunten aan het oordeel der aanwezige heeren onderworpen. Nadat ook deze zijn goedgekeurd, wordt in overweging gegeven en goedgevonden het Programma in zijn geheel nogmaals in het Tijdschrift der Vereeniging op te nemen.

De heer Netscher zegt der Vereeniging toe een exemplaar van de „Atlas van Nederlandsch Indië door J. Van den Bosch 1819".

Worden benoemd:

Tot Korresponderende Leden de HH.

L. Agassiz, te Boston.

C. L. Bonaparte, Prins van Canino, te Parijs.

J. Struve, te Pultowa.

Tot Gewone Leden de HH.

G. G. Couperus, te Batavia

B. H. Egberts, te Sinkawang

D. C. A. Graaf Van Hogendorp, te Patti.

C. S. A. Thurkow, te Samarang.

Geene andere werkzaamheden aan de orde zijnde, wordt de vergadering gesloten.

De Sekretaris

J. J. ALTHEER.

BESTUURSVERGADERING

GEHOUDEN DEN 26sten FEBRUARIJ 1857 TEN HUIZE VAN
DEN HEER G. A. DE LANGE.

———

Tegenwoordig zijn HH.

P. Bleeker, **President**,

A. J. D. Steenstra Toussaint, **Vicepresident**,

G. A. De Lange,

M. Th. Reiche,

D. J. Uhlenbeck,

J. J. Altheer, **Sekretaris**,

terwijl de heer Jaeger, adsistent geographisch ingenieur de vergadering als gast bijwoont.

De president verwelkomt den heer Uhlenbeck als lid
der direktie.

Worden ter tafel gebragt.

1. Brief van de Königlich Baierische Akademie der Wissenschaften, van Munchen den 11n December 1856, meldende
de ontvangst van boekwerken en bevattende eene opgave
der boekwerken, welke den 8a Julij 1855 en den 1n Mei
1856 ten behoeve der Vereeniging zijn toegezonden aan
den minister van kolonien te 's Gravenhage. Genoemde
brief bevat aanmerkingen omtrent het hooge port, dat
voor de werken der Vereeniging, onder kruisband per
brievenpost der Akademie toegezonden, moet worden betaald, zoo mede een schrijven van den heer Martius, waarbij
de Direktie wordt uitgenoodigd de werken der Vereeniging
der Akademie op eene minder kostbare te wijze doen toekomen.

Wordt besloten:

Te schrijven aan den minister van koloniën, dat de aan het adres der Vereeniging toegezonden boekwerken nog niet zijn ontvangen en aan bovengenoemde Akademie te melden, dat de direktie der Vereeniging bereids pogingen heeft aangewend, om door tusschenkomst van het ministerie van koloniën de toezending der uitkomende werken te doen plaats hebben.

2 Brief van den heer Von Martius, van München den 23n December 1856, houdende dankbetuiging voor de benoeming tot korresponderend lid der Vereeniging, zoomede voor de toezending van de deelen der palmen, door de zorg van den heer Teijsmann bijeenverzameld. De heer Von Martius verzoekt tevens, dat den heer Teijsmann daarvoor wel zijne dank worde overgebragt. Nog bevat de brief mededeeling, dat met de eerste gelegenheid aan de Vereeniging zal worden toegezonden het afzonderlijk van de Flora Brasiliensis overgedrukte deel: L Tabulae vegetationis in Brasilia Physiognomiam illustrantes, fo.

Aangenomen voor kennisgave, zullende aan het verzoek van den heer Von Martius ten opzigte van den heer Teijsmann worden voldaan.

3. Brief van den heer A. Frank, van Parijs den 26n December 1856, waarbij kennis wordt gegeven van de ontvangst eener bezending boekwerken voor de Vereeniging, van de Koninklijke Akademie van Wetenschappen te Madrid, en inlichting wordt verlangd omtrent de wijze, waarop de direktie haar wenscht toegezonden te hebben.

Wordt goedgevonden aan den heer A. Frank te Parijs te schrijven, dat de werken der Madridsche Akademie door tusschenkomst van de nederlandsche ambassade aan de Vereeniging zullen kunnen worden toegezonden, terwijl van dezen kant de toezending zal geschieden door welwillende bemiddeling van het ministerie van koloniën.

4. Brief van den heer J. Van Vollenhoven, van Soemedang den 9den Februarij 1857, waarbij met erkentelijkheid het lidmaatschap der Vereeniging wordt aangenomen.

5. Brief van den heer B. H. Egberts, van Sinkawang den 29n Januarij 1857, begeleidende eene bijdrage over de resultanten van centrifugale en centripetale bewegingen.

De heeren Groll en De Lange nemen op zich, der direktie nopens dit stuk en het reeds ter lezing gezondene ten gelegene tijde te dienen van voorlichting en raad.

6. Brief van het lid den heer E. Netscher, van Batavia, den 26n Februarij 1857 waarbij ten geschenke wordt aangeboden een exemplaar van den Atlas van Nederlandsch Indië van J. Van den Bosch.

Wordt besloten op de gebruikelijke wijze voor het geschenk den dank der direktie te betuigen.

7. Brief van den heer Dr. J. K. Ploem, van Batavia, den 4n Februarij 1857, begeleidende eenige flesschen met reptiliën van Java en de Molukken.

De president heeft den toezender daarvoor bereids den dank der Vereeniging betuigd.

8. De heer Bleeker brengt ter tafel de afbeelding eener nieuwe soort van pad van Bintang (Bufo gymnauchen) als de eerste afgewerkte plaat van een door hem uit te geven werk over de Reptiliën van den Indischen Archipel.

9. De heer De Lange biedt aan ter plaatsing in de verhandelingen:

Geodesisch nivellement van de residentie Banjoemas door G. A. de Lange.

Wordt besloten tot opname in de Acta der Vereeniging.

10. Wordt overgegaan tot de stemming voor eenen thesaurier. Na stemming blijkt, dat de heer Reiche daartoe is benoemd, welke zich de benoeming laat welgevallen.

11 Tot gewone leden der Vereeniging worden voorgesteld en aangenomen de HH.

J. H. Walbeehm, Adsistent-resident, te Riouw.

Dr. J. K. Ploem, Geneesheer, te Tjandjioer.

H. M. André Wiltens, Resident van de Padang-
sche bovenlanden.

12 Ingekomen boekwerken:

Uittreksels uit vreemde tijdschriften voor de leden van het
Koninklijk Instituut van Ingenieurs. 1855 - 1856 no 3 Junij, 4°
(van het Instituut).

Tijdschrift voor Indische taal-, land- en volkenkunde. Deel
VI afl. VI. (van het Bataviaasch Genootschap).

Het Regt in Nederlandsch Indië 7e Jaargang no 7 (van de
redaktie).

Algemeen verslag der werkzaamheden van de Natuurkundige
Vereeniging in Nederlandsch Indië, voorgelezen in de 7e algemeene vergadering, gehouden den 12n Febr. 1857, door P. Bleeker, President der Vereeniging. Batavia 1857, 8° (van den heer
Bleeker).

De Sekretaris,

J. J. ALTHEER.

BESTUURSVERGADERING,

GEHOUDEN OP DONDERDAG DEN 19den MAART 1857, TEN HUIZE VAN DEN HEER REICHE.

Tegenwoordig zijn de besturende leden, de HH.

P. Bleeker, **President**,
A. J. D. Steenstra Toussaint, **Vicepresident**,
M. Th. Reiche, **Thesaurier**,
D. J. Uhlenbeck, w**d. Sekretaris**,

terwijl de heer B. J. G. H. Becking, als gast deel neemt aan de vergadering.

Bij afwezendheid van den sekretaris van het bestuur, die door ongesteldheid verhinderd is de vergadering bij te wonen, worden diens funktiën door het jongste besturend lid, den heer Uhlenbeck waargenomen.

De vergadering geopend zijnde, worden ter tafel gebragt.

1. Brief, gedagteekend Weenen den 5n Oktober 1856 no. 876 en onderteekend door den algemeenen sekretaris van de Keizerlijke Akademie der Wetenschappen te Weenen, de ontvangst erkennende van het aan die Akademie toegezonden exemplaar van het Natuurkundig Tijdschrift, haren dank voor die toezending betuigende.

Besloten dezen brief voor kennisgave aan te remen.

2. Brief van den bibliothekaris van de Koninklijk Beijersche Akademie van Wetenschappen, gedagteekend Munchen

den 2^{den} Mei 1856, inhoudende mededeeling van de toezending van eenige drukwerken der Akademie.

Besloten den brief na kennisname op te leggen, en de werken in de bibliotheek der Vereeniging op te nemen. De ontvangst zal op de gewone wijze worden erkend.

3. Twee brieven van den Sekretaris van het Koninklijk Genootschap van Wetenschappen te Koppenhagen, van Koppenhagen den 21n Junij 1856 en 1n Julij 1856, bevattende kennisgave van de verzending van eenige drukwerken van het Genootschap.

Besloten deze brieven na kennisname op te leggen, de ontvangst der boekwerken te erkennen, en de ontvangen geschriften in de bibliotheek beschikbaar te stellen.

4. Twee brieven van hetzelfde Genootschap, gedagteekend Koppenhagen den 6^{den} Junij 1856 en 1^{en} Julij 1856, de ontvangst erkennende van het aan het Genootschap aangeboden exemplaar van het Natuurkundig tijdschrift voor Nederlandsch Indië.

Besloten deze brieven voor notifikatie aan te nemen.

5. Twee brieven van de Académie des Sciences, arts et belles lettres de Dyon, de eerste gedagteekend Dyon den 23n Augustus 1855, de ontvangst erkennende van het schrijven der Vereeniging van den 12n Mei 1855, alsmede berigtende de verzending aan de Vereeniging van een exemplaar van hare Mémoires, welke haar zullen geworden door bemiddeling van de Koninklijke Akademie van Wetenschappen te Amsterdam. In dezen brief wordt tevens dank gezegd voor de toezending van de drie deelen van de *eerste* serie van het Tijdschrift der Vereeniging. De tweede brief, gedagteekend Dyon 10 Januarij 1856, bevat kennisgave van de ontvangst van de 2^{e} Serie van het Tijdschrift der Vereeniging, mededeeling, dat een der leden van de Akademie zich belast heeft met de vertaling van verscheidene artikelen, vervat

in genoemd Tijdschrift, ten einde ze in het Recueil harer handelingen te insereren en voorts verzoek om de ontbrekende drie deelen en verschillende ontbrekende afleveringen van andere deelen nog te mogen ontvangen. In een naschrift wordt nog gezegd, dat de Akademie eene bijzondere waarde hecht aan het bezitten van eene volledige verzameling van het Natuurkundig Tijdschrift, vooral omdat het een groot aantal gegevens bevat betrekkelijk aardbevingen, waarvan de heer Perrey sedert jaren een speciaal punt van onderzoek gemaakt heeft.

Wordt besloten het nog ontbrekende van het Tijdschrift te zenden en den dank der Vereeniging te betuigen voor de toegezonden werken.

6. Brief van den heer A. Perrey, hoogleeraar te Dyon gedagteekend 24 Augustus 1855, waarin deze heer onder toezending van onder eenige drukwerken, meer speciaal handelt over door hem gewenscht wordende mededeelingen betreffende aardbevingen, waartoe hij bij zijn schrijven voegt, eene van de Akademie te Dyon uitgegane circulaire, gedagteekend Dyon 24 Mei 1854.

Besloten, te trachten zoo veel mogelijk jaarlijks de geobserveerd wordende aardbevingen in deze gewesten te verzamelen, en de toezending hiervan den heer Perrey toe te zeggen.

7. Twee brieven van de Smithsonian Institution te Washington, gedagteekend 10 Junij 1854 en 16 Nov. 1855. In den eersten brief wordt de toezending gemeld van 2 pakken, aan de Vereeniging aangebodene werken, op eene bijgevoegde lijst gespecificeerd, met verzoek om de bedoelde lijst, voor de ontvangst geteekend, te mogen terug ontvangen. Deze bij wijze van circulaire ingerigte brief, bevat nog nadere aanwijzingen, hoedanig de korrespondentie met dit geleerde genootschap te voeren.

Wordt besloten, de toegezonden werken in de bibliotheek op te nemen en den sekretaris uit te noodigen het verder noodige te verrigten.

In den tweeden brief wordt de ontvangst erkend van het Natuurkundig tijdschrift voor Nederlandsch Indie Deel II tot V.

Voor notifikatie aangenomen.

8. Brief van de Academy of Natural Sciences of Philadelphia gedagteekend 10 Mei 1856, de ontvangst erkennende van Natuurkundig Tijdschrift Deel 1 afl. 1—6 en Deel II afl. 1—4 van de nieuwe Serie.

Besloten den brief voor notifikatie aan te nemen.

9. Brieven, van de Koninklijke Akademie van Wetenschappen te Amsterdam van den 4n December 1855, den 13n Januarij, 7n Julij, 21n Julij en 29n September 1856, de ontvangst erkennende van het haar toegezonden exemplaar van het Natuurkundig Tijdschrift deel V tot XI.

Aangenomen voor berigt

10. Brief van dezelfde Akademie van den 27n Augustus 1856, houdende kennisgave van de verzending herwaarts van eenige drukwerken.

Besloten de goede ontvangst dezer werken in dank te erkennen, en ze in de Bibliotheek op te nemen.

11. Brief, gedagteekend Patti den 13n Maart 1857 van den heer Mr. D. J. Graaf Van Hogendorp, resident van Japara, inhoudende dankbetuiging voor zijne benoeming tot het lidmaatschap der Vereeniging.

12. Brief van den resident van Japara, gedagteekend Patti den 13den Maart 1857 N° 916/1 toezendende, in vervolg op vroeger ingekomen missive dd. 16 Januarij No. 195/1, een mandje met beenderen, opgedolven door de bevolking te Pati-ajam.

Besloten op dien brief, onder dankbetuiging, te antwoorden, dat met belangstelling meerdere beenderen te gemoet gezien zullen worden, en dat de heer Junghuhn is uitgenoodigd geworden, bij zijne komst te Patti, deze zaak plaatselijk nader te onderzoeken, zullende het van diens rapport, en van het vermoedelijk benoodigd geldelijk bedrag afhangen, of de voor nadere onderzoekingen benoodigde gelden, door de Vereeniging beschikbaar zullen kunnen gesteld worden.

13 Brief van den heer Thurkow, te Samarang, houdende dankbetuiging voor zijne benoeming tot het lidmaatschap schap der Vereeniging.

Aangenomen voor berigt.

14. Brief van het lid den heer P. L. Van Bloemen Waanders, adsistent resident te Boleling (Bali) van den 28n Febr. 1857, aanbiedende het bedrag zijner vrijwillige bijdrage over 1856, alsmede een berigt nopens eene door hem gevondene warme bron, te Bandjar, op 12 palen afstands van Boleling.

Wordt besloten, in antwoord hierop mede te deelen, dat met belangstelling nadere berigten nopens deze warme bron zullen te gemoet gezien worden.

15. Brief van de kommissarissen van de openbare Bibliotheek te Arnhem van den 3n Oktober 1856, mededeelende het tot stand komen van eene Openbare Bibliotheek te Arnhem en houdende verzoek dat aan die bibliotheek van de door de Vereeniging uit te geven werken een exemplaar worde vereerd.

Besloten aan het verzoek te voldoen.

16. Brief van den ingenieur der 1e kl. belast met de leiding van de dienst van het mijnwezen, gedagteekend Buitenzorg den 9en Maart 1857 No. 77, houdende verzoek, om, indien de door hem ingediende XVII° Bijdrage tot de geologische en mineralogische kennis van Nederlandsch Indië in het Tijdschrift der Vereeniging mogt wordt opgenomen, hem bij tijds een proefdruk van de twee daarbij behoorende platen moge gezonden worden om die te kunnen verbeteren en ook het kleu-

ren der afdrukken ten zijnen burele te doen bewerkstelligen, als zulks van de zijde der redaktie bezwaren mogt hebben.

Besloten te antwoorden, dat deze stukken nog niet ontvangen zijn, maar dat c. q. aan zijn verlangen zal voldaan worden.

17. Brief van het dirigerend lid der Vereeniging, den heer Rost van Tonningen, gedagteekend Buitenzorg den 9n Maart 1857, de ontvangst erkennende van het Diploma als Dirigerend lid en aanbiedende een overkompleet exemplaar van het 1ste deel van het Tijdschrift der Vereeniging.

Besloten in dank aan te nemen het aangeboden exemplaar.

18. Brief van den testamentairen exekuteur in den boedel van wijlen den heer P. Baron Melvill van Carnbee, Jkhr H. W. L. De Kock, kennisgave bevattende, dat wijlen de heer Melvill van Carnbee aan de Vereeniging gelegateerd heeft:

a. Een prachtexemplaar van de Moniteur des Indes en

b. Eene som van *f* 500. Het eerste wordt toegezonden, en over het bedrag der gelegateerde som zal kunnen beschikt worden, na aankomst der verwacht wordende mail.

Besloten het legaat in dank aan te nemen en den sekretaris, als ook den thesaurier uit te noodigen deze legaten te aanvaarden, en ten dien einde het noodige te doen.

19. Verhandeling van den heer A. C. J. Edeling, luitenant ter zee, over den invloed der maansphasen op het weder.

Besloten deze verhandeling in handen te stellen van den heer Uhlenbeck om daarover in de volgende bestuursvergadering verslag te doen.

20. Dagverhaal van het lid den heer Teijsmann, betreffende eene door hem gedane Botanische reis over Sumatra's Westkust.

Besloten dit stuk ter lezing bij de direktie te doen rondgaan.

21. Brief van den 1n gouvernements sekretaris aanbie-

dende het driemaandelijksch verslag van den geographischen ingenieur G. A. De Lange, gedagteekend 30 Januarij 1857 R. VI No. 4 en bijlagen.

Wordt besloten dit stuk in de werken der Vereeniging op te nemen.

22. Het advies van de heeren Groll en De Lange, over twee, door den heer Egberts te Singkawang (Borneo) aangeboden stukken, betreffende de resultanten van centrifugale en centripetale krachten en betreffende massive en molekulaire schommelingen.

Besloten ingevolge dit advies, aan den heer Egberts te schrijven.

23. De president deelt mede, dat de heer A. Hendriks op Biliton eene kollektie visschen van Biliton toegezonden heeft, waarover hij nader zal berigten.

24. Brochure van den hoogleeraar W. Vrolik, sekretaris van de Koninklijke Akademie van wetenschappen te Amsterdam, getiteld: Revue des Sociétés savantes de la Néerlande.

Besloten dit geschrift ter lezing rond te zenden.

25. De president deelt mede, dat het 2e deel der Acta van de Vereeniging grootendeels afgedrukt is, en spoedig in het licht zal kunnen verschijnen.

26. De president geeft lektuur van eenen door hem, namens de Vereeniging aan het gouvernement gerigten brief van den 6n Maart jl., waarbij aangeboden wordt een exemplaar van het Verslag over de werkzaamheden der Vereeniging gedurende het jongst verstreken jaar, en de hoop te kennen gegeven wordt, dat de, door de Vereeniging, tot nog toe ondervonden ondersteuning, haar, ook voor den vervolge, niet onthouden zal worden.

Besloten de gevraagde goedkeuring op deze handeling te verleenen.

27. De president deelt mede, dat de heer Junghuhn hem

bij schrijven van Cheribon van den 9n Maart jl. toegezonden
heeft, eene flesch gezwavelde gom-elastiek, inhoudende eenige
vischsoorten (op alkohol), gevangen in het meer van Pandjalloe. Deze voorwerpen zijn volmaakt goed overgekomen, waaruit blijkt, dat gomelastieke flesschen voor zoologische voorwerpen een geschikt middel van verzending zijn.

Van het meer van Pandjalloe waren tot heden geene visschen bekend. De heer Bleeker heeft de door den heer
Junghuhn verzamelde soorten bepaald en bevonden te zijn:

1. Anabas scandens CV. (Betok).
2. Trichopus trichopterus CV. (Sepat).
3. Betta trifasciata Blkr (Tampelleh).
4. Ophicephalus striatus Bl. (Gaboes).
5. Rhynchobdella ocellata CV. (Sesselleh).
6. Clarias punctatus CV. (Leleh).
7. Barbus binotatus Kuhl. (Boenter).
8. Systomus apogonides Blkr (Tjorendjang).
9. Capoeta macrolepidota CV. (Hambal).
10. Leuciscus lateristriatus K. v. H. (Gallengang).
11. Panchax Buchanani CV. (Toembras)

Andere dan deze, behalve nog drie soorten, te weten de
ikan goerami (Osphromenus olfax Comm), de *ikan tambra*
(Labeobarbus tambra Blkr), en de *ikan mas* (Cyprinus
flavipinnis K. v. H.) ongeveer 20 jaar geleden in het meer
overgebragt, zouden in het meer van Pandjalloe niet gevonden worden.

Bij deze vischsoorten had de heer Junghuhn nog gevoegd
eenige exemplaren van eene soort van kikvorsch (Rana ti-
grana Daud.), welke hij in het warme water van Tjipannas
op den n. o. voet van Tampomas op Java in groot aantal
aantrof, tusschen groene oscillatoriën en konferven, en daar,
waar het water nog zoo warm was, dat men er moeijelijk de
hand in kon houden.

28. Nog biedt de heer Bleeker aan ter plaatsing in de Verhandelingen en in het Tijdschrift der Vereeniging.

1. Vierde Bijdrage tot de kennis der vischfauna van Japan.

2. Berigt over eenige vischsoorten, nieuw voor de kennis der fauna van Biliton.

3 Specierum piscium Javanensium novarum vel minus cognitarum descriptiones diagnosticae.

Besloten deze bijdragen te plaatsen in het Tijdschrift en in de Acta der Vereeniging.

29. De heer Bleeker brengt nog ter tafel het eerste gedeelte van een werk getiteld; Prodrome d'une Faune Erpétologique de l'Archipel indien, handelende over de Batrachia van den Indischen archipel. Bij dien arbeid zijn gevoegd, naar het leven vervaardigde afbeeldingen van Oxyglossus lima Tschudi, Leptobrachium Hasseltii Tschudi, Polypedates Junghuhnii Blkr, Bufo gymnauchen Blkr, Bufo scaber Schl., Nectes pleurotaenia Blkr en van nog eenige andere soorten.

De heer Bleeker deelt mede, dat hij gewenscht had dezen arbeid in de werken der Vereeniging te kunnen publiceren, doch dat hij, met het oog op de moeijelijkheid en kostbaarheid der uitgave in deze gewesten, besloten heeft, dien te zenden aan de Koninklijke Akademie van Wetenschappen te Amsterdam.

De direktie drukt den wensch uit, dat in de moeijelijkheden van het uitgeven van platen hier te lande spoedig gunstige verandering moge komen, zoowel door de ontwikkeling der lithographie, als door de verleening eener vaste subsidie van het gouvernement.

30 Wordt benoemd tot gewoon lid der Vereeniging de heer A. C. J. Edeling, luitenant ter zee, te Batavia.

31 Ingekomen Boekwerken

Abhandlungen der Mathematisch-physikalische Classe der K. Baijerschen Akademie der Wissenschaften. 4° (Van de Akademie).

Denkrede auf die Akademiker Dr. Thaddaeus Siber und Dr. Georg Simon Ohm. [Van idem].

Ueber die Gliederung der Bevoelkerung des Koenigreichs Baijern. [Van idem].

Oversigt over det Danske Videnskabernes Selskabs - Forhandlinger 1854, 1855. [Van de Selskab].

Mémoires de l'Academie de Dyon, 1828 - 1854 (van de Akademie).

Documents relatifs aux tremblements de terre par A. Perrey. 4° (van den schrijver).

Extract des comptes rendus des Séances de l'Académie des Sciences. Rapport sur les travaux de M. A. Perrey relatifs aux tremblements de terre. 4° (Van den heer A. Perrey).

Thèses de chimie et de physique par M. Ladrey. 8° (van den schrijver).

Journal d'Agriculture. 16e et 17e Année (van de Akademie te Dyon).

Recherches sur les formes cristallines, par M. Ladrey 8° (van den schrijver).

Rapport sur le sucrage des vendanges par M. Ladrey 8° (van den schrijver).

Congrès scientifique de France 21e Session, Dyon 1855 (van de Akademie te Dyon).

Smithsonian Contributions of knowledge, Vol. VIII. Washington 1856. 4° (van de Institution).

Proceedings of the Academy of Natural Sciences of Philadelphia Vol. VII 1854—55. 8° (van de Akademie).

Verhandelingen der Koninklijke Akademie van Wetenschappen te Amsterdam. 3e deel 4° (van de Akademie).

Verslagen en Mededeelingen der Koninklijke Akademie van Wetenschappen te Amsterdam, Afdeeling Natuurkunde. 5e deel 1e stuk. 8° (van de Akademie).

Verslagen en Mededeelingen der Koninklijke Akademie van Wetenschappen te Amsterdam, Afdeeling Letterkunde 2e deel 1e stuk 1856. 8° (Van de Akademie).

Lycidas Ecloga et Musae invocatio 8°.

Prachtexemplaar van de Moniteur des Indes orientales et occidentales. 3 deelen 1846—49. 4° (van wijlen den heer P. Baron Melvill van Carnbee).

Catalogus Bibliothecae Universitatis Groninganae, drie deelen. fol°. (van den heer Bleeker).

Het Regt in Nederlandsch Indië. Regtskundig tijdschrift. Dl VIII 8° (van de redaktie).

Verhandeling over eetbare aardsoorten en geophagie door J. J. Altheer. Broch. 8o (van den schrijver).

Over meteorologische waarnemingen in Nederlandsch Indië door M. H. Jansen. 1856. 8° (van den schrijver).

The Indian Annals of Medical Science; a half yearly Journal. No. VII 1856 Calcutta 8° (van de redaktie).

Tijdschrift voor het Zeewezen 10 deelen 1841—1850. 8° (aangekocht).

De wd. Sekretaris.

D. J. UHLENBECK.

BESTUURSVERGADERING,

GEHOUDEN OP DONDERDAG DEN 9ᵈ APRIL 1857 TEN HUIZL
VAN DEN HEER STEENSTRA TOUSSAINT.

Tegenwoordig zijn de HH.

P. Bleeker, **President**,
A. J. D. Steenstra Toussaint, **Vicepresident**,
A. W. P. Weitzel,
M. Th. Reiche, **Thesaurier**

De notulen der bestuursvergadering, gehouden den 19ᵈ
Maart jl. worden voorgelezen en goedgekeurd.

Ter tafel worden gebragt.

1. Brief van den sekretaris der Vereeniging, den heer
J. J. Altheer, kennis gevende, dat hij wegens voortdurende
ongesteldheid verhinderd is de vergadering bij te wonen.

2. Brief van het besturend lid den heer G. F. De Bruijn
Kops, mededeelende dat hij door dienstbezigheden verhinderd is de vergadering bij te wonen.

3. Brief van het Koninklijk Nederlandsch Meteorologisch
Instituut te Utrecht van den 1ᵈ Julij 1856, aanbiedende
een exemplaar van het Meteorologisch Jaarboek over 1855,
uitgegeven door het Instituut

Wordt besloten, het Instituut per brief de goede ontvangst te berigten.

4. Brief van den heer J. W. Goetzee, van Manado den
9ᵈ Maart, in dank aannemende zijne benoeming tot lid der
Vereeniging.

Aangenomen voor berigt.

5. Brief van heer E. Tall, van Banda-neira den 27n Februarij 1857, van gelijke strekking, tevens inhoudende mededeeling, dat spoedig door hem eene verzameling visschen van de Bandasche wateren zal worden toegezonden.

Aangenomen voor berigt.

6. Brief van den heer B. H. Egberts, van Pontianak den 16n Maart 1857, in dank aannemende zijne benoeming tot lid der Vereeniging.

Aangenomen voor berigt.

7. Brief van het lid den heer Jkhr C. F. Goldman, van Amboina den 28n Februarij 1857, mededeelende, dat binnen kort der Vereeniging zal worden toegezonden eene verzameling visschen van de noordkust van Ceram, en dat het noodige is gedaan om te erlangen eene verzameling vischsoorten van de Aroe-eilanden, welke later insgelijks der Vereeniging zal worden aangeboden.

8. Brief van het lid korrespondent den heer D. A J. B. De Graaff, van Makassar den 25u Februarij 1857, terug aanbiedende een prospectus van het werk van den hoogleeraar Miquel te Amsterdam, getiteld „Flora van Nederlandsch Indië."

9. Brief van den heer J. Van Es, van Soemedang den 27n Maart, aanbiedende:

a. Beschrijving van twee warme bronnen voorkomende in het distrikt Tandjongsari, benevens 2 flesschen van water uit die bronnen.

b. Beschrijving van eene laauwe bron in hetzelfde distrikt met 2 flesschen water.

c. Eenige monsters zwavel, voorkomende op den Tampoemas.

d. Aanteekeningen omtrent de rivier Tjioejah in het distrikt Tjibenrrum, met 2 flesschen water.

e. Aanteekeningen omtrent de warme zoutwel in de nabijheid van Pangirapan, met 2 flesschen water.

Is verstaan, den heer Van Es den dank der direktie voor
deze aanbiedingen te betuigen, van de aanteekeningen het noodige gebruik voor het Tijdschrift der Vereeniging te maken
en de gezondene wateren scheikundig te doen onderzoeken.

10. Brief van den eersten gouvernements sekretaris van
den 2n April 1857 No. 930, aanbiedende de 18e Bijdrage
tot de geologische en mineralogische kennis van Nederlandsch
Indie, betreffende de Zuid- en Oosterafdeeling van Borneo
door C. De Groot.

Is verstaan,

Deze bijdrage te plaatsen in het Tijdschrift der Vereeniging. Omtrent het uitgeven der bij deze bijdrage gevoegde
platen bestaan bezwaren, wegens de kostbaarheid van het
lithographieren en drukken, weshalve die uitgave voorloopig in advies wordt gehouden.

11. Brief van het lid den heer Doleschall, van Amboina den 2n Maart 1857, aanbiedende eene bijdrage over de
Arachniden van Amboina, met platen, deelende de heer
Doleschall mede, dat hij een aantal andere platen heeft aangehouden, met het oog op de kostbaarheid der uitgave in Nederlandsch Indie, en die wenscht te doen drukken te Weenen.

Is besloten.

De bijdrage van den heer Doleschall te plaatsen in het
Tijdschrift der Vereeniging. Meer en meer de noodzakelijkheid gevoeld wordende, dat de Vereeniging over ruimere middelen kunne beschikken, ook tot het uitgeven van afbeeldingen tot toelichting van natuurkundige beschrijvingen zoo
dikwerf onmisbaar, drukt de direktie het vertrouwen uit, dat
de stappen door haar gedaan om 's gouvernements onderstcu-
ning ten deze te erlangen, met zonder gunstigen uitslag zullen blijven.

In den brief van den heer Doleschall wordt voorts nog verzoek gedaan hem behulpzaam te zijn in de erlanging van eenige duizenden insekten-spelden.

Is verstaan, den sekretaris uit te noodigen, voor rekening der Vereeniging eenige duizenden insektenspelden te doen aankoopen en die den heer Doleschall aan te bieden.

12. De heer Bleeker biedt aan ter plaatsing in de Acta der Vereeniging:

Tiende bijdrage tot de kennis der vischfauna van Celebes.

Besloten tot plaatsing.

13. Wordt besloten, dat de uitgave van het Tijdschift der Vereeniging voor rekening der Vereeniging op denzelfden voet als thans plaats heeft, zal worden voortgezet, zullende met het Bataviasch Genootschap van kunsten en wetenschappen in overleg worden getreden omtrent het aantal exemplaren van het Tijdschrift, door dat Genootschap ten behoeve van zijne leden over te nemen.

14. Ter inzage ligt ter tafel een exemplaar van het Naamregister voor Nederlandsch Indie voor het jaar 1857, inhoudende eene lijst der leden van de Vereeniging. Daar deze lijst voorkomt niet gelijkluidend te zijn met die, aan den resident van Batavia door de Vereeniging ingezonden, wordt besloten, dat daaromtrent inlichtingen zullen worden ingewonnen.

15. Brief van de firma Dorrepaal & Co. van Samarang den 4en April 1857, begeleidende een kistje, inhoudende flesschen met visschen van Java's Zuidkust, verzameld door den heer J. F. Schultze, adsistent-resident te Ambal en namens hem der Vereeniging aangeboden.

Is verstaan, den heer Schultze den dank der direktie voor dit geschenk te betuigen, nemende de heer Bleeker op zich, nader verslag uit te brengen over den inhoud der verzameling.

16. De president leest voor het gouvernements besluit van den 12en Maart 1857 No 63 in beschikking op het verzoek der Vereeniging van den 27n Oktober 1856, uitzigt openende, onder erkenning van de diensten door de Vereeniging ook aan het gouvernement bewezen, op de toekenning eener vaste subsidie uit 'lands kas

Wordt besloten, het gouvernement omtrent eenige punten, in genoemd besluit vermeld, de gevraagde inlichting te geven

17. De heer Weitzel neemt op zich, naar aanleiding van het regerings besluit van den 12n Maart 1856 no 63, te ontwerpen eene cirkulaire aan de ingezetenen van Nederlandsch Indië, de strekking hebbende, door vrijwillige inschrijvingen eene som bijeen te brengen, ten einde te kunnen verwezenlijken het plan der Vereeniging tot oprigting of aankoop van een gebouw voor haar Museum en Boekerij.

18. De president brengt ter tafel een monster olie van sandelhout, benevens een monster van het hout zelf en van een takje met bladen en bloemen van denzelfden boom, der Vereeniging aangeboden door haar lid den heer J. W. E. Arndt.

19 Nog wordt medegedeeld, dat de heer Arndt eenige reptiliën en visschen van Timor heeft medegebragt en der Vereeniging aangeboden, waarvoor bereids de dank der direktie is betuigd.

20. Tot gewone leden der Vereeniging worden voorgesteld en benoemd de HH.

E. Raut, Ingenieur van het mijnwezen, op Borneo.
A. Hendriks, Geneesheer te Tjiroetjoep, op Biliton
F. J. Schultze, Adsistent resident te Ambal.
W. F. Versteeg, Kapitein der Genie, te Batavia.
P Knuttel, Ambtenaar, te Desima (Japan).
J. Van Es, Ambtenaar, te Soemedang.

21. Ingekomen bockwerken.

Achtste Bijdrage tot de kennis der vischfauna van Amboina door P. Bleeker. Batavia 1857 4° (van den schrijver).

Meteorologische waarnemingen in Nederland en zijne Bezittingen en afwijkingen van temperatuur en barometerstand op vele plaatsen in Europa. Uitgegeven door het Koninklijk Nederlandsch Meteorologisch Instituut 1855 Utrecht 1855 4° (van het Instituut).

BERIGTEN VAN VERSCHILLENDEN AARD.

Aardbevingen in den Indischen Archipel.

Poerworedjo. — Den 23sten Januarij, 's middags omstreeks $1\frac{1}{2}$ ure, bij windstilte en eene drukkend zoele at-
mospheer, is alhier eene korte maar vrij hevige aardschudding gevoeld, rigting nemende van het oosten naar het
westen, en vergezeld van onderaardsch gedruisch, gelijk
aan het ratelen van den donder.
(Javasche Courant 4 Februarij 1857 No. 10).

Banda. — Den 10den Oktober, des avonds omstreeks half
twaalf ure, werden drie zachte aardbevingen waargenomen
in vertikale rigting.

In den morgen van den 12n November zijn over geheel
Banda-Neira en Groot-Banda drie horizontale aardschuddingen gevoeld, de rigting hebbende van het westen naar
het oosten; de schokken waren zoo hevig, dat deuren en
vensters rammelden, terwijl tevens een ligt gebrom van
den Goenoeng-Api werd gehoord.

Ternate. — Den 9den November, des avonds ten half zeven ure, werd een ligte schok van aardbeving gevoeld.

Manado. — De gedurende de maand Oktober aanhou-
dend geheerscht hebbende wind- en regenbuijen wisselden
zich in November af door goed weder, hetwelk in December weder door zware regenbuijen en westewinden werd
vervangen.

Den 24sten Oktober, des avonds ten half tien ure, deed zich eene ligte aardbeving gevoelen.

Volgens berigten van Gorontalo, loopende tot 1 December, vielen daar veel regens, vergezeld van westewinden. Den 6den en 7den Augustus werden des nachts sterke aardbevingen gevoeld, waardoor eenige schade aan het metselwerk der redoute werd aangerigt.

(Javasche Courant 7 Februarij 1857 No. 11).

Benkoelen. — In den nacht van den 26sten op den 27sten Januarij, ongeveer drie ure, werd hier eene nog al vrij hevige aardschudding gevoeld. Ongelukken hebben daarbij niet plaats gehad. Slechts van eenige woningen zijn de muren hier en daar gescheurd.

(Javasche Courant 14 Februarij 1857 No. 13.)

Kediri. — In den namiddag van den 23sten Januarij jl., kwartier over 4 ure, werden in deze residentie twee op elkander volgende vrij hevige aardschuddingen waargenomen, de rigting hebbende van het z. of z. o. naar het n. of n. w. — Ongelukken hebben daarbij niet plaats gehad.

(Javasche Courant 21 Februarij 1857 No. 15).

Banda. — Gedurende de maand Januarij werden verscheidene schokken van aardbeving waargenomen.

De eerste, die plaats had in den nacht van den 11den op den 12den, omstreeks $\frac{1}{2}12$ ure, was kort van duur doch zeer hevig, van eene vertikale rigting, en vergezeld van een zwaar gebrom uit den Goenoeng - Api. Schade aan gebouwen is echter niet waargenomen.

De tweede vond plaats in den morgen van den 16den omstreeks 4 ure; de schok was ligt en had de rigting van het oosten naar het westen.

De derde, die in den namiddag van den 18den, even na 2

ure, gevoeld werd, was mede zeer ligt en had de rigting van het noorden naar het zuiden; de vuurberg rookte dien dag buitengewoon zwaar en het weder was drukkend.

Ternate. — Den 26sten Januarij, omstreeks 4½ uur in den namiddag, en den 10den Februarij, des avonds omstreeks 10 ure, werden ligte aardschuddingen waargenomen, die echter geene schade aanrigtten.

(Javasche Courant 4 April 1857 No. 27).

Manado. — Den 22sten Januarij, des morgens ten 8 ure, en den 6n Februarij des avonds omstreeks negen ure, deden zich eenige schokken van aardbeving gevoelen.

(Javasche Courant 8 April 1857 No. 28.)

Amboina. — Op den 8n Februarij 1857, des namiddags omstreeks één ure, werd hier een ligte schok van aardbeving gevoeld.

(Javasche Courant 18 April 1857 No 31).

Ongewoon luchtverschijnsel, waargenomen te Timbanganten.

Preanger-regentschappen. — In den avond van den 13den dezer, tusschen 9 en half tien ure, werd te Trogong, distrikt Timbanganten, een vreemd luchtverschijnsel waargenomen. Bij eene nevelachtige lucht vertoonde zich een ligchaam van de grootte der maan, — wanneer deze hoog staat en vol is, — iets ovaal, dat een geel licht verspreidde, eerst zeer helder was en een vurigen weerschijn gaf, vervolgens langzamerhand flaauwer werd, en eindelijk geheel ongemerkt dalende in het westen verdween.

De verschijning en daling tot aan het verdwijnen duurde ongeveer 5 à 6 minuten.

Ontploffing of eenig ander gedruisch werd daarbij niet waargenomen.

(Javasche Courant 28 Februarij 1857 No. 17).

Iets over den Goenoeng Baloeran, in Oost-Java.

(Uittreksel uit een' brief aan den heer Bleeker).

„Nun noch zu Ihrer Ansicht über den Gunung Baluran. Ich habe Ihnen schon früher geschrieben, dass ich mit Ihrer über denselben ausgesprochenen Ansicht nicht einverstanden sei, denn Ich halte den Berg für einen *einfachen* aber abgestutzten und zerrissenen Kraterkegel und nicht für einen Erhebungskrater mit einem randständigen Eruptionskrater (1). Mein Recht hierüber mitzusprechen leite ich daraus ab, dass ich denselben dreimal im öden Sumreist habe, viel am Fuss desselben botanisirt und achtmal zur See im

---

(1) Inderdaad heb ik in de bestuursvergadering van de Natuurkundige Vereeniging van den 6n Julij 1854 dergelyke verklaring van den Telaga-woerong gegeven. Die verklaring was echter onjuist en berustte op eene onvolkomene herinnering van het in 1846 door my geziene. Eenige opmerkingen omtrent den Baloeran, door my medegedeeld in het Indisch Archief van 1849, in mijne « Bijdrage tot de kennis van het eiland Madura" stelt deze zaak echter voor op eene meer aan de voorstelling van den heer Zollinger beantwoordende wyze. De heer Zollinger heeft over deze zaak met meer naauwkeurigheid kunnen oordeelen dan ik, die den berg slechts op een' afstand in zee heb kunnen waarnemen, en daardoor niet in staat was, de gesteldheid des bergs tot in meerdere byzonderheden na te gaan, dan zich van zee uit laten opmerken. Ik laat het geleelte van genoemde By-

Norden an ihm vorbeigefahren bin, endlich den 22sten April 1815 den südwestlichen d. h. den höchsten Gipfel desselben bestiegen habe. Was den Namen angeht, so ist das Wort „Baluran" der maduresische Name des ganzen Berges. Die

---

drage over Madura, hetwelk over den Baloeran handelt hier woordelijk volgen

„Men weet thans vrij algemeen, dat de Baloeran twee namen draagt. Van
„de landzijde gezien, noemen de Javanen en Madurezen van Oost-Java hem Ba-
„loeran. De europesche en maleische zeelieden kennen hem onder den naam van
„Telaga-woerong, met welken naam hij ook is aangeduid op de kaarten van Java
„van Raffles, Van den Bosch en Van de Velde. De Baloeran heeft eene hoogte
„van meer dan 4000 voeten. Van de landzijde gezien, b. v. van Soemberwaroe
„of Badjolmati, vertoont hij zich als een enkele onverdeelde berg, die de onder-
„ste helft van een' grooten kegel uitmaakt. Niet zoo van de zeezijde. Hij schijnt
„dan veeleer te bestaan uit twee bergen, waarvan de een hoefijzervormig den an-
„deren omgeeft, wiens gedaante zuiver kegelvormig is. Deze laatste is het, die
„met zijn voet in zee reikt en meer in het bijzonder Telaga-woerong heet, ter-
„wijl de hem omringende veeltoppige berg meer speciaal Baloeran wordt genoemd.
„De Baloeran, van de zeezijde en van het oosten en noordoosten gezien, doet
„zijn' aard en konstruktie beter kennen, dan zijn aanzien van de landzijde. Hij
„heeft dan het voorkomen van een' verheffingskrater, wiens wanden op twee
„plaatsen ontbreken, welke plaatsen welligt te beschouwen zijn als de twee kra-
„terkloven, door welke de lava zich, tijdens het ontstaan des bergs, in zee heeft
„uitgestort. Deze twee kloven scheiden den Telaga-woerong van het hoefijzer des
„Baloerans. Denkt men zich de kloven weg en de beide bergen tot aan hunne
„toppen vereenigd, dan heeft men eene p. m. cirkelvormige bergkruin, die eene
„wijde krateropening tusschen zich heeft. De Talaga-woerong en Baloeran zijn
„de bestanddeelen van denzelfden verheffingskrater. De kraterdiepte tusschen
„beide heeft steile hellingen en haar laagste punt is slechts weinig boven de zee
„verheven. Daar schijnt een meertje te zijn, ontstaan door het regenwater, dat
„in de diepte zamenvloeit. De naam Telaga-woerong, een *meer in wording*,

Javanen dagegen nennen ihn „Telaga Waruing, d. h. Etwas, das ein See hat werden sollen oder wollen, jedoch nicht zur vollständigen Ausbildung gelangt ist. Es ist dies sicher eene Anspielung auf den fast hufeisenformigen Grund des Kraters, der nun mit weissem Sande bedeckt ist. Es ist auch gar wohl möglich, dass einst Wasser, also ein kleiner See, im Krater zich befand, welches ausfliessen musste, als die nordliche Wand durchbrochen wurde. Eines ist ganz zuverlässig, näm- lich, dass nordliche isolirte Keil, den Sie fur den Erupti- onskrater gehalten haben, nirgends durchbrochen ist und keine Spur von einem Krater zeigt, sondern in eine scharfe Spit- ze auslauft. Das konnte ich von meinem viel hohern Stand- punkte in Suden des Berges aufs deutlichste übersehen. Die Basis dieses Keiles bildet nahezu ein gleichschenkliges Dreieck, dessen Grundlinie nach Norden dem Meere zugewendet ist, während die Spitze nach dem Innern des Kraters gerichtet ist. Hier noch eenige Notizen aus meinem frühern Tage- buche.

„Ik ritt auf dem Weg von Banjuwangi nach O. bis an den Fuss des Berges. Die Vegetation bleibt dieselbe, wie sie sich von Sumberwaru aus weithin in der Ebene zeigt. Naher am Berge, nach dem man den Weg verlassen, kom- men noch Colbertia und hoher auch Tectonia in Menge vor. Ueberall liegt das Trachytgetrümmer, von dem ich schon bei obigem Ausfluge sprach. Auch kommt es oft auf ahn- liche Weise in Reihen vor. Am eigentlichen Fusse beginnt ein leichter Bambugürtel. Hoher ist keine bestimmt aus- gesprochene, sondern eine mannigfaltige Vegetation. Es zeigen sich keine Casuarina, wohl aber Usnea, verschie- dene Adiantum und eine Species von Doodea! (D. dives

Kz). Der Baluran ist ein abgestutzter Kegel, dessen höherer Rand im S. und der niedrigere im N. sich findet. An der Aussenseite sind wenige und untiefe Rinnen. Innen bildet der Berg einen Kessel mit fast senkrechte Wänden. Die nördliche oder besser nordöstliche Wand ist an zwei Stellen durchbrochen, so dass sich daselbst ein isolirter Berg erhebt, dessen Aussenwände steiler und dessen Innenwände weniger steil sind als die der übrigen Theile des Berges. Ich vermuthe dass der Fuss dieses isolirten Stückes gesunken, während im Gegentheil die innern Theile desselben aufwärts getrieben wurden (1).

Links erhebt sich der höchste Gipfel der Randes (Gunung Klossot) und rechts der zweithöchste (Gunung Aling), während der isolirte Theil Gunung Talpat heissen soll. Ich stehe jedoch für diese wahrscheinlich maduresischen Namen nicht ein. Auf der Stelle, wo ich mich fand, konnte ich nur sehr wenig von Bali sehen. Der Ringgit lag W. 1 N. Nach S. verhüllten mir Wolken die Aussicht. Das Wasser kochte bei 203,5 F., was eine Höhe von 4650 engl. Fussen gibt. Nehme ich dazu noch 100 für den höchsten Punkt des Randes auf dem ich mich nicht befand, so findet man 4754 engl. Fuss als die Höhe des höchsten Punktes. Das Land, das nach N. O. und O. noch zwischen dem Berge und dem Meere liegt, ist eine dürre traurige Ebene, noch abschreckender als die, welche zwischen Sumberwaru und Segoro-anak liegt (2)

---

(1) Hier volgt in den brief van den heer Zollinger eene profielteekening, welke weggelaten is moeten worden.

(2) Ook hier volgde in den brief eene schets en toelichting omtrent de vermoede daling en opheffing van een gedeelte des bergs, welke hier insgelyks moet weggelaten worden. RED.

Nach 12 Uhr verliess ich den alten Kraterrand und nach 4 Uhr Abends war ich in Soemberwaru zurück.

Sie werden sehen, dass also der Bau des Baluran mit demjenigen des Gunung Guntur nicht zu vergleichen ist. Ueberdies bemerke ich Ihnen, das die isolirten Vorberge der ostl. Systeme, vom Ardjuno-Systeme an bis ans ostl. Ende von Bali, stets blosse Eruptionskegel zu bilden scheinen, so der Penanggungan, der Lamongan, der Ringgit, der Baluran und der Saraja auf Bali, die ich alle besucht habe. Der Penanggungan ist am besten erhalten. Der Lamongan besitzt Zwillingskrater. Baluran, Saraja und Ringgit sind zerrissen, der letzte am starksten, der erstere am wenigsten.

Wollen sie von dieser Mittheilung für „het Tijdschrift" gebrauch machen, so steht es Ihnen frei."

H. ZOLLINGER.

Verrigtingen der geographische ingenieurs in Nederlandsch Indie.

Onze laatste berigten, betrekkelijk de verrigtingen der geographische ingenieurs, eindigden met de mededeeling, dat de geographische ingenieur, de heer De Lange, naar Batavia was teruggekeerd, ten einde een' aanvang te maken met de berekeningen, welke uit de gedane metingen voortvloeiden.

Daarmede is hij thans, op het geodesisch nivellement der door hem bezochte punten na, gereed gekomen.

Zijn waarnemende adsistent, de heer Dr. Van Limburg Brouwer, welke op het terrein ter verdere verdere voltooijing van de aangevangene taak was achtergebleven, bezocht sedert den 11n September achtereenvolgens de observatie-plaatsen Poeseran en Kabenaran, in het regentschap Poerwokerto, daarna den

Djambang op het zuid-Serajoe-gebergte, en den Poelosari op
de bergketen, die de residentie ten noorden begrenst,
en volbragt op deze verschillende punten metingen. Hij
verliet den 30sten September de residentie Banjoemas,
en begaf zich naar Bagelen, om het in deze residentie
gelegen punt Bismo te bezoeken, dat het driehoeksnet van
Banjoemas ten oosten sluit. Dit punt is het gemakke-
lijkste van het plateau van den Diëng te bereiken, naar-
dien de berg Bismo tot het bergsysteem behoort, dat dit
plateau omringt. Nadat de metingen hier ten einde gebragt waren, beklom de heer Van Limburg Brouwer met den
korporaal König den 11den Oktober den Soembing, en
rigtte daar een signaal op, ten dienste der triangulatie van
de residentie Bagelen, waarmede in het volgende jaar een
aanvang zou worden gemaakt, en waarvoor Dr. Van Limburg Brouwer voor zijn vertrek van het terrein de geschik-
ste punten zou uitzoeken.

Na daartoe in verschillende rigtingen de residentie door-
kruist te hebben, en zich op de meeste punten van de
doelmatigheid der keuze te hebben overtuigd, verliet hij
den 27sten Oktober het terrein en keerde over Samarang
naar Batavia terug, waar hij den 7den November aankwam.

Eene vrij hevige ziekte, een gevolg der doorgestane ver-
vermoeijenissen, maakte hem werkeloos, en met den 1sten
Januarij des volgenden jaars werd zijne benoeming tot waarne-
mend adsistent van den geographischen ingenieur ingetrokken.

(Javasche Courant 28 Februarij 1857 No. 17).

Verrigtingen der mijningenieurs in Nederlandsch Indië.

Zuid- en Ooster-Afdeeling van Borneo. — De ingenieur
der 3de klasse Rant heeft gedurende de maand 1856
de boringen aan den voet van den goenoeg Djalamadi

voortgezet in den put No. 8. Den 21sten dier maand begaf hij zich naar Bandjermasin om zich van meer werkvolk
te voorzien, ten einde het werk op de bereikte diepte te
kunnen voortzetten.

(Javasche Courant 11 Februarij 1857 No. 12).

Over eenige warme bronnen en over eene Solfatara in
de Afdeeling Soemedang op Java.

De direktie der Vereeniging heeft aan de welwillendheid
van de heeren J. Van Vollenhoven en J. Van Es te Soemedang te danken de hieronder volgende berigten, omtrent
eenige minerale bronnen; enz.

De wateren dezer bronnen zullen scheikundig worden
onderzocht en het resultaat daarvan nader worden medegedeeld. Vele ambtenaren in de binnenlanden zijn in de
gelegenheid, even als de heeren Van Vollenhoven en Van Es
tot de natuurkundige kennis der landstreken waar zij geplaatst zijn, bij te dragen, en de direktie drukt den wensch
uit, dat het voorbeeld ten deze van de genoemde heeren en
van vroegere verdienstelijke toezenders, door velen moge worden gevolgd.

De aanteekeningen van den heer Van Vollenhoven luiden
als volgt:

1. *Beschrijving van eene heete Zoetwaterbron in het distrikt*
Tjonggeang afdeeling Soemedang.

Deze bron is gelegen aan den noordoostelijken voet van
den Tampomas, op ongeveer twee en eene halve paal ten
n. w. van den post Tjiandah, op de oostelijke groote post-
roete van Soemedang, of op een en een halve paal ten
westen van het midden der pakemittan van het distrikt
Tjonggeang.

Zij ontspringt op twee plaatsen ongeveer 150 rijnl. roeden van elkander, in eene noord-oostelijke rigting, verwijderd. De noordelijkste is ongetwijfeld de belangrijkste wegens haren hoogeren warmtegraad en grootere uitgestrektheid.

Op den tertiairen kalksteen, waaruit aldaar, in de nabijheid der bron, de grond bestaat, liggen slechts op weinige plaatsen trachietblokken verspreid. De bron zal omtrent 1100 parijssche voeten hooger dan de oppervlakte der zee gelegen zijn.

Het water ontspringt met periodieke opborrelingen, van 2 tot 3 sekonden tusschenpozing, op eene plaats ongeveer 4 □ rijnl. voeten in oppervlakte, uit digt bij elkander liggende kleine spleten of openingen tusschen den kalksteen, verspreidt zich tot op een halve paal n. o., n. w., z. o. en z. w. waarts over de meer lagere omliggende sawahs, terwijl eene pandjoran, die in eene westelijke rigting, 15 rijnl. voet van het ontspringingspunt verwijderd is, de groote massa, zich in eene uit kalksteen bestaande kom van elliptischen vorm verzamelende, voert in eene kleine rivier, Tjirongkang geheeten, zuidwaarts van de kampong Tjipatat, op omtrent één en een halve paal z. w. waarts der bron haren oorsprong vindende, die verder op noordwaarts van de kampong Tjiassem ongeveer $\frac{3}{4}$ paal, n. w. waarts der bron, haren naam in Tjipannas verandert en verder noordwaarts haren loop vervolgende, zich later met de Tjipelang vereenigt. Tot op $\frac{1}{2}$ paal noordwaarts der bron rijst de thermometer tot 85° en 100° Fahr. in de Tjirongkang.

Uit den sterken toevloed van water, waardoor de stroomsnelheid der Tjirongkang meer dan verdubbelt, waarbij echter niet uit het oog te verliezen is, de nog groote toevoer uit de meer zuidelijk gelegene bron, kan worden opgemaakt, dat de totale hoeveelheid water uit de bron, per sekonde, verscheidene ned. kannen bedraagt.

De temperatuur des waters in de uitwateringsopening was des namiddags om 3 uur, bij eene luchttemperatuur van 82° Fahr. 180° Fahr. terwijl bij de pandjoran een verschil bestond van 10° lager.

Het water is bijna geheel smakeloos. Dampen van eene zwavelachtige en ammoniakale reuk verspreiden zich boven de bron, terwijl eene geringe zwavelafzetting in den omtrek de vooronderstelling van het aanwezen van dit ligchaam nog versterkt, vermoedelijk met eene duidelijk zigtbare gasontwikkeling, welke zich periodiek aldaar verheft, in verband staande.

Aan het water wordt eene heelende kracht toegeschreven voor alle mogelijke huidziekten, welk beweren door sprekende voorbeelden van inlanders wordt gestaafd. Ook begeven zich bijna dagelijks verscheidene door deze kwaal aangetaste lijders derwaarts, om den heilzamen invloed van dit, hun door de natuur aangewezen, geneesmiddel te beproeven.

De tweede plaats dezer bron, zoo als ik reeds heb aangeteekend, 150 rijnl. roeden van de meer noordelijke verwijderd, bestaat, even als de eerste, uit tertiairen kalksteen; evenwel bevinden zich de trachietblokken hier in grootere hoeveelheid.

Anders dan de eerste ontspringt zij uit eene 1 rijnl. voet breede en 1½ rijnl. voet lange opening, die zich in eene vertikale rigting, ½ rijnl. voet hoog boven de horizontale kalkksteenlaag bevindt en voor zoo ver mij zulks mogelijk was na te gaan, met eenen hoek van 45° in een n. w. rigting daalt.

Het ontspringende water verspreidt zich over de omliggende sawahs, of verzamelt zich in voornoemde rivier Tjirongkang. De toevoer van water is uit de sterkte van den waterstraal op te maken, die zonder tusschenpozing uit de boven omschrevene opening, ter dikte van ½ rijnl. voet nederstort, vrij aanzienlijk, en zal tot die der eerste staan als 3 tot 2. De temperatuur was onder dezelfde omstandigheden waargenomen 104° Fahr.

Ook aan deze bron wordt genezende kracht toegeschreven doch zij wordt minder bezocht, waarvan als redenen kunnen gelden de lagere warmtegraad, de grootere afstand en de slechte weg, die er heenleidt.

2. *Beschrijving van eene warme zoutwaterbron op den noordoostelijken voet van den Tampomas.*

Deze bron, mede aan den noordoostelijken voet van den Tampomas gelegen, is van de zoetwaterbron in eene n. n. o. rigting omtrent 500 rijnl. roeden verwijderd. Een rijpad voert er door de kampong Tjiassem en langs sawahs henen, als wanneer zich, geheel onverwacht, eene kalksteenlaag, waarop veel trachietblokken met buitengemeen groote hornblende kristallen verspreid liggen, meer dan 10520 ☐ rijnl. voeten in oppervlakte, aan het oog voordoet; de plaats, waar de bron zich bevindt.

Zij ontspringt uit eenige kleine vertikale spleten z. o. waarts met eenen hoek van 40° afdalende, in den daar verspreid liggenden kalksteen, op omtrent 40 rijnl. voet afstands van den zuidwestelijken ingang der kalklaag, over eene oppervlakte van niet meer dan 2 ☐ rijnl. voeten en wel aan de zuidelijke grens.

De uitwatering is ook hier periodiek met twee à drie sekonden tusschenpozing. Het water, dat noordwaarts afstroomt, verzamelt zich in de van 1 tot 4 voet diepe holten, door de kalksteen en trachiet gevormd, of besproeit de omliggende boschgronden.

De toevoer van water is gering en zal niet meer dan 10 ned. kannen per minuut bedragen.

De temperatuur aan de uitwateringsopening was, bij eene luchttemperatuur van 81° des avonds om half zes uur, 100

Fahr., bleef een voet of 10 verder, alwaar zich eene kleine pandjoran bevindt dezelfde; geheel afgekoeld was het daar, waar het in de genoemde holten stond.

Het zoutgehalte moet aanzienlijk zijn.

Voor geneeskundige doeleinden wordt dit water niet gebruikt. Het is eene druk bezochte plaats van paarden, karbouwen, vee en gevogelte, die hier gaarne hunnen dorst komen lesschen.

De geringe afstand tusschen beide bronnen en hare groote nabijheid van den Tampomas doen met grond vooronderstellen, dat deze vulkaan nog steeds werkzaam is en geenszins, zoo als gezegd wordt hare onderaardsche werkingen heeft gestaakt.

De aanteekeningen van den heer Van Es hebben betrekking tot eenige minerale bronnen en tot eene solfatara op den Tampomas, en luiden als volgt:

3. *Warme bronnen van Tandjongsari.*

Het terrein, waarop ik mij bevond, behoort tot dat van het distrikt Tandjongsari en wordt ten noorden begrensd door den Boekit Hariang; w. n. westwaarts vertoont zich de Manglajang, terwijl zuid en oostwaarts het gebergte van Tjajoenan zich verheft.

Het te beschrijven punt is omgeven door talrijke sawahs en vormt, als zoodanig, een begin der sawah-vlakte van Bandong.

De naam dezer merkwaardige plaats is Sirah- (kapala) gadjah. Her en derwaarts liggen grootere en kleinere steenbrokken verspreid, een eigenaardig kontrast opleverende met de hier zoo bebouwde streek.

Sirah-gadjah zelf is een kleine heuvel, aan welks zuid·

oostelijken voet de eerste bron zich voordoet, terwijl de tweede in eene meer westelijke rigting is gelegen.

Ik bezocht de bronnen om $9^1/_2$ uur 's morgens en bevond den warmtegraad van het water 107° F. bij een' thermometerstand van 79° F. in de schaduw. Naar zeggen neemt deze warmte 's morgens vroeg en 's avonds laat zeer toe.

Tijdens een bezoek op den 29n Maart 1857 vond ik den warmtegraad 112° F. ten $7^1/_2$ uur 's morgens.

Het water had een' sterk alkalischen smaak, reden waarom juist deze plaats door al de karbouwen uit den omtrek wordt gekozen om het eenigzins ziltachtige vocht als hunnen geliefkoosden drank te gebruiken. Ik zag er zeker een 70-tal bijeen.

Het water verzamelt zich op beide plekken in eene afgeslotene ruimte in eene kom of een bekken van $1^1/_2$ voet diepte, om bij overschrijding van dat niveau westwaarts zich met eene kleine rawa en oostwaarts zich met het water der kleine rivier Tjimandi te vereenigen.

Het eerste bekken vormt eene trapezium waarvan de opstaande zijde 9 en de basis ongeveer $5^1/_2$ voet is. De tweede kom is iets kleiner en zal $7^1/_2$ op 5 voeten zijn, blijvende de overige kleinere bekkens hier onbesproken, teekenende ik evenwel aan, dat de warmtegraad overal regelmatig was.

Het water is volkomen helder, zelfs in een glas gezien. Blootgesteld aan langdurige inwerking der lucht werd het niet troebel; ook vormde zich geen vlies op zijne oppervlakte.

Eene andere bron, met laauw water, komt voor in even genoemd distrikt Tandjongsari op eenen afstand van ongeveer 20 palen van daar zeer nabij de kampong Tjikramas en levert aan die dessa het benoodigde drinkwater om verder op een klein riviertje, de Tjipanas, te vormen.

Het water ontspringt uit eene opening van ongeveer 10 dm. rijnl. in het vierkant en heeft eene warmte van 28° tot 29° C.

Eenige passen lager vormt het eene pandjoran of leiding, waar de kampongbewoners zich baden.

Men vertelt dat dit water vroeger zeer warm moet geweest zijn, doch na verloop van tijden de genoemde temperatuur verkregen en tot heden toe behouden heeft.

De naam der uit die bron ontstaande rivier zou voor deze mededeeling misschien kunnen pleiten.

4. *Over eene solfatara op de helling van den Tampomas.*

Vroeger was beweerd geworden, dat uit een der kloven van den top van den Tampomas nog rookwolken zouden opstijgen. Bij eene beklimming van den heer A. W. Kinder de Camarecq hadden wij geen spoor van damp kunnen waarnemen uit de ontelbare spleten op de kruin en toch was geene moeite gespaard om den bergtop vrij en zijn geheel te bespringen, want van gaan was bijna geene sprake geweest.

Door nasporingen en vragen ben ik op een punt, ongeveer halverwege de hoogte van den berg, gekomen, dat welligt het meest opmerkelijk is te noemen.

Op de zuidoostelijke helling op $1\frac{1}{2}$ paal afstands van de kampong Narimbang, bevindt zich een terrein, op het oog af 400 □ rijnl. groot, waar uit een groot aantal gaten, waaronder van twee voeten dimensie, verstikkende zwaveligzure dampen opstijgen, die elke plantenontwikkeling in hunne onmiddellijke nabijheid in den weg staan, en alleen eene geringe mossoort op de omringende trachietstukken overlaten.

Het geheele terrein is in de nabijheid der gaten bezwangerd met zwavel, hetzij als zwavelbloemen, of wel op steensoorten afgezet of kristallinisch in verweerde steenbrokken voorkomende als zwavelzouten, waarvan goede exemplaren zijn medegenomen, welke evenwel door het transport veel geleden hebben.

De bodem dezer merkwaardige plek was op sommige plaatsen zoo warm, dat ik met vrij dikke zolen onder de schoenen de warmte voelde, terwijl de inlanders die niet konden uithouden.

Bij het doen vallen van een stuk steen in de diepte voor ons, ontstond er een hol geluid, even als of wij ons bevonden boven een gewelf.

Hoe meer in de nabijheid der gaten hoe meer de harde steenbrokken waren aangetast door het zwaveligzuur en bij aanraking geheel uiteen vielen.

Op andere plaatsen weder was de steenrug zoo week als merg, zoo dat ik er mijn stok ter diepte van een voet in kon drukken. De weeke stof, te zamen gedrukt, geleek wel wat op leemaarde doch was geheel blaauw.

Het komt mij mede aanteekenenswaardig voor, dat in de nabijheid van dit zoo regt vulkanisch gebied, de kleine rivier Tjipoetrawangi ontspringt met geheel ijskoud water. Deze rivier voorziet de kampong Narimbang van heerlijk badwater.

5. *Zoutwaterwel te Tjiroeijah, in het distrikt Tjibeurrum.*

Nabij het wachthuis Tjioeijah, beheerschende den kleinen binnenweg van Tjibeurrum naar het vroegere distrikt Tji- kadoe, ontspringt uit den kleinen berg Soesoeroe de rivier Tjioeijah. Na eene eind wegs als kleine slokkan te hebben voortgestroomd, verdeelt zij zich benedenwaarts in vele spran- ken, welke over eene oppervlakte van ongeveer $\frac{1}{4}$ bouw loopende, het aldaar opborrelende zoute water opnemen.

Oorspronkelijk is dus de rivier Tjioeijah (zoutwater) eene

heldere bron met zuiver drinkwater, eerst later neemt zij
de zoutdeelen uit het bronwater op.

Het bronwater is bij opwelling koud. Aan de lucht
blootgesteld werd het troebel.

Veel chloorzouten schijnt het opgelost te houden, daar
met een weinig nitras argenti een volumineus precipitaat
werd verkregen.

Opmerkelijk is de hier voorkomende witte steensoort, voor
het eerst in mijne afdeeling aangetroffen.

6. *Warme zoutbron te Pangiran.*

Zij komt voor ten noorden van de hoofdplaats Soemedang
nabij kampong Pangirapan, in het midden van de bedding
eener kleine rivier, nu de Pangirapan genaamd, welke hier
een aantal sawahs van water voorziet. Ik bevond de temperatuur 114° F. 's morgens om 8 ure.

Behalve de bovengenoemde bronnen (koude, laauwe,
warme, ja heete wellen), komen er nog andere voor,
bekend bij den inlander onder den naam van sesepan.
Ik heb alleen de voornaamste kortelijk beschreven.

---

*Over eenige vischsoorten nieuw voor de kennis der
fauna van Biliton.*

Voor de kennis der vischfauna van Biliton bestonden tot
nog toe geene andere gegevens dan die, welke ik in het
eerste en derde deel van het Natuurkundig Tijdschrift voor
Nederlandsch Indië heb openbaar gemaakt (1).

---

(1) Visschen van Billiton. Nat. Tijdschr. Ned. Ind. I. 1850
p 478 en 479.

Bijdrage tot de kennis der ichthyologische fauna van Blitong
(Biliton), met beschrijving van eenige nieuwe soorten van zoetwatervisschen Ibid. III 1852 p. 87—100.

Die gegevens hebben betrekking tot slechts 25 soorten,
meest alle in de rivier Tjiroetjoep of in hare nabijheid gevangen. Sedert 1851 ontving ik geene nieuwe visschen
van daar, totdat ik eenige dagen geleden verrast werd door
eene verzameling, op hetzelfde eiland daargesteld en mij
welwillend aangeboden door den heer A. Hendriks, geneesheer te Tjiroetjoep. Deze verzameling bestaat uit de
volgende soorten.

1 Psammoperca waigiensis Blkr.
2 Serranus pardalis Blkr.
3 Mesoprion decussatus CV.
4 » fulviflamma Blkr.
5 » monostigma CV.
6 » Sebae Blkr
7 » vitta Blkr.
8 Apogon amboinensis Blkr.
9 » hyalosoma Blkr.
10 Therapon servus CV.
11*Sillago malabarica Cuv.
12 Upeneus Russellii CV.
13 Scolopsides margaritifer CV.
14*Pentapus setosus CV,
15*Dentex tambulus CV.
16 Lethrinus opercularis CV.
17 Gerres abbreviatus Blkr.
18 Psettus rhombeus CV.
19*Betta anabatoides Blkr.
20 » trifasciata Blkr.
21 Ophicephalus lucius K. v. H.
22 Trachinotus mookalee CV.
23 Carangoides praeustus Blkr.
24 Gnathanodon speciosus CV.
25 Amphacanthus margaritiferus
     CV.
26 Atherina duodecimalis CV.
27 Gobius melanurus Blkr.
28 » hemigymnopomus Blkr.
29 Eleotris ophicephalus K. v. H.
30 Pomacentrus bankanensis Blkr.
31 » taeniurus Blkr.
32 Scarus micrognathos Blkr.
33 Clarias pentapterus Blkr.
34* » punctatus CV
35*Barbus bilitonensis Blkr.
36 » kusanensis Blkr.
37*Leuciscus cephalotaenia Blkr.
38 » Einthovenii Blkr
39 Hemiramphus dispar CV.
40 » pogonognathus Blkr.
41 Albula bananus CV.
42 Saurus myops CV.
43 Carcharias (Scoliodon) Wal-
     beehmi Blkr.

Geen dezer soorten is nieuw voor de wetenschap, doch
slechts 7, de met een * gemerkte, waren van Biliton bekend, zoodat van de verzameling van den heer Hendriks

niet minder dan 36 soorten nieuw zijn voor de kennis der fauna van het eiland en het geheel der van daar bekende vischsoorten gebragt wordt op een aantal van 61 t.w.

1 Psammoperca waigiensis Blkr = Labrax waigiensis CV Nat. Tijdschr. Ned. II p. 479.

2 Serranus pardalis Blkr, Verh. Bat. Gen. XXII Perc. p. 37

3 Mesoprion annularis CV., ibid. p. 47, 48.

4   » decussatus CV., ibid. p. 43.

5   » fulviflamma Blkr, Nat. Tijdschr. N. Ind. III p. 554.

6   » monostigma CV., Verh. Bat. Gen. XXII Perc. p. 42.

7   » Russellii Blkr, ibid. p. 41.

8   » Sebae Blkr, ibid p. 45.

9   » vitta Blkr, ibid. p. 44.

10 Apogon amboinensis Blkr, Nat. T. Ned. Ind. V p. 329.

11   » hyalosama Blkr, ibid. V p. 329.

12 Therapon servus CV. Verh. Bat. Gen. XXII Perc. p. 49.

13 Helotes sexlineatus CV., Nat. T. Ned. Ind. II p. 171.

14 Sillago malabarica Cuv. = Sillago acuta CV., Verh. B. Gen. XXII Perc. p 61.

15 Upeneus Russellii CV., ibid. p. 62.

16 Platycephalus insidiator Bl. Schn., ibid., XXII Sclerop p. 62.

17 Scolopsides margaritifer CV., ibid. XXIII Sciaen. p. 30.

18 Pentapus setosus CV., Nat. T. N. Ind. II p. 175.

19 Dentex tambulus CV., Verh. Bat. Gen. XXIII Spar. p. 12.

20 Lethrinus opercularis CV., ibid. p. 13.

21 Gerres abbreviatus Blkr., ibid XXIII Maen. p 11, Nat. T. N. Ind. I p. 103.

22 Platax batavianus CV. Verh. Bat. Gen. XXIII Chaet. p. 28.

23 Psettus rhombeus CV. ibid. p. 29.

24 Betta anabatoides Blkr, Nat T N. Ind. I p. 269.

25   » trifasciata Blkr. ibid I p 107.

26 Ophicephalus lucius K. v. H. Verh. Bat. Gen. XXIII Doolh. Kieuw. p. 13.

27   » marulioides Blkr, Nat. T. N. Ind. II p. 421.

28   » marginatus CV. Verh. Bat. Gen. XXIII Doolh. Kieuw. p. 14.

29 Mastacembelus maculatus Rwdt, Nat. T. N. Ind. III p. 93.

30 Trachinotus mookaleo CV. Verh. Bat. Gen. XXIV Makr. p. 47.

31 Carangoides praeustus Blkr, ibid p. 60, Nat. T. N. Ind. I p. 363.

32 Gnathanodon speciosus Blkr, Verh. Bat. Gen. XXIV Makr. p. 72.

33 Amphacanthus margaritiferus CV.

34 Atherina duodecimalis CV., Nat. T. N. Ind. II p. 485.

35 Gobius hemigymnopomus Blkr, Act. Soc. Scient. Ind. Neer. I Vissch. Manad. p. 50.

36 » melanurus Blkr, Verh. Bat. Gen. XXII Blenn. Gob. p. 31.

37 Eleotris ophicephalus K. v. H., ibid. p. 22.

38 Catopra Grootii Blkr, Nat. T. Ned. Ind. III p. 90.

39 Nandus nebulosus Blkr, ibid. III p. 92.

40 Pomacentrus bankanensis Blkr (sub nom. Pom. taeniops CV.), ibid. III p. 729.

41 » taeniurus Blkr, Act. Societ. Scientiar. Ind. Neerl. I Vissch. Amb. p 31

42 Scarus micrognathos Blkr, Verh. Bat. Gen. XXII Gladsch. Labr. p. 56.

43 Silurichthys phaiosoma Blkr ⇌ Silurus phaiosoma Blkr, Nat. T. N. Ind. II p. 428.

44 Bagrus poecilopterus K. v. H. = Bagrus micropogon Blkr, ibid. III p. 94, V p. 445.

45 Pimelodus cyanochloros Blkr., Verh. Bat. Gen. XXI Nieuwe Bijdr. Silur. p. 11.

46 Clarias pentapterus Blkr. Nat. T. Ned. II p. 206.

47 » punctatus CV., Verh. Bat. Gen. XXII Silur. bat. p. 153

48 Barbus bilitonensis Blkr, Nat. T. Ned Ind. III p. 96.

49 » kusanensis Blkr, ibid. III p. 429.

50 » lateristriga CV., ibid. III p. 95.

51 Leuciscus cephalotaenia Blkr, ibid. III p. 97.

52 » Einthovenii Blkr, ibid II p. 434.

53 Belone leiuroides Blkr, ibid I p. 479.

54 Hemiramphus dispar CV., ibid VI p. 498.

55 » phaiosoma Blkr, ibid III p. 99 forte eadem ac species sequens.

56 » pogonognathus Blkr, ibid V p. 193.

57 Luciocephalus pulcher Blkr, ibid I p. 273, III p. 99.

58 Albula bananus CV., Verh. Bat. Gen. XXIV Chiroc. etc. p. 11.

59 Saurus myops CV. = Saurus trachinus T. Schl., ibid. p. 29, Nat. T. N. Ind. III p. 291.

60 Synaptura pan Cant. ibid. XXIV Pleur. p. 30. ibid. I p. 410.

61 Carcharias (Scoliodon) Walbeehmi Blkr, Nat. T. Ned. Ind. X p. 353.

Batavia 12 *Maart* 1857.

BLEEKER.

Iets over het karakter der Insekten-fauna van Amboina.

Voor eenigen tijd ontving ik de „Reis door de Minahassa en den Molukschen Archipel door Dr. P. Bleeker", in 't bijzonder het tweede deel van dit belangrijk werk. Gretig greep ik naar het boekdeel, daar ik daarin een' katalogus der amboinasche Fauna verwachtte. Destijds bevond ik mij reeds twee maanden op dit prachtige eiland, had reeds eenige verzamelingen van naturaliën bijeengebragt, en was niet weinig verwonderd te lezen, hoe weinig tot nu toe de Fauna van Amboina bekend was. — Hierdoor ben ik nog meer aangemoedigd geworden, en kan ik nu, na een halfjarig verblijf ter dezer plaatse, de opmerking maken, dat, bijaldien Amboina onder alle Moluksche eilanden het best bekend is, deze kennis zich nog niet tot het 10e gedeelte van zijnen rijkdom uitstrekt.

Volgens de opgave in genoemd werk waren van Amboina slechts 65 Lepidopteren bekend en beschreven. Mijne uitstapjes en die mijner verzamelaars bepalen zich tot nu toe tot de onmiddellijke nabijheid van de hoofdplaats en toch heb ik tot heden, behalve ongeveer 150 soorten van Mikro-lepidopteren (waartoe onder anderen de motten behooren), van welke ik geen' katalogus heb aangelegd, 194 meest bij dag vliegende soorten verzameld, die onder de volgende geslachten zijn verdeeld:

Uit de afdeeling der *Diurna:*

Ornithoptera 4, Papilio 11, Idea 1, Morpho 1, Argynnis 4, Nymphalis 7, Limenitis 5, Charaxes 2, Vanessa 6, Da-naus 9, Euploea 3, Apatura 1, Pieris 9, Colias 5, Iphias 1, Satyrus 8, Hesperia 7, Lycaena 15, Theda 11, Erycina (?) 3; te zamen 114 soorten.

Uit de afdeeling der *Crepuscularia:*

Sesia 2, Chymaera 1, Syntomis 1, Macroglossum 1, Dei-lephila 3, Smerinthus 1, Sphynx 2, Acherontia 1; te zamen 12 soorten.

De *Nocturna* zijn door de volgende genera vertegen-woordigd:

Urania 2, Attacus 2, Saturnia 1, Harpyia 1, Cossus 2, Gastropacha 3, Euprepia 2, Nyctipao 5, Urapteryx 3, en nog vele, die ik wegens gebrek aan de nieuwste systemati-schen boekwerken niet generisch kan bepalen, zoo als ik ook moet bijvoegen, dat de bovengenoemde geslachten niet volgens de laatste splitsingen verdeeld zijn. Ik kan daarom gerust aannemen, dat na zorgvuldige onderzoekingen van het geheele eiland, het bekende getal van Lepidoptera (65) vertienvoudigd zal worden. Ik denk, dat ik tot nu toe wel het grootste gedeelte der dagvlinders verzameld heb, maar van de overige afdeelingen worden mij nog dagelijks vreemde soorten aangebragt.

Welke van deze soorten alleen op Amboina te huis be-hooren en zijne fauna karakteriseren, is mij nog onbekend; vele der opgenoemde heeft het eiland met Java en de andere Soenda-eilanden gemeen. In het geslacht Urania vermeen ik een' aan China eigen' vorm te herkennen.

Het prachtige geslacht Ornithoptera, dat alleen in den australasischen Archipel verspreid is, heeft op Amboina de meeste representanten, alleen Orn. Tithonus en Orn. d'Urvilleanus zijn tot nu toe niet gevonden. (Merkwaardig genoeg, leven de rupsen der mij tot nu bekende soorten alleen op piperaceën.)

Vooral rijk is Amboina aan soorten van de kleine, echter prachtig gekleurde vlindertjes bevattende familie der Lycaenidae (29). Alleen het zuidelijke Europa heeft zoovele soorten aan te wijzen. Daar waar bijna geen insekt te zien is, in de melastomen en varens, gedurende het droogste der oostmoesson, op zandige vlakten, ontmoet men nog stellig eene of andere blaauwe Lycaena. Zij vormen een kontrast met de fauna der sago-bosschen en notenplantaadjes, waarin men de groote Papilio-soorten zwevende ziet.

Onder de reeds genoemde Mikrolepidopteren, die men zelfs met moeite tusschen de weelderigste vegetatie op moet zoeken, vindt men de prachtigste diertjes, die bovendien nog door de rol, die zij in de ekonomie der natuur spelen, merkwaardiger worden. Maar wiens krachten zijn voldoende om al deze schatten alleen te kunnen bewonderen?

Wat over de Lepidopteren is gezegd geworden, kan gevoegelijk ook over de Coleoptera worden opgemerkt. Geene bijzondere studiën van deze orde van insekten makende, kan ik hier de zaak niet zoo in het bijzonder aangeven, en voeg ik alleen nog hier bij, dat het in het genoemd werk aangegeven getal 28, thans van Amboina bekende soorten, slechts een zeer gering gedeelte voorstelt van die, welke er leven. Ik alleen heb meer dan 100 soorten verzameld, en in de fraaije verzameling van den heer Dr. Mohnike zijn nog veel meer soorten te vinden. Vooral rijk is Amboina

aan Rhynchophoren en Cerambyciden, welker larven alle
van plantaardige stoffen leven; in het bijzonder schijnt de
sagoboom vele koleopteren te voeden. Arm daarentegen is
het eiland aan Saprophagen (ik heb tot heden toe nog geenen
vertegenwoordiger dezer familie gevonden), wegens de ar-
moede van het eiland aan grootere zoogdieren en vooral
aan herkaauwers.

Met de Neuropteren en Orthopteren is het eveneens gesteld.
Reeds in de eerste dagen viel mij in het oog, het menigvuldige voorkomen der phantastisch gevormde Phasma-soor-
ten, om niet te spreken van de talrijke sprinkhanen en Blatta-
soorten. Termiten zijn in de meeste huizen te vinden; echter
niet die soorten, welke, zoo als op Java, geheele huizen bouwen. Zelfs op de dorste vlakten ziet men talrijke libellulen
in de lucht zweven, zelfs daar, waar bijna elk dierlijk leven
gemist wordt, maar voornamelijk in de nabijheid van vloei-
jende of stilstaande wateren, aan welker oevers men de
teedere, vergankelijke Agrionsoorten ontmoet. Dat er op
Amboina aan mieren geen gebrek is, ondervindt men
spoedig.

Amboina, den 17ᵈ Maart 1857.

DR. DOLESCHALL.

Personalien.

Benoemd tot Kommandeur der Orde van de Eikenkroon het Lid
der Vereeniging de heer G. WASSINK.

Benoemd tot Ridders der Orde van den Nederlandschen Leeuw,
de Leden der Vereeniging de H.H. Jkhr Mr. H. C. VAN DER
WIJCK en Mr. A. J. SWART.

Bevorderd tot Hoofdkommies ter algemeene Sekretarie, het Lid der Vereeniging de heer E. NETSCHER.

Geplaatst als Kontroleur in de residentie Bazoeki, het Lid der Vereeniging de heer Dr. J. J. VAN LIMBURG BROUWER.

Geplaatst bij het garnizoen te Soerabaja als Officier van gezondheid der 1e klasse', het Lid der Vereeniging, de heer C. A. BENSEN.

Benoemd tot Ridder der Militaire Willemsorde 4e klasse, het Besturend lid der Vereeniging, de heer A. W. P. WEITZEL.

Afgetreden als Leden der Vereeniging de HH. N. BARON GANSNEB genaamd TENGNAGEL en Mr. C. VISSCHER.

Overgeplaatst naar Soerabaja als Luitenant-kolonel onderdirekteur der genie het Besturend lid de heer J. C. R. STEINMETZ.

Overgeplaatst van Soerabaja naar Makassar, het Lid der Vereeniging de heer Dr J. R. BAUER, Officier van gezondheid der 1e klasse.

Overgeplaatst van Makassar naar Soerabaja het Lid der Vereeniging de heer J. G. X. BROEKMEIJER, Officier van gezondheid der 1e klasse.

Bevorderd tot Kapitein-luitenant ter zee, Direkteur van het maritiem etablissement op Onrust, het lid der Vereeniging de heer P. F. UHLENBECK.

Op zijn verzoek eervol ontslagen uit Z. M. dienst, het Lid der Vereeniging, de heer E. F. G. KREIJENBERG.

Bevorderd tot Adsistent-resident te Boleling, het Lid der Vereeniging de heer P. L. VAN BLOEMEN WAANDERS.

Benoemd tot Ridders der orde van den Nederlandschen Leeuw de Leden der Vereeniging de HH. Jkhr C. F. GOLDMAN, te Amboina, W. POOLMAN te Batavia en Mr. D. C. A. GRAAF VAN HOGENDORP, te Patti.

Overgeplaatst naar Gombong, het Lid der Vereeniging de heer J. F. GIJSBERS.

Benoemd tot Sekretaris der residentie Banjoemas het Lid der Vereeniging de heer J. C. W. Baron VAN HEECKEREN TOT WALIEN.

Aangekomen te Batavia het Lid der Vereeniging de heer Dr. J. W. E. ARNDT.

Benoemd tot Besturend lid van het Bataviaasch Genootschap van Kunsten en Wetenschappen het Besturend lid der Vereeniging de heer A. W. P. WEITZEL.

Benoemd honoris causa tot Doctor in de Genees- en Heelkunde, het Lid der Vereeniging de heer G. WASSINK, Kolonel, Chef der Geneeskundige dienst in Nederlandsch Indie.

Te Batavia van verlof uit Nederland teruggekomen, het Lid de heer Dr. G. WASSINK.

O V E R

HET

BEGRIP EN DEN OMVANG

EENER

FLORA MALESIANA.

DOOR

H. ZOLLINGER.

Opgedragen aan de Natuurkundige Vereeniging te Zurich.

———————

Eindelijk zal een lang door botanisten en vrienden van natuurwetenschappen gevoede wensch vervuld worden: namelijk, door de uitgave eener Flora van den Indischen Archipel.

Hiermede wordt bedoeld: de Flora van Nederlandsch Indie door F. A. W. Miquel; Amsterdam en Utrecht 1855 8vo, van welk werk ik reeds vier afleveringen voor mij heb.

De oudere werken van eenen Rumphius, hoe geniaal ook geschreven, konden in onzen tijd natuurlijk niet meer voldoen; en ook de bijdragen tot de Flora van Nederlandsch Indie van Blume, zoomede zijne „Enumeratio Plantarum Javae" enz. bleven brokstukken, die voor eene volledige beschrijving, in den tegenwoordigen tijd, evenmin aan het beoogde doel konden beantwoorden. Daarop volgde een aantal prachtwerken, van de heeren Blume, Korthals, Miquel, De Vriese, Wight en Arnott, en anderen, welke eveneens brokstukken waren, welken omvang zij ook mogten hebben en welke groote sommen zij ook kostten. Hierbij voegden zich een overgroot aantal op zich zelve staande phytographische verhandelingen en monographiën uit Indië en Europa, in de periodieke tijdschriften van den Indischen Archipel, van het vastland, en van bijna alle streken van Europa (zelfs van Moskou, door de werken van Turczaninow).

Aan hem, die zich niet juist in het centrum van deze wetenschappelijke schatten ophield, of zelf niet over belangrijke middelen te beschikken had, was het ondoenlijk, zich een overzigt van alle materialen te verschaffen, en was het onmogelijk geworden een helder inzigt te krijgen in de phytographische verhoudingen van den Indischen Archipel.

Het was dus een evenzoo noodzakelijke als zware arbeid, eene evenzoo dankbare als hoogstgewigtige taak geworden, om in dezen chaos orde en regel te brengen, en voor verdere studiën een vasten grond te leggen. Daarom begroeten wij het werk van den heer Miquel met ongeveinsd genoegen.

Voor de verhoudingen in den Indischen Archipel is van volmaakte toepassing, hetgeen J. D. Hooker en Th. Thomson over de noodzakelijkheid en de moeite, aan een dusdanig werk verbonden, zeggen in hunne inleiding op de nieuwe Flora Indica, pag. 4—6, en in de korte voorrede. Ik onthoud mij daarom, er mij hier wijdloopiger over uit te laten.

Zoodra er over de Flora van een land, of wel van eene grootere vereeniging van landen gehandeld wordt, komt wel het eerst in aanmerking, dat wij ons een klaar begrip maken van den omvang, van het gebied, van welks plantenbekleeding de Flora een getrouw afbeeldsel en naauwkeurige rekenschap moet geven; want een dergelijk werk moet, als basis voor hoogere wetenschappelijke navorschingen, in de eerste plaats voor de plantengeographie de basis kunnen worden.

Ik heb er mij dadelijk bij de ontvangst van het werk van den heer Miquel op toegelegd te bepalen:

1º. Welk geographisch gebied de steller voor zijne Flora heeft afgebakend, en welk beginsel hem bij de omschrijving daarvan heeft geleid;

2º. In hoe ver hij er zich trouw aan heeft gehouden.

Wij zijn des te meer geregtigd deze vragen te doen, omdat de schrijver zich hierover niet voldoende in zijne voorrede, of inleiding, heeft uitgelaten, maar naar het slot van het werk verwijst, waar hij de vragen, met betrekking tot de geographie, denkt af te handelen. Ik zal met mijne beschouwingen de behandeling der vraag vereenigen van eene Flora van den Indischen Archipel in veel uitgestrekteren zin, dan dit door den steller der Flora van Nederlandsch Indië is gedaan (1).

De titel reeds „Flora van Nederlandsch Indië" toont aan, dat de schrijver zijner Flora als gebied de Nederlandsche bezittingen in den Indischen Archipel, dus een politisch-geographisch gebied, aanwijst. Dit is noch iets nieuws, noch iets ongeoorloofds. Iedere ontwerper eener Flora heeft het volle regt haar gebied naar goedvinden te bepalen; en in

(1) De heer Miquel brengt in zijne voorrede tot het gebied zijner Flora (VII) de Andaman-eilanden, de Nikobaren, P. Pinang en het schiereiland Malakka; alle eilanden tot aan de n. w. kust van Nieuw-Holland, en tot aan het w. en z. gedeelte van Nieuw-Guinea met inbegrip van dat eiland zelf, en de voormelde kust. De Philippijnen en Magindanao vormen de n. grenzen, ofschoon minder bepaald

Europa zijn zeer dikwijls Florulen en Floren verschenen, die de plantenwereld van een staatkundig gebied tot onderwerp hadden. Of het bij dit werk echter doelmatig was zich binnen die grenzen te beperken, is eene andere vraag: mij komt het noch goed noch doelmatig voor.

Vooreerst is de Indische Archipel zulk een natuurlijk begrensd physisch-geographisch gebied, dat hoogstens in het n. w. en n. eenige twijfel over de grensscheiding kan bebestaan. Maar het is ook een bij uitnemendheid botanisch-geographisch gebied, dat niet ligt met een ander kan verwaud worden, hoe veelvuldig de aanrakingspunten daarmede ook zijn mogen.

Hier komt verder bij, dat de staatkundige grensbepaling eener Flora van Nederlandsch Indie nog eene uiterst onzekere zaak is; omdat de grenzen der Nederlandsche bezittingen op Sumatra, Borneo, Celebes, Timor, Nieuw Guinea, en andere eilanden, nog zeer onbepaald, of in 't geheel niet bekend zijn, en deze dáár met die der onafhankelijke staten, of met die van de koloniën van andere mogendheden ineen vloeijen; omdat nog geen natuuronderzoeker in het binnenste van eenige eilanden is doorgedrongen, en er daarom ook geene natuurwetenschappelijke of aardrijkskundige grensscheidingen bepaald konden worden.

(Ik laat hier alle staatkundige betrekkingen buiten rekening, waarmede de botanisten niets te maken hebben).

In het natuurlijk gebied der Flora van den Indischen Archipel vallen ongetwijfeld de onafhankelijke staten in het n. w. van Sumatra, in het n. van Borneo, in het o. van Celebes, enz.; de Engelsche bezittingen op Malakka, Poeloe Pinang, Singapore, Laboean en Sarawak (2); de Por-

(2) Namelijk de streken, waarvan de wel bekende James Brooke radja geworden is.

tugesche op Timor; en in meer uitgebreiden zin, ook de Spaansche in de Philippijnen.

De steller geeft bij zijne hoofdpunten dikwijls Sumatra, Borneo, Timor, enz. aan, zoodat hij de noodzakelijkheid inziet van meer eene Flora van den Indischen Archipel in het oog te houden, dan van de Nederlandsche bezittingen, die er in gelegen zijn. Dit was wel vooruit te zien, en ik houd het er zelfs voor, dat een streng vasthouden aan het denkbeeld van eene „Flora van Nederlandsch Indië" voor het oogenblik nog eene onmogelijkheid is. Men kan niet aanvoeren, dat voor het laatste meer bouwstoffen voorhanden zijn, omdat al het daartoe behoorende voor eene Flora van den Indischen Archipel in zijn geheel even wel bruikbaar is, en omdat de grenzen voor die Flora ten naaste bij vast bepaald kunnen worden. Voor de plantengeographie hebben maar die getallen blijvende waarde, die betrekking hebben op den geheelen Archipel, en deze alleen stellen ons in staat om vergelijkingen te maken met de Floren van Ceylon, Voor- en Achter-Indië, China, Japan, Australië, en andere.

In hoever de schrijver aan zijn denkbeeld van eene „Flora van Nederlandsch Indië," al of niet getrouw is gebleven, zal ik bij de familiën der Mimoseën en Papilionaceën heel uitvoerig, maar slechts bij de in zijne eerste aflevering beschrevene planten trachten te onderzoeken. Hij neemt twee soorten van letters aan, de groote en de kleine; dàn zijn de geslachten en soorten genummerd, dàn weder niet.

Het meerendeel der gevallen leidt tot het besluit:

1°. dat de groote druk met nummers (kortheidshalve in het vervolg door G. D. N. aangeduid) die planten omvat, welke werkelijk tot de Flora van Nederlandsch Indië, namelijk de Nederlandsche bezittingen, behooren.

2°. dat de kleine druk met nummers (K. D N.) die planten aangaat, welke in den Indischen Archipel te huis be-

hooren, doch niet in „Nederlandsch Indië" gevonden worden (d. i. in den ruimsten, phijsisch-geographischen zin).

3°, dat de kleine druk, zonder nummers, die planten
betreft, welke volstrekt niet tot den Indischen Archipel - en
dus ook niet tot de Nederlandsch-Indische Flora gerekend
behooren te worden (K. D. 00).

Hoe men hierover ook denken moge: de schrijver had
het regt zijne aanduidingswijze te kiezen. Wij mogen
slechts van hem vorderen, dat hij er getrouw aan blijft,
zal er geene verwarring ontstaan, en zal de studie van zijn
werk niet bemoeijelijkt worden. Dat hij zich niet gelijk
gebleven is, zal ik dadelijk met vele voorbeelden aantoonen.

Wij vragen ons daarbij vooreerst, waarom er zoovele
planten opgenomen zijn, die noch tot de Flora van Nederlandsch Indië, noch tot die van den Indischen Archipel behooren? Ons komt het voor, dat dit hoogstens bij uitzondering,
en dan niet in den tekst, maar in bijzondere aanmerkingen,
gedaan moest worden. Als gronden kunnen daarvoor aangevoerd worden, b. v. wanneer, door de opname, de vroeger verwarde synonymie beter geregeld, en de Flora van
een land in een helderder licht geplaatst wordt; wanneer
door het toevoegen van een of meer soorten tevens de mo-
nographie van een geheel geslacht wordt geleverd, enz.
Het is niet voldoende aan te stippen: „waarschijnlijk ook
in den Indischen Archipel", of de gronden, waarop zich
een vermoeden berust, moeten aangegeven worden, opdat den
planten-geograaph een kriterium aan de hand gedaan worde, om te bepalen of hij de plant als archipelagisch of niet
moet beschouwen.

Wij vinden planten opgegeven uit:
Mauritius en Madagaskar (K. D.) Gagnebina tamariscina.
DC (n°.) Phaseolus brevipes Benth: (00)

Ceylon. Zeer dikwijls, vooral later: (K. D. met n) Desmodium Gardneri Benth., Smithia paniculata Arn , S. race-
mosa Heyne.

Voor-Indie, Coromandel, Malabar, enz.

(K. D n°.) Pihostigma racemosum Benth., Hardwickia
pinnata Roxb. (geslacht zonder, soorten met n°.), Uraria
cordifolia Wall., Smithia laxiflora Benth. (in Salsette bij
Bombay), Indigofera aspalathoides Vahl. uniflora Hamilt.

Bengalen. (K. D. oo) Albizzia amara Boiv., Otosema
fruticosa Benth. met n°. Ougeinia dalbergioides Benth.
dito.. Later nog dikwijls, vooral in de derde afdeeling.

Noord-Indie, Himalaya, Nepal, Silhet, Assam.

Uraria alopecuroides Wight. (K. D. n°.)

Neustanthus peduncularis Benth., N. subspicatus Benth.
Campylotropis macrostyla Lindl., Agauope marginata Miq.

Ava, Tavoy, Siam, Cochin-china.

Phanera velutina Benth. (K. D. oo) Phanera bracteata
Benth. do, Phanera diphylla Benth. do, Phanera coccinea
Lour. do.

China. Dalbergia polyphylla Benth. (K. D. oo) Albizzia
Milletii Benth.

Philippijnen. (G. D. no.) Serianthes grandiflora Benth.
(K. D no.) Desmodium leptopus Asa Gray., securiforme
Benth. (K. D. oo), Albizzia retusa Benth., Pithecolobium sub-
acutum Benth. P. scutiferum Benth., pauciflorum Benth. en
later nog vele.

Australië (K. D. oo) Phanera Cunninghamii Benth.

In den ruimsten zin van het woord, konden wel reeds de
planten van Tavoy, de baai van Siam, en de Philippijnen
tot de Flora van den Indischen Archipel gerekend worden.
Zeker behooren er echter die toe van: *Poeloe Pinang,
Malakka,* en *Singapore,* die voorkomen met (G D no);
Milletia eriantha Benth. en thyrsiflora Benth.

(K. D. oo). Pithecolobium contortum Mart., Phanera Grif-
fithiana Benth.

(K. D. no.) Parinarium Jackianum Benth., P. Griffithia-
num Benth., Parastemon urophyllus. A. DC.

Wij vinden verder planten, die ingevoerd en algemeen
verspreid zijn; andere, waarvan het aanwezen vermoed wordt,
op grond alleen dat zij insgelijks in andere keerkringslanden aangetroffen worden, zonder opgave der plaatsen in
den Indischen Archipel, waar zij gevonden worden. (Neptunia oleracea Benth. et plena Lour). Wij vinden ook
gewag gemaakt van gewassen, die nergens anders in den
Indischen Archipel voorkomen, dan in den *botanischen tuin*
van Buitenzorg.

Acacia pseudo-intsia Miq., Pithecolobium dulce Benth.,
Desmanthus virgatus Willd., Neptunia oleracea et plena.
Sophora glabra. *Bot. tuin van Calcutta*: Phanera glabrifo-
lia Benth.

Zonder opgave van eenige plaats: Pongamia elliptica Wall.
Flemingia Wightiana Grah.

Wij vinden er *van twijfelachtig voorkomen* (met GD. n°)
bij Acacia arabica Willd., Acacia pseudo-arabica Bl., Albizzia micrantha Boiv., Mimosa asperata L., Prosopis spi-
cigera L., Phanera retusa Benth.
(K. D. n°) Cassia suffruticosa König, Hedysarum arboreum
Roxb., patens Roxb.

(K. D. oo) Dalbergia stipulacea. Roxb.

Geplante soorten vinden wij met

(G. D. n°) Acacia arabica Willd, Albizzia latifolia
Boiv., Hymenaea verrucosa L., Haematoxylon campechianum
(alleen in den plantentuin te Buitenzorg).

(K. D. n°) Trifolium pratense L. (waar ??), Rosa centifolia
L., Kerria japonica D. C.

Nemen wij nu eene andere proef, dan vinden wij:

A. Met grooten druk en genummerd:

1. De werkelijke soorten der Flora van Nederlandsch Indië.

2. Haast alle- of alle Archipelagische soorten, die niet tot de Flora van Nederlandsch Indie behooren (†).

3. Gewassen van een twijfelachtig voorkomen (zie hierboven).

4°. Eenvoudige kultuur- of wel tuingewassen (als boven).

B. Met kleinen druk en nummers,

1°. Gewassen, die in den Indischen Archipel, maar niet in de Flora van Nederlandsch Indie te huis behooren (zie boven Poeloe Pinang, enz., Philippijnen).

2°. Planten die niet tot het gebied van den Indischen Archipel gerekend moeten worden (boven vele voorbeelden).

3°. Planten van een twijfelachtig voorkomen, of twijfelachtige soorten.

4°. Eenvoudige tuin- en kultuurgewassen, of uit den plantentuin.

C. Met kleinen druk, en zonder nummers.

Dezelfde kategorien. Zie hierboven de voorbeelden als voor de voorgaande.

Gaan wij nu nog een enkel geslacht na, om te zien hoe weinig de schrijver zich gelijk gebleven is. Ik meen het geslacht *Prunus:*

(G. D. n°.) Prunus undulata Ham. *Nepal!*

       ,,   sundaica   Miq. Java.

       ,,   javanica   ,,   ,,

       ,,   Junghuhniana ,,   ,,

       ,,   laurifolia Decaisne Timor.

       ,,   Zippeliana Miq. Java.

       ,,   lauro-cerasus Lois. Botanische tuin te Buitenzorg.

(†) Acacia xylocarpa Cunning, Xylia dolabriformis Benth. en bovendien de

(K. D. n°) Prunus armeniaca L. gekultiveerd.

          „   Mume. Sieb. en Zucc. „

          „   domestica L.   „

          „   cerasus L. (komt niet voor in weêrwil

van alle vroegere kultuurproeven).

          „   cerasoides Don.   Nepal!

          „   Poddum Roxb.   „

          „   nepalensis Miq.   „

          „   ceylanica   „   „

Eindelijk worden er nog eenige buitenlandsche soorten opgenoemd, zonder vermelding van diagnosen. Een blik op dit schema is genoeg om aan te toonen, hoe wij de konsekwentie missen, welke een sieraad van het anders zoo verdienstelijke werk zijn zou.

Was het b. v. niet mogelijk geweest zich aan volgende aanduiding te houden:

A. Groote druk:

1. (met n°.); Alle erkend inheemsche gewassen der Flora van Nederlandsch Indië.

2. (zonder n°). De aldaar ingevoerde kultuurgewassen, met uitsluiting van die uit den botanischen tuin.

B. Kleine druk.

1. (met n°) Alle archipelagische soorten, waaraan nog geen plaats in de Flora van Nederlandsch Indië aangewezen is.

2 (zonder n°). Alle twijfelachtige soorten van deze kategorie, en alle planten van enkel twijfelachtig voorkomen.

Alle soorten, die buiten den Archipel vallen, in de aanmerkingen, als ook die uit de botanische tuinen.

Wij stellen deze verdeeling slechts voor, maar niet verpligtend of als beter dan die van den heer Miquel. Zij heeft insgelijks alleen dan waarde, wanneer zij volgehouden wordt (3).

Het komt er nu op aan, duidelijk te maken wat men met

---

(3) Daar de gelegenheid zich voordoet, stip ik hier tot teregtwijzing aan:

a. Dat Albizzia lucida Benth. (pag. 8), en Pithecolobium Ligeminum Mart. (pag. 32) een en dezelfde plant kunnen zijn. De Soendanees noemt ze beide ook *djenggol.*

b. De heer Miquel heeft Cinclidocarpus nitidus Zoll. en Mor. in Caesalpinia cinclidocarpa Miq. veranderd. Het geslacht had zijn' grond in den zeldzamen vruchtbouw. "Legumen subcompressum oblongum oblique truncatum indehiscens, 5—7-spermum suturis incrassatis, faciebus utrinque transverse parallelo-cancellatum (¹) pulpa succulenta farctum (¹) demum exsiccatum fragile.

Deze vruchtbouw is zoo zeldzaam, zoo afwijkend, zoo eenig in de familie, dat ik met het volste regt meende een nieuw geslacht aan te mogen nemen.

c. Caesalpinia ferruginea De (p. 111). en C. arborea Z. M. (p. 112) zijn zeker maar één soort, en de eerstgenoemde, de oudste naam, moet dus blijven.

d. Dalbergia Zollingeriana Miq. (p. 130), van Tarabangi in de Lampongs, is niet van Celebes, zooals in den tekst staat, maar van Sumatra, waarvan de meest z o provincie door de Lampongs gevormd wordt. Hetzelfde geldt voor Desmodium polycarpum DC. p. 242. Tjikoja ligt op de w grens van de residentie Batavia, en heeft met de Lampongs niets te maken.

e. pag. 48 r. 4 v. b. lees Popoli, in plaats van Propoli.

(149) r. 16 v. b. "Tjidoenan, in plaats van Tjidoenan. Tjidoeri in beteekent *de rivier van Durio zibethinus L.*" de Doerianboom

p. 165 lin 2 van boven lees *Waluan* in plaats van Blatuan

Waluan beteekent zwavel en goenoeng waluan is een zwavelberg.

pag. 277 r. 5. v. ben lees Panaroekan, in plaats van Panankan.

f. Ormocarpum sennoides De (p. 250), en O. ochroleucum Z M in Mor. Verz. p. 6, zijn bepaald twee verschillende soorten. Gene heeft peulen met harige weerhaken bedekt, die van deze zijn glad, en over de lengte gestreept.

g. Cicer arietinum L. p. 284 is, wat onbegrijpelijk voorkomt, in de Indische tijdschriften, altijd met Dolichos uniflorus verward. De Engelschen noemen de plant, in Indie, "Horsegram," en gebruiken de boonen tot paardenvoeder. Als voedingsplant werd de invoering op Java beproefd, maar vond weinig bijval.

h. De meeste soorten, welke de heer Miquel als door Zollinger gedoopt opgeeft, moeten de aanduiding van Zoll. en Mor. hebben, zooals in den katalogus van Moritzi, en mijne "Observationes," in het Natuur- en Geneeskundig Archief, geschiedt.

ML—。。 。。— 304 —

eene „*Flora Malesiana*" bedoelt; hetwelk eene vrij gemak-
kelijke taak is, daar de grenzen slechts op twee punten twijfelachtig zijn. Ik bedoel onder den bovengemelden naam
de Flora van den geheelen eilandenwereld, welke de verbinding daarstelt tusschen het vastland van z. o. Azië aan
den eenen kant, en dat van Nieuw-Guinea en n. w. Australië aan den anderen·

In den geheelen Archipel is de maleische taal het gees-
tige verband tusschen de kustbewoners. Het ligt dus voor
de hand om den Archipel als een maleischen en de Flora als
eene Flora Malayana te beschouwen.

Ik zal echter later aantoonen, dat ik daaraan een enger
begrip wensch te verbinden, terwijl de eerstgenoemde benaming voor de geheele Indische eilandenwereld geldt.
Het zijn, als ik mij niet vergis, fransche aardrijkskundi-
gen geweest (Walkenaer?), die den niet ongepasten naam
van *Malesië* voor den interkontinentalen Archipel gebruik-
ten, in tegenoverstelling van *Polynesië*, waarmede de extra-
kontinentale Archipel werd aangeduid. De benaming van
Flora Malesiana komt mij daarom voor ook niet ondoel-
matig te zijn.

Ik splits haar gebied in Flora Malesiana in den ruimsten
en in meer beperkten zin van het woord.

Het eerste omvat het volgende gebied:

Vooreerst de Andamansche en Nikobarische eilanden Ceylon blijft buiten de rekening, want het vormt veel meer een lid
van Vóór-Indie, en heeft door zijne ligging met den Indischen
Archipel niets te maken. De golf van Bengalen en de Indische
Oceaan vormen dus de w. grensscheiding. De n. w. hoek, d.
i. de noordelijkste van de Andamansche eilanden, ligt juist
op 15° n. br. Van hier trekt men eene lijn naar het z.
voorgebergte van het landschap Tavoy, en van dáár,
dwars door het schiereiland, tot aan de vele riviermon-

dingen bij Bangkok, in den achtergrond van de golf van
Siam. Daardoor wordt het geheele schiereiland van het vaste
land afgescheiden, en valt in de Flora Malesiana in den
ruimsten zin. Dat dit schiereiland van Achter-Indië, naar
zijnen aard eigenlijk meer tot de eilandenwereld dan tot
het vastland behoort, wordt door iedereen erkend; wanneer men b. v. slechts bedenkt, dat de uitgebreidheid der
kusten die van vele groote eilanden verre overtreft, om daarmede overeen te komen. Maar er pleiten ook geologische, botanische, klimatologische en ethnographische gronden voor (4). De n. grens ligt hier dus op $13\frac{1}{2}°/_0$ n. br.

Van Bangkok af naar het z. vormt de golf van Siam de
natuurlijke grens.

De kleine, verstrooid liggende, eilanden rekenen wij altijd tot de naastbijgelegene grootere landen te behooren,
tot welke zij meest in betrekking staan, als de takken tot
hunnen stam.

Van de punt van Kambodja, of van het vooruitgescho-
ven eiland Oebi, trekt men eene lijn naar het snijpunt van
den $20^{'0}$ n. b. met den 140° o. l. (van Ferro); waar
men uitkomt op de Bantanische eilanden, het noordelijke

(4) Zie hierover Hooker en Thomson: Flora indica I. p. 248—253. Verder:
Logan Sketch of the physical geography and geology of the Malay Penin-
sula; in het „Journal of the Indian Archipelago," Singapore. Vol II p.
83—138.

De kustuitgebreidheid kan op Borneo in verhouding tot de oppervlakte van
het land staan, als 1: 14; Op het schiereiland Malakka daarentegen als 1 6.

Op Sumatra zullen deze cijfers ook de verhouding wel nagenoeg aangeven, of
is zij misschien als 1: 8. Deze cijfers zijn niet nauwkeurig; maar bij juistere
berekening zal men er toch digt bij blijven. De heer Logan trekt op het schiereiland dezelfde n. grenslijn als ik, en onderscheidt twee deelen: het noordelijke,
tot aan 9e n br, en het zuidelijke, hetwelk met dat gedeelte van het schiereiland
overeenkomt, dat, in meer beperkten zin, het Maleische heet, en tot mijne
Flora Malesiana, in dien zin, behoort.

uiteinde van den Archipel der Philippijnen; en scheidt daardoor het gebied der Flora Malesiana van dat van China af. Daardoor is de geheele noordelijke grens bepaald.

Nu trekt men van het genoemde punt eene lijn, tot daar, waar de 10e° n. b. den 150° o. l. (van Ferro) snijdt, en van daar, tot aan Kaap d'Urville, op Nieuw-Guinea; waardoor men de n. o. en een gedeelte van de o. grensscheiding verkrijgt. De Pelew-Archipel wordt hierdoor tot Polynesië gebragt.

In Nieuw-Guinea kan men over de grenzen in twijfel geraken. Wij weten nog te weinig van de plantenwereld van dit groote eiland, om daaromtrent bepaald uitspraak te kunnen doen. Zijn er, zooals men voorgeeft, sneeuwbergen (5), dan moet daar het middelpunt eener Flora zijn, welke welligt meer van de geaardheid eener Flora van het vastland dan van die der eilanden heeft. Wij rekenen dus alleen de gedeelten, welke het eiland in den vorm van schiereilanden westwaarts uitspreidt, bijgevolg het land, westelijk van eene lijn van Kaap d'Urville tot aan den achtergrond van de Groote-Geelvinks-baai, en van daar dwars over tot aan de baai van Lakahia (oostelijk van Merkusoord), tot de Flora Malesiana. Dit geeft tevens de o. vastlands grenslijn aan, van den 2en tot den 4en graad z. br. Van hier wordt de zaak weêr eenvoudig. De laatste schakels, naar het z. o., zijn de Aroe-eilanden, Timorlaut, en eindelijk Timor zelf, dat door een breede straat van Australie en zijne eilandachtige armen gescheiden is.

<hr>

(5) Alle leden van de nederlandsche Natuurkundige Kommissie, en de zeeofficieren, die ik in de gelegenheid was te spreken, waren het er over eens, dat zij in de binnenlanden witte bergtoppen hadden gezien. Melvill schatte hunne hoogte op 15000 vt. Maar toppen, die op deze breedte, en in een bepaald eilandsklimaat, boven de sneeuwlijn uitsteken, moeten minstens 16000 vt. hoog zijn.

Van hier af tot aan de Andaman-eilanden, valt de geheele eilandwereld in het gebied der Flora Malesiana. De
11e graad z. b. is de uiterste punt, die door de eilandwereld nog wordt aangeraakt, namelijk in de kleine groep
ten z. w. van Timor. Het geheele rijk ligt dus tusschen
de 20° n. br. en 11° z. br. en tusschen de 110° en 150° o.
l. (van Ferro).

Het middelpunt van deze groote eilandwereld ligt in de
binnenlanden van Borneo, in het centraalgebied, in het
bovengedeelte van het stroomgebied van de rivier van
Banjermassing, ongeveer daar, waar de evenaar en de 115°
o. l. (van Greenwich) elkaâr snijden. Trekt men uit dit
punt een cirkel, waarvan de straal gelijk is aan den afstand
tot aan het noordelijkste eiland van de Andamangroep, dan
gaat hij juist door de Bautanische eilanden, ten n. der Philippijnen, komt digt bij het snijpunt van 10° n. br. en 150° o.
l. (van Ferro), en bereikt Kaap d'Urville; zoodat hij de
grenzen in het n. en n. o. en in het o. vrij naauwkeurig bepaalt, en tevens het geheele rijk van de Flora Malesiana, en van de aangrenzende vastlands-massen, zoowel
in het n. w. als in het z. o., tamelijk juist omvat.

Vindt men dit gebied te uitgebreid, dan kan men ook
van eene Flora Malesiana in m e e r b e p e r k t e n z i n spreken, zooals ik ze dadelijk hieronder zal omschrijven, en die
alleen in het n. ingekort wordt, terwijl de overige gedeelten en leden hetzelfde blijven.

Het zuidelijke schiereiland van Achter-Indië splitst zich
in drie deelen: het bovenste gedeelte, het noorden, de
engelsche provincie Martaban (gedeeltelijk), Tenasserim,
met Tavoy en de Mergoei Archipel, en een gedeelte van
Siam; het middelste: de provincie Beneden-Siam, en het
z. gedeelte van Tenasserim; het benedenste, zuidelijke:
het schiereiland van Malakka, in engeren zin (zie 4).

Deze laatste afdeeling behoort zonder twijfel tot de Flora Malesiana, en de vraag is nu nog maar, waar de n. grenslijn getrokken moet worden.

Het natuurlijkste schijnt het, als n. grens eene lijn aan te nemen, die bij Kaap Nikobar (het noordelijkste der Nikobar-eilanden) begint, van daar loopt naar den noordhoek van het kleine eiland Salanga (op de w. kust van het schiereiland), dan dwars er over heen naar den achtergrond der baai van Phun-Phin (op de oostkust), en van daar naar Poeloe Oebi. Van hier trekt men eene lijn naar de noordpunt van het eiland Balabak, ten noorden van Borneo, en eindelijk naar Kaap d'Urville.

Op deze wijze vallen buiten de Flora Malesiana: de Andaman-eilanden, het geheele bovengedeelte van het Maleische schiereiland met de Mergoei Archipel en een stuk van het middelste gedeelte, en eindelijk de heele Archipel van de Philippijnen.

De Andaman-eilanden, Arrakan, Pegu, Birma, Ava, het bovenste en het n. gedeelte van het midden van het Maleische schiereiland, geheel Siam, Kambodja, Cochin-China en Anam, vormen dan het natuurlijk gebied der Flora van Achter Indië (6).

Zooals de heer Miquel te regt aanmerkt, bestaat er tusschen de Floren van twee aaneengrenzende landen geene volstrekte of plotselijke afscheiding. De eene gaat allengskens, meer of minder scherp uitgedrukt, in de andere over,

_____

(6) De kaarten die mij ten dienste stonden waren· eenige kaarten van Berghaus, de Atlas van Ziegler, die van Pijnappel, de eerste bladen van den Atlas van Melvill van Carnbee, en de kaart van de Militaire Akademie te Breda De beste overzigts-kaart blijft nog altijd die van Melvill van Carnbee (bij Heijse in den Haag, 1849) Het gebied van de Flora Malesiana komt er in zijn geheel op voor, met uitzondering van de Andaman- en Nikobar-eilanden, en eenige

naarmate de scheidende deelen ligter of moeijelijker zijn
over te komen, of van grooteren of kleineren omvang; b
v. wijduitgestrekte zeeen, straten, rivieren, of hooge bergen, woestijnen, steppen.

Wij zien, dat de Flora Malesiana van alle kanten door
de zee begrensd wordt, behalve op twee smalle plaatsen, waar
zij aan het vastland paalt; in het n. w. en z. o. (7).

Door het schiereiland van Malakka gaat de Flora Malesiana over in de kontinentale van Indie. De overgang tot
de Chinesche Flora wordt welligt door het eiland Formosa (helaas te weinig bekend) gevormd.

Het verband met de Japansche flora is aan den eenen
kant Formosa, aan den anderen de Archipel van Lioe-kioe. Met
de kontinentale massa van Nieuw-Guinea, hangt de Archipelagische Flora door het westelijk schiereiland van dat eiland zamen; en naar Australie vormt Timor op verschillende wijzen den overgang.

De Flora Malesiana, in haar groot geheel, splitst zich
in vele natuurlijke groepen, die ik hier nader aanduiden
zal, en waarvan de kennis van het hoogste belang is; doch
waarin het botanisch onderzoek zeer ongelijke vorderingen
heeft gemaakt. Ik onderscheid dan:

I. Het *Centraal-land*, Borneo.

II. Het westelijke, *Maleische rijk*, Sumatra en Malakka,
met onderhoorigheden.

III. Het zuidelijke, *Soendasche rijk*, Java met de kleine
Soendaeilanden.

IV. Het oostelijke rijk, dat der *Molukken*; Celebes met
al zijne eilanden, tot aan Nieuw-Guinea toe, en

---

(7) Dit kontinentaal verband bedraagt niet meer dan circa 60 geographische
mijlen bij eene oppervlakte, die Europa nabij komt

V. Het noordelijke, *Philippijnsche* rijk; de Phillippijnen tot aan Formosa.

Laat ons deze afdeelingen nu één voor één nader opnemen.

I. Het centraal-land Borneo heeft naar den vorm en de uitgebreidheid zijner kustlanden, in vergelijking met de overige eilanden, bepaald het meest den aard van een vast-land; even als de groote rivieren ook aan uitgebreide stre-ken lands herinneren. Het getal van omliggende eilanden en kleine Archipels, als ook van veruitstekende schiereilanden en voorgebergten, is insgelijks naar evenredigheid zeer gering. Tot gene kunnen wij brengen. de Karimata-eilan-den in het z w.; de Natoena-eilanden en Laboean in het w.; de Bangoeay en Balabak-eilanden in 't n., de Soe-loe-Archipel in het n. o.; de Maratoea- en Bala-balagan-eilanden en Poeloe Laut in het z. o. Tot deze Tan-jong Datoe in het w.; het schiereiland Oensang in het n. o.; T. Kemoegan in het o.; en Tanah-laut, in het z. o.

De vulkanische vormingen schijnen in de nabijheid ge-heel te ontbreken. De heer Earl houdt de bergketens in het w. z. en o. van Borneo voor voortzettingen van de groote berg-ketens van Siam en Cochin-china (8).

Botanisch is Borneo, van alle vijf de Archipelagische rij-ken, het minst bekend. Wat wij er van weten, hebben wij hoofdzakelijk aan de Natuurkundige kommissie (Kort-hals), en aan eenige Engelschen (Lobb en Oxley) te danken.

---

(8) Earl, Contributions to the Physical Geography of South-Eastern Asia and Australia, London 1853.

Van de hoogte der bergen op Borneo weet men zoo goed als niets. Enkele toppen van de bergketens in het z moeten om en bij de 4000 vt hoog zijn. In het n. moet, volgens heel onzekere berigten, zich een vulkanische (?) piek ver-heffen, die door zeevaarenden over de 10000 vt wordt geschat De G. Rany, op het eiland Natoena, is 3570 vt. hoog

Het zal waarschijnlijk eens uitkomen, dat het Malesiaansche karakter het sterkst in de Flora van Borneo wordt uitgedrukt. Het w. vertoont eenige toenadering tot de Maleische provincie (ik herinner aan de Isonandra geta); het n. tot Cochin-china (b. v. Aleoxylon?). De Flora van den heer Miquel zal zoowat alles bevatten, wat wij van Borneo weten.

II. Het westelijke, Maleische rijk; zoo genoemd, omdat het de wieg en zetel is van den Maleischen stam. Wil men den naam van „Flora Malayana" gebruiken, dan past hij het best voor dit gebied, en daarom heb ik hem ook met voor de Flora van den geheelen Archipel gebezigd

Het karakter is zooals van eilanden, met eene neiging tot kontinentale uitbreiding. Groote landmassen, gebergten, en paralelle Archipelstreken, strekken zich van het z. o. uit. Evenwijdig met eene vulkanische keten, loopen ooroorspronkelijke formaties, alluviale vlakten, en koraal-eilanden, in dezelfde rigting. Het bekken van de straat van Malakka ligt in het middelpunt. Aan weêrskanten verheffen zich schakels van bergen, die in het w. tot eene hoogte van 10,000 voet stijgen, doch daarentegen in het o. iets lager zijn. (9)

---

(9) De bergen van Sumatra zijn over het algemeen niet zoo hoog, als men vroeger wel gedacht heeft. Horner geeft voor den Merapi eene hoogte van 9309 vt. rijnl. aan; voor den Singalang van 9353, Melvill, voor den Ophir, van 9655. De piek van Indrapoera is 8161 vt hoog (Melvill), de hoogste top van de Batta-landen, de Loeboe-radja, 6053 (Jungh) De Taamongs, in de Lampongs, is 7206 (Melly).

Op het eiland Banka, steigt de Maras tot eene hoogte van 2617 voet.

De boven reeds vermelde verhandeling van den heer Logan over het schiereiland Malakka, maakt van de volgende trigonometrisch bepaalde hoogten gewag. De goenoeng Djnai (Piek van Kedah) is 3894 *engelsche* vt. hoog, de G. Ledang (de berg Ophir) 1320 en de G. l'oelai, de 7 ste berg van het schiereiland, 2152 vt. enz.

Eilandjes, groepen van eilanden, diep landwaarts inloopende
baaijen, en smalle voorgebergten, komen veel voor. In het
n. w. eindigt het rijk met de Andamansche-eilanden; dan volgen de Nikobar-eilanden; ten w. van Sumatra volgen,
in eene lengte-as evenwijdig met de kust, P. Babi, P. Nias,
Tanah-Massa, Si-Pora, de Nassau-eilanden, en eindelijk
P. Engano, meest met kleine eilandjes om zich heen. Straat
Soenda is de grens in het z. o. Oost op komen de eilanden
Biliton, Banka, de Archipel van Riouw en Singapoer,
die van Poeloe Pinang, Salanga en Mergoei. Ten o. van
het schiereiland, liggen ook verschillende kleine eilandjes
langs de kust, en verder naar Borneo toe de Anambas- en
Tambelan-groepen. Even als Borneo, bestaat dit gebied meest
uit Nederlandsche bezittingen, onafhankelijke staten, en eenige Engelsche vestigingen. Het meest hebben hier Nederlanders (Korthals, Junghuhn, Teijsmann, Kollman) (10) en
Engelschen (Marsden, Raffles, Jack, Wallich, Griffith,
Lobb, Oxley, Falconer, Noris, Prince) gewerkt; en de Flora
is veel beter bekend dan die van Borneo. Waarschijnlijk
is er, om de grootere geologische en physische verscheiden-
heden, meer afwisseling in dan in de laatste. Merkwaardig is het te voorschijn komen van de Pinus-soort, van de
Salix (tot onder aan het strand) en Potamogeton; karak-
teristiek is de groote ontwikkeling van het geslacht Ne-
penthes; en dat de Soendasche Flora op één soort na
ontbreekt.

(10) De heer Teysmann heeft, van Padang uitgaande, in 1855 en 1856, eene
reis door de binnenlanden van Sumatra gemaakt, en belangrijke verzamelingen,
van levende en gedroogde planten voor den plantentuin meêgebragt. Zollinger bezocht de Lampongs in 1845. De Flora van de westelijke afhelling van Sumatra
is veel beter bekend dan die van de oostelijke, en van de vlakten in het n. De heer
Blume ontving vele planten uit het Palembangsche van wijlen den heer Praetorius,
vooral palmen zie de Rumphia).

III. Het zuidelijke, *Soendasche*, rijk. Het omvat die lange en lang uitgestrekte rei van eilanden, van straat Soenda tot aan den n. o. hoek van Timor; dus de eilanden Bali, Lombok, Sumbawa, Flores, en den Archipel van Adenare tot aan het eiland Wetter. Als geisoleerde gedeelten liggen z. o. hier nog voor: de eilanden Soemba, de Archipel van Sawoe, en Timor.

De strekking van de massa is meerendeels w. en o.

De as wordt gevormd door eene rei van vulkanische kegels, die tot 12000 voet hoog zijn (11). In n. en z. vindt men meer of min kalkformaties, zonder dat zij eene

---

(11) Wij hebben van geen gedeelte van den Archipel zooveel hypsometrische opgaven als van dit gedeelte. Zij worden opgenomen en jaarlijks vermeerderd en herzien, in den „Almanak voor Nederlandsch-Indie. Batavia" 8vo, vroeger werden zij opgegeven door den onvermoeiden Melvill van Carnbee.

Over de hoogten van Java raadplege men het jongste werk van den heer Junghuhn, hetwelk echter de opgaven van anderen niet opgenomen heeft, terwijl zij door Melvill getrouw worden opgesomd. Om zich intusschen te kunnen orienteren, voegen wij hier bij

Het hoogste eiland in Straat Soenda, Poeloe Bessi, is 2736 vt. rijnl. (Melvill). Een berg op Java is over de 11000 vt., de Smiroe 11911 volgens Zollinger (hypsom.),.

11878	volgens	Junghuhn barom.
11610	»	Smits trigonom.

Acht zijn over de 10000 vt., namelijk de Slamat (10999), de Sindoro (10388 Melv.), de Soembing (10848 Melv.), de Merbaboe (10338 Melv.) de Lawoe (10414 Junh.), de Wahrau (10058 Zoll.), de Ardjoeno (10055 Melv.). De Raoen (10830 Melv.). Zes toppen verheffen zich boven de 9000 vt., de Pangerango (3023, 5 M. naar zenithafstanden, en 3041, 6 meters, naar barometerberekening van De Lange), de Gedeh, de Tjermai, de Kawi, de Argopoero, en de Idjen (9725 Zoll). Zes zijn er, die eene hoogte van meer dan 8000 vt. bereiken: het Prahoe-gebergte, de Merapi, de Wilis, het Tengger-gebergte (de top Lemboeng), de Krintjing, en de Ranteh.

Op Bali is de piek van Bali (G. Agoeng), volgens Melvill, 10511 vt.; de berg Tabanan 7615

De hoogste vulkaan in den Archipel is op Lombok: de Goenoeng Rindjani,

bijzonder groote uitgebreidheid hebben. Timor levert alleen meer geologische afwisselingen op, en valt buiten de vulkanische formatie. Het klimaat is een eilands-klimaat, en de jaargetijden zijn, over het algemeen, scherper afgebakend dan in het Maleische rijk. Botanisch is het Soendasche rijk het beste van de 5 provinciën bekend. Op Java hebben Noronha, Thunberg, Radermacher, Leschenault, Horsfield, Reinwardt, Blume, de verschillende leden van de Natuurkundige kommissie (Zippelius, Kuhl, Van Hasselt, Korthals, Junghuhn), Hasskarl, Teijsmann, Zollinger en Lobb, onderzoekingen ingesteld en verzamelingen gemaakt. Bali werd door Lobb en Zollinger bezocht, de verdere eilanden tot aan Flores, alleen door Zollinger. Voor Timor moeten wij Zippelius en Spanoghe, en de Franschen Gaudichaud en Decaisne (met zijne Flora Timoriensis) noemen. De Flora heeft door de hooge bergen en de vulkanische formatie een eigenaardig karakter, en overgangen tot die van den Himalaya, van Japan, en van Australië. Aan de laatste herinneren de kasuarinabosschen van het o.; Leucopogon javanicus de Vriese, Lagenophora Labillardieri DC. en Haemodoraceen (zooals de Franquevillea modesta en major R. en Zoll), zekere Myrtaceen, en andere.

Staatkundig behoort het gebied, op een klein hoekje na, aan de Nederlanders, en vormt het middelpunt van hun ge-

---

door Zollinger beklommen, volgens Melvill 13378, volgens Smits 11490 vt. hoog. De hoogste top van den Tambora, op het eiland Sumbawa, is, volgens Melvill, 9017 vt. De andere hoogere bergtoppen liggen tusschen de 3000 en 5400 vt. Zie, over den Tambora, het werk van Zollinger: » Der berg Tambora, enz." Winterthur 1855 4°.

Op Flores is de hoogste piek (Oemboe-oe-Romba), volgens Melvill, 8798 vt een andere 7301; de Lobetobi 6912 hoog. Van Timor zijn geene opgaven van naauwkeurig opgemeten hoogten bekend. De Allas moet 11500 vt. hoog zijn; de anderen worden op 4500 tot 6000 vt geschat.

zag. Het noordelijk gedeelte van Timor staat alleen nog maar onder Portugesche heerschappij.

IV. Het oostelijk rijk, dat der *Molukken*. Het omvat het groote eiland Celebes, en de kleinere eilanden ten z. b. v. Saleyer en de Zeeroovers-eilanden; ten n. de Sangir- en Talaut-eilanden; verder de eigenlijke Molukken, d. i. al de eilanden tusschen Celebes, Nieuw-Guinea en het n o. van Timor gelegen; eindelijk het groote dubbel-schiereiland van Nieuw-Guinea zelf. Ik reken Celebes tot deze en niet tot de centrale groep van Borneo, om zijn' gebroken vorm en eilandachtigen aard, om zijne vulkanische natuur, en zijne verschillende betrekkingen tot de oostelijke eilanden.

Van dit rijk zijn vele deelen nog zeer onvolkomen bekend; zooals het binnenste van Celebes, Gilolo en geheel Nieuw-Guinea.

Het geheel is weder, of nederlandsche bezitting, of onafhankelijk land. De klimatologische verschijnselen verschillen zeer veel van die der vorige rijken, maar zijn nog niet genoegzaam bekend. De jaargetijden moeten (verder naar het o.), naar men zegt, juist andersom zijn dan in het Soendasche rijk. Wat wij van de Flora van dit gebied weten, hebben wij vooral aan den onvermoeiden Rumph te danken, die hier zeker de koryfee der natuuronderzoekers is (12). Reinwardt maakte verzamelingen op Manado en Ter-

(12) Ik kan mij in 't geheel niet met de meening van Hooker en Thomson (Flora indica I p 45) vereenigen Het is mogelijk, dat de Hortus malabaricus van Rheede in sommige opzigten de voorkeur verdient, dat het werk zelfs geleerder is, maar dat de afbeeldingen beter zijn blijft ondertusschen nog te bewijzen Door de opvatting, door het scherpzinnig indringen in alle levensverschijnselen van de plantenwereld, door de levendigheid van voordragt, die zelfs aan het humoristische grenst, staat Rumph op een hooger standpunt; en zijn Herbarium Amboinense zal, door alle eeuwen heen, een zelden overtroffen werk blijven Dezelfde schrijver (pag. 56) denkt ook wel wat min over Blanco. Als het werk in het latijn in plaats van in het spaansch geschreven was, zou het

nate, Zippelius op Nieuw-Guinea; Zollinger in de Makassaarsche en Bonische landen, in het z. van Celebes, alsook op Saleijer.

De geographische en geologische gesteldheid levert veel verscheidenheid op, en is hoogst merkwaardig. Met betrekking tot de laatste verdient het opmerking, dat de vulkanische bergrei zich hier plotseling naar het n. ombuigt, en in eene dubbele keten naar den Archipel der Philippijnen oploopt. De w. gaat er van Saleijer, ([13]) over den Loempoe-Batang, (het hart van Celebes?), Manado en de Sangir-eilanden heen; de andere loopt insgelijks van P. Damme, P. Nila, Banda, den n. w. hoek van Nieuw-Guinea (?), Ternate en Tidore naar Magindanao, en wel naar het o. van het eiland, klimt dan door de Philippijnen tot aan Formosa op, en draait zich van dáár om naar Japan ([14]).

---

zeker bruikbaarder zijn, dan de vroegere „Bijdragen" van den heer Blume, ofschoon deze, in kritischen zin, hooger aangeschreven staan. Men ziet dat Blanco, zelfsnog meer dan de heer Blume, gebrek aan hulpmiddelen had. De geletterden in Europa hebben er geen begrip van, met welke zwarigheden de geisoleerde geleerde in de koloniën te kampen heeft, of welke moeijelijkheden er aan de uitgave van een werk aldaar verbonden zijn

(13) In 1847 bezocht ik het eiland Saleijer: Zie de verhandelingen van het B.t genootsch van kunsten en wetenschappen XXIII. p 8-12 1850. Het eiland bestaat uit twee paralelle bergketens, die in den Haroe of Aroe eene hoogte van 1902 vt. rijnl bereiken. De westelijke is van eene kalkformatie, de o. is trachiet-gebergte en valt loodregt in zee. Van werkdadige vulkanische verschijnselen vindt men nergens eenig spoor. De verder zuidelijk gelegene eilanden zijn takken van de nieuwste kalkformatie

(14) De Loempoebatang in het z. van Celebes is 9779 vt. hoog, volgens Melvill Manado, in het n. van Celebes, is nu door de astronomen De Lange geodesisch opgenomen. Zij geven, voor de na te noemen bergen, de volgende hoogten aan: Voor den hoogsten top van den Klabat, 6377 vt., van den Lokon 5090; den Sapoetan 5791; voor het meer van Tondano, 2204.

Bij kaap Donda, moet een berg van 8922 vt. zijn. De G. Api op Banda

Nog belangrijker is de geographische gesteldheid van de eilanden van dit rijk.

Wij merken op:

1°. Dat de afbrokkeling der land-massen naar het centrum van het rijk gerigt is. Celebes en Gilolo steken de armen naar het o., Magindanao naar het z. uit; Nieuw-Guinea naar het z. w.; Australië naar het n. w. De kusten van deze eilanden zijn, aan den tegenovergestelden kant, veel minder gebroken.

2°. Dat eene bijzonder merkwaardige splijting der massen in 4 deelen, in een allertreffendst paralellismus, merkbaar wordt.

Celebes, met zijne vier naar het o. z. o. en z. uitgespreide armen, kan tot type dienen. Nog scherper vertoont zich deze vorm in Gilolo. Elke goede kaart zal ons leeren, dat deze viervoudige vorm in de westelijk gelegene groote massen van eilanden, al is het dan ook minder in het oogvallend, als het ware verborgen, weêr uit te vinden is. Borneo heeft bepaald deze uitsprongen. De eerste, noordelijke, gaat door de Bangocaij- en Balabak-eilanden naar P. Palawan; de tweede over het schiereiland Oensang naar den Archipel van Soeloe; de derde is T. Kemoengan, in het o.; en de vierde Tanah Laut met P. Laut, in het z. o.

Veel minder gemakkelijk valt het dezen vorm op Sumatra uit te vinden. Alles is hier meer langs zijn lengteas gelegerd. De eerste n. o. uitsprong is de Archipel van Riouw; de tweede, oostelijke, het eiland Banka met Bili-

<hr>

is, volgens Smits, 1858 vt. hoog. De Salhoetoe, de hoogste berg van Amboina, volgens Forsten, 3890 vt.

De vulkaan van Ternate is, volgens denzelfden, 5336 vt., en die van Tidore 5376. Op Nieuw-Guinea is de Lamantjiii aan de Triton-baai, volgens Modera, 2390 vt. hoog.

ton; de derde, z. o. wordt gevormd door de bergen van Samangka, ten o. der baai van dien naam, en den Radja-Bassa met de eilanden van straat Soenda; de laatste, de zuidelijke, door het gebergte ten w. der Samangka-baai en het Prinsen-eiland in straat Soenda. Zou het paralellismus van dezen viervoudigen vorm in het oosten van deze land-massen een algemeene wet tot grondslag hebben? Vergeten wij niet, dat hetzelfde op ruimere schaal terug-gevonden wordt in de groote bergketen, die door Birma, het schiereiland van Malakka, Kambodja, en Cochin-China, afdalen.

3°. Dat het rijk der *Molukken* van eene analoge vorming is als het Maleisiaansche in zijn geheel genomen. Wij onderscheiden·

A. Eene *centrale* groep, die de eilanden Boero, Ceram, Amboina, enz. omvat. Weinig verstrooide eilandmassen.

B. Eene *westelijke* groep· Celebes met onderhoorige eilanden vóór zijne armen·

C. Eene *zuidelijke* groep· de vorming in de lengte heeft hier de overhand· de eilanden ten n o. en o van Timor, tot aan de Aroe-eilanden.

D. eene *oostelijke:* De schiereilanden van Nieuw-Guinea en onderhoorige eilanden·

E. Eene *noordelijke* groep (het verband met de analoge groep der Philippijnen)· Gilolo (Halmaheira) met Morotai en omliggende eilanden.

Wij hebben geen kennis genoeg om deze groepen nu reeds behoorlijk te kunnen karakteriseren, zelfs wanneer ons meer letterkundige hulpbronnen ten dienste stonden.

Het is bekend, dat de Molukken de bakermat zijn van de specerijen en de sago; terwijl in de Soenda-landen de rijst het hoofdvoedingsmiddel is, en de specerijen er slechts ingevoerd zijn. Dat eene toenadering tot de Flora van Au-

stralië in botansichen zin hier merkbaarder is dan in eenig
ander gedeelte van den Indischen Archipel, vloeit reeds
uit de geographische ligging voort. De Mimoseën en
Myrtaceën leveren er talrijke bewijzen van op. Hoe veel
echter op Nieuw-Guinea archipelagisch, en hoeveel er
australisch is, kunnen wij op het oogenblik nog niet
bepalen.

V. Het noordelijke, *Philippijnsche rijk.*

Het zou hoogst bezwaarlijk gaan, dezen Archipel van
den Malesiaanschen afgescheiden te willen houden. Niet
alleen het botanisch karakter, maar ook de ligging, de
geologische bouw, de spraakverwantschap, en vele punten van overeenkomt meer, verbinden hem aan den Indischen Archipel. Hij is er zelfs door 4 strooken van eilanden ten innigste mede vereenigd. De eerste loopt van
de noordpunt van Borneo, over de eilanden Bangoeaij, Balabak, Palawan en den Mindoro-Archipel tot aan Luzon;
de tweede van het schiereiland Oensang over den Archipel van Soeloe tot aan den z. w. hoek van Magindanao;
de derde van de noordpunt van Celebes over den San-
gir-archipel naar den zuidelijken uithoek van Magindanao; en de vierde, van Gilolo (Halmaheira), over de Mo-
rotai-en Talaut-eilanden naar de z. o. spits van Magindanao.

Dit eiland keert zijn afgebroken kant ook weer naar het
het z. d i. naar de Molukken: en het zijn weêr vier uitsprongen, Palawan medegerekend, waarmeê het aan de Archipelagische wereld sluit: als een anker dat aan vier ket-
tingen ligt.

De grootste massen land liggen in het z. en n., maar
zijn niet te groot om niet als eilanden beschouwd te blijven.
Bijna de geheele Archipel is van vulkanischen aard, en de
vulkanische reijen loopen hier te zamen, om zich als de

steel van een anker verder naar het n. uit te breiden.
De Flora van den Philippijnschen Archipel is ook nog zeer
onvolkomen bekend, maar toch beter dan die van het I^e,
IIe, en IIIe rijk (15).

Het werk van Blanco heeft door de verzamelingen van
Cunning eene belangrijke uitbreiding, en vele verbeteringen
ondergaan. De Flora moet, behalve met die van den Indischen Archipel, de meeste overeenkomst hebben met die van
Cochinchina en China, in de hoogere streken waarschijnlijk ook met die van Japan.

De kultuur van den tabak, van de kakao en van de
Musa textilis, die zich nu ook over den Indischen Archipel uitbreidt, is hier van groot gewigt. Rijst is een van
de hoofdvoedingsmiddelen. Het is wel te betreuren dat
de heer Miquel er niet toe gekomen is om de Flora der
Philippijnen ook in zijn werk op te nemen, hetwelk hij ten
deele doet, zonder er daardoor echter meer waarde aan te
geven: omdat hij de stof niet volledig behandeld heeft.

Het is hier de plaats niet om eene karakterschets, of eene
vergelijking der Flora Malesiana te bewerken, 't zij tegenover die van grootere landstreken, of wel van enkele rijken tegen over elkander. Daarentegen moet het wel inte-
ressant zijn den vlakken inhoud op te geven, dien het gebied der Malesiaansche Flora beslaat: waarbij ik mij aan
de opgaven van Melvill van Carnbee hond.

---

(15) Misschien is dit, met betrekking tot de Maleische Flora, te veel gezegd.
Het is voornamelijk de Flora van Luzon (Manilla), die bekend geworden is. De
zuidelijke eilanden zijn minder doorzocht, en worden om de zeeroovers ont-
zien en vermeden. Ik heb geene werken tot mijne dienst, waaruit ik eenige
hoogten in de Philippijnen zou kunnen opgeven.

I. Het *Centraalland* Borneo,   12743 □ geogr. mijl.
en onderhoorige eilanden;   255

Tot.   12998 □ mijlen.

II. Het *Maleische rijk.* Anda-
man en de Nikobaren, (16)   100   „   „
Sumatra.   8035   „   „
De onderh. eilanden ten w., . .   270   „   „
Banka, Biliton en onderhoorig-
heden, ...   360   „   „
De Archipel van Riouw, enz. .   92   „   „
Het schiereiland Malakka (17) tot aan
de n. br. van Bangkok, . .   3372   „   „
III. Het *Soendasche* rijk. 12219   „   „
Java, ... 2313   „   „
Madura en Sumanap, . . .   97   „   „
De kleinere eilanden bij Java,   34   „   „
Balie, ...   105   „   „
Lombok, ...   103   „   „
Bima en Sumbawa, ...   246   „   „
Flores of Ende, ...   252   „   „
De eilanden ten o. van Flores, .   115   „   „
Timor, , ...   613   „   „
De eilanden ten w. van Timor,   56   „   „
De Soemba-eilanden.   236   „   „
IV. Het rijk der *Molukken*, . .   4170   „   „

(16) Alleen naar schatting

(17) Volgens het voornoemde werk over dit schiereiland, dat 83000 □ engelsche mijlen als oppervlakte aangeeft.

Celebes	3578	
De onderhoorige eilanden in het z. en w, met Boeton, enz. .	187	W. groep
Bijbehoorende eilanden in het o. en n.	161	

De eilanden ten n. o. van Timor, tot aan Banda. . .	N. gr. 3926
	400

Ceram, ...	309	
Boero, ...	164	O. groep.
Amboina en onderhoorigheden.	64	

537

Nieuw-Guinea, nederl. gedeelte .	3210	O. gr.
De eilanden ten w. daarom,	271	

3481

Halmaheira of Gilolo, . . .	313	N. gr.
De omliggende eilanden , . . .	99	

412

8356 □ m

V. Het *Philippijnsche* rijk, . . 4324

Geheele vlakke inhoud 45868 □ m.

Dit is dus een vlakte inhoud, welke dien het van het w. en . van Europa te zamengenomen, vrij nabij komt.

---

(18) Waarschijnlijk te groot opgegeven. Misschien zijn de genoemde bezittingen op het oostelijk vastland er ook onder gerekend

(19) Met Basilan en de eilanden, die er ten z. van liggen

DESCRIPTIONES
SPECIERUM PISCIUM JAVANENSIUM
NOVARUM VEL MINUS COGNITARUM
DIAGNOSTICAE,

AUCT

P. BLEEKER.

Toen ik, thans ruim 12 jaren geleden, mijne ichthyologische nasporingen omtrent den Indischen Archipel begon, was ik er verre af te vermoeden, tot de uitkomsten te zullen geraken, welke ik sedert heb verkregen.

Door mijne standplaats aan Java gebonden en zonder betrekkingen elders in den Indischen Archipel, bepaalde ik mij in de eerste jaren van mijn verblijf in deze gewesten meer uitsluitend tot het onderzoek der vischfauna van Java, zijnde mij eerst in 1848 en vooral na 1850 het voorregt te beurt gevallen, van de meest verschillende oorden van den Indischen Archipel en zelfs van Bengalen, Japan en Australie, mij vischsoorten ter onderzoeking te zien toegezonden.

Java was, reeds tijdens het begin mijner nasporingen, van alle eilanden van den Indischen Archipel, in een ichthyologisch opzigt het meest bekend, voornamelijk door de verzamelingen van de voormalige Natuurkundige kommissie, welker bewerking, door den vroegtijdigen dood van Kuhl en Van Hasselt, voornamelijk heeft plaats gehad door Cuvier en den heer Valenciennes.

Maar alle onderzoekingen van vroegere jaren hadden tot op het jaar 1845 nog geene driehonderd soorten van Java doen kennen en van die soorten waren er nog vele, welker kennis weinig bepaald en volstrekt onvoldoende bleef.

Spoedig was ik tot de overtuiging gekomen, in hoe hooge mate deze tak van kennis ook nog voor Java te wenschen overliet. In weinige jaren tijds erlangde ik van Java meerdere honderden soorten en thans reeds draag ik kennis van ruim 1000 soorten van Java's zoete en kustwateren, welke zich, eenige tientallen uitgezonderd, alle in mijn kabinet bevinden.

Hoezeer ik verreweg het grootste gedeelte mijner Javasche visschen zelf heb verzameld, te Batavia en tijdens mijne talrijke togten over Java, heb ik geen gering gedeelte daarvan te danken aan de bereidvaardigheid van meerdere vrienden en in de wetenschap belangstellende mannen, die mij met de meest belanglooze welwillendheid van verschillende plaatsen van Java verzamelingen hebben doen toekomen, door welke ik vooral in staat gesteld word, omtrent de geographische verbreiding der visschen over en om Java talrijke gegevens mede te deelen.

Zoo ontving ik op verschillende tijdstippen min of meer belangrijke voorwerpen van de heeren

C. A. Bensen, Officier van gezondheid 1e kl., van Bantam.

J. G. X. Broekmeijer, Officier van gezondheid 1e kl., van Pasoeroean en Malang.

Dr. O. Brummer, Officier van gezondheid 2e kl, van Kediri.

S. Van Deventer, Adsistent-resident van Buitenzorg, van Pasoeroean en het meer van Grati.

Dr. C. L. Doleschall, Officier van gezondheid 2e kl, van Karangbollong.

G. H. G. Harloff, Oud Officier van gezondheid 1e kl., van Soerakarta en Pagotang. aan Java's zuidkust.

Dr. J. Hartzfeld, Officier van gezondheid 1e kl., van Soerabaja.

O. F. W. J. Huguenin, Ingenieur van het mijnwezen, van Buitenzorg.

Dr. F. Junghuhn, van de Preanger-regentschappen en het meer van Pandjalloe, in Cheribon.

N. M. Klein, Tabaksfabrikant te Penawangan, van Poerwodadi.

C. P. Brest van Kempen, Resident van Bantam, van Bantam en Lebak.

N. J. H. Kollmann, Kontroleur der 1e klasse, van Bantam en Pandeglang.

D. C. Noordziek, Adsistent-resident van Toelong-agoong, van Prigi, aan Java's Zuidkust.

O. Van Polanen Petel, Adsistent-resident van Malang, van Malang's zuidkust.

J. F. Schultze, Adsistent-resident van Ambal, van Karangbollong, aan Java's Zuidkust.

J. E. Teijsmann, Eerste hortulanus van 's lands plantentuin te Buitenzorg, van Buitenzorg en de Preanger-regentschappen.

R. P. Tolson, Koopman, van Java's westhoek.

Jkhr Mr H C Van der Wijck, Resident der Preanger-regentschappen, het regentschap Tjandjioer.

H. Zollinger, te Banjoewangi, van Bondowosso.

Ik acht het een' pligt, welks vervulling mij tevens hoogst aangenaam is, hier openlijk mijne erkentelijkheid voor die toezendingen te betuigen.

In een afzonderlijk artikel, hetwelk ik in een volgend nummer van dit Tijdschrift hoop openbaar te maken, zal ik eene volledige lijst geven van alle vischsoorten, welke mij tot nu toe van Java zijn bekend geworden, met bijvoeging der inlandsche namen, voor zooverre ik ze heb kunnen uitvorschen en der plaatsen van voorkomen.

Hier volgen de korte beschrijvingen van eenige soorten van Java, gedeeltelijk reeds geruimen tijd geleden opgemaakt, gedeeltelijk ontworpen naar voorwerpen, eerst in de jongste maanden in mijn bezit gekomen.

SCIAENOIDEI.

Johnius diacanthus Cant. Mal. Fish p. 67.

John corpore oblongo compresso, altitudine $4\frac{3}{4}$ ad $4\frac{1}{5}$ in ejus longitudine, latitudine $1\frac{3}{5}$ circiter in ejus altitudine, capite $4\frac{2}{3}$ ad $4\frac{1}{5}$ in longitudine corporis, altitudine capitis $1\frac{1}{3}$ ad $1\frac{3}{7}$, latitudine 2 fere ad 2 in ejus longitudine, oculis diametro $4\frac{1}{4}$ ad $6\frac{2}{3}$ in longitudine capitis; linea rostro-dorsali vertice concaviuscula, rostro acutiusculo convexo oculo longiore, non ante os prominente, antice poris 5 valde conspicuis; maxilla superiore maxilla inferiore paulo longiore, paulo vel vix post oculi marginem posteriorem desinente, $2\frac{1}{4}$ ad $2\frac{1}{2}$ in longitudine capitis; ore antico, rictu parum obliquo; dentibus maxillis bene conspicuis, maxilla superiore serie externa utroque latere p. m. 18 dentibus seriebus internis multo majoribus postrorsum decrescentibus caninis nullis; maxilla inferiore dentibus dentibus maxilla superiore externis multo minoribus, mento poris 5 bene conspicuis; praeoperculo leviter obtusangulo angulo rotundato, margine posteriore anguloque dentato; linea dorsali valde convexa; linea ventrali rectiuscula; linea laterali usque sub medio pinnae dorsalis radiosae curvata, singulis squamis ramosa; squamis lateribus 55 p. m. in linea laterali, squamis postanalibus squamis postscapularibus et dorsalibus majoribus, pinna dorsali parte spinosa parte radiosa multo minus duplo breviore sed ea multo altiore acuta spinis gracilibus 3^a et 4^a spinis ceteris longioribus $1\frac{3}{5}$ circiter in altitudine corporis, spina 1^a minima, ultima penultima longiore, pinnis pectoralibus acutis 6 ad $6\frac{1}{7}$, ventralibus acutis $7\frac{1}{4}$ ad $7\frac{1}{2}$, caudali rhomboidea junioribus postice acuta, adultis obtusiuscula, $4\frac{3}{5}$ ad 7 et paulo in longitudine corporis; anali obtusa rotundata dorsali radiosa altiore spina 2^a mediocri radio 1° multo breviore, laevi, $2\frac{1}{4}$ ad $3\frac{1}{4}$ in longitu-

dine capitis: colore corpore superne dilute ad profunde viridescente-
griseo, inferne argenteo, griseo vel flavescente, squamis corpore
plus minusve fusco arenatis; pinnis flavescentibus, plus minusve
fusco arenatis, dorsali et caudali maculis rotundis interspinalibus
et interradialibus fuscis; dorso lateribusque junioribus maculis rotundis fuscis; pinnis pectoralibus, ventralibus analique junioribus
frequenter totis nigris.

B. 7. D. 11/22 ad 11/24 vel 10—1/22 ad 10—1/24. P. 2/17
v. 2/18. V. 1/5. A. 2/7 vel 2/8. C. 1/15/1 et lat. brev.

Syn. *Lutjanus diacanthus* Lac. Poiss. IV p. 195, 244.

Lutjan diacanthe Lac. ibid.

Nella katchelee Russ. Cor. Fish II fig. 115.

Katchelee Russ. ibid. II fig. 116.

Sciaena platycephala K. v. H. sec. ic. inedit.

Johnius cataleus Cuv. Règn. anim. ed. 2ᵃ II p. 172, ed
3ᵃ Poiss. p. 81.

Corvina catalea CV. Poiss V p. 95, Voy. Ind. Orient. Be-
lang. Zool. p. 360. Richds. Rep. 15ʰ Meet. Brit Assoc.
Fish. Chin, Jap. p. 226. Blkr, Verh. Bat. Gen. XXIII
Sciaen. p. 18.

Johnius ponctué CV. Poiss. V p. 95.

Corvina platycephala K. v. H. sec. CV. Poiss. V p. 98.

Johnius à tête plate CV. Poiss. V p. 98.

Corvina nalla katchelee Richds. Rep. 15ʰ Meet. Brit. Assoc. Fish. Chin. Jap. p. 226.

Sciaena maculata Gr. Illustr. Ind. Zool II tab. 89 fig. 3.

Ikan Tambareh Mal. Fret. Malacc.

Ikan Samgeh Mal. et Sinens. Batav.

Ikan Tigowodjo Javan. Samarang.

Ikan Ganglomo Javan. Surabaja.

Habit. Batavia, Samarang, Surabaja, Java insulae, in mari.
Kammal, Madura insulae, in mari.
Banka ins. in mari.

Longitudo 11 speciminum 165''' ad 874.'''

Aanm. Ik kan thans met zekerheid zeggen, dat Sciaena

platycephala K. v. II., in de groote Histoire naturelle des Poissons aangeduid onder den naam van Corvina platyce-phala, tot Johnius diacanthus Cant. of Corvina catalea CV. be-hoort, zijnde zij daarvan slechts de oudere leeftijdstoestand. De grootere voorwerpen der soort, welke te Batavia nu en dan worden ter markt gebragt, hebben een zeer smakelijk vleesch en worden tegen hooge prijzen verkocht.

De vlekteekening van ligchaam en vinnen gaat in den ver gevorderden leeftijd gewoonlijk geheel verloren, terwijl de kleuren der gepaarde vinnen lichter worden. Ik heb voor-werpen gezien van meer dan $1\frac{1}{2}$ meter lengte.

CHAETODONTOIDEI.

Chaetodon decussatus CV. Poiss. VII p. 41.

Chaet. corpore disciformi, diametro dorso-ventrali 2 circiter in longitudine corporis; capite acuto $3\frac{3}{5}$ ad 4 in longitudine corporis; oculis diametro $2\frac{3}{5}$ ad 3 in longitudine capitis; linea rostro-dorsali capite concava nucha vix convexa linea rostro-ventrali non vel paulo tantum longiore; rostro acuto squamoso; praeoperculo obtus-angulo rotundato angulo denticulato-crenato; squamis lateribus 35 p. m. in serie longitudinali; pinnis dorsali et anali obtusangulo-rotundatis; dorsali spinosa spinis 4ª, 5ª et 6ª spinis posterioribus subaequalibus paulo longioribus; pectoralibus acute rotundatis 4 circiter, ventralibus acutis radio 1° in filum breve productis $4\frac{1}{4}$ ad $4\frac{1}{4}$, caudali extensa convexa 6 fere in longitudine corporis; co-lore corpore luteo; fascia oculari violaceo-fusca albido limbata, to-tum oculum amplectente, inferne interoperculo desinente, superne spinam dorsi 1ᵐ attingente et tota nucha cum fascia lateris oppo-siti unita; fronte verticeque vittis transversis 5 vel 6 aureis; cor-pore striis violaceis quasi subcutaneis notato, striis antero-supe-rioribus p. m. 6 a pinna dorsi spinosa oblique antrorsum regionem nucho-scapularem versus descendentibus, striis postero-inferioribus p. m. 14 a stria antero-superiore postica postrorsum caudam pin-namque analem versus descendentibus; fascia latissima transversa violacco-nigra dorsalem radiosam totam fere, caudam totam fere et pinnae analis partem basalem posteriorem et partem centralem amplectente; dorsali spinosa lutea superne violascente-nigro limbata; pectoralibus ventralibusque flavescentibus; anali parte lata nigra excepta pulchre flava vitta intramarginali nigro-fusca; pinna caudali dimidio basali pulchre flava, tertia parte posteriore violascente-hyalina, media vitta transversa gracili, dimidio basali vitta transversa lata semilunari fusco-violaceis.

B. 6. D. 13/25 vel 13/26 vel 11/26 vel 11/27. P. 2/14. V. 1/5. A. 3/20 ad 3/22. C. 1/15 /1 et lat. brev.

Syn. *Rhombotides* 5 Klein, Miss. Pisc. IV p. 36 tab 9 fig 2?
Païnah Russ. Cor. Fish. I p. 65 fig 83.
Chaetodon vagabundus L. ? Russ. ibid., Benn. Ceyl. Fish. p 7 tab 7 (nec. Bl. nec CV.)
Chétodon croisé CV. Poiss. VII p. 41.
Gal-lella Cingal.
Tarate Indig. Ponticer.

Habit Karangbollong, Prigi, Java australis, in mari.
Longitudo 4 speciminum 76''' ad 118'''.

Aanm. Het komt mij zeer twijfelachtig voor, dat de aangehaalde afbeelding van Klein tot de onderwerpelijke soort betrekking heeft, vermits eensdeels de kleurverdeeling op die afbeelding onduidelijk is en niet juist aan die van Chaetodon decussatus CV. beantwoordt en ten andere in Klein's beschrijving sprake is van 17 rugdoornen, welke ook in de afbeelding zijn aangegeven.

De soort wordt grooter dan mijne voorwerpen. Zij was tot nog toe niet van den Indischen Archipel bekend.

OSPHROMENOIDEI.

Anabas scandens Cuv. Règn anim. ed. 3ᵃ Poiss. 73 fig. 2, tab. 74 fig. 1. Hist. Poiss. VII p. 249 tab. 193. Blkr, Verh. B. G. XXIII Vissch Doolh. Kieuw. p. 8 ex parte.

Swains. Fish Amph II p. 237. Cant. Ann. Nat Hist
IX p. 28, Catal. Mal. Fish. p 82. Richds. Rep. 15ʰ
Meet. Brit Assoc Fish. Chin Jap. p 250. Jerdon Madr.
Journ XV p. 144

Anab. corpore oblongo compresso, altitudine spinam dorsi 1ᵐ
inter et spinam ventralem 3⅓ ad 3¾ fere, supra spinam analem
1 3 ad 3¾ in ejus longitudine, latitudine (capite) 2 fere ad 1½
in ejus altitudine; capite obtusiusculo convexiusculo 3¾ ad 4 in
longitudine corporis; altitudine capitis 1⅕ ad 1¼ in ejus longitudine, oculis diametro 3 et paulo ad 4½ in longitudine capitis, diametro 1 et paulo ad 1⅓ distantibus; linea rostro-dorsali convexa
vertice vulgo rectiuscula; rostro obtuso oculo breviore; maxillis
aequalibus, superiore sub pupillae parte anteriore desinente 3 et
paulo in longitudine capitis; dentibus maxillis pluriseriatis, serie
externa seriebus internis majoribus; dentibus vomerinis anticis
parvis in vittam brevem semilunarem, vomerinis posticis valde
conspicuis obtusis in figuram ⊤ formem dispositis; osse suborbitali,
angulo praeoperculi (speciminibus pluribus), operculo, suboperculo interoperculoque dentatis; dentibus angulo operculi et subo-
perculi elongatis, squamis ctenoideis, lateribus 31 in serie longitudinali, 15 vel 16 in serie transversali; linea laterali singulis
squamis tubulo simplice utroque latere poro vel fovea munito notata, sub spinis dorsi penultimis interrupta, pinnis dorsali et anali parte spinosa parte radiosa humilioribus, dorsali spinis 5ᵃ, 6ᵃ,
7ᵃ, 8ᵃ et 9ᵃ spinis ceteris, anali spinis 4ᵃ, 5ᵃ et 6ᵃ spinis ceteris
longioribus; dorsali et anali radiosis rotundatis, dorsali anali paulo
altiore corpore duplo vel plus duplo humiliore; pectoralibus obtusis
rotundatis 5 ad 5½, ventralibus acutiuscule rotundatis 7 ad 8,
caudali obtusa rotundata 4½ ad 5 in longitudine corporis; colore
corpore superne nigricante- vel violascente-olivaceo, inferne plus
minusve aurantiaco; vittis junioribus maxillo-praeoperculari et
maxillo-interoperculari fuscescentibus; membrana operculari macula nigra, cauda juvenilibus macula rotunda nigricante; pinnis
membrana violascente-hyalinis vel violaceis, radiis violascente-oli-
vaceis vel nigricantibus, ventralibus frequenter aurantiacis.

B. 6. D 17/9 vel 17/10 ad 18/10 vel 18/11 P. 2/13 ad 2/15
V. 1/5. A. 10/10 vel 10/11 vel 11/11. C 1/14 /1 et lat. brev

Syn. *Verkensvisch* Nieuh. Gedenkw. Zee- en Lautr. fig. cop
Willughb. App. p 4 tab. 4 fig 4.

Peixe porce Lusit. Willughb App p. 4 tab 4 fig. 1.

Perca scandens Dald. Trans. Linn. Soc. III p. 62.

Anthias testudineus Bl Ausl. Fisch. tab. 322.

Schildkrotenfisch Bl. ibid.

Tortue Bl. ibid.

Amphiprion scansor et *Amphiprion* et *Cephalopholis scansor*
et *testudineus* Bl Schn. Syst posth. p 204 et 570

Lutjanus testudo, *Lutjanus scandens*, *Lutjan tortue* et *Lutjan grimpeur* Lac. Poiss. IV p 235, 239.

Sparus testudineus Shaw Gen. Zool. IV p. 471.

Coius cobojius Buch. Gang Fish p. 98, 370, tab 13 fig 33.

Anabas grimpeur Dict. Scienc. natur. Atl Ichthyol.

Anabas testudineus Cuv Règn. anim ed. 1ª II p 340, ed.
2ª II p 226, ed 3ª Text. Poiss. p. 158. Griff. Class.
Pisc. p. 218 tab. 52 fig. 1.

Anabas sennal CV. Poiss. VII p. 219.

Anabas spinosus Gray Ill. Ind. Zool II tab 89 fig 1.

Kletterfisch Oken Thier. Atl. fig.

Pannei-eri Tamul.

Nabiema Birmann

Sennal Tranqueb

Panne-ere Coromand.

Coi vel *Coimas* Bengal.

Geteh-geteh Manadon.

Betok, *Betik*, *Beto*, *Puju* et *Haroan* Mal.

Habit. Batavia, Dano lac., Serang, Tjiringin, Perdana, Tjibiliong, Pandeglang, Tjimanok, Cheribon, Lacus Pandjallu,
Gombong, Samarang, Ambarawa, Patjitan, Surakarta,
Modjokerto, Surabaja, Kediri, Grati, Pasuruan, Java
insulae in fluviis, lacubus et paludibus.

Boleling, Bali septentrionalis, in fluviis.

Bangkallang, Sumanap Madura insulae, in fluviis et

Lacus Sinkara, Pajakombo, Lacus Meninju, Padang, Priaman, Ulakan, Trussan, Benculen, Telokbetong, Palembang, Lahat, Moarakompeh, Sumatra insulae, in fluviis
et paludibus.

Toboali, Banka insulae, in fluviis.

Rio, Bintang insulae, in fluviis.

Maros, Tondano, Manado, Celebes insulae, in fluviis et
lacubus.

Bandjermasin, Prabukarta, Pengaron, Kahajan, Sambas, Pontianak, Borneo insulae, in fluviis et paludibus.
Longitudo plus quam 60 speciminum 67''' ad 171'''.

Aanm. Behalve de voorwerpen, naar welke ik de bovenstaande beschrijving heb opgemaakt, bezit ik nog eene rei
van een veertigtal voorwerpen van verschillende grootte,
welke van de kleinste tot de grootste van de beschrevene verschillen door slanker ligchaam, doch overigens geene kenmerken aanbieden, welke op een bepaald soortelijk
verschil duiden. Ik bewaar deze voorwerpen in mijn kabinet onder den naam van Anabas scandens CV. varietas gracilis. De voorwerpen van Anabas scandens verschillen nog
aanmerkelijk in habitus en kleuren naar de leeftijden en woon-
plaatsen. Vaste klimaats-verscheidenheden, naar de eilanden
van voorkomen, heb ik tot nog toe niet kunnen ontdekken,
daar de voorwerpen, welke ik van verschillende eilanden van
den Indischen Archipel ontvangen heb, overeenkomstige kleur
en vormschakeringen aanbieden als mijne javasche voorwerpen.

TEUTHIDES.

Amphacanthus dorsalis CV. Poiss. X p. 104. M. Schl Verh
Nat. Gesch. Overz. Bez. Vissch p. 10, 13, pl. 2 fig. 1.
Blkr. Verh. Bat. Gen. XXII Teuth. p. 9

Amphac corpore oblongo compresso, altitudine 3⅓ ad 3⅓ in ejus

longitudine, latitudine 2⅗ circiter in ejus altitudine; capite 5¼ ad
5½ in longitudine corporis, aeque alto circiter ac longo; linea interoculari convexiuscula, linea rostro-dorsali ante oculos convexa
vertice concaviuscula; orbita antice prominente scabriuscula, oculis diametro 3 ad 2¾ in longitudine capitis, in medio capite circiter sitis; rostro obtuso convexo, absque maxilla superiore oculo
breviore; osse suborbitali angulo oris oculi diametro plus duplo
humiliore; maxilla superiore prominente, paulo ante oculum desinente; dentibus maxillis acutiusculis aequalibus, infra apicem
vulgo utroque latere apice laterali accessorio munitis, operculo
et osse scapulari vix vel non striatis, squamis minimis bene conspicuis, pinna dorsali partem spinosam inter et radiosam valde
emarginata, spinis mediocribus, leviter sulcatis, mediis ceteris longioribus 2¼ ad 2½ in altitudine corporis, spina 1ᵃ spina ultima
longiore; dorsali radiosa dorsali spinosa humiliore obtuse rotundata; pectoralibus apice acutis 6⅓ ad 6⅓, ventralibus angulatis 8
circiter, caudali extensa subsemilunariter emarginata lobis acutis
5⅓ ad 5 in longitudine corporis, anali spinis leviter sulcatis spina
media spinis ceteris longiore 2¼ ad 2¾ in altitudine corporis, colore corpore superne olivaceo vel aureo-olivaceo vel fusco, maculis margaritaceis distantibus lineam dorsi versus rotundis, ceteris
oblongis rotundis majoribus; corpore inferne albido, griseo vel fuscescente; regione suprascapulari macula rotunda fusca oculo non
vel vix majore; pinnis aurantiacis, ventralibus tantum albidis;
pinnis dorsali et anali fuscescente-aurantiaco nebulatis vel variegatis; ventralibus aurantiaco maculatis, caudali fasciis diffusis
transversis fuscescente-aurantiacis.

B. 5. D. 1 proc. + 13/10 vel 13/11. P. 2/14 vel 2/15. V. 1/3/1.
A. 7/9 vel 7/10. C. 1/15/1 et lat. brev.
Syn. *Amphacanthus maculatus* K. v H. Mss.
Amphacanthe à dos tacheté CV. Poiss. X p. 105.
Teuthis dorsalis Cant. Cat. Mal. Fish. p. 209.
Leervisch Neerl. Ind. Orient.
Ikan Bronang-bronang Mal. Batav.
Ikan Samadar et *Ikan Madar* Javan. Samar.
Kitang Mal. Fret. malacc.

Habit. Batavia, Bantam, Anjer, Samarang, Java insulae, in
    mari.
    Benculen, Padang, Sibogha, Sumatra insulae, in mari.
    Nias insul. in mari.
    Batu insul. in mari.
    Gassongassam, Banka insulae, in mari.
    Macassar, Manado, Celebes insulae, in mari.
    Ternate, in mari.
    Labuha, Batjan insulae, in mari.
    Amboina, in mari.
    Wahai, Ceram insulae, in mari.
    Timor-kupang, Timor insulae, in mari.
Longitudo 17 speciminum 120''' ad 210'''

Aanm. Amphacanthus dorsalis is te Batavia de het meest
voorkomende soort uit de familie der Teuthieden. Haar vleesch
is smakelijk, even als dat harer overige geslachtsgenooten,
welke in de baai van Batavia voorkomen. De aangehaalde
afbeelding is vrij goed.

Amphacanthus margaritiferus CV. Poiss. X p. 106 (nec
    synon.). Richds. Rep. 15ᵗʰ Meet. Brit. Assoc. Fish. Chin.
    Jap. p. 243 (nec synon. except. A. albopunctato T. Schl ?).

Amphac. corpore oblongo compresso, altitudine 3 ad 3⅓ in ejus
longitudine, latitudine 3 circiter in ejus altitudine; capite 4⅔ ad
5¾ in longitudine corporis, aeque alto circiter ac longo; linea interoculari convexiuscula; linea rostro-dorsali ante oculos convexa,
vertice concaviuscula; orbita antice prominente scabriuscula; oculis
diametro 2⅔ ad 3 in longitudine capitis, majore parte in dimidio
capitis posteriore sitis; rostro obtuso convexo, absque maxilla superiore oculo breviore; osse suborbitali angulo oris oculi diametro plus
duplo humiliore; maxilla superiore prominente, paulo ante oculum
desinente; dentibus maxillis truncatiusculis vel acutiusculis aequalibus, infra apicem frequenter utroque latere apice laterali accessorio munitis; operculo et osse scapulari conspicue striatis; squa-

mis minimis bene conspicuis; pinna dorsali partem spinosam inter et radiosam valde emarginata, spinis mediocribus leviter sulcatis mediis ceteris longioribus 3 ad 3½ in altitudine corporis, spina 1 spina ultima longiore; dorsali radiosa dorsali spinosa humiliore obtuse rotundata; pectoralibus apice acutis 6 ad 7, ventralibus angulatis 8 ad 11, caudali extensa subsemilunariter emarginata lobis acutis 4½ ad 5 in longitudine corporis; anali spinis leviter sulcatis 2ᵃ, 3ᵃ et 4ᵃ spinis ceteris longioribus 3 ad 3½ in altitudine corporis, parte radiosa dorsali radiosa humiliore obtusa convexa, colore corpore superne umbrino-olivascente vel umbrino-violascente vel umbrino-roseo, inferne vulgo dilutiore vel roseo-albido; capite corporeque ubique guttulis parvis lineam dorsalem versus capiteque rotundis, lateribus oblongiusculis numerosis vel numerosissimis margaritaceis; macula saprascapulari fusca nulla; pinnis aurantiaco-hyalinis, imparibus plus minusve fuscescente vel profunde olivaceo variegatis.

B. 5. D. 1 proc. + 13/10 vel 13/11. P. 2/13. V. 1/3/1 A. 7/9 vel 7/10 C 1/15/1 et lat. brev.

Syn. *Amphacanthe perlé* CV. Poiss. X p. 106.

Amphacanthus albopunctatus T. Schl. Faun. Jap Poiss p. 128?

Habit. Batavia, in mari.

Tjirutjup, Biliton insulae, in aquis fluvio-marinis.

Boleling, Bali insulae, in mari.

Batu insul. in mari.

Manado, Celebes insulae, in mari.

Ternata, in mari.

Longitudo 26 speciminum 110''' ad 273.'''

Aanm. Deze soort is zoo na verwant aan Amphacanthus dorsalis CV., dat ik langen tijd geaarzeld heb, haar als eene eigene species te beschouwen Sedert in de gelegenheid, eene groote rei voorwerpen van beide soorten van verschillende leeftijdstoestanden met elkander te vergelijken, is mij het soortelijk verschil meer bepaaldelijk gebleken. De onderwerpelijke Amphacanthus is standvastig in hare verschillende leef-

tijdstoestanden hooger van ligchaam dan Amphacanthus dorsalis, en heeft de vlekjes van rug en zijden veel kleiner en
talrijker, terwijl er de groote bruine bovenschouderblads-
vlek van Amphacanthus dorsalis ontbreekt. Afgescheiden van
deze verschillen is nog te wijzen op de rugdoornen, welke
bij Amphacanthus dorsalis betrekkelijk langer zijn, terwijl bij
laatstgenoemde soort de middelste aarsvindoorn de langste
is en de borstvin 1 tot 2 stralen meer bezit en operkel en
bovenschouderbladsbeen niet of naauwelijks gestreept zijn.

De soort, welke ik beschouw als te zijn Amphacanthus
canaliculatus Bl Schn. (Chaetodon canaliculatus Park), welke door den heer Valenciennes vermoed is dezelfde te zijn
als zijne Amphacanthus margaritiferus, wijkt in vrij talrijke
opzigten van de onderwerpelijke af, vooral door aanmerkelijk hooger ligchaam, sterk gegroefde rug- en aarsvindoor-
nen, dwarsche voorhoofds- en snuit-banden, blaauwe ronde
vlekken op kop en ligchaam, sterk gestreept operkel en bovenschouderbladsbeen, enz (vergel. Nat. Tijdschr. Ned. Ind.
III p. 580).

MUGILOIDEI.

Mugil bontah Russ. Corom Fish. II p. 64 tab. 180.

Mug. corpore subelongato vel elongato compresso, altitudine
$5\frac{1}{4}$ ad $4\frac{3}{4}$ in ejus longitudine; capite acuto depresso $5\frac{1}{3}$ ad $5\frac{1}{4}$ in
longitudine corporis; altitudine capitis $1\frac{4}{5}$ circiter, latitudine $1\frac{1}{3}$
ad $1\frac{1}{2}$ in ejus longitudine; oculis diametro $4\frac{1}{2}$ circiter in longitudine capitis, $2\frac{1}{3}$ ad $2\frac{1}{2}$ in capitis parte postoculari, diametris 2
circiter distantibus; iride postice menbrana palpebrali semitecta;
linea rostro-dorsali vertice declivi recta; rostro leviter convexo
oculo non vel vix longiore; naribus anterioribus rotundis posterioribus subrimaeformibus majoribus; osse suborbitali leviter emarginato, denticulis angulo libero bene conspicuis; osse maxillari superiore ore clauso conspicuo; labio superiore carnoso

non papillato, denticulis maxillis conspicuis; maxilla superiore valde deorsum protractili; tuberculo inframaxillari symphysiali subconico; dentibus palatinis in thurmas 2 elongatas collocatis; lingua periphería thurmis denticulorum parvis obsita; foramine prae- vomerino nullo; praeoperculo acutangulo angulo rotundato, mar- gine posteriore obliquo emarginato; squamis lateribus 35 p. m. in serie longitudinali; pinnis dorsalibus plus longitudine pinnarum pectoralium distantibus; dorsali spinosa dorsali radiosa paulo humi- liore, spinis crassis 2ª ceteris longiore; dorsali radiosa acuta vix emarginata corpore multo humiliore, pectoralibus longitudine caput absque rostro subaequantibus; ventralibus angulatis pectoralibus vix brevioribus; anali acuta vix emarginata dorsali radiosa non vel vix humiliore spina 3ª radio 1° duplo fere breviore; caudali extensa vix emarginata 5 circiter in longitudine corporis; colore corpore superne olivaceo-viridi, inferne griseo vel argenteo; lateribus vittis 5 ad 8 longitudinalibus nigricantibus; pinnis dorsalibus et caudali sordide viridescentibus, ceteris albescentibus vel flavescentibus.

B. 6. D. 4—1/8. P. 2/14 vel 2/15. V. 1/5 A. 3/9 vel 3/10. C. 14 et lat. brev.

Syn. *Mugil cephalotus* CV. Poiss. XI. p. 18 (ex parte).
Ikan Belanakh Mal. Batav.

Habit. Batavia in mari.

Longitudo 2 speciminum 254''' et 310.'''

Aanm. Russell's Bontah, tot welke ik de boven beschre- vene specimina breng, schijnt eene andere soort te zijn als Mugil cephalotus CV. — Mugil bontah wijkt in talrijker opzig- ten af van Mugil cephalus CV. dan Mugil cephalotus CV., mist ook den zwartachtigen band op de basis der borstvin en schijnt korter van ligchaam te zijn.

Mugil belanak Blkr.

Mug. corpore elongato antice cylindrico postice compresso, alti- tudine 5½ circiter in ejus longitudine; capite acuto convexo 5 ad 5½ in longitudine corporis; altitudine capitis 1½ circiter, latitudine 1½ ad 1⅓ in ejus longitudine; oculis diametro 4 ad 4⅓ in longitudine capitis, 2 ad 2⅓ in capitis parte postoculari, 1¼ ad 2 distantibus; iride postice membrana palpebrali semitecta; linea rostro-dorsali vertice convexa; rostro leviter convexo oculo non vel vix breviore; naribus anterioribus rotundis, posterioribus subrimaeformibus majoribus; osse suborbitali profunde emarginato denticulis angulo praesertim conspicuis; osse maxillari superiore ore clauso conspicuo et angulum suborbitalem superante; labio superiore carnoso non papillato; denticulis maxillis conspicuis; maxilla superiore deorsum valde protractili, tuberculo inframaxillari symphysiali subconico; dentibus palatinis in thurmas 2 oblongas collocatis; lingua peripheria thurmis denticulorum parvis obsita; foramine praevomerino nullo; praeoperculo acutangulo angulo rotundato margine posteriore obliquo emarginato; squamis lateribus 35 p. m. in serie longitudinali, parte basali striis 6 ad 14, squamis axillaribus parvis; pinnis dorsalibus longitudine pinnarum pectoralium distantibus; altitudine aequalibus, corpore multo humilioribus; dorsali spinosa spinis crassis 1ᵃ et 2ᵃ subaequalibus, dorsali radiosa acuta non vel vix emarginata; pinnis pectoralibus capite absque rostro brevioribus; ventralibus angulatis pectoralibus paulo brevioribus; anali acuta non vel vix emarginata, dorsali radiosa non humiliore, spina 3ᵃ radio 1° duplo fere breviore; caudali vix emarginata 5¼ ad 5½ in longitudine corporis; colore corpore superne profunde viridi inferne argenteo; pinnis dorsalibus et caudali viridescentibus, ceteris hyalinis vel flavescentibus; caudali postice fusco marginata.

B. 6. D. 4—1/8 vel 4—1/9. P. 2/14. V. 1/5. A. 3/9 vel 3/10.
C. 14 et lat. brev.

Syn. *Ikan Belanakh* Mal. Batav.

Habit. Batavia, in mari.

Longitudo 6 speciminum 130‴ ad 201.‴

Aanm. Deze soort is na verwant aan Mugil bontah Russ. en wijkt voornamelijk van haar af door bolle kruinlijn en het gemis van overlangsche ligchaamsbanden.

Mugil Dussumieri CV. Poiss. XI p. 109? Blkr Journ. Ind. Archipel. II Ichth. Sumbaw. p. 637.

Mug. corpore elongato antice cylindrico postice compresso, altitudine $5\frac{1}{4}$ ad 6 in ejus longitudine; capite acuto depresso 5 ad $5\frac{1}{4}$ in longitudine corporis; altitudine capitis $1\frac{3}{4}$, latitudine $1\frac{1}{4}$ ad $1\frac{2}{5}$ in ejus longitudine; oculis diametro 4 ad $4\frac{1}{4}$ in longitudine capitis, 2 ad $2\frac{1}{2}$ in parte capitis postoculari, $1\frac{1}{2}$ ad 2 distantibus; iride postice membrana palpebrali partim tecta; linea rostro-dorsali vertice declivi rectiuscula; rostro leviter convexo, junioribus oculo paulo breviore, adultis oculo paulo longiore; naribus anterioribus rotundis, posterioribus subrimaeformibus majoribus; osse suborbitali valde emarginato, denticulis margine inferiore et angulo valde conspicuis; osse maxillari superiore ore clauso conspicuo et angulum suborbitale superante; labio superiore carnoso non papillato; denticulis maxillis conspicuis; maxilla superiore deorsum valde protractili; tuberculo inframaxillari symphysiali subconico; dentibus palatinis in thurmas 2 oblongas collocatis; lingua peripheria thurmis denticulorum parvis obsita; foramine praevomerino nullo; praeoperculo acutangulo angulo rotundato, margine posteriore obliquo emarginato; squamis lateribus 35 p. m. in serie longitudinali, singulis parte basali striis 6 vel 7; pinnis dorsalibus minus longitudine pinnarum pectoralium distantibus, altitudine subaequalibus, corpore multo humilioribus; dorsali spinosa spinis crassis, 1^{a} et 2^{a} subaequalibus; dorsali radiosa acuta paulo emarginata; pinnis pectoralibus capite absque rostro vix brevioribus; squamis axillaribus brevibus; pinnis ventralibus angulatis pectoralibus vix brevioribus; anali acuta vix emarginata dorsali radiosa non vel vix humiliore, spina 3^{a} radio 1° minus duplo breviore; caudali leviter emarginata 5 circiter in longitudine corporis; colore corpore superne profunde viridi, inferne argenteo; pinnis dorsali et caudali viridescentibus, ceteris hyalinis vel flavescentibus; caudali postice nigricante marginata.

B. 6. D. 4—1/8 vel 4—1/9 vel 4—1/10. P. 2/14. V. 1/5. A. 3/9 vel 3/10. C. 14 et lat. brev.

Syn. *Muge de Dussumier* CV. Poiss. XI p. 109?
Ikan Belanakh Mal. Batav.

Habit. Batavia, in mari, et Bima, Sumbawa insulae, in mari.
Longitudo 10 speciminum 192''' ad 310.'''

BLENNIOIDEI.

Clinus xanthosoma Blkr.

Clin. corpore elongato compresso, altitudine $5\frac{1}{4}$ ad $5\frac{1}{4}$ in ejus longitudine, latitudine $1\frac{1}{2}$ circiter in ejus altitudine; capite acuto 5
ad $5\frac{1}{4}$ in longitudine corporis; altitudine capitis $1\frac{1}{4}$ circiter in ejus
longitudine; oculis diametro $3\frac{1}{2}$ ad $3\frac{1}{4}$ in longitudine capitis, diametro $\frac{1}{2}$ vel minus diametro $\frac{1}{4}$ distantibus; orbita superne cirro
fimbriato oculo breviore; rostro obtusiusculo oculo multo breviore;
cirro nasali cirro orbitali breviore et graciliore; maxillis aequalibus,
superiore sub oculi parte posteriore desinente parum protractili; labiis latis membranaceis; dentibus maxillis serie externa conicis
curvatis subaequalibus iis seriebus internis majoribus, dentibus vomerinis et palatinis parvis pluriseriatis, vomerinis in vittam sub-
semilunarem, palatinis utroque latere in thurmam brevem collocatis; praeoperculo rotundato; operculo postice emarginato; squamis capite trigonisque pectoralibus lateralibus et inferiore nullis,
cetero corpore minimis in cute sparsis; linea laterali post apicem
pinnae pectoralis valde deflexa, basi pinnae caudalis desinente;
pene curvato in filum producto; pinna dorsali spinosa duplice parte anteriore triaculeata spinis spinis parte posteriore longioribus 1^a
quam 2^a et 3^a longiore supra marginem praeoperculi posteriorem sita,
3^a longe a 4^a remota et cum ejus basi tantum membrana humili unita,
spinis dorsalis spinosae parte posteriore postrorsum sensim accrescentibus corpore humilioribus membrana interspinali parum emarginata, spina postica radio 1o humiliore, dorsali radiosa brevi
trigona radio postico cum basi pinnae caudalis unita; pectoralibus
obtusis rotundatis $5\frac{1}{4}$ circiter, ventralibus 7 circiter, caudali convexa $6\frac{1}{3}$ ad $6\frac{2}{3}$ in longitudine corporis; anali spina 2^a spina 1^a longiore radio 1o breviore, parte radiosa parte posteriore breviore
parte anteriore altiore rotundata dorsali radiosa non humiliore,
membrana parte anteriore interradiali profunde incisa; colore corpore pinnisque pulchre citrino

B. 6. D. 3—27/1 vel 3—27/5. P. 13. V. 3. A. 2/21. C. 15 lat.
brev. inclus.

Habit. Karangbollong, Java australis, in mari

Longitudo 3 speciminum 55''' ad 82'''.

Aanm. Tot nog toe was geene enkele soort van Clinus
van den Indischen Archipel bekend. De onderwerpelijke
soort heeft groote verwantschap met Clinus superciliosus CV.
van de Kaap de Goede Hoop, doch deze heeft de rugdoornen
alle hoog vereenigd, den kop slechts 4 maal in de lengte des
ligchaams, als formule der vinstralen D. 33/5 ad 40/9. A.
2/25 ad 2/31. P. 14 et V. 2, enz. De getallen der vinstralen en doornen blijven bij mijne drie voorwerpen verre
beneden het laagste uiterste van die der door den heer Valen-
ciennen waargenomene exemplaren van Clinus superciliosus.

LABROIDEI.

Julis (Halichoeres) javanicus Blkr.

Jul. (Halich.) corpore oblongo compresso, altitudine $4\frac{1}{2}$ circiter
in ejus longitudine, latitudine 2 circiter in ejus altitudine, capite
acuto, $4\frac{2}{5}$ circiter in longitudine corporis; altitudine capitis $1\frac{1}{4}$
circiter in ejus longitudine, oculis diametro 4 fere in longitudine
capitis, linea rostro-frontali declivi rectiuscula; rostro acuto oculo non vel vix longiore; dentibus maxillis conicis mediocribus anticis 2 caninis mediocribus curvatis; dente angulo oris mediocri
prominente; squamis nuchalibus et thoracicis squamis ceteris multo minoribus 28 p. m. in linea laterali; linea laterali ante flexuram
ejus caudalem singulis squamis ramosa; pinnis dorsali et anali basi
alepidotis; dorsali spinis mediocribus pungentibus postrorsum sensim accrescentibus, spina postica spinis ceteris longiore corpore multo
plus duplo humiliore; dorsali radiosa dorsali spinosa paulo altiore,
radiis postrorsum sensim decrescentibus, postice angulata, pectoralibus acute rotundatis 6 fere, ventralibus acutis 8 et paulo,
caudali obtusa convexa $6\frac{1}{4}$ circiter in longitudine corporis, anali

dorsali radiosa non vel vix humiliore postice angulata; colore corpore superne rosco-viridi inferne margaritaceo vel flavescente-roseo; dorso lateribusque maculis verticalibus oblongis vel subsemilunaribus violaceis subreticulatim unitis; capite superne violascente inferne margaritaceo-roseo vel flavescente-roseo vittis vel maculis conspicuis nullis; pinnis dorsali et anali pulchre roseo-rubris vel carmosinis luteo marginatis, dorsali ocellis aurantiacis margaritaceo cinctis in series 2 ad 4 longitudinales dispositis, anali ocellis nullis inferne violascente; pectoralibus roseis basi carneis basi superne macula parva trigona violaceo-nigra; ventralibus flavescente-roseis; caudali roseo-rubra vel carmosina angulis superiore et inferiore late flava, parte rubra ocellis numerosis aurantiacis margaritaceo cinctis in series 6 p. m. transversas dispositis.

B. 6. D. 9/12 vel 9/13. P. 2/13. V. 1/5. A. 3/12 vel 3/13. C. 1/12 /1 et lat. brev.

Hab. Karangbollong, Java australis, in mari.

Longitudo speciminis unici 85.'''

Aanm. Deze soort is verwant aan Julis (Halichoeres) mola CV., Julis (Halichoeres) Harloffii Blkr, enz., doch verschilt, behalve door habitus en andere bijzonderheden der kleurteekening, door afwezigheid van donkere rugvinvlekken en van alle vlek- of bandteekening op de wangen.

Ik heb het bovenbeschreven voorwerp te danken aan den heer F. J. Schultze, adsistent-resident van Ambal, in de residentie Bagelen.

SCAROIDEI.

Scarus bataviensis Blkr.

Scar. corpore oblongo compresso, altitudine 3⅔ circiter in ejus longitudine absque processubus caudalibus, latitudine 2 circiter in ejus altitudine; capite ore clauso obtuso convexo, linea anteriore ellipsoidea, 3⅔ in longitudine corporis absque processubus caudalibus, paulo longiore quam alto; vertice sat elevato; linea rostro-dorsali ubique convexa; oculis diametro 5¼ circiter in longitudine capitis, minus diametro 1 a linea rostro-frontali remotis; naribus minimis distantibus punctiformibus; rostro convexo cum maxilla superiore, ore clauso, oculo duplo circiter longiore; maxillis basi pallide roseis marginem liberum versus viridescente-roseis, superficie glabris, margine polycrenulatis; maxilla superiore angulo oris dentibus 1 vel 2 extrorsum spectantibus; labiis maxillas totas fere tegentibus tenuibus; squamis limbo praeoperculi nullis, lateribus 24 vel 25 in serie longitudinali; linea laterali vix ramosa; pinna dorsali spinis flexilibus subaequalibus, anterioribus autem sequentibus brevioribus, pectoralibus acutis 4½ fere, ventralibus acutis 6 et paulo, caudali postice convexa angulis producta absque angulis 6⅓ circiter in longitudine corporis absque processubus caudalibus; anali postice acuta; colore corpore pulchre viridi; squamis corpore singulis basi vitta lata transversa rosea; rostro fronteque violascente-roseis; genis viridescente-roseis; squamis opercularibus et interopercularibus maculis irregularibus roseis, labiis tricoloribus margine libero coeruleis, vitta intramarginali rosea et vitta 3ª viridi; vitta supralabiali superiore (3ª) et infralabiali marginali post angulum oris unitis et in vittam viridem oculi marginem antero-inferiorem attingentem productis; vittis postocularibus viridibus 2 brevibus; oculo margine pupillari argenteo, medio et inferne aureo, superne late viridi; pinna dorsali pulchre rubra antice et superne coeruleo marginata et vitta media longitudinali viridi; pectoralibus roseis basi et margine anteriore coeruleis, ventralibus coeruleis vitta intramarginali longitudinali rosea; anali rosea antice, inferne et postice coeruleo marginata, vitta media longitudinali lata diffusa viridi; caudali rosea, marginibus superiore et inferiore coerulea, vittis 3 vel 4 transversis latis coerulescente-viridibus, vittis superne et inferne postrorsum curvatis.

B 5. D. 9/10 vel 9/11. P. 2/12. V. 1/5. A. 3/9 vel 3/10. C. 1/11/1 et lat. brev.

Habit Batavia, in mari.

Longitudo speciminis unici 360‴.

Aanm. Vele der talrijke soorten van Scarus zijn moeijelijk te onderkennen, wanneer zij eenigen tijd in alkohol bewaard zijn geweest. De kleuren gaan gewoonlijk bij dit geslacht spoedig verloren en hare schakering verdwijnt dikwerf geheel. Ik bezit thans 32 soorten van Scarus van den Indischen Archipel, welke ik, op zeer enkele soorten na, alle in den verschen toestand heb waargenomen en naar dien toestand doen afbeelden Geen dier soorten komt genoegzaam met de onderwerpelijke overeen om deze er toe terug te brengen. Zij is voornamelijk kenbaar aan hare blaauwe randlipbanden en aan de eigenaardigheid, dat de bovenste of derde bovenlipsband (groene) zich met den rand-band der onderlip vereenigt en dan als een groene band naar het oog stijgt en zijnen vooronderrand bereikt. De diagnose wordt voorts in den verschen toestand gemakkelijk gemaakt door den overlangsche groenen rugvin- en aarsvinband en dwarsche blaauwe staartvinbanden. Zijn de kleuren ver-loren gegaan of onkenbaar geworden, dan wordt men in de diagnose geholpen door de bijkans mikroskopisch kleine neusgaten, den ellipsvormigen schedelomtrek (bij gesloten kaken) en de breede lippen, welke de kaken geheel of na-genoeg geheel kunnen bedekken.

In de groote Histoire naturelle des Poissons zie ik geene soort van Scarus beschreven, op welke de kleurteekening van de hier beschrevene past.

SILUROIDEI.

Clarias Teijsmanni Blkr.

Clar. corpore elongato antice cylindrico, postice compresso, al-titudine 9¼ circiter in ejus longitudine; capite depresso 5⅔ in lon-gitudine corporis; latitudine capitis 1¼, altitudine 2 et paulo in ejus longitudine; impressionibus frontali et occipitali valde distan-tibus, ovalibus, frontali occipitali vix majore; oculis diametro 10 vel 11 circiter in longitudine capitis; dentibus vomerinis obtusiusculis in vittam transversam curvatam medio quam lateribus latiorem dispositis; cirris nasalibus apicem ossis interparietalis paulo superantibus; cirris supramaxillaribus et inframaxillaribus externis subaequalibus apicem pectoralium paulo superantibus, inframaxillaribus medium fere pectoralium attingentibus, osse interparietali lato apice rotundato, pinnis dorsali, caudali et anali contiguis basi vix vel non unitis, postice rotundatis, caudali 6⅔ in longitudine corporis; pectoralibus ventralibusque rotundatis; pectoralibus spina ossea superne antice scabriuscula non dentata, parte ejus ossea capite plus duplo breviore; ventralibus pectoralibus minus duplo brevioribus; colore corpore pinnisque fuscescente-olivaceo, corpore guttulis luteis ex parte in series 12 vel 13 transversas dispositis, ex parte sparsis.

B. 9. D. 74. P 1/7 V 1/5 A 60. C. 19. p. m.

Habit. Tjikoppo, provinciae Buitenzorg, 900 metr. p. m. supra mare.

Longitudo speciminis unici 110'''.

Aanm. De onderwerpelijke soort is onder de soorten van Clarias mijner verzameling het naaste verwant aan Clarias leiacanthus Blkr. Zij is onder de soorten met van elkander afgezonderde ongepaarde vinnen gemakkelijk herkenbaar aan haar slank ligchaam, betrekkelijk korten kop, ongetanden borstvindoorn, lange voeldraden enz.

Ik noem haar ter eere van den heer J. E Teijsmann te Buitenzorg, aan wiens welwillende toezending ik de kennis van meerdere vischsoorten van de bergstroomen van den Gedeh en Pangerangoh te danken heb.

CYPRINOIDEI.

Cyprinus flavipinnis K. v. H. CV. Poiss. XVI. p 52 tab 457.

Cyprin. corpore oblongo compresso, altitudine 3½ ad 4¼ in ejus longitudine, latitudine 1⅔ ad 2 in ejus altitudine; capite 3¾ ad 4½ in longitudine corporis, altitudine capitis 1¼ circiter in ejus longitudine; linea rostro-frontali declivi rectiuscula; oculis diametro $3\frac{1}{3}$ ad $4\frac{1}{4}$ in longitudine capitis, diametro $1\frac{1}{4}$ ad $1\frac{1}{3}$ distantibus; rostro acuto oculo non vel paulo tantum longiore, maxilla superiore deorsum valde protractili, maxilla inferiore paulo longiore, ante oculum desinente; cirris maxillaribus brevissimis cirris labialibus plus duplo brevioribus, labialibus junioribus oculum attingentibus, aetate provectioribus oculum non attingentibus; dentibus pharyngealibus biseriatis molaribus 2/3 | 3/2 vel 1/3 | 3/1; praeoperculo rotundato limbo poris conspicuis seriatis obsito; operculo valde striato; dorso elevato ventre multo convexiore; osse scapulari obtuso rotundato; squamis parte libera et basali striis divergentibus, lateribus 85 vel 86 in serie longitudinali, 11 ad 13 in serie transversali; linea laterali singulis squamis tubulo brevi simplice notata, antice declivi postice rectiuscula, lineam rostro-caudalem non attingente, pinna dorsali paulo ante pinnas ventrales incipiente, longitudine $3\frac{1}{2}$ ad $3\frac{1}{4}$ in longitudine corporis, obtusa, leviter emarginata, spina corpore duplo circiter humiliore apice flexili postice dentibus bene conspicuis; pectoralibus rotundatis ventrales attingentibus vel subattingentibus; ventralibus acutis rotundatis pectoralibus paulo brevioribus; anali maxima parte sub pinna dorsali sita, acuta, non emarginata, spina valde dentata; caudali valde emarginata lobis acutis vel acutiuscule rotundatis 4 ad $4\frac{1}{2}$ in longitudine corporis; colore corpore pulcherrime aureo, vel aureo-viridi, vel profunde viridi, vel dorso nigro lateribusque aureo; pinnis aureo-rubris vel aureo-flavis vel dilute roseis, interdum violaceo vel nigro nebulatis.

B. 3. D. 4/16 ad 4/18. P. 1/13 ad 1/15 V. 1/8. A. 3/5 vel 3/6. C. 1/17 /1 et lat. brev.

Syn. *Cyprinus floripenna* V. Hass. Konst- en Letterb. 1823, Bullet. Féruss. 1824 Zool. p. 375.

Carpe aux nageoires jaunes CV. Poiss. XVI p. 52 tab. 457.

Cyprinus vittatus CV. ibid.

Carpe aux bandes vertes CV. ibid.

Ikan Tambra et *Ikan Tambra mas* Indig. Jav. occid.

Habit. Batavia, Buitenzorg, Tjampea, Tjipannas, Bandong, Tjibulu, Javae occidentalis, in fluviis et piscinis.

Longitudo 26 speciminum 117''' ad 218'''.

Aanm. Cyprinus flavipinnis K. v. H. heeft in habitus veel van Cyprinus carpis L. en verschilt daarvan voornamelijk slechts door grootere oogen en minder bol profiel. Vele voorwerpen hebben zelfs de fraai goudglanzig groene kleur der gewone europesche karpers.

Cyprinus vittatus CV. komt mij voor dezelfde soort te zijn als Cyprinus flavipinnis. Bij enkele voorwerpen vertoont zich reeds tijdens het leven eene overlangsche bandteekening bij andere eerst na langere bewaring in wijngeest. De kleuren vertoonen bij de verschillende voorwerpen zoo talrijke schakeringen, dat men bij oppervlakkig onderzoek daarin ligtelijk soortelijke verschillen zou meenen te vinden. In plaats van het cijfer der rugvinstralen 27 (waarschijnlijk eene drukfout), in het groote vischwerk opgegeven, leze men 17.

De groene verscheidenheid wordt in westelijk Java eenvoudig *Ikan Tambra*, de goudkleurige daarentegen *Ikan Tambra mas* genaamd. De soort behoort tot de smakelijkste zoetwatervisschen van Java, en wordt daarom in de bovenlanden vrij algemeen in vijvers gehouden. Alle mijne voorwerpen behooren tot den jeugdigen en middelbaren leeftijd, daar de soort eene lengte bereikt van meer dan 400'''.

Van Hasselt beweerde dat Cyprinus flavipinnis uit China naar Java is overgebragt. Opmerkelijk is het zeker, dat zij de eenige echte karpersoort is, welke tot nog toe in den Indischen Archipel in vrijen toestand is waargenomen en dat hare verbreiding zich tot Java en wel tot slechts de westelijke helft van dit eiland bepaalt. Indien zij echter in China te huis behoorde, zou men haar zeker van daar wel kennen.

Barbus koilometopon Blkr.

Barb. corpore oblongo compresso, altitudine 3 circiter in ejus

longitudine, latitudine $2\frac{2}{3}$ circiter in ejus altitudine; capite acuto
5 ad $5\frac{1}{4}$ in longitudine corporis; altitudine capitis $1\frac{1}{4}$, latitudine
$1\frac{1}{4}$ circiter in ejus longitudine; oculis diametro 3 et paulo in longitudine capitis, $1\frac{1}{3}$ in parte capitis postoculari, $1\frac{2}{3}$ distantibus,
linea rostro-dorsali vertice et nucha valde concava, rostro acuto
convexo oculo breviore non ante os prominente; maxilla superiore
maxilla inferiore longiore, mediocriter deorsum protractili, $3\frac{1}{2}$ in
longitudine capitis, vix ante oculum desinente; maxilla inferiore
symphysi non uncinata leviter tuberculata; rictu obliquo; labiis
gracilibus teretibus; cirris labialibus cirris maxillaribus multo longioribus pupillam vix attingentibus, operculo duplo altiore quam
longo margine inferiore convexo, dentibus pharyngealibus uncina-
to-contusoriis 2. 3. 5 $|$ 5 3. 2, osse scapulari trigono obtuse ro-
tundato; dorso valde angulato ante pinnam dorsalem convexo ventre convexo altiore; squamis parte libera longitudinaliter striatis,
30 in linea laterali, 11 in serie verticali quarum 6 supra lineam
lateralem; linea laterali curvata infra lineam rostro-caudalem descendente, singulis squamis tubulo simplice brevi notata; pinna
dorsali acuta emarginata altitudine $1\frac{2}{5}$ circiter in altitudine corporis; spina dorsali crassa, capite longiore, dentibus magnis ser-
rata, radio ventrali posteriori subopposita, apice flexili, parte
ossea 5 circiter in longitudine corporis; pectoralibus acutis ventrales
attingentibus $5\frac{1}{4}$ ad $5\frac{1}{2}$, ventralibus acutis $5\frac{2}{3}$ ad 6, caudali lobis
acutis $3\frac{2}{4}$ ad 4 fere longitudine corporis; anali acuta emarginata
dorsali multo humiliore, multo minus duplo altiore quam basi
longa, radio 3° simplice cartilagineo, colore corpore superne
dilute viridi, marginibus squamarum profundiore, inferne argenteo; pinnis flavescente- vel roseo-hyalinis.

    B. 3. D. 4/8 vel 4/9. P. 2/14. V. 2/8. A. 3/6 vel 3/7. C. 7/17 /7
       vel 8/17 /8 (lat. brev. inclus.)

    Syn. *Ikan Lawak* vel *Ikan Lalawak* Mal. Batav.

    Habit. In fluminibus Tjiliwong et Becassi, provinciae Batavia.
Longitudo 2 speciminum 153''' et 164'''.

    Aanm. Verwant aan Barbus bramoides CV., is de onder-
werpelijke soort gemakkelijk daarvan te onderkennen aan haar

hol profiel en spitseren en lageren kop, veel kortere snuitdraden, 1 straal meer in de aarsvin, enz.

Barbus hypselonotus V. Hass. Konst- en Letterb. 1823 CV. Poiss. XVI, p. 126

Barb. corpore oblongo compresso, altitudine $3\frac{1}{4}$ ciiciter in ejus longitudine, latitudine $2\frac{2}{3}$ ciiciter in ejus altitudine, capite obtusiusculo 5 et paulo in longitudine corporis, altitudine capitis $1\frac{1}{5}$ circiter, latitudine $1\frac{3}{4}$ circiter in ejus longitudine; oculis diametro $2\frac{1}{3}$ circiter in longitudine capitis, 1 in parte capitis postoculari, $\frac{3}{4}$ ad $\frac{1}{5}$ distantibus; linea rostro-dorsali rostrum inter et nucham declivi rectiuscula; rostro obtuso convexo subtruncato oculo multo breviore non ante os prominente; maxilla superiore maxilla inferiore longiore, mediocriter deorsum protractili, 3 circiter in longitudine capitis, sub oculi limbo anteriore desinentc; maxilla inferiore symphysi non uncinata vix tuberculata, rictu obliquo; labiis gracilibus; cirris labialibus cirris maxillaribus longioribus operculum subattingentibus, maxillaribus pupillam attingentibus, operculo minus duplo altiore quam longo, margine inferiore rectiusculo, dentibus pharyngealibus uncinato-cochlearibus 2. 3. 5 | 5. 3. 2; osse scapulari trigono obtuso rotundato; dorso angulato antice convexo ventre convexo altiore; squamis parte libera longitudinaliter vel non striatis, 30 vel 31 in linea laterali, 11 vel 12 in serie verticali quarum 6 supra lineam lateralem; linea laterali curvata, infra lineam rostrocaudalem descendente, singulis squamis tubulo simplice notata, pinna dorsali acuta emarginata altitudine $1\frac{2}{5}$ ad $1\frac{1}{2}$ in altitudine corporis; spina dorsali crassiuscula capite paulo longiore, dentibus magnis serrata, pinnis ventralibus opposita, apice flexili, parte ossea 6 ad $6\frac{1}{3}$ in longitudine corporis; pinnis pectoralibus acutis ventrales subattingentibus $6\frac{1}{2}$ circiter, ventralibus acutis 7 circiter, caudali lobis acutis $3\frac{3}{5}$ ad $3\frac{1}{2}$ in longitudine corporis; anali acuta emarginata dorsali multo humiliore, paulo altiore quam basi longa, radio simplice tertio cartilagineo; colore corpore superne dilute viridi, inferne argenteo; pinnis flavescente- vel roseo-hyalino; pinna dorsali superne nigricante arenata.

B. 3. D. 4/8 vel 4/9. P. 2/15. V. 2/8. A. 3/5 vel 3/6 vel 3/7.
C. 7/17 /7 vel 1/17 /18 (lat. brev. inclus.)

Syn. *Barbus hypoeconatus* Bull. Féruss. 1824 Zool. p. 375.
Barbeau hypsylonote CV. Poiss. XVI p. 126.
Regis Sundan.

Habit. Tjampea, provinciae Buitenzorg Java occidentalis, in
flumine Tjidani.

Longitudo 2 speciminum 75''' et 78'''.

Aanm. De korte aanduiding dezer soort *in de groote Histoire naturelle des Poissons* is volstrekt onvoldoende ter her-
kenning der soort en ik zou derhalve omtrent de identiteit
mijner voorwerpen daarmede in het onzekere verkeeren, indien ik niet in het bezit was van eene teekening van Barbus hypselonotus, nagelaten door .Van Hasselt en genomen
naar een voorwerp van **71'''** lengte, gevangen te Lebak in
de residentie Bantam. De soort is herkenbaar aan hare lange lipvoeldraden, sterk bewapenden rugdoorn, hoog ligchaam, stompen snuit en aan hare 30 of 31 schubben op eene
overlangsche rei. Mijne beide voorwerpen erlangde ik tijdens
een kortstondig verblijf te Tjampea. Zij zijn de eenige, welke ik tot nog toe heb waargenomen.

Barbus bunter Blkr.

Barb. corpore oblongo compresso, altitudine $3\frac{1}{5}$ circiter in ejus
longitudine cum, $2\frac{3}{7}$ circiter in ejus longitudine absque pinna caudali; capite obtuso convexo 5 circiter in longitudine corporis cum,
4 fere in longitudine corporis absque pinna caudali; altitudine ca-
pitis $1\frac{1}{6}$ ad $1\frac{1}{7}$ in ejus longitudine; oculis diametro $3\frac{1}{4}$ circiter in
longitudine capitis, $1\frac{1}{2}$ circiter in parte capitis postoculari; linea
rostro-dorsali capite et dorso convexa, nucha antice vix concaviuscula; fronte convexa; rostro obtuso convexo, oculo breviore, non ante
os prominente; maxilla superiore maxilla inferiore longiore, $3\frac{1}{4}$ fere
in longitudine capitis, sub oculi limbo anteriore desinente; maxilla

inferiore symphysi non uncinata, rictu obliquo, labiis gracilibus teretibus; cirris labialibus cirris maxillaribus longioribus, labialibus
pupillam vix, maxillaribus oculi marginem anteriorem vix attingentibus; operculo minus duplo altiore quam longo, margine inferiore rectiusculo; osse scapulari obtuso rotundato; dorso angulato
ante pinnam dorsalem valde convexo ventre convexo altiore; squamis 24 p. m. in linea laterali, 9 in serie transversali quarum 5
supra lineam lateralem; linea laterali curvata infra lineam rostro-
caudalem descendente, singulis squamis tubulo simplice notata;
pinna dorsali acuta non emarginata, corpore duplo circiter humiliore; spina dorsali gracili, denticulis parvis conspicuis seriata,
capite breviore, apice flexili, pinnis ventralibus opposita, parte
ossea 8 ad 9 in longitudine corporis; pectoralibus acutis ventrales fere attingentibus ventralibus acutis $6\frac{1}{3}$ circiter, caudali lobis acutis $4\frac{1}{3}$ ad $4\frac{2}{3}$ in longitudine corporis; anali acuta non emarginata dorsali humiliore, multo minus duplo altiore quam basi
longa, radio simplice 3° cartilagineo; colore corpore superne viridi
inferne argenteo, pinna caudali flava dimidio basali maxima parte rubra; pinnis ceteris roseis vel rubris, dorsali et anali fusco
marginatis.

B. 3. D. 4/8 vel 4/9. P. 2/14. V. 2/8. A. 3/5 vel 3/6, C. 7/17 /7
(lat. brev. inclus).

Syn. *Bunter* Sundan.

Habit. Tjampea, Java occidentalis, in flumine Tjidani.
Longitudo speciminis unici 115.'''

Aanm. Het eenige voorwerp, hetwelk ik van deze soort
bezat, is verloren geraakt. Ik had er evenwel eene naauwkeurige afbeelding van doen vervaardigen, tot welke ik mij
bij het ontwerpen der bovenstaande beschrijving heb moeten
bepalen.

Barbus polyspilos Blkr.

Barb. corpore oblongo compresso, altitudine $3\frac{2}{3}$ ad $3\frac{1}{4}$ in ejus
longitudine cum, 3 fere in ejus longitudine absque pinna caudali;

latitudine corporis 2 et paulo ad $2\frac{1}{2}$ in ejus altitudine; capite acutiusculo $4\frac{2}{3}$ ad 5 in longitudine corporis cum, $3\frac{3}{4}$ ad 4 fere in longitudine corporis absque pinna caudali; altitudine capitis $1\frac{1}{4}$ ad $1\frac{1}{3}$, latitudine $1\frac{2}{5}$ ad $1\frac{3}{5}$ in ejus longitudine, oculis diametro 3 ad 3 et paulo in longitudine capitis, $1\frac{1}{5}$ ad $1\frac{1}{2}$ in capitis parte postoculari, 1 ad $1\frac{1}{3}$ distantibus; linea rostro-dorsali capite declivi rectiuscula vel convexiuscula nucha non vel vix concava; rostro acutiusculo convexiusculo, oculo breviore, non ante os prominente; maxilla superiore maxilla inferiore longiore, $3\frac{1}{3}$ ad $3\frac{1}{2}$ in longitudine capitis, vix ante oculum vel sub oculi margine anteriore desinente, mediocriter deorsum protractili; maxilla inferiore symphysi non uncinata leviter tuberculata; rictu obliquo; labiis mediocribus teretibus, cirris labialibus cirris maxillaribus longioribus praeoperculi marginem posteriorem vel opercula subattingentibus, maxillaribus sub oculi dimidio posteriore desinentibus, operculo minus duplo altiore quam longo, margine inferiore rectiusculo; dentibus pharyngealibus uncinato-cochlearibus 2. 3. 5 | 5 3. 2, osse scapulari obtuse rotundato; dorso angulato ante pinnam orsalem convexo ventre convexo altiore; squamis radiatim striadtis centro frequenter reticulatis, 25 in linea laterali, 9 in serie transversali, quarum 5 supra lineam lateralem; linea laterali curvata, lineam rostro-caudalem attingeute, singulis squamis tubulo simplice notata; pinna dorsali acuta angulata, margine superiore rectiuscula vel vix concaviuscula, altitudine $1\frac{1}{4}$ ad $1\frac{1}{2}$ in altitudine corporis; spina dorsali subgracili dentibus parvis bene conspicuis serrata capite breviore, ventralibus opposita, apice flexili, parte ossea 7 ad $7\frac{1}{2}$ in longitudine capitis; pinnis pectoralibus acutis junioribus ventrales attingentibus vel subattingentibus, aetate provectis ventrales non attingentibus $5\frac{1}{4}$ ad $5\frac{2}{3}$, ventralibus angulato-rotundatis obtusis $6\frac{3}{5}$ ad $7\frac{1}{3}$, caudali lobis acutis 4 et paulo ad $4\frac{1}{4}$ in longitudine corporis; anali acuta non emarginata dorsali humiliore minus duplo altiore quam basi longa, radio simplice 3° cartilagineo; colore corpore superne viridi, inferne argenteo; squamis dorso lateribusque singulis centro macula rotunda fuscescente, macula insuper violaceo-coerulea majore dorso basi radiorum dorsalis anteriorum approximata et cauda in linea laterali basi caudalis approximata; pinnis flavescente- vel rubescente- hyalinis, anali inferne leviter fusco marginata

B. 3. D. 4/8 vel 4/9. P. 2/15 vel 2/16. V. 2/8. A. 3/5 vel 3/6. C. 7/17 /7 (lat. brev. incl.)

Syn. *Bunter* Sundan.

Habit. Perdana, Tjibiliong, provinciae Bantam Java occidentalis, in fluviis.

Longitudo 7 speciminum 57 ad''' 109'''.

Aanm. Deze soort is het naaste verwant aan Barbus binotatus Kuhl doch onderscheidt zich er van door minder slank ligchaam, langeren kop, veel minder bol profiel, plat voorhoofd en door de vlekteekening der schubben. Deze vlekken, één op het midden van elke schub, teekenen het ligchaam met even veel overlangsche bruinachtige banden als er overlangsche reijen schubben zijn en doen de soort zeer gemakkelijk van de verwante onderkennen.

Barbus obtusirostris V. Hass. Konst- en Letterb. 1823, Bull. Féruss. 1824 Zoöl. p. 375. CV. Poiss. XVI p. 125

Barb. corpore oblongo compresso, altitudine $4\frac{2}{3}$ in ejus longitudine cum, $3\frac{1}{3}$ circiter in ejus longitudine absque pinna caudali; latitudine corporis $1\frac{3}{4}$ circiter in ejus altitudine; capite obtuso convexo valde truncato 5 in longitudine corporis cum, $3\frac{2}{3}$ ad $3\frac{3}{4}$ in longitudine corporis absque pinna caudali, altitudine capitis $1\frac{1}{5}$ circiter, latitudine $1\frac{1}{2}$ circiter in ejus longitudine; oculis diametro $2\frac{3}{4}$ circiter in longitudine capitis, $1\frac{1}{3}$ circiter in capitis parte postoculari, 1 circiter distantibus; linea rostro-dorsali ubique convexa; fronte convexa; rostro obtusissimo truncato, oculo multo breviore, non ante os prominente; maxilla superiore maxilla inferiore breviore, $3\frac{1}{4}$ circiter in longitudine capitis, ante oculum desinente, mediocriter deorsum protractili; maxilla inferiore symphysi non uncinata leviter tuberculata; cirris labialibus cirris maxillaribus longioribus praeoperculi marginem posteriorem attingentibus vel subattingentibus, maxillaribus sub oculi dimidio posteriore desinentibus; operculo minus duplo altiore quam longo, margine inferiore rectiusculo vel convexiusculo; dentibus pharyngealibus uncinato-cochlearibus 2. 3. 5 | 5. 3. 2; osse scapulari trigono obtuse rotundato, dorso angulato ante pinnam dorsalem convexo ventre rectiusculo multo altiore; squamis radiatim striatis centro frequenter reticulatis 23 vel 24 in linea laterali, 8 in serie transversali quarum 4 supra lineam lateralem; linea laterali leviter curvata, lineam rostro-caudalem subattingente, singulis squamis tubulo simplice notata; pinna dorsali acuta non emarginata, altitudine $1\frac{1}{4}$ circiter in altitudine corporis; spina dorsali gracili dentibus bene conspicuis serrata, capite breviore, ventralibus opposita, apice flexili, parte ossea 6 circiter in longitudine corporis; pinnis pectoralibus acutis ventrales attingentibus et ventralibus acutis 6 circiter, caudali lobis acutis $3\frac{?}{1}$ circiter in longitudine corporis; anali acuta non emarginata dorsali humiliore, duplo fere altiore quam basi longa, radio simplice 3° cartilagineo, colore corpore superne viridi, inferne argenteo; squamis dorso lateribusque violascente marginatis; dorso basi pinnae macula oblonga longitudinali violaceo-coerulea, pinnis flavescente- vel rubescente-hyalinis.

B. 3. D. 4/8 vel 4/9. P. 2/14 vel 2/15. V. 2/8. A. 3/5 vel 3/6.
C. 7/17 /7 vel 8/17 /8 (lat. brev. inclus.).

Syn *Barbeau à museau obtus* CV. Poiss. XVI p. 125.
   Bunter Sundan.

Habit. Tjampea, Java occidentalis provinciae Buitenzorg, in flumine Tjidani.

Longitudo speciminis unici 49.'''

Aanm. Verwant aan Barbus binotatus Kuhl laat deze kleine soort zich er echter zeer gemakkelijk van onderkennen door haren stompen kop met afgeknotten snuit en uitpuilende onderkaak, alsmede door spitsere en betrekkelijk grootere vinnen, door hare 4 reijen schubben boven de zijlijn, enz. Mijn voorwerp breng ik zonder aarzeling tot Barbus obtusirostris CV., welke ter boven aangehaalde plaatse kortelijk is aangeduid.

Barbus Hasseltii Blkr.

Barb. corpore oblongo compresso, altitudine $3\frac{2}{4}$ circiter in ejus longitudine; capite 5 circiter in longitudine corporis; altitudine capitis $1\frac{1}{4}$ circiter in ejus longitudine, oculis diametro $3\frac{1}{2}$ circiter in longitudine capitis; rostro convexo oculo longiore; cirris labialibus cirris maxillaribus longioribus, oculum attingentibus; maxilla superiore ante oculum desinente; osse scapulari trigono acuto, linea rostro-dorsali vertice declivi rectiuscula; dorso antice elevato ventre vix convexiore; lineis dorsali et ventrali rotundatis; linea laterali concava infra lineam rostro-caudalem desinente, lineae ventrali vix plus quam lineae dorsali approximata; squamis lateribus 40 p. m. in serie longitudinali, 10 p. m. in serie verticali; inguinibus squamis elongatis; pinna dorsali acuta vix emarginata corpore minus duplo humiliore, spina glabra ante pinnas ventrales inserta; pinnis pectoralibus et ventralibus acutis, subaequalibus, capite brevioribus, pectoralibus ventrales non attingentibus, anali acuta vix emarginata corpore minus duplo humiliore; caudali profunde incisa lobis acutis $4\frac{1}{2}$ circiter in longitudine corporis; colore . . . . ?

D. 4/9. P. 1/15. V. 1/8. A. 3/5 C. 19 et lat. brev.

Habit. Sadingwetan, in fluviis.

Longitudo figurae descriptae 120.'''

Aanm. Bovenstaande beschrijving is opgemaakt naar eene teekening, nagelaten door Kuhl en Van Hasselt, zijnde ik zelf niet in het bezit dezer soort. Zij laat zich tot geene der bekende soorten van Barbus terugbrengen, waarom ik haar opdraag aan een der voortreffelijke natuurkundigen, die haar hebben doen afbeelden. Op de teekening staat uitgedrukt, dat deze soort leeft in een riviertje bij Sadingwetan.

Labeobarbus tambra Blkr.

Labeob. corpore oblongo compresso, altitudine 4 et paulo ad $4\frac{1}{2}$ circiter in ejus longitudine, latitudine 2 circiter in ejus altitudine; capite acutiusculo 5 fere ad 5½ in longitudine corporis; altitudine capitis 1⅓ ad 1⅔, latitudine 1⅓ ad 1⅔ in ejus longitudine; oculis diametro 3½ ad 5½ in longitudine capitis, diametro 1¼ ad 2½ distantibus, linea rostro-dorsali rostro et nucha convexa, rostro convexo acutiusculo oculo vix ad duplo fere longiore; maxilla superiore maxilla inferiore longiore, verticaliter deorsum valde protractili, sub oculi margine anteriore desinente; labiis carnosis inferiore in lobum latum obtusum parum productum exeunte; cirris maxillaribus cirris labialibus brevioribus, maxillaribus angulum oris parum superantibus, labialibus praeoperculi limbum posteriorem fere attingentibus vel paulo superantibus, operculo longitudine 1⅔ ad 1⅘ in ejus altitudine; dentibus pharyngealibus molaribus 2. 3. 5 | 5. 3. 2; osse scapulari trigono postice obtuse vel obtusiusculo rotundato, dorso elevato angulato antice valde convexo ventre multo altiore, linea laterali concava lineam rostro-caudalem non vel vix attingente: squamis parte libera longitudinaliter striatis, lateribus 22 vel 23 in serie longitudinali, 7 vel 8 in serie verticali; pinna dorsali acuta vix emarginata corpore humiliore spina glabra pinnis ventralibus subopposita, pinnis pectoralibus et ventralibus acutis, pectoralibus ventrales non attingentibus 6 et paulo ad 5½, ventralibus 6¾ ad 7 circiter, caudali profunde incisa lobis acutis superiore inferiore longiore 4⅓ ad 4½ circiter in longitudine corporis; anali junioribus acuta, aetate provectis acuta vel acutiuscule rotundata corpore humiliore; colore corpore superne olivaceo vel violascente-olivaceo, inferne dilute olivascente vel argenteo; squamis corpore singulis basin versus membrana nitore metallico splendida conspicua tectis; pinnis flavescentibus, aetate provectis olivascentibus vel violascentibus.

B. 3. D. 4/8 vel 4/9 vel 4/10. P. 2/14 ad 2/16. V. 2/7 vel 2/8.
A. 3/5 vel 3/6. C. 19 et lat. brev.

Syn. *Barbus tambra* CV. Poiss XVI p 148.

Barbeau tambra CV. ibid.

Ikan Tambra Sundanens.

Habit Buitenzorg, Bandong, in fluviis, Pasuruan in piscin Banjubiru dict

Longitudo 4 speciminum 150''' ad 652.'''

Aanm. De heer Valenciennes bragt deze soort tot het geslacht Barbus, waarschijnlijk omdat hij de lipvorming bij het
door hem waargenomen gedroogd voorwerp niet kon nagaan
De kenmerken, waardoor zij van Labeobarbus tambroides Blkr
verschilt, heb ik reeds elders vermeld (Natuurk. Tijdschr.
Ned Ind VII p. 93). Sedert echter heb ik, door het ontvangen van nieuwe voorwerpen van onderwerpelijke soort,
ontwaard, dat de verschillen ten opzigte van de getallen
der vinstralen niet standvastig zijn. Daarentegen zijn de
lipkwabben, zelfs bij de grootste exemplaren van Labeobarbus tambra, weinig ontwikkeld en stomp afgerond en de
schubben niet meer dan ten getale van 22 of 23 op eene
overlangsche rei aanwezig. Door deze kenmerken zijn vooral de groote voorwerpen zeer gemakkelijk van elkander te
onderscheiden. Hoezeer de lipkwabben bij Labeobarbus tambroides met toenemenden leeftijd zich meer ontwikkelen,
zijn zij toch bij jeugdige exemplaren reeds aanmerkelijk grooter dan bij voorwerpen van gelijke grootte van Labeobarbus tambra. Standvastig zijn er ook 3 tot 4 schubben méér
op eene overlangsche rei aanwezig t. w. 25 of 26 (niet 23
zooals in mijne vroegere beschrijving van Labeobarbus tambroides l. c. als drukfout is ingeslopen).

Gobio microcephalus Blkr.

Gob corpore subelongato compresso, altitudine $4\frac{3}{4}$ in ejus longitudine, latitudine 2 in ejus altitudine, capite $5\frac{3}{4}$ in longitudine
corporis; altitudine capitis $1\frac{1}{4}$, latitudine $1\frac{3}{4}$ in ejus longitudine; oculis diametro 3 et paulo in longitudine capitis, diametro
$1\frac{1}{4}$ distantibus; rostro acutiusculo, rotundato, ante os prominen
te, oculo vix longiore, poris conspicuis nullis; maxilla superiore maxillainferiore longiore, ante oculum desinente; labiis carnosis; cirrisoculum non vel vix attingentibus, dentibus pharyngealibus compressoris; osse scapulari trigono acuto, linea los-

tro-dorsali vertice concava; dorso ventre altiore; lineis dorsali et ventrali rotundatis; linea laterali antice declivi, post pinnas pectorales recta, lineam rostro-caudalem non attingente; squamis parte libera longitudinaliter striatis, lateribus 33 p. m. in serie longitudinali, 11 p. m. in serie verticali; pinna dorsali ante pinnas ventrales incipiente, acuta, vix emarginata, corpore vix humiliore; pinnis pectoralibus et ventralibus acutis aequalibus capite paulo brevioribus, pectoralibus ventrales non, ventralibus analem non attingentibus, anali acuta vix emarginata altitudine 1¼ in altitudine corporis; caudali profunde excisa lobis acutis aequalibus 4¼ in longitudine corporis; colore corpore superne viridi, inferne argenteo, pinnis flavescente vel hyalino.

B. 3. D. 4/8 vel 4/9. P. 2/14. V. 2/8. A. 3/5 vel 3/6. C. 19 et lat. brev.

Syn. *Ikan Wadon gunung* Mal. Batav.

Habit. Batavia, in fluviis.

Longitudo speciminis unici 71'''.

Gobio javanicus Blkr.

Gob. corpore elongato compresso altitudine 5 ad 5⅓ in ejus longitudine, latitudine 2 circiter in ejus altitudine; capite 5 ad 5¾ in longitudine corporis; altitudine capitis 1¼, latitudine 1¾ in ejus longitudine; oculis diametro 3 circiter in longitudine capitis, diametro 1 ad 1¼ distantibus; rostro acuto, rotundato, ante os prominente, oculo non longiore, poris conspicuis nullis; maxilla superiore maxilla inferiore longiore ante oculum desinente; labiis carnosis; cirris oculum non vel vix attingentibus; dentibus pharyngealibus compressoriis 2/3 4|4 3/2; osse scapulari trigono acuto; linea rostro-dorsali vertice convexiuscula; dorso ventre vix altiore; lineis dorsali et ventrali rotundatis; linea laterali antice declivi, post pinnas pectorales rectiuscula, infra lineam rostro-caudalem descendente; squamis parte libera longitudinaliter striatis, lateribus 33 p. m. in serie longitudinali, 10 vel 11 in serie verticali; pinna dorsali ante pinnas ventrales incipiente, altitudine corporis altitudinem aequante, acuta, leviter emarginata; pinnis pectoralibus acutiusculis, capite vix brevioribus, ventrales non attingentibus, ventralibus acutis pectoralibus longitudine aequalibus, analem non attingentibus; anali acuta leviter emarginata, altitudine 1½ circiter in altitudine corporis; caudali lobis acutis, superiore inferiore paulo longiore 4 in longitudine corporis; colore corpore superne viridi, inferne argenteo; pinnis flavescente-hyalinis, dorsali et caudali interdum nigricantibus vel violaceis; vitta cephalo-caudali viridi-aurea.

B. 3. D. 4/8 vel 4/9. P. 2/14 vel 2/15. V. 2/8. A. 3/5 vel 3/6.

C. 19 et lat. brev.

Syn. *Ikan Wadon gunung* Mal. Batav.

Habit. Batavia, in fluviis.

Longitudo plus quam 200''' speciminum 41''' ad 72'''.

Aanm. Deze soort onderscheidt zich van de voorgaande voornamelijk door slanker ligchaam, lageren rug en bol kopprofiel, zoodat zij er bij den eersten oogopslag van te onderkennen is. Overigens is de verwantschap tusschen beide soorten zeer groot.

Rohita koilogeneion Blkr.

Rohit. corpore oblongo compresso, altitudine 4 circiter in ejus longitudine, latitudine 2⅓ circiter in ejus altitudine; capite depresso 6 circiter in longitudine corporis; altitudine capitis 1¼, latitudine 1⅓ circiter in ejus longitudine; oculis diametro 4 in longitudine capitis, diametris 2½ circiter distantibus; rostro lato depresso rotundato, ante os prominente, oculo longiore, carnoso, antice poris numerosis valde conspicuis; maxilla superiore ante oculum desinente; cirris maxillaribus cirris labialibus longioribus oculum non, cirris labialibus oculum vix attingentibus; labiis papillis conicis subfimbriatis; linea menti valde concava; dentibus pharyngealibus compressoriis rectiusculis 3/4 5|5 4/3; osse scapulari trigono obtuso; linea rostro-dorsali vertice concava; dorso elevato ventre multo altiore, lineis dorsali valde, ventrali leviter rotundatis; linea laterali recta lineam rostro-caudalem non attingente; squamis parte libera longitudinaliter striatis, lateribus 42 p. m. in serie longitudinali, 15 p. m. in serie verticali; pinna dorsali longitudine 4 in longitudine corporis, ante ventrales incipiente, elevata, corpore paulo humiliore, angulata, non emarginata, radio nullo producto; pinnis pectoralibus acutis ventralibus paulo sed capite non brevioribus; ventralibus obtusis analem attingentibus; anali acuta non emarginata corpore multo humiliore; caudali mediocriter excisa lobis obtusis 4 et paulo in longitudine corporis; colore corpore fuscoolivaceo; lateribus singulis squamis gutta flavescente-rubra vel aurantiaca; pinnis fuscis vel nigricantibus.

B. 3. D. 4/17 vel 4/18. P. 2/17. V. 2/8. A. 3/5 vel 3/6. C. 19 et lat. brev.

Syn. *Ikan Millem* Mal. Batav.

Habit. Batavia, in fluviis.

Longitudo speciminis unici 291′′′.

Aanm. Deze soort heeft zoo groote overeenkomst, met Rohita chrysophekadion Blkr, dat zij ligtelijk daartoe zou kunnen gebragt worden. Aanvankelijk hield ik haar ook voor het wijfje van Rohita chrysophekadion, doch nadat ik bij laatstgenoemde species zoowel bij de wijfjes als bij de mannetjes de achterste onverdeelde rugvinstraal verlengd en de aarsvin uitgerand vond, moest ik deze meening laten varen. Rohita koilogeneion onderscheidt zich van Rohita chrysophekadion voornamelijk door lagere rugvin en uitgerande aarsvin, terwijl ook in den regel het aantal borstvin- en rugvinstralen er een weinig talrijker schijnt te zijn.

LABEO Cuv. Val.

Oris margo triplex. Labia glabra nec crenulata nec fimbriata, inferius lobum carnosum efficiens. Rostrum prominens carnosum. Cirri 2 labiales. Spina dorsalis vel analis dentata nulla.

Labeo erythropterus Val. Hist. Nat. Poiss. XVI p. 271.

Lab. corpore subelongato compresso, altitudine 5 fere in ejus longitudine, latitudine 1⅔ circiter in ejus altitudine; capite convexo rotundato 5⅔ circiter in longitudine corporis; altitudine capitis 1¼ circiter, latitudine 1⅓ fere in ejus longitudine; oculis diametro 3⅓ ad 3½ in longitudine capitis, diametro 1⅔ circiter distantibus, maxima parte in posteriore dimidio capitis sitis; linea interoculari convexa; rostro valde convexo rotundato oculo minus duplo longiore, carnoso, poris numerosis conspicuis obsito, ante os prominente; maxilla superiore maxilla inferiore longiore, ante oculum desinente, labiis valde carnosis glabris non rugosis, inferiore lobo accessorio lato pendulo angulis rotundato; cirris labialibus minimis; operculo plus duplo altiore quam longo, margine inferiore convexiusculo; dentibus pharyngealibus compressoriis non uncinatis 2/3 /4 | 4/3 /2 vel 2/3 /5 | 5/3 /2; osse scapulari trigono acute rotundato; linea rostro-dorsali dorso anteriore nuchaque convexa; dorso ventre altiore; linea laterali antice declivi post pinnas pectorales rectiuscula, lineam rostro-caudalem non vel vix attingente, singulis squamis tubulo simplice brevi notata, squamis parte libera longitudinaliter striatis, 42 vel 43 in linea laterali, 12 vel 13 in serie transversali, quarum 6 vel 7 supra lineam lateralem; squamis ventre ante pinnas ventrales squamis ceteris minoribus, inguinibus squamis elongatis; pinna dorsali medio ejus ventralibus opposita, acutissima, valde emarginata, corpore paulo humiliore; pinnis pectoralibus acutis ventrales subattingentibus et ventralibus acutis analem non attingentibus subaequalibus 5⅓ circiter, caudali profunde incisa lobis acutis subaequalibus 3⅓ circiter in longitudine corporis; anali dorsali vix humiliore acuta parum emarginata, plus duplo altiore quam basi longa; colore corpore superne lateribusque olivascente-violaceo, inferne flavescente-margaritaceo; squamis dorso lateribusque singulis macula oblonga vel rotunda aurea; pinnis radiis aurantiaco-roseis, membrana coerulescente-hyalinis, plus minusve violaceo-nigricante arenatis.

B 3. D. 4/11 vel 4/12. P. 2/15. V. 2/8. A. 5/5 vel 3/6. C. 7/17 /7 lat brev. incl.

Syn. *Diplocheilos erythropterus* Van Hass. ap. CV. Poiss. XVI p. 271.

Labéon à nageoires rouges Val. l. c. XVI p. 271.

Habit Lebak, provinciae Bantam, in fluviis.

Longitudo speciminis unici 150‴.

Aanm Eerst zeer onlangs kwam ik in het bezit van de onderwerpelijke soort, door de welwillendheid van den heer C. P. Brest van Kempen, resident van Bantam, aan wien ik eene belangrijke verzameling van Bantamsche visschen en reptilien te danken heb Oostelijker dan Bantam is deze soort nog niet van Java bekend en zelfs in Bantam schijnt zij nog zeldzaam te zijn. Mijne beschrijving wijkt in enkele bijzonderheden af van die van den heer Valenciennes, verschillen gedeeltelijk toe te schrijven aan de omstandigheid, dat mijn voorwerp naar den tamelijk verschen toestand is beschreven en van geringer afmetingen dan het door den heer Valenciennes te Leiden waargenomene.

De onderwerpelijke soort behoort geheel tot het geslacht Labeo, zooals het door den heer Valenciennes is gekenmerkt, en niet, zooals ik vroeger vermoedde, tot het geslacht Lobocheilos.

Lobocheilos lucas Blkr.

Lobocheil. corpore subelongato compresso, altitudine $4\frac{1}{2}$ ad 5 in ejus longitudine, latitudine 2 ad $1\frac{1}{2}$ in ejus altitudine, capite acutiusculo convexo $4\frac{3}{4}$ ad 5 in longitudine corporis; altitudine capitis $1\frac{1}{4}$ ad $1\frac{1}{3}$, latitudine $1\frac{3}{4}$ ad $1\frac{1}{2}$ in ejus longitudine; oculis diametro $3\frac{1}{3}$ ad 4 in longitudine capitis, diametro $1\frac{1}{2}$ ad 2 distantibus, rostro oculo longiore, carnoso, poris conspicuis obsito, acutiusculo, rotundato, ante os prominente; maxilla superiore maxilla inferiore longiore ante oculum desinente; labiis carnosis, inferiore lobo lato accessorio; cirris maxillaribus et labialibus brevibus oculum non attingentibus; dentibus pharyngealibus compressoriis 3/4/5|5/4/3, osse scapulari trigono acutiusculo; linea rostrodorsali vertice declivi convexiuscula; dorso ventre vix altiore; lineis dorsali et ventrali rotundatis; linea laterali antice declivi, post pinnas ventrales rectiuscula; squamis parte libera longitudinaliter striatis, lateribus 40 p. m. in serie longitudinali, 12 p. m. in serie verticali; pinna dorsali ante pinnas ventrales incipiente,

corpore non vel vix altiore, acuta, emarginata; pinnis pectoralibus et ventralibus acutis subaequalibus capite brevioribus, pectoralibus ventrales non, ventralibus analem non attingentibus; anali
acuta emarginata corpore humiliore; caudali profunde excisa lobis
acutis 3¼ ad 4 in longitudine corporis; colore corpore superne viridi, inferne argenteo; cauda macula magna nigricante ad basin
pinnae caudalis; pinnis hyalinis vel roseo-hyalinis.

B. 3. D. 4/10 ad 4/12. P. 2/14 vel 2/15. V. 2/8. A. 3/5 vel
3/6. C. 19 et lat. brev.

Syn. *Ikan Lucas* et *Ikan Wadon gunung* Mal. Batav.

Habit. Batavia, in fluviis.

Longitudo 20 speciminum 90''' ad 93'''.

Aanm. Bij enkele specimina is de staartvlek onduidelijk
of zelfs niet voorhanden. Zulks staat echter niet in verband
met den leeftijd des diers, want bij meerderen mijner grootste
zoowel als mijner kleinste voorwerpen is die vlek zeer duidelijk.

Lobocheilos rohitoïdes Blkr.

Lobocheil. corpore elongato compresso, altitudine 5 in ejus longitudine, latitudine 2 in ejus altitudine; capite acuto non convexo
6 fere in longitudine corporis; altitudine capitis 1¼, latitudine 1½
circiter in ejus longitudine; oculis diametro 3 et paulo in longitudine capitis, diametris 2 fere distantibus; rostro acuto, rotundato, oculo longiore, poris conspicuis obsito, ante os prominente;
maxilla superiore maxilla inferiore longiore ante oculum desinente;
cirris labialibus cirris maxillaribus longioribus oculum attingentibus,
cirris maxillaribus angulum oris non attingentibus; dentibus pharyn-
gealibus compressoriis ex parte uncinatis 3/4/ 5|5/ 4/3; labiis crassis
quasi crenulatis, inferiore lobo lato accessorio; osse scapulari trigono
obtusiusculo; linea rostro-dorsali vertice declivi rectiuscula; dorso
ventre vix altiore; lineis dorsali et ventrali rotundatis; linea laterali antice declivi, post pinnas pectorales rectiuscula; squamis
parte libera longitudinaliter striatis, lateribus 33 p. m. in serie
longitudinali, 10 p. m. in serie verticali; pinna dorsali ante pinnas ventrales incipiente corpore non vel vix humiliore, acute emar-

ginata; pinnis pectoralibus et ventralibus acutis subaequalibus, capite vix brevioribus, pectoralibus ventrales non, ventralibus analem non attingentibus; anali acuta vix emarginata corpore humiliore; caudali profunde excisa lobis acutis 4 in longitudine corporis; colore corpore superne viridi, inferne argenteo; fascia cephalo-caudali violaceo-nigricante; pinnis hyalinis vel roseo-hyalinis.

B. 3. D. 4/11 vel 4/12. P. 2/14 vel 2/15 V. 2/8. A. 3/5 vel 3/6 C. 10 et lat. brev.

Syn. *Ikan Lucas* Mal. Batav.

Habit. Batavia, in fluviis.

Longitudo speciminis unici 68'''.

Aanm. Deze soort nadert het meest van alle species van Lobocheilos tot het geslacht Rohita door hare min of meer gekartelde hoezeer niet met tepeltjes of franjes bezette lippen. Van Lobocheilos lucas onderscheidt zij zich, behalve door kleurteekening, door aanmerkelijk kleineren kop, korteren snuit, minder schubben, enz.

Cobitis Kuhlii CV. Poiss. XVIII p. 58.

Cobit. corpore elongato compresso, altitudine 8 ad 8¼ in ejus longitudine, latitudine 2½ ad 3 in ejus altitudine, capite convexo 8 ad 9 in longitudine corporis; altitudine capitis 1¼ circiter in ejus longitudine; oculis minimis in anteriore dimidio capitis sitis rostro rotundato; spinis suborbitalibus utroque latere 2 sub oculo sitis, spina posteriore spina anteriore longiore; cirris maxillaribus 6 carnosis oculum non vel vix attingentibus; squamis oculo nudo vix conspicuis; linea dorsali vix convexa; pinna dorsali pinnas ventrales inter et analem inserta, anali plus quam ventralibus approximata, rotundata, corpore humiliore; pectoralibus, ventralibus et anali rotundatis; pectoralibus capite paulo, ventralibus capite multo brevioribus; anali corpore humiliore; caudali truncata angulis rotundata 9 circiter in longitudine corporis; colore corpore roseo-viridi, dorso lateribusque fasciis 12 ad 14 latis transversis fuscis; pinnis flavescente-roseis; caudali dimidio basali fusca.

B. 3. D. 1/7. P. 1/8. V. 1/6. A. 1/7. C. 16 et lat. brev.

Syn. *Acanthophthalmus fasciatus* V. Hass. Algem. Konst- en
    Letterb. 1823 Bullet. Férussac 1824.
    Loche de Kuhl CV. Poiss. XVIII p. 58.
    Serowot Sundan.

Habit. Batavia, in fluviis.

Longitudo 20 speciminum 72''' ad 80'''.

Aanm. Bij mijne voorwerpen vind ik de staartvin niet
uitgerand, zooals de heer Valenciennes aangeeft.

Cobitis Hasseltii CV. Poiss. XVIII p 56.

Cobit. corpore elongato antice subcylindraceo postice compresso,
altitudine 6 ad 7 in ejus longitudine; capite convexo 6 in longitudine corporis; altitudine capitis 1⅓ circiter in ejus longitudine;
oculis diametro 6 ad 7 in longitudine capitis, in anteriore dimidio
capitis sitis; rostro obtuso convexo; spinis suborbitalibus utroque
latere 2 sub oculo sitis, posteriore longiore, cirris 8 oculum non
vel vix attingentibus; linea dorsali leviter convexa, squamis oculo
nudo conspicuis; pinna dorsali pinnas ventrales inter et analem
sita, ventralibus multo magis quam anali approximata, rotundata, obtusa, corpore non vel vix altiore; pectoralibus capite vix
brevioribus ventralibus vix longioribus; anali rotundata corpore
humiliore; caudali truncata angulis rotundata, 5 ad 5½ in longitudine corporis, corpore superne viridi, inferne margaritaceo; vitta
cephalo-caudali fusca, dorso maculis parvis fuscis; vitta oculo-ma-
xillari fusca; pinnis flavescente- vel roseo-hyalinis punctis fuscis
variegatis.

B. 3. D. 1/7. P 1/7. V. 1/7. A. 1/6 C. 14 vel 16 et lat. brev.

Syn. *Loche de Hasselt* CV. Poiss. XVIII p 56.
    Djeler et *Serowot* Sundanens.

Habit. Batavia, Buitenzorg, Tjampea, Tjilankahan, Java in-
    sulae, in fluviis.

Longitudo 14 speciminum 34''' ad 39'''.

Aanm. Het vermoeden van den heer Valenciennes is juist, dat deze soort 8 cirri bezit. De staartvin is echter niet uitgesneden. De soort schijnt niet veel grooter te worden dan mijn grootste voorwerp.

OPHISUROIDEI.

Muraenichthys Schultzei Blkr.

Muraenichth corpore antice cylindraceo, postice compresso, altitudine 26 circiter in ejus longitudine; capite acuto 7 et paulo in longitudine corporis, quadruplo fere longiore quam alto; oculis diametro 12 circiter in longitudine capitis; naribus anterioribus tubulatis, posterioribus paulo ante oculi marginem anteriorem in labio superiore perforatis; rostro acuto, convexo, oculo duplo fere longiore, paulo ante maxillam inferiorem prominente; poris rostralibus vel periorbitalibus conspicuis nullis; rictu post oculum producto 2¼ circiter in longitudine capitis; dentibus conicis acutis; dentibus palatinis et inframaxillaribus inaequalibus anterioribus triseriatis ceteris biseriatis; dentibus nasalibus in thurmam ovalem collocatis centralibus periphericis longioribus, dentibus vomerinis biseriatis anticis thurmae dentium nasali contiguis; apertura branchiali oculo vix majore, lineae ventrali approximata, linea laterali conspicua, tubulis conspicuis notata; pinna dorsali postice in 2ᵃ quarta corporis parte incipiente, corpore triplo circiter humiliore; anali postice in corporis dimidio anteriore incipiente dorsali altiore; caudali acutiuscule rotundata; colore corpore superne dilute viridi, inferne margaritaceo, pinnis flavescente-hyalinis; corpore superne fuscescente arenato

Habit. Karangbollong, Java australis, in mari.

Longitudo speciminis unici 95‴.

Aanm. De onderwerpelijke is de de vierde soort van Muraenichthys, welke mij is bekend geworden. Zij is het naaste verwant aan Muraenichthys gymnotus Blkr van Amboina (Act. Soc. Scient. Ind. Neerl. II 8ᵉ Bijdrage Amboina p. 90), bij welke de rugvin insgelijks een weinig achter den

anus begint, doch bij welke de hoogte des ligchaam ongeveer 32 maal gaat in zijne lengte, de kop 10½ maal in de
lengte des ligchaams, de bekspleet 3½ maal in de lengte
des kops, enz. Het is mij niet gelukt de tedere vinstralen
naauwkeurig te tellen.

Ik noem de hier beschrevene nieuwe soort ter eere van den
heer J. F. Schultze, adsistent-resident van Ambal, aan wien
ik eene belangrijke verzameling visschen van de zuidkust van
Java te danken heb, bij welke deze soort zich bevond.

BALISTEOIDEI.

Monacanthus isogramma Blkr.

Monac. corpore oblongo compresso, diametro dorso-anali 2⅔
circiter in ejus longitudine absque filo caudali; latitudine corporis 3⅓ circiter in diametro dorso-anali; capite acuto 4 et paulo
in longitudine corporis absque filo caudali, multo altiore quam longo;
oculis diametro 3⅓ circiter in longitudine capitis, plus diametro
½ a linea rostro-frontali remotis; linea rostro-frontali declivi recta inferne tantum concaviuscula; rostro acuto oculo plus duplo
longiore; dentibus utraque maxilla serie externa 6 acutis, anticis apice
obliquis vel emarginatis, angularibus rotundatis; apertura branchiali ante basin pinnae pectoralis superiorem desinente, oculo
non vel vix longiore; squamis toto corpore parvis, singulis spinulis parvis scabris, spinulis postrorsum curvatis longitudinaliter
seriatis, unde corpore quasi longitudinaliter striato; linea laterali
inconspicua; cauda setis vel spinis majoribus nullis; spina dorsali
supra oculi partem posteriorem inserta, acuta, rostro longiore,
sat gracili, scabra, postice utroque latere dentibus mediocribus
deorsum spectantibus armata; pinnis, caudali excepta, radiis
omnibus simplicibus; dorsali radiosa antice elevata acutiuscula
non emarginata, diametro dorso-anali minus triplo humiliore;
pectoralibus acutiuscule rotundatis, capite multo minus duplo
brevioribus; ventrali triangulari squamis majoribus polyacanthis
valde scabra, spina infra pinnam convexiusculam prominente dentibus mediocribus armata; anali obtusa rotundata antice quam
postice altiore diametro dorso-anali plus triplo humiliore; cau-

dali postice-convexa obtusangula radio subsupero in filum pinna multo breviorem producto; corpore aurantiaco-umbrino, fuscescente irregulariter nebulato; pinnis radiis aurantiacis, membrana coerulescente-hyalinis; caudali vestigiis fasciarum 2 transversarum fuscescentium.

B. 5. D. 2-31 ad 2-33. P. 13. A. 31 ad 33. C. 1/10/1.

Habit. Batavia, in mari.

Longitudo 2 speciminum absque filo caudali 92''' et 95'''.

Aanm. Deze soort behoort tot de groep van Monacanthus choirocephalus Blkr, Monacanthus nemurus Blkr en Monacanthus komuki Blkr enz., van welke zij echter gemakkelijk te onderkennen is aan de eigenaardige vorm en plaatsing der schubdoorntjes, welke het ligchaam een overlangs gestreept voorkomen geven. Bovendien valt het bij vergelijking van deze soorten met elkander terstond in het oog, dat het ruwe der huid veel grover is bij de onderwerpelijke. Bij Monacanthus sulcatus Holl. zijn de doorntjes insgelijks op overlangsche reijen geplaatst, maar de afbeelding, door den heer Hollard van Monacanthus sulcatus gegeven, wijkt in meerdere opzigten van mijne voorwerpen af, voornamelijk ten opzigte van de grootte der doornen en het vaneenstaan hunner reijen veel korteren rugdoorn, enz. Ik heb den soortnaam mijner voorwerpen ontleend aan de regelmatige overlangsche strepen, door de beschrevene schubdoorntjes gevormd.

Scripsi Batavia Calendis Januarii MDCCCLVI ad

Aprilis MDCCCLVII.

BIJDRAGE

TOT DE KENNIS DER

ICHTHYOLOGISCHE FAUNA

VAN DE

SANGI-EILANDEN.

DOOR

P. BLEEKER.

———

De heer A. F. J. Jansen, resident van Manado, aan wien de zoologie van Noord-Celebes groote verpligting heeft door de belangrijke verzamelingen, welke, door zijnen invloed, in de residentie Manado zijn daargesteld, heeft de wetenschap op nieuw aan zich verpligt door de toezending van een groot aantal vischsoorten, gevangen aan de kusten der Sangi- of Sangir-eilanden, welke zich ten noorden van Celebes uit- strekken tusschen den 2^n en 4^n graad noorderbreedte en al- zoo tot de meest noordelijk gelegene nederlandsche bezittin- gen in den Indischen Archipel behooren.

Van deze eilanden was tot nog toe, gelijk in de meeste, ook in een ichthyologisch opzigt tot heden toe niets bekend, zoodat door de rijke verzameling van den heer Jansen, eene niet onbelangrijke schrede gemaakt wordt in dezen tak van kennis.

De sangische vischsoorten, in de verzameling van den heer Jansen bevat, beloopen niet minder dan 133, t. w.

1 Cheilodipterus quinquelineatus CV., Nat. Tijdschr. Ned. Ind. III p 253.
2 Apogon bandanensis Blkr, ibid. VI p. 95.
3 » kallopterus Blkr, Act. Soc. Scient. Ind. Neerl. I Vissch. Manad. p. 33.
4 » koilomatodon Blkr, Nat. Tijdschr. Ned. Ind. IV p. 131.
5 » monochrous Blkr, Act. Societ. Scient. Ind. Ned. I Vissch Manad. p 34.
6 » novemfasciatus CV., Nat. Tijdschr Ned. Ind. III p. 113.
7 » orbicularis K. v. H. Act. Societ. Scient. Ind. Neerl. I Vissch. Amb. p. 28.
8 » sangiensis Blkr, Nat. Tijdschr. Ned Ind. XIII p. 375.
9 Apogonichthys polystigma Blkr, ibid. III p. 696, VI p. 484.
10 Ambassis urotaenia Blkr, ibid. III p. 257.
11 Grammistes orientalis Bl. Schn. ibid. IV p. 105.
12 Serranus hexagonatus CV., ibid. VI p. 191.
13 » Hoevenii Blkr, Verh. Bat Gen. XXII Perc. p. 36.
14 » Jansenii Blkr, Nat. T. Ned. Ind. XIII p. 376.
15 » marginalis CV., Verh. Bat. Gen. XXII Perc. p. 34.
16 » mytiaster CV., Nat. Tijdschr. Ned. Ind. VI p. 192.
17 » spilurus CV., ibid. VI p. 322.
18 » urodelus CV., ibid. VII p. 38.
19 Mesoprion bottonensis Blkr, ibid. II p 170, VI p 52.
20 » fulviflamma Blkr, ibid. III p. 544.
21 » marginatus Blkr, ibid. III p. 554.
22 » monostigma CV., Verh. Bat. Gen. XXII Perc. p. 42.
23 Cirrhites amblycephalus Blkr, Nat. T. Ned. Ind. XIII p. 378.
24 » pantherinus CV., ibid. II p. 232.
25 Priacanthus Blochii Blkr, ibid. II p. 174, IV p. 456.
26 Holocentrum melanotopterus Blkr, ibid. IX p. 302.

27 Holocentrum leonoides Blkr, Verh. Bat. Gen. XXII Perc. p. 54.

28   »   orientale CV., ibid. p. 53.

29   »   punctatisimum CV., Nat. T. Ned. Ind. IV p 218.

30   »   sammara CV., ibid. III p. 555.

31 Myripristis adustus Blkr, ibid. IV p. 108.

32   »   parvidens CV. ?, ibid. II p. 234.

33   »   pralinius CV., ibid. II p. 234.

34 Sillago malabarica Cuv. = Sillaga acuta CV., Verh. Bat. Gen.
    XXII Perc. p. 61.

35 Percis cylindrica CV., Nat. Tijdschr. Ned. Ind. II p. 235.

36   »   tetracanthus Blkr, ibid. IV p. 458.

37 Sphyraena Forsteri CV., Verh. Bat. Gen. XXVI Sphyr. p.
    13, Nat. T. Ned Ind. VII p 424.

38 Upeneus oxycephalus Blkr, Act. Soc. Scient. Ind. Neerl. I
    Vissch. Manad. p. 45.

39 Mulloides vanicolensis Blkr, Nat. T. Ned. Ind. IV p. 601.

40 Upeneoides vittatus Blkr, Act. Soc. Scient. Ind. Neerl. II 8e
    Bijdr. Amb. p. 42.

41 Pterois volitans CV., Verh. Bat Gen. XXII Sclerop. p 7.

42 Scorpaena bandanensis Blkr, Nat Tijdschr. Ned. Ind II
    p. 237, III p. 698.

43 Scorpaenodes polylepis Blkr = Scorpaena polylepis Blkr, ibid.
    II p. 173.

44 Diagramma lineatum CV., ibid. IV p. 112.

45 Scolopsides bilineatus CV., Verh. B. Gen. XXIII Sciaen p. 28.

46   »   lineatus QG., Nat. Tijdschr. Ned. Ind. V p. 73.

47 Lethrinus opercularis CV., Verh. B. Gen. XXIII Spar. p. 14.

48 Gerres filamentosus CV., ibid. XXIII Maen p. 10.

49 Chaetodon auriga Forsk., Nat. Tijdschr. Ned. Ind. V p 164.

50   »   biocellatus CV., ibid. VI p 213, XI p. 403.

51   »   lunula CV., ibid. VI p. 57.

52   »   vagabundus Bl. Verh. B. Gen. XXIII Chaet. p. 18.

53   »   virescens CV., ibid p. 17.

54 Platax vespertilio Cuv. = Platax Blochii CV., ibid. p. 27.

55 Pempheris moluca CV., ibid. p. 30.

56 Toxotes jaculator CV., ibid p. 31.

57 Thyrsites promethoides Blkr, Act. Soc. Scient. Ind. Neerl. I
   Vissch. Amb. p. 42.

58 Decapterus macrosoma Blkr, Verh. Bat. Gen. XXIV Makr.
   p. 87, Nat. T. Ned. Ind. I p. 358.

59 Caranx Forsteri CV., ibid. p. 57, ibid III p. 164.

60 Amphacanthus guttatus Bl., V. Bat. Gen XXIII Teuth. p 10.

61 Acanthurus matoides CV., ibid. p. 12.

62   »   strigosus Benn. Nat. T. Ned. Ind. IV p. 264, VI p. 102.

63   »   triostegus CV., Verh. Bat. Gen. XXIII Teuth p. 13.

64 Naseus amboinensis Blkr = Keris amboinensis Blkr, Nat. T
   Ned. Ind. III p. 272.

65   »   lituratus CV., ibid. III p. 763.

66 Mugil ceramensis Blkr, ibid. III p. 639.

67 Salarias cyanostigma Blkr, V. Bat. Gen. XXII Bl. Gob. p. 18.

68   »   guttatus CV.?, Nat. T. Ned. Ind. XIII p. 379.

69   »   heteropterus Blkr, Act. Soc Scient. Ind Neerl. II
   8e Bijdr. Amb. p. 65.

70   »   periophthalmus CV., Nat. T. Ned. Ind. IV p. 267.

71   »   phaiosoma Blkr, ibid. VIII p. 317.

72   »   quadripinnis CV. = Salarias priamensis Blkr, Verh.
   B. Gen. XXII Bl. Gob p. 19, Nat. T. N. Ind. IV p 268.

73 Eleotriodes sexguttata Blkr = Eleotris sexguttata CV., Act.
   Soc. Sc. Ind. Neerl. III 6e Bijdr. Sum. p. 42.

74 Gobius phalaena CV., Nat. T. N Ind II p. 244

75   »   periophthalmoides Blkr, ibid. I p. 249.

76   »   puntangoides Blkr, ibid. V p. 242.

77   »   sphynx CV., ibid. VI p. 103.

78 Antennarius nummifer Blkr, ibid. VI p. 497.

79 Fistularia immaculata Comm., ibid. III p. 281.

80 Amphisile scutata Cuv., ibid. II p. 245.

81 Cichlops melanotaenia Blkr, ibid. IV p. 765.

82   »   spilopterus Blkr, ibid. V p. 168.

83 Plesiops coeruleolineatus Rupp, ibid. IV p. 116.

84 Pseudochromis fuscus Mull. Trosch., ibid. III p. 708, IX p. 69.

85 Pomacentrus littoralis K. v. H., ibid. IV p. 483.

86   »   notophthalmus Blkr, ibid. IV p 137, Act Soc. Scient.

Ind. Neerl. I Vissch Man. p 51.

87 Pomacentrus pavo Lac., Nat. T. Ned. Ind. II p. 217.

88   »   taeniops CV., ibid. V p. 512.

89 Dascyllus aruanus CV, ibid. VI p. 108.

90   »   polyacanthus Blkr, ibid. IX p 503, Act. Soc. Scient.
           Ind. Neerl II 8e Bijdr. Amb. p. 71.

91 Glyphisodon anterius V. Hass , Nat. T. N. Ind. IV p. 286,
           VII p. 48, VIII p 451.

92   »   bengalensis CV, Verh Bat. Gen. XXI Labr. Cten. p. 11.

93   »   lacrymatus QG, Nat. T. Ned Ind. VIII p. 303.

94   »   rahti CV., ibid. III p. 287.

95   »   septemfasciatus CV, ibid. III p. 582.

96   »   xanthurus Blkr, ibid. V p. 315.

97   »   unimaculatus CV., ibid. IV p. 281.

98 Heliases ternatensis Blkr, ibid. X p 377.

99 Labroides paradiseus Blkr, ibid. II p. 249 (nec synon.).

100 Cheilio hemichrysos CV, ibid. II p 255.

101 Julis (Julis) amblycephalus Blkr, ibid. XI p. 83.

102   »   (»   ) dorsalis QG, ibid. III p 564.

103   »   (»   ) Jansenii Blkr, Act. Soc. Scient. Ind. Neerl. I.
           Vissch. Man. p. 55.

104   »   (»   ) lunaris CV., Verh. Bat. Gen. XXI Gladsch.
           Labr. p. 28.

105   »   (»   ) quadricolor Less. Act. Soc. Scient. Ind Neerl.
           I Vissch. Man. p. 55

106   »   (Halichoeres) balteatus QG, N. T. Ned. Ind. II p 253.

107   »   (»   ) casturi Blkr, ibid III p. 768.

108   »   (»   ) elegans K. v. H., ibid III p. 289.

109   »   (»   ) hortulanus CV., ibid. IV p. 486.

110   »   (»   ) Hyrtlii Blkr, Act. Soc Scient Ind Neerl. I
           Vissch. Man. p 60.

111   »   (»   ) kallosoma Blkr, Nat. T Ned Ind. III p. 289.

112   »   (»   ) melanurus Blkr, ibid. III p. 215, var. V. p 87.

113   »   (»   ) phekadopleura Blkr, Verh. Bat. Gen. XXII
           Ichth. Bali p. 8.

111 Julis (Halichoeres) polyophthalmus Blkr, Nat. T. Ned. Ind. III p. 731.

115 " (") Renardi Blkr, ibid. II p. 253.

116 " (") spilurus Blkr, ibid. II p. 252.

117 Novacula Hoedtii Blkr, Act. Soc. Sc. Ind. Neerl. I Vis-ch. Amb p. 59.

118 " julioides Blkr, Nat. T. Ned. Ind. II p. 251.

119 Cheilinus decacanthus Blkr, ibid. II p. 256.

120 " celebicus Blkr, ibid. V p. 171.

121 Scarus sumbawensis Blkr, ibid. XI p. 101.

122 Callyodon hypselosoma Blkr, ibid. VIII p. 425.

123 Plotosus anguillaris Cuv. = Plotosus lineatus CV., Verh. Bat. Gen. XXI Silur. bat. p. 57.

124 Belone macrolepis Blkr, Nat. T. N. Ind. XII p. 225.

125 Hemiramphus dispar CV., ibid. VI p. 498.

126 " Russellii CV., Verh. Bat. Gen. XXIV Snoek p. 17.

127 Saurus synodus CV., ibid. XXIV Chir. etc. p. 28, Nat. T. Ned. Ind. II p. 257.

128 Saurida nebulosa CV., ibid. XXIV Chir. etc. p. 30, ibid. III p 292.

129 Muraena griseo-badia Richds., Nat. T. Ned. Ind. VIII p. 325.

130 Balistes armatus Lac. ibid. II p. 224, Verh. Bat. Gen. XXIV Balist. p. 16.

131 " lineatus Bl., ibid. II p. 260, ibid. XXIV Balist. p. 14.

132 " praslinus Lac., Verh. Bat. Gen. XXIV Balist. p. 14.

133 Anosmius Bennetti Blkr = Tropidichthys Bennetti Blkr, Nat. T. Ned. Ind. VI p. 504.

Alle de genoemde soorten zijn nieuw voor de kennis der Sangi-eilanden. Op vier na, bezat ik ze echter reeds alle, zijnde slechts Apogon sangiensis, Serranus Janseni, Cirrhites amblycephalus en Salarias guttatus nieuw voor mijn kabinet. De drie eerste dezer soorten zijn tevens nieuw voor de wetenschap, terwijl de vierde mij voorkomt dezelfde te zijn als Salarias guttatus CV. van Vanikolo, wat ik echter niet met zekerheid kan bepalen.

De beschrijvingen der vier bedoelde soorten laat ik hier volgen.

CHEILODIPTEROIDEI.

Apogon sangiensis Blkr.

Apog. corpore oblongo compresso, altitudine 3 et paulo in ejus longitudine, latitudine $2\frac{2}{5}$ circiter in ejus altitudine, capite $3\frac{1}{4}$ circiter in longitudine corporis, longiore quam alto; oculis diametro 3 fere in longitudine capitis, plus diametro $\frac{1}{2}$ distantibus, orbitis scabriusculis, osse suborbitali, crista praeoperculi intramarginali, suboperculo, interoperculo osseque suprascapulari edentulis; linea rostro-frontali declivi rectiuscula, maxilla superiore sub medio oculo desinente; dentibus parvis pluriseriatis subaequalibus, vomerinis in thurmam ∧ formem, palatinis utroque latere in thurmam gracilem collocatis; praeoperculo rotundato margine denticulis minimis ope lentis bene conspicuis; squamis lateribus 25 p. m. in serie longitudinali, 9 vel 10 in serie transversali; linea laterali singulis squamis tubulo simplice basi superne et inferne processu obtuso munito notata, linea dorsali elevata linea ventrali multo convexiore; pinna dorsali spinosa dorsali radiosa vix humiliore, spinis gracillimis 3ª ceteris longiore corpore multo minus duplo humiliore; dorsali radiosa acuta non emarginata corpore multo humiliore, ventralibus acute rotundatis $4\frac{1}{4}$ circiter, ventralibus acutis $5\frac{2}{3}$ circiter, caudali emarginata lobis acutiuscule rotundatis $5\frac{1}{4}$ circiter in longitudine corporis, anali angulata vix emarginata dorsali radiosa paulo humiliore; colore corpore superne aureo-roseo inferne dilutiore, iride flava fusco tincta, fascia rostro-oculo-operculari lata profunde fusca; cauda ad basin pinnae caudalis macula parva rotunda fusco-nigra in linea laterali; pinnis roseis; dorsali spinosa fusco arenata; anali membrana inter singulos radios ocellis aliquot margaritaceo-coeruleis.

B. 7. D. 6—1/9 vel 6—1/10 P. 2/11. V. 1/5. A. 2/8 vel 2/9. C. 1/15 /1 et lat. brev.

Habit Ins. Sangi, in mari.
Longitudo speciminis unici 81'''.

Aanm. Mijn voorwerp bevindt zich in geen' te goeden toestand van bewaring. Ook op het vlies der straalachtige rugvin en der aarsvin schijnen zich dergelijke parelblaauwe
vlekjes te bevinden als op het aarsvinvlies, hoezeer de beschadigde toestand der vinnen zulks niet met zekerheid laat
bepalen.

De soort staat in verwantschap tusschen Apogon melanorhynchos Blkr en Apogon amboinensis Blkr, en heeft nog
de meeste overeenkomst met laatstgenoemde. Zij is er echter nog gemakkelijk van te onderkennen door hare betrekkelijk veel langere en dunnere rugdoornen, niet uitgehold
profiel, ongetand bovenschouderbladsbeen, parelkleurige aars-
vinvlekken, enz.

SERRANOIDEI.

Serranus Jansenii Blkr.

Serran. corpore oblongo compresso, altitudine 4 fere in ejus
longitudine, latitudine 2 circiter in ejus altitudine; capite convexo
$3\frac{1}{4}$ circiter in longitudine corporis; altitudine capitis $1\frac{2}{3}$ circiter
in ejus longitudine; oculis diametro 4 et paulo in longitudine ca-
pitis; linea rostro-dorsali convexa; rostro superne tantum squamoso; maxilla superiore maxilla inferiore breviore, valde post oculum producto, $1\frac{2}{3}$ circiter in longitudine capitis; osse suprascapulari squamis conspicuis nullis; osse intermaxillari dentibus pluriseriatis, serie externa conicis, seriebus internis setaceis antice
longioribus in thurmas 2 collocatis et insuper caninis 2 magnis;
maxilla inferiore dentibus antice pluriseriatis caninis nullis, postice biseriatis, dentibus serie interna ceteris longioribus, lateralibus subulatis elongatis inaequalibus; rictu sat obliquo, praeoperculo obtusangulo, angulo rotundato, margine inferiore edentulo,
margine posteriore convexo anguloque conspicue dentato, dentibus

p. m. 26 angularibus ceteris majoribus; suboperculo interoperculoque edentulis, operculo spinis 3 spina media spinis ceteris longiore; dorso elevato ventre multo convexiore, linea laterali regulariter curvata; squamis lateribus 95 p m. in serie longitudinali, pinna dorsali spinosa dorsali radiosa humiliore, spinis mediocribus 1ª, 2ª et ultima exceptis, subaequalibus corpore plus duplo humilioribus, postica ceteris longiore spina 1ª duplo circiter longiore, membrana inter singulas spinas emarginata non lobata; dorsali radiosa obtusa rotundata corpore minus duplo humiliore, pectoralibus obtusis rotundatis 4½ circiter, ventralibus acutiuscule rotundatis 6¼ ad 6¼, caudali obtusa valde convexa 5 et paulo in longitudine corporis; anali obtuse rotundata spina media spinis ceteris longiore corpore multo plus duplo humiliore; colore corpore superne fuscescente- vel umbrino-viridi inferne aurantiaco vel dilute roseo, ubique dense maculis fuscis plerisque hexagonis obsito; maxilla inferiore fasciis 4 latis transversis fuscis; pinnis aurantiacis maculis plerisque rotundis fuscis variegatis, maculis fuscis dorsali radiosa, ventralibus, anali et caudali sat magnis, centro macula parva nigra notatis, maculis pinnis pectoralibus parvis in series 6 p. m. transversas dispositis.

B. 7. D. 11/14 vel 11/15. P. 2/17. V. 1/5. A. 3/8 vel 3/9.

C. 1/13 /1 vel 2/13 /2 et lat. brev.

Habit. Ins. Sangi, in mari.

Longitudo speciminis unici 106‴.

Aanm. In kleurteekening is de onderwerpelijke soort zoo na verwant aan Serranus hexagonatus CV. en Serranus stellans Richds. (1), dat men haar ligtelijk voor identisch met een dezer beide species zou kunnen houden. De donkere rug- en aarsvin- en staartvinvlekken hebben evenwel dit bijzonders, dat zij elke in het midden eene nog veel donkerder vlekje hebben, terwijl er de onderkaak met 4

(1) Ik teeken hier aan, dat in mijne beschrijving van Serranus stellans (Act. Soc. Scient. Ind. Neerl. I Vissch. Amb. p. 29) als drukfout ingeslopen is, dat de diameter van het oog "2 et paulo" zou gaan in de lengte van den kop, hetwelk moet zijn "4 et paulo".

bruine dwarsche banden geteekend is. Maar bovendien onderscheidt zich de boven beschrevene soort door de afwezigheid van hondstanden in de onderkaak en door de priemvormige gedaante der tanden van de binnenste rei der onderkaak.

Het is mij aangenaam deze soort te kunnen opdragen aan mijn' vriend den heer A. J. F. Jansen, resident van Manado, aan wiens zucht tot bevordering der kennis van de natuur der uitgestrekte gewesten, welke onder zijn gezag zijn geplaatst, de wetenschap de eerste kennis der vischfauna van de Sangi-eilanden. even als die van de hier beschrevene soort, heeft te danken.

CIRRHITEOIDEI.

Cirrhites amblycephalus Blkr.

Cirrhit. corpore oblongo compresso, altitudine 3⅓ circiter in ejus longitudine, latitudine 3 fere in ejus altitudine; capite obtuso convexo 4 et paulo in longitudine corporis, paulo altiore quam longo; oculis diametro 3¼ circiter in longitudine capitis, diametro ⅔ circiter distantibus, linea rostro-dorsali rostro et vertice convexa; naribus anterioribus tubulatis tubulo fimbriatis, rostro obtuso oculo breviore; osse suborbitali sub oculo oculi diametro multo humiliore; maxillis aequalibus, superiore sub oculi margine posteriore desinente 2 fere in longitudine capitis; dentibus maxillis pluriseriatis serie externa conicis seriebus internis majoribus; maxilla superiore antice caninis 2; maxilla inferiore medio circiter utroque ramo canino unico; dentibus vomerinis parvis in vittam ∧ formem vel sub-semilunarem dispositis; praeoperculo rotundato margine posteriore denticulis 40 p. m. subaequalibus parum conspicuis, operculo postice spina plana; linea dorsali elevata valde convexa, linea ventrali rectiuscula; squamis cycloideis, lateribus 48 p. m. in serie longitudinali, linea laterali parum curvata tubulis brevibus notata, pinna dorsali profunde emarginata; dorsali parte spinosa parte radiosa multo humiliore, spinis mediocribus mediis ceteris longioribus corpore triplo circiter humilioribus, membrana interspinali mediocriter incisa, nec lobata, nec penicilligera; dorsali radiosa angulata antice acuta corpore minus duplo humiliore radio 1° fisso radiis ceteris longiore, postice angulo rotundata; pinnis pectoralibus subrhomboideis 5 et paulo, ventralibus sub mediis pectoralibus insertis 6⅓ circiter, caudali convexo-truncatiuscula angulis acuta 5 fere in longitudine corporis; anali oblique rotundata postice angulata spinis validis, media ceteris longiore parte radiosa humiliore; colore corpore aurantiaco-rubro, macula postoculari fusca annulo aureo cincta; corpore vittis 16 p. m. longitudinalibus fuscescentibus; pinnis aurantiaco-roseis?

B. 6. D. 10/11 vel 10/12. P. 2 simpl + 5 fiss + 7 simpl. V. 1/5. A 3/6 vel 3/7. C. 1/13/1 et lat. brev.

Habit. Ins. Sangi, in mari.

Longitudo speciminis unici 99‴.

Aanm. De onderwerpelijke Cirrhites is kenbaar, behalve aan haren stompen en hoogen kop en hoogen bollen rug, aan de afwezigheid van vlekken op kop en ligchaam, en aan de talrijke smalle overlangsche bruine bandjes, van welke er zich een bevindt op elke schubrei des ligchaams. De toestand van bewaring der vinvliezen laat niet toe te bepalen of zij gevlekt of eenkleurig geweest zijn.

BLENNIOIDEI.

Salarias guttatus CV. Poiss. XI p. 228?

Salar. corpore elongato compresso, altitudine 5⅔ circiter in ejus longitudine absque pinna caudali, latitudine (capite) 1⅓ circiter in ejus altitudine; capite truncato convexo 5⅓ ad 5⅓ in longitudine corporis absque pinna caudali, paulo tantum longiore quam alto ac lato, fronte convexa, rostro obtuso truncato vix ante frontem prominente; oculis diametro 3⅔ circiter in longitudine capitis; vertice cirris vel crista nullis, nucha utroque latere, orbita, naribusque anterioribus cirro simplice, cirris nuchali et nasali oculo multo brevioribus, orbitali oculo non breviore, maxilla inferiore utroque latere canino curvato bene conspicuo; labio superiore non-crenato, cute laevi lineam lateralem et lineam dorsi inter dense oblique transversim striata, linea laterali post apicem pinnae pectorali

deflexa, post anum vix vel non conspicua; pinna dorsali partem
spinosam inter et radiosam paulo emarginata, parte spinosa parte
radiosa humiliore radio producto nullo, parte radiosa corpore
humiliore postice cum radiis caudalis lateralibus unita; pinnis
pectoralibus obtusis rotundatis 5 circiter, ventralibus 8 circiter
in longitudine corporis absque pinna caudali, anali dorsali humiliore, membrana inter singulos radios valde incisa; caudali (speci-
mine descripto maxima parte abrupta): colore corpore superne oli-
vascente, inferne margaritaceo-roseo; capite, dorso lateribusque
maculis rotundiusculis violaceo-fuscis et margaritaceis variegatis;
pinna dorsali aurantiaco-flava, parte spinosa singulis spinis maculis
2 vel 3 rotundiusculis violaceo-fuscis, parte radiosa vittis violaceo-
fuscis obliquis postrorsum adscendentibus; pectoralibus dilute aurantiacis, radiis plus minusve violascentibus vel violascente variegatis; ventralibus violascentibus basi aurantiacis, anali aurantiaca inferne violascente, vittis 2 longitudinalibus violaceo-fuscis;
caudali aurantiaca maculis violaceo-fuscis variegata.

B 6. D. 13/17. P. 11. V. 2. A. 19 vel 20. C. 20 vel 21 lat.
brev. incl.

Synon *Salarias à gouttelettes* CV. Poiss. XI p. 228?

Hab. Ins. Sangi, in mari.

Longitudo speciminis unici absque pinna caudali 126'''.

Aanm. Het komt mij zeer waarschijnlijk voor, dat het
hierboven beschreven voorwerp behoort tot de soort, door
Quoy en Gaimard bij Vanikolo gevonden en ter boven aangehaalde plaatse onder den naam van Salarias guttatus beschreven, komende die beschrijving, welke trouwens naar
veel kleinere voorwerpen genomen is, nagenoeg volkomen
met de hier gegevene overeen, hoezeer er de overlangsche
aarsvinbanden niet vermeld zijn.

Bij mijn voorwerp zijn de straalachtige rugvin en de
staartvin zeer beschadigd.

Scripsi Batavia Calendis Aprilis MDCCCLVII.

VERSLAG

VAN EENE

NIEUWE VERZAMELING VISSCHEN VAN

BATJAN,

DOOR

P. BLEEKER.

De eerste ichthyologische kennis van Batjan dagteekent eerst van het jaar 1854. De heer Jkhr C. F. Goldmann, gouverneur der Molukken, deed mij de eerste vischverzameling van Batjan geworden, over welke ik verslag uitbragt in het 7e deel (1854) van het Natuurkundig Tijdschrift voor Nederlandsch Indie (1). In dat verslag was nog slechts sprake van 71 vischsoorten. Kort daarna, in het begin van 1855, deed de heer Goldmann mij nog een aantal Batjansche visschen toekomen, in welke ik aanleiding vond tot het opstellen van eene nieuwe bijdrage over Batjan's visschen (2), in welke het cijfer der bekende soorten van dat eiland gebragt werd op 83. Eenige weken later gewerd mij op nieuw verzameling van hetzelfde eiland, door de welwillendheid van den heer J. G. T. Bernelot Moens, in welke zich niet minder dan 52 soorten bevonden, welke in de verzamelingen van den heer Goldmann niet wa-

---

(1) Bijdrage tot de kennis der ichthyologische fauna van Batjan l. c. p. 359—378.

(2) Tweede Bijlage tot de kennis der ichthyologische fauna van Batjan Zoetwatervisschen Nat. T. Ned. Ind. Dl. IX 1855 p. 19.—202

ren aangetroffen en waardoor alzoo het cijfer der bekende visschen van het eiland klom tot 135 (1).

Tijdens mijn kortstondig verblijf op Batjan, in de maand September 1855, erlangde ik kennis van nog 14 vischsoorten, in de vroegere verzamelingen niet bevat (2), waardoor het totaal der bekende soorten steeg tot 149.

Het was duidelijk, dat dit laatste cijfer nog slechts eene zeer onvolledige voorstelling was van den rijkdom van Batjan's wateren en zeer aangenaam was mij alzoo de toezegging van heer Bernelot Moens, dat hij zich moeite zou geven ten deze tot uitbreiding der bestaande kennis verder mede te werken. De heer Bernelot Moens is dier toezegging gestand geweest en heeft mij onlangs doen toekomen eene nieuwe belangrijke verzameling, alsmede eene door hem opgemaakte lijst van batjansche en labocharesche namen, tot bekende soorten betrekking hebbende, welke mij in staat hebben gesteld een vrij groot aantal vischvormen aan de reeds van Batjan bekende toe te voegen.

De soorten in de jongste bezending van den heer Moens bevat en in zijne bijgevoegde lijst vermeld, bedragen te zamen niet minder dan 113, en zijn de hieronder genoemde.

Pisces Batjanenses collectionis Moensianae vel a clariss. Moensio observati.

1* Cheilodipterus octovittatus CV.
2*   „   quinquelineatus CV·
3 Apogon bandanensis Blkr.
4*   „   fraenatus Valenc. = *Bibisang* Batj.
5*   „   macropterus K. v. H. *Bibisang lumpor* Batj.
6*   „   roseipinnis CV. = *Bibisang* Batj.

(1) Derde Bijdrage tot de kennis der ichthyologische fauna van Batjan. ibid. IX 1855 p. 491—504.

(2) Visschen waargenomen te Laboeha, eiland Batjan, ibid. XI, 1856 p. 253, 254.

7* Ambassis nalua CV.

8*   »   urotaenia Blkr.

9 Serranus hexagonatus CV.

10   »   microprion Blkr.

11* Serranichthys altivelis Blkr = *Wangi* Batj., *Goropa-itam* Lab.

12* Mesoprion annularis CV. = *Moras* Batj., *Dolossi* Lab.

13   »   fulviflamma Blkr = *Nonda* Batj., *Gorara* Lab.

14   »   gembra CV. = *Somassi* Lab. = *Laubidi* vel *Laubini* vel *Lawa bini* Batj.

15*   »   quadriguttatus Blkr.

16   »   Sebae Blkr = *Gutja* Lab. = *Laupula* Batj.

17*   »   striatus Blkr = *Nonasosal* Batj. = *Gorara furu* Lab.

18 Therapon servus CV = *Godida* Lab. = *Kerong-kerong* Batj.

19   »   theraps CV.

20 Dules maculatus CV. = *Godida ajer tawar* Lab. = *Dewang* vel *Arimangan* Batj.

21*   »   rupestris CV. = *Godida ajer tawar* Lab.

22* Priacanthus Blochii Blkr. = *Gora-swangi* Lab. = *Soja bini* Batj.

23* Holocentrum leo CV.

24*   »   sammara CV.

25* Myripristis parvidens CV.

26 Sillago malabarica Cuv. = Sillago acuta CV. = *Lumpah iwap* vel *Lumpah iup* Batj.

27 Sphyraena obtusata CV. = *Sagalu* Batj.

28* Polynemus tetradactylus CV. = *Tikus-tikus* Lab, = *Umpua* Batj.

29 Mulloides flavolineatus Blkr = *Bidjinangka* Lab. = *Salmo-net-wonga* Batj.

30 Upeneoides vittatus Blkr.

31 Dactylopterus orientalis CV.

32* Platycephalus pristiger CV.

33* Apistus macracanthus Blkr.

34* Diagramma punctatum Ehr. = *Radjabau* Lab. et Batj.

35 Scolopsides monogramma K. v H. = *Sidemo* Lab. = *Tontong* Batj.

36 Heterognathodon xanthopleura Blkr.

37* Lethrinus kallopterus Blkr = *Botila-sungu* Lab. = *Siwih* Batj.

48 „ reticulatus CV.

39* Gerres filamentosus CV = *Kapas besar* Lab. = *Bagabaga-nian* Batj.

40 Chaetodon vagabundus Bl.

41 „ virescens CV. = *Kali-bubu* Batj.

42 Heniochus macrolepidotus CV.

43* Platax gampret Blkr = *Dawon baru* Lab. = *Papeto* Batj.

44* „ teira CV.

45* „ vespertilio Cuv.

46 Holacanthus mesoleucos CV.

47* Pimelepterus lembus CV. = *Ilu* Lab. = *Ilikh* Batj.

48 Scomber loo CV.

49 „ moluccensis Blkr = *Combong alus* Lab. = *Ruma-ruma* Batj.

50* Thynnus macropterus T. Schl. = *Tarussi* Lab. = *Tangiri* Batj.

51* „ pelamys CV. = *Tjikalang* Lab. = *Titiorah* Batj.

52* „ thunnina CV. = *Tjikalang pappan* Lab. = *Titiorah* Batj.

53* Chorinemus sancti Petri CV. = *Lassi* Lab. = *Tulang-tulang* Batj.

54* „ tol CV. = *Lassi* Lab. = *Tulang-tulang* Batj.

55 Megalaspis Rottleri Blkr.

56* Selar torvus Blkr. = *Tudeh* Lab. = *Laimbora* Batj.

57* Caranx Forsteri CV. = *Bobara kuning* Lab. = *Belaret* Batj.

58 Carangichthys typus Blkr.

59 Carangoides gallichthys Blkr.

60 „ malabaricus Blkr = C. talamparah Blkr.

61* Gazza equulaeformis Rüpp.

62* Equula ensifera CV. = *Batja* Batj.

63 „ gomorah CV.

64* Amphacanthus dorsalis CV. = *Uhi* Lab. = *Tadjang* Batj.

65 Acanthurus matoides CV. = *Gotanna* Lab. = *Donna* Batj.

66* Atherina duodecimalis CV. = *Klunat, Ngaloh* Lab. = *Kapala paku* Batj.

67 Gobius grammepomus Blkr. = *Gebus* Lab. = *Guppo* Batj.

68* „ interstinctus Richds. = *Kaboos* Lab. = *Balukus* Batj.

69 Sicydium cynocephalus CV. ⇌ *Ballus* vel *Balkusa* Batj.

70* Eleotriodes muralis Blkr ⇌ Eleotris muralis QG. ⇌ *Nike* Lab. , *Duwong* Batj.

71* Culius melanosoma Blkr.

72* Belobranchus Quoyi Blkr ⇌ Eleotris belobranchus Q.

73* 〃 taeniopterus Blkr.

74* Callionymus filamentosus CV. ⇌ *Bawaja* Lab. ⇌ *Bohaja* Batj.

75 Fistularia inmaculata Comm. ⇌ *Trompetta* Lab. ⇌ *Totop* Batj.

76 Amphisile scutata Cuv. ⇌ *Piso* Batj.

77* Dascyllus trimaculatus Rüpp.

78* Labroides paradiseus Blkr.

79* Cossyphus Schoenleinii Ag. ⇌ *Kakatua* Lab. et Batj.

80* Novacula Twistii Blkr.

81 Cheilinus radiatus Blkr ⇌ *Maming* Lab. ⇌ *Meiningo* Batj.

82* Epibulus insidiator CV.

83* Scarus psittacus CV ⇌ *Kakatua biru* Lab. ⇌ *Wunju* Batj.

84 Belone gigantea T. Schl. ⇌ Belone cylindrica Blkr ol. ⇌ *Saku* Lab. ⇌ *Silowang* Batj.

85* 〃 leiurus Blkr.

86* Hemiramphus Commersonii CV ⇌ *Mowaru* Lab., *Roja* Batj.

87* 〃 melanurus CV. ⇌ *Bolobo* Lab. ⇌ *N'yong* Batj.

88* Exocoetus unicolor CV ⇌ *Antoni-biru* Lab.

89 Harengula melanurus Blkr ⇌ *Armattan* Lab. ⇌ *Ekor-angus* v. *Bik-hokloa* Batj.

90 〃 moluccensis Blkr. ⇌ *Makki* Lab. ⇌ *Maas* Batj.

91* Sardinella leiogaster CV. ⇌ *Sardin* Lab. ⇌ *Hunjalu* Batj.

92 Engraulis encrasicholoides Blkr. ⇌ *Ikan mehra* Lab. ⇌ *Ligoh* Batj.

93* 〃 Russelli Blkr. ⇌ *Ikan puti* Lab. ⇌ *Kumbah* Batj.

94* Saurus myops CV. ⇌ *Sirih* Lab. ⇌ *Tjatja-wilu* Batj.

95* Scopelus brachygnathos Blkr. ⇌ *Pulung* Lab. ⇌ *Pulang-pulang* Batj.

96 Rhombus pantherinus Rupp.

97* Synaptura marmorata Blkr.

98* Achirus melanospilos Blkr ⇌ *Sablah* Lab. ⇌ *Tampernonno* Batj.

99* 〃 pavoninus Lac.

100* Plagusia brachyrhynchos Blkr.

101* Anguilla marmorata QG. = Anguilla Elphinstonei Syk.
102* Conger anagoides Blkr = *Ladu* Lac. = *Totodi* Batj.
103* Ophisurus colubrinus Richds.
104 Balistes praslinus Lac.
105*   » senticosus Richds.
106 Monacanthus trichurus Blkr.
107* Triacanthus brevirostris Valenc.
108* Ostracion cornutus L.
109 Arothron hypselogeneion Blkr = *Loi* Lab. = *Lo leh* Batj.
110*   »   ? kappa Blkr.
111* Syngnathus haematopterus Blkr.
112 Gastrotokeus biaculeatus Heck. = Solenognathus Blochii Blkr
113 Hemiscyllium malaisianum MH.

Ofschoon onder dit vrij groot aantal soorten, geene enkele voorkomt, welke nieuw is voor de wetenschap, zijn toch niet minder dan 69 daarvan nieuw voor de kennis van Batjan, welke, gevoegd bij de 149 reeds van daar vermelde, het aantal thans van dit eiland bekende soorten doen stijgen tot 218.

Van de gemelde soorten zijn nieuw voor de kennis der fauna van de Moluksche wateren, Polynemus tetradactylus CV., Lethrinus kallopterus Blkr, Platax gampret Blkr, Carangoides malabaricus Blkr, Belobranchus Quoyi Blkr, Belobranchus taeniopterus Blkr, Cossyphus Schoenleinii Ag., Hemiramphus melanurus CV., Scopelus brachygnathos Blkr, Synaptura marmorata Blkr, Plagusia brachyrhynchos Blkr, en Balistes senticosus Richds., dus 12 soorten. Van de Moluksche wateren ken ik in het geheel thans 1039 vischsoorten, dat is, reeds 133 meer, dan vermeld zijn in mijn overzigt der vischsoorten van den Molukschen archipel, opgenomen in het 2e deel van mijne Reis door de Minahassa en den Molukschen Archipel.

Batavia April 1857.

VERSLAG

OMTRENT

EENIGE VISCHSOORTEN

VAN

TIMOR-KOEPANG EN TIMOR-DELHI,

DOOR

P. BLEEKER.

— — — —

Reeds een paar keeren was ik in de gelegenheid iets tot de kennis der vischfauna van het eiland Timor bij te dragen, en wel in het begin van 1852 (1), door eene verzameling van den heer Jhhr C. F. Goldmann, toen gouvernements kommissaris voor Timor, thans gouvernem de Moluksche ei-landen, en een paar jaar later (2), door een verzameling mij welwillend aangeboden door den heer J. P. Hönig, toenmaals te Timor-koepang geplaatst. In die beide bijdragen bragt ik het aantal van Timor bekende vischsoorten op 92. Onlangs

---

(1) Bijdrage tot de kennis der ichthyologische fauna van Timor. Nat. Tijdschr. Nederl Indie III 1852 p. 158—174.

(2) Nieuwe bijdrage tot de kennis der ichthyologische fauna van Timor. Nat. Tijdschr. Nederl. Ind. VI 1854 p. 203—214.

ontving ik weder een paar verzamelingen van genoemd eiland. De eene heb ik te danken aan den heer Don Luis Augusto d'Almeida Macedo, gouverneur der Portugesche bezittingen te Timor-delhi, de andere aan den heer Dr. J. W. E. Arndt, officier van gezondheid.

De verzameling van Timor-delhi bestaat slechts uit eenige weinige soorten, alle in zoetwater, niet ver van zee gevangen. Deze soorten zijn:

1	Caranx Forsteri CV.	5*	Eleotris Hoedtii Blkr.
2	Acanthurus matoides CV.	6*	Megalops indicus CV.
3*	Mugil brachysoma CV.	7*	Anguilla australis Richds.
4	Atherina lacunosa Forst.		

De visschen, mij door den heer Arndt afgestaan, behooren tot volgende soorten.

1*	Apogon hypselonotus Blkr.	20*	Eleotriodes strigatus Blkr.
2*	Serranus hexagonatus CV.	21*	Callionymus ocellatus Pall.
3*	» marginalis CV.	22	Batrachus diemensis Richds.
4	Mesoprion bottonensis Blkr.	23*	Pomacentrus fasciatus CV.
5	» fulviflamma Blkr.	24*	Glyphisodon septemfasciatus CV.
6	Therapon servus CV.		
7	Sillago malabarica Cuv.	25*	Cheilio auratus CV.
8	Percis cylindrica CV.	26*	Julis (Halichoeres) elegans K. v. H.
9*	Heterognathodon xanthopleura Blkr.		
		27*	» (») Hasloffii Blkr.
10*	Gerres macrosoma Blkr.	28*	» (») melanurus Blkr.
11*	Zanclus cornutus CV.	29*	Novacula taeniurus Blkr.
12*	Scatophagus argus CV.	30*	Callyodon waigiensis CV.
13*	Toxotes jaculator CV.	31	Engraulis encrasicholoides Blkr.
14*	Chorinemus tol CV.		
15*	Gazza tapeinosoma Blkr.	32*	Muraena ceramensis Blkr.
16	Equula filigera CV.	33*	» variegata Richds.
17*	Atherina duodecimalis CV.	34*	Balistes lineatus Bl.
18	Salarias quadripinnis CV.	35*	» praslinus Lac.
19*	Eleotriodes muralis Blkr.	36*	Monacanthus Houttuyni Blkr

37* Ostracion cornutus L. 40* Carcharias (Scoliodon) Wal-
38* Arothron melanorhynchos Blkr.   beehmi Blkr.
39 Hippocampus kuda Blkr. 41 Taeniura lymma MH.

Van de 48 bovengenoemde soorten der beide verzamelingen is er geene enkele nieuw voor de wetenschap, en
slechts eene enkele, Anguilla australis Richds., bevond zich
nog niet in mijn kabinet.

Daarentegen zijn velen dier soorten nieuw voor de kennis der fauna van Timor. Deze laatst bedoelde soorten zijn
hierboven met een * gemerkt en ten getale van 34, waardoor het geheele aantal thans van Timor bekende vischsoorten gebragt wordt op 126.

Anguilla australis Richds Zoöl. Trans. III p 157 Zoöl. Ereb.
. Terr. p 112 tab. 45 fig. 1-5, Kaup Uebers. Aale, Arch.
Naturgesch. Jahrg 22, 1 p. 56.

Anguill. corpore valde elongato, antice cylindraceo, postice
compresso, altitudine 18 circiter in ejus longitudine; capite acuto
depresso, corpore non latiore, $7\frac{1}{3}$ ad $7\frac{4}{3}$ in longitudine corporis;
altitudine capitis $2\frac{1}{2}$ circiter, latitudine $2\frac{2}{3}$ circiter in ejus longitudine; oculis diametro 9 ad 10 in longitudine capitis, plus di-
ametro $1\frac{1}{2}$ distantibus; rostro obtusiuscule rotundato 7 circiter in
longitudine capitis, basi duplo latiore quam longo; maxilla superiore maxilla inferiore breviore; rictu sub oculi margine posteriore desinente 4 circiter in longitudine capitis, dentibus palatinis et inframaxillaribus pluriseriatis conicis aequalibus; dentibus
nasalibus et vomerinis in thurmam oblongam ante dentes palati-
nos postiores acute desinentem dispositis, labiis carnosis; naribus
posticis oculo approximatis rotundis, anticis rostri apici approximatis tubulatis; poris conspicuis nares maxillasque cingentibus;
linea laterali poris conspicuis notata; squamis tessellatis; pinna
dorsali vix ante anum incipiente $\frac{3}{5}$ circiter corporis totius longi-
tudinis efficiente, corpore triplo circiter humiliore; pectoralibus
obtusis rotundatis $3\frac{1}{2}$ circiter in longitudine capitis; anali postice in anteriore dimidio corporis incipiente, corpore triplo cir-

ter humiliore; caudali obtusa rotundata; colore corpore superne olivaceo, inferne flavescente vel margaritaceo-roseo, pinnis flavescente-aurantiaco.

B.-11, D. 220 p m. P. 16 vel 17. A. 200 p. m. C. 12 p. m. Hub. Timor-delhi, in fluviis.

Longitudo speciminis unici 362'''

Aanm. Deze aal staat in verwantschap tusschen Anguilla mowa Blkr en Anguilla sidat Blkr, beide soorten van het geslacht, bij welke de rugvin ongeveer boven den anus begint. Zij verschilt van die beide door korteren en breederen snuit en korteren band neus-ploegbeenstanden, en overigens nog van Anguilla mowa door kleinere oogen en aanmerkelijk kortere borstvinnen en van Anguilla sidat door kleinere bekspleet, welke bij Anguilla sidat tot achter het oog reikt De beschrijving en afbeelding van Anguilla australis van den heer Richardson met mijn voorwerp vergelijkende, ontwaar ik geene kenmerken, welke op een soortelijk verschil duiden. Indien deze soortelijke gelijkheid inderdaad bestaat, waaraan ik geene reden heb te twijfelen, zou deze aalsoort de eenige tot nog toe bekende zoetwatervisch zijn, welke de Indische archipel met de australische eilanden Auckland, Nieuw-Zeeland en Van Diemensland gemeen heeft en eene nieuwe bevestiging leveren van een reeds bekend feit, dat namelijk Timor in een botanisch en zoölogisch opzigt een overgang maakt tusschen Australië en de Zuidaziatische eilanden.

Batavia April 1857.

DE TABASCHIR VAN JAVA

(SINGKARA DER INLANDERS),

BESCHREVEN EN ONDERZOCHT

DOOR

D. W. ROST van TONNINGEN.

Het is bekend, hoe het voedsel, dat door de planten uit
den grond wordt opgenomen, zich, wat zijne zamenstelling
betreft, scheidt in twee goed gekenmerkte groepen, te weten, de organische (of bewerktuigde) en de inorganische
(of onbewerktuigde) deelen; dat verder in de eerste groep
die bestanddeelen begrepen worden, welke bij gloeihitte ver-
kolen en eindelijk geheel wegbranden, terwijl onder de tweede
alle anderen gebragt worden, welke bij dat gloeijen (op eenige weinige uitzonderingen na) als eene witte of wel meer
of min gekleurde asch, terugblijven. Deze asch, of de minerale deelen der planten, verschilt in hoeveelheid en zamenstelling veelal naar de familie of het geslacht waartoe
zij behooren, wordt ook wel tot op zekeren graad gewijzigd
door lokale omstandigheden, onder welker invloed zij verkeeren, maar rigt zich toch veelal naar den typus, welke
als het hoofd van dat geslacht, de onderdeelen daarvan botanisch en vele malen ook chemisch kenmerkt. Het is hier
de plaats niet om de uitzonderingen, welke nog op deze
regels te maken zijn, aan te geven, ook niet om in eene be-

schrijving te treden van het verband, dat er bestaat, tusschen de gelijksoortige eigenschappen der gewassen en hunne natuurlijke rangschikking; wij bepalen ons voor ditmaal uitsluitend tot hunne onbewerktuigde deelen, en herinneren hier dus slechts het karakteristische voorkomen der phosphorzure zouten in de meeste graangewassen, dat van de soda en het jodium in de zee- en strandplanten, de groote hoeveelheid potasch in alle bananensoorten, de kiezelaarde der palmen en bamboe, enz.

De laatstgenoemde plant, eene reusachtige grassoort, zoo schoon en weelderig van vorm, als uitgebreid in nuttige en algemeene toepassing, kenmerkt zich in hooge mate door haar overvloedig gehalte aan minerale deelen, en wel is het voornamelijk de kiezelaarde, welke hierbij eene eerste plaats inneemt; de asch toch van sommige bamboe bevatte van 60 tot 70 % van dat ligchaam. Vooral in die soort, welke onder den naam van Bambusa apus in de wetenschap opgeteekend staat, is de opname van kiezelaarde zoo groot, dat deze zich in de geledingen der plant, nagenoeg zuiver weder afzet, en het is in dezen vorm, dat zij algemeen als tabaschir en bij de bewoners van Java als singkara bekend is. Het is een natuurprodukt, dat bij de komst der Europeanen in dezen Archipel, al spoedig hunne opmerkzaamheid tot zich schijnt getrokken te hebben, althans wordt door Valentyn in zijn boek over de Ambonsche zaken, daar waar hij bij de beschrijving der gewassen de bamboe behandelt, reeds gezegd. „Men wil, dat de Tabaxir, „of sakar Bamboes (zijnde als een soort van poeder zuiker) „in deze rieten valt, doch hier te lande (Ambon) vind men „er dat niet in."

De tabaschir, welke mij door de welwillendheid van den heer hortulanus J. E. Teijsmann geword, was afkomstig van de Bambusa apus, en in de residentie Bantam, alwaar zij het menigvuldigst schijnt voor te komen, verzameld.

Het waren melkwitte, amorphe stukjes van verschillende grootte (een van deze was drie n. d. lang en $1^{1}/_{2}$ n. d. breed), ligt en glad op het gevoel, niet moeijelijk breekbaar, de breuk glasachtig, sterk aan de tong klevend, gemakkelijk tot een fijn poeder te brengen en zonder den minsten smaak; de buitenzijde was meestal met een dun laagje plantaardige stof overtrokken, afkomstig van de vroegere aanhechting aan de binnenwanden der bamboe; verwarmd en daarna gegloeid wordende, werd zij zwart doch was spoedig weder wit gebrand; bij deze verbranding was geen noemenswaardige reuk te bespeuren. Wanneer op dezen tabaschir water werd gegoten had er eene duidelijke ontwikkeling van gasbellen plaats, welke somtijds even sterk was, als of men een verdund zuur bij krijt voegde; het ontwijkende gas door baryta-water geleid zijnde, deed dit volkomen helder blijven en bij nader onderzoek bleek het, dat deze gasbellen uit niets anders bestonden dan zuivere dampkringslucht, nadat nu deze gas-ontwikkeling geheel opgehouden had (waartoe veelal een paar uren tijds gevorderd werd), hadden de stukjes een geheel ander aanzien verkregen; zij waren allen doorschijnend, enkele zelfs doorzigtig geworden, terwijl de meeste de blaauwe kleur van het korunt, sommige de gele van den topaas aangenomen hadden; alle deze verschijnselen nu hielden wederom op, wanneer de tabaschir gedroogd werd en konden ook weder na nieuwe toevoeging van water, te voorschijn geroepen worden.

De scheikundige kenmerken van den tabaschir zal men het best uit de beschrijving van de kwantitatieve analyse van dit ligchaam leeren kennen.

Kwantitatieve analyse.

1. Bepaling der in water oplosbare deelen.

5,33 gr. fijn verdeelde tabaschir werden herhaaldelijk met water gekookt, de gefiltreerde vochten uitgedampt en daarna het terugblijvende op 100 ° C. gedroogd, men verzamelde aan in water oplosbare deelen 0,081 gr., welke bij gloeijing 0.054 gr. teruglieten, zoodat 100 deelen tabaschir hiervan bevatten 1,52%, bestaande uit 1,013% silica met een weinig kalk en 0,507% organische stoffen.

De verzamelde organische deelen waren te weinig in gewigt, om daaromtrent een nader onderzoek in het werk te stellen.

2. *Bepaling van de Silica.*

1,337 gr. werden in eene verdunde oplossing van soda caustica opgelost, zoutzuur toegevoegd, uitgedampt en gegloeid; hierna werd de in den kroes teruggeblevene massa met wijngeest zoo lang uitgetrokken, totdat daardoor niets meer opgelost werd, vervolgens met water uitgewasschen en weder gegloeid; men verzamelde aan zuivere silica 1,155 gr. $= 86,387\%$.

3 *Bepaling van de Potassa.*

Bij de alkoholische vloeistof in 2 genoemd, werd chlorid. platin. gevoegd, en de zich afgescheiden hebbende chlor. plat. et pot. afgezonderd en gedroogd; men verkreeg hiervan 0,333 gr. $= 24,906\%$ en $= 4,806\%$ potassa.

4. *Bepaling van het IJzeroxyde.*

0,943 gr. werden zooals in 2 opgegeven is behandeld en in

de van silica bevrijde vloeistof, het ijzeroyde door ammonia afgezonderd en gegloeid; het woog 0,004 gr. $= 0,424°/_0$.

5. *Bepaling van den Kalk.*

Na de verwijdering van het ijzeroxyde uit de vloeistof in 4 aangeduid, werd de kalk door oxalas ammon. bepaald; men verzamelde aan op 100 ° C. gedroogden oxalas calcis 0,006 gr. $= 0,636°/_0$ en $= 0,244°/_0$ kalk.

Uit dit onderzoek nu blijkt, dat 100 deelen tabaschir bestaan uit ·

86,387 Kiezelaarde.

0,424 IJzeroxyde.

0,244 Kalk.

4,806 Potassa.

0,507 Organische deelen.

7,632 Water en dampkringslucht.

Zamen   100,000.

De eerste plaats in de zamenstelling van den tabaschir van Java wordt dus ingenomen door de kiezelaarde, en men kan het er gerust voor houden, vooral met het oog op de groote hoeveelheid van dat ligchaam in de bamboe zelve, dat zij dit bij alle soorten doen zal, waar die dan ook verzameld mogen wezen. Dat hare hoeveelheid echter niet in alle stukken dezelfde zijn zal, blijkt reeds uit eene tweede silica-bepaling door mij in het werk gesteld en welke 86,956°/_0 aantoonde; dit laatste wordt trouwens bevestigd door het onderzoek van eenen tabaschir welke in Peru door den heer A. Von Humboldt verzameld was geworden en die volgens den heer E. Turner niet minder dan 30°/_0 potassa inhield. De potassa was in de door mij onderzochte soort als Silicas potassae voorhanden, want wanneer de tabaschir gegloeid en daarna met water behandeld wordt, dan reageert

deze oplossing neutraal, iets wat niet het geval zoude kunnen wezen, als de potassa gedeeltelijk ook met organische
zuren, tot zouten verbonden was geweest; dewijl nu noch
chloor, zwavelzuur of salpeterzuur aanwezig waren, zoo
kan men de genoemde verbinding der potassa met kiezelzuur stellig als de juiste aannemen; dat het verder met den
kalk evenzoo gelegen is, volgt hieruit als van zelf. Wat
de hoeveelheid lucht betreft in den tabaschir voorhanden,
zoo heb ik deze getracht te bepalen daardoor, dat eene af-
gewogene hoeveelheid in eene gegradueerde buis welke
met kwik en een weinig met lucht verzadigd water gevuld
was, opgelaten werd; de hoeveelheid uitgedrevene lucht was
echter, ook onder dezelfde omstandigheden, niet konstant
voor gelijke gewigten tabaschir; in den regel gaven 2 grm.
1 k. c. dampkringslucht, ook wel eens iets minder, enkele
malen zelfs 1½ k. c. zoodat ik haar in de verzameling der
bestanddeelen niet afzonderlijk opgenomen maar te gelijk
met het water, dat mede van 7 tot 10°/₀ verschilt, berekend
heb.

Wat nu het gebruik van den tabaschir aangaat, herinner ik hier in het voorbijgaan, dat hij bij de oudere
europesche geneeskundigen bekend en ook door deze tegen
verschillende ziekten voorgeschreven werd. Tot een fijn poeder gebragt, staat hij bij de inboorlingen alhier bekend als
een uitstekend bloedstelpend middel bij uitwendige verwon-
dingen; men wil ook dat hij het water afkoelen en aange-
namer van smaak maken zoude. Wat het eerste betreft,
dit is eene dwaling, want water, waarbij eene groote
hoeveelheid tabaschir gevoegd werd, toonde toch niet de
minste daling van den thermometer aan, doch wat den
meer aangenamen smaak aangaat, deze zal wel veroorzaakt
worden door de ruime ontwikkelling van dampkringslucht,
welke alsdan plaats heeft, en die voor een gedeelte door

het water opgenomen wordt. Bekend immers is het, dat lucht-
vrij water, laf van smaak en ongeschikt is, om als drinkwater te dienen. Het schijnt echter vooral in China te
wezen, dat de tabaschir op hoogen prijs gesteld wordt,
want meermalen werd hij ten behoeve van dat land in menigte opgekocht, en met 50 tot 60 gulden de pikol (62$^1/_2$
kil.) betaald; naar mij door deze chinesche opkoopers verzekerd werd, zoude zij vooral in de hoogste standen aldaar gebruikt worden tegen koorts, hoofdpijnen enz., terwijl nog anderen beweerden, dat het mede diende tot bereiding van hunne welbekende fijne porceleinen.

Ten laatste veroorloof ik mij nog eene opmerking, te weten: wanneer de tabaschir gegloeid en dus van alle organische zelfstandigheden ontdaan is niet alleen, maar daardoor
ook geheel onoplosbaar in water geworden is, dan zoude
zij bij eene bereiding van drinkwater aan boord der schepen,
welligt groote diensten kunnen bewijzen, althans ware eene
proefneming in dien zin niet overbodig te achten. Iedereen
weet, dat het groote bezwaar tegen deze bereiding tot heden
toe geweest is, dat er een groot aantal dagen na de destil-
latie van het zeewater vereischt wordt, vooraleer het daardoor verkregen drinkwater eene genoegzame hoeveelheid
lucht opgenomen heeft, om het als een geschikte en sma-
kelijke drank aan de bemanning te kunnen verstrekken; in
den gegloeiden tabaschir nu heeft men een ligchaam, dat
wanneer het bij water gevoegd wordt, niets van zich afgeeft,
dan juist datgene, wat dat water ontbreekt, dampkringslucht namelijk; terwijl na eenmaal gebruikt te zijn, de tabaschir slechts behoeft gedroogd te worden, om op nieuw
hiervoor weder te kunnen worden aangewend; wat de hoeveelheid betreft, welke men per vat zoude behoeven, zoo zouden eenige weinige proefnemingen voldoende wezen, om
ten dezen het juiste gewigt aan te geven. Ik geef verder

dit denkbeeld slechts aan, om tot eene proefneming op te
wekken; blijkt het dat de theorie hier in hare toepassing,
zooals meermalen gebeurt, niet aan de verwachting beantwoordt, men is er geen stap door achteruitgegaan, maar
wel zoude bij eene goede uitkomst, eene groote schrede voor-
waarts gedaan zijn op het uitgestrekte veld van industrie en handel, welke laatste thans een belangrijk gedeelte
van zijne scheepsruimte en dus van zijne winsten, aan zijne
watervaten inruimen moet.

Buitenzorg 4 *Mei* 1857.

BIJDRAGE

TOT DE KENNIS DER

ARACHNIDEN

VAN DEN INDISCHEN ARCHIPEL,

DOOR

Dr. C. L. DOLESCHALL.

––––––

Tijdens mijn kort verblijf te Batavia moedigde de president der Natuurkundige Vereeniging in Nederlandsch Indië
mij aan, de spinachtige dieren van deze gewesten zooveel als
doenlijk te verzamelen en ze bekend te maken, mij tevens
een aantal arachniden en myriapoden, welke in de omstreken van Batavia zijn verzameld geworden, aanbiedende.
  Zelfs in Europa vinden deze dieren weinig liefhebbers,
daar zij zich minder door hunne kleuren voor verzamelingen
aanbevelen, en nog altijd als de paria's in de zoologie
beschouwd worden. Uit deze gewesten is hieromtrent zeer
weinig bekend. Het weinige, wat reizigers naar Europa gebragt hebben, is door den heer Walckenaer en anderen beschreven. Dagelijks ontmoet men nieuwe vormen, en het is
te vooronderstellen, dat op verre na zelfs niet het honderdste
gedeelte der indische Arachniden bekend is. Zoo vind ik,
als op Amboina voorkomende, slechts een zeer klein getal opgegeven. Binnen den tijd van nog geene twee maanden heb

ik alleen in de onmiddellijke nabijheid van de hoofdplaats, een aanmerkelijk aantal soorten bijeengebragt, welke waarschijnlijk alle nieuw zijn voor de wetenschap.

Er zijn hier meestal europesche genera vertegenwoordigd, maar geene der in Europa voorkomende soorten. De vormen zijn hier grooter, de kleuren meer schitterend, metaalachtig en de vergifttoestel meer ontwikkeld. Ook het getal der individuen schijnt hier aanmerkelijk grooter te zijn dan in Europa. Daarentegen is het getal der geslachten klein, voor zooveel ik althans tot nog toe oordeelen kan, en in vergelijking met zuidelijk Amerika, kan deze Archipel als arm aan Arachniden beschouwd worden. De meest vertegenwoordigde geslachten zijn hier Epeira en Attus; van de zoogenaamde jaagspinnen (waartoe onder anderen de soortenrijke genera Lycosa en Dolomedes behooren) bezit Amboina geene representanten. De op Java voorkomende boschspin (Mygale) schijnt op Amboina onbekend te zijn, ten minste heb ik noch een mijner verzamelaars er iets van gezien of gehoord. Zeer dikwijls ontmoet men daarentegen tusschen geboomte en hoog struikgewas groote, radvormige loodregt uitgespannen netten, in welker midden reusachtige Epeiren op de prooi wachten, en die in de omstreken van Ambon de paden bijna ontoegankelijk maken. Het web is uitermate sterk en taai, en men moet kracht aanwenden om het uit elkander te scheuren.

Voornamelijk vond ik zulks bij eene 2 duimen lange, nog onbekende Epeira-soort, die tegelijk de grootste der op Amboina bekende soorten is, en die hier buitengewoon talrijk voorkomt.

Echter weven ook nog andere Epeira-soorten zulke sterke netten, waardoor zij hare tegenwoordigheid kenbaar maken; de overigen zoeken meestal tusschen drooge bladen eene schuilplaats, en onttrekken zich daardoor aan het oog:

alleen ziet men nog de z. g. springspinnen vrij dikwijls vooral op jonge bamboe-planten en in palmentuinen, waar zij de kleine insekten najagen. Deze zijn het vooral, die door kleuren en glans uitmunten, als zijnde spinnen, die bijna altijd aan de zonnestralen blootgesteld zijn, daar daarentegen allen diegenen, welke of in natuurlijke of zelfvervaardigde holten zich ophouden, en hier op hare prooi loeren, donker, bruin of zwart gekleurd zijn.

Kleur en teekening geven haar veel overeenkomst met de roofdieren van andere klassen; zij zijn meestal gestreept of gevlekt: even als de roofzoogdieren, de roofvogels en de slangen.

Alle spinsoorten, welke de prooi niet in netten vangen, waardoor deze onbekwaam wordt tot zelfverdediging, zijn met een meer ontwikkelden vergifttoestel en grootere voetklaauwen voorzien.

Het vervaardigen van het, somtijds zeer kunstmatig zamengesteld, net, geschiedt zeer snel; in den loop van een morgen zag ik zulk een net tot stand komen; zulks is ook wel noodzakelijk, daar het somtijds door de hevige slagregens in een oogenblik vernield is, en aan het dier dus iedere mogelijkheid ontnomen wordt, zich vooreerst van voedsel te kunnen voorzien. De meeste soorten, die ik hier heb opgewacht, en die niet de bekwaamheid bezitten zich een zeer sterk net te bouwen, hebben in hare nabijheid nog een vertrekje, waarin zij zich voor den invloed van het klimaat verschuilen, bestaande zulks meestal uit een zamengerold blad. De netten der groote soorten zijn wel zoo sterk, dat er een allerhevigste regen vereischt wordt, voor dat zij verscheurd worden, hebbende de enkele draden, waaruit zij zijn geweven, de noodige veerkracht om niet door plotseling opkomende windvlagen vernield te worden.

Het verschijnsel van in de lucht zwevende draden, zoo als dit in Europa, voornamelijk in het najaar, dikwijls wordt gezien, heb ik hier nog nooit waargenomen.

Wij moeten alle spinsoorten, zonder uitzondering, als hoogst nuttige dieren beschouwen. Hoe menig muskiet, hoevele vliegen verdwalen niet dagelijks in de netten der arachniden: insekten, welke misschien nog kort te voren ons lastig vielen. En als men in aanmerking neemt, dat alle arachniden eene uitermate gezonde maag hebben (sit venia verbo!) dan zal dit getal nog menigvuldiger worden. Buitendien zijn de spinnen ware katten, die meer dooden dan noodig is, en ik heb voorbeelden gezien, dat, vooral de springspinnen, zoovele vliegen gedood hebben als slechts in de nabijheid kwamen. De nabijheid van den mensch zoeken zij nooit op: zij behoeven derhalve niet gevreesd te worden; de grootere soorten houden zich in het vrije op en slechts kleinere spinnen ziet men in de hoeken van niet zindelijk gehouden huizen. Eenige groote arachniden, die men somwijlen in woonhuizen ontmoet, zoeken de duistere plaatsen op, waar zij de kakkerlakken najagen.

Misschien zal mij weder de opmerking gedaan worden, dat ik weinig betrekkelijk de leefwijze der enkele soorten mededeel. Zulks is mij altijd mogelijk; somwijlen kom ik in het bezit van voorwerpen, mij met andere insekten aangebragt, aangezien niemand in staat is, alles zelf te verzamelen; slechts weinige inlanders vestigen hunne attentie op de dieren, die zij verzamelen. Het eigenlijk natuurhistorische gedeelte kan alleen in den loop des tijds bekend gemaakt worden. Buitendien vertoont niet iedere soort een eigenaardig leven, en wat omtrent de geslachten ooit bekend is geworden, vindt men elders breedvoerig opgeteekend Overigens geloof ik, dat hetzelfde met alle dieren der tropische gewesten het geval is. De

zamenhang van de enkele leden der natuur is hier op
verre na niet zoo naauwkeurig nagegaan als in Europa.
De vormen zijn hier te in het oogvallend en te menigvul-
dig, het *geheel* te fraai, om zich dadelijk op het kleine te willen bepalen.

I. Omtrent de *Acarida* heb ik tot nu toe geene onderzoekingen gedaan, en dit hoofdzakelijk wegens gebrek aan
een goed mikroskoop. Zeker zal deze afdeeling der spinachtige dieren hier talrijk vertegenwoordigd zijn. Ik herinner
slechts de verschillende soorten van Ixodina, die op zoogdieren, ja zelfs op groote slangen gevonden worden,
en aan de mijten, die men talrijk op vliegende honden
(Pteropus) en andere vleermuizen ontmoet.

II. *Opilionina*.

Tot dusverre is uit den indischen Archipel geen enkele
vorm dezer dieren bekend geweest; ik erlangde te Amboina
eene soort, in vrij groot getal, die ik als nieuw beschouw, haar noemende.

Phalangium amboinense, n. sp.

Ph. nigrescens, dorso aureo metallico, spina erecta armato,
pedibus longissimis, pare secundo primo duplo longiore. Long. 2'''.

De pooten zijn zwartbruin, zeer lang, haardun, 2, 4, 1, 3,
het 2de paar dubbel zoo lang als het eerste; de cephalothorax zwart, driekantig, naar voren toe smaller; het oogheu-
veltje glad, even hoog als breed; de voelers glad, roodbruin, korter dan het ligchaam, het laatste lid verlengd.
Het achterlijf naar achteren toe breeder, bijna vierkant,
van boven goudkleurig, in het midden van den rug eenen
puntigen, met de punt naar voren gerigten, stekel dragende.
De buikvlakte zwartgrijs, de dijen groot-korrelig. Het
2de paar pooten 5 duim lang. (rh. cm.)

Talrijk op Amboina, tusschen hoog struikgewas.

Nog' eene tweede veel kleinere soort is mij hier ter plaatse gebragt geworden; het voorwerp was echter zoodanig beschadigd, dat het mij onmogelijk was, daarvan eene beschrijving op te maken.

III. *Arthrogastra.*
Hiertoe de geslachten Telyphonus en Scorpio.

Telyphonus rufipes, Koch Arachn. (T. caudatus Gn.)
Java, op rochtige plaatsen onder steenen.

Telyphonus seticauda, n. sp.
Donker koffijbruin. De onderkaken zijn veel puntiger dan bij de voorgaande soort, het 2de lid der voelers aan den bovenrand met 6, aan den benedenrand met 2 punten, het 3de lid boven en beneden met 1 punt. De staart stijfharig (setosus), bij Telyphonus rufipes niet, of slechts met enkele haartjes.
Lengte zonder staart 14'''.
Op Amboina, zeldzaam.

Buthus cyaneus Koch Arachn.
Op geheel Java nietzeldzaam.

Buthus reticulatus Koch (?).
Deze en de voorgaande soort zijn overal op Java, de laatste echter veel talrijker te vinden. Vooral schijnt deze op Midden-Java tot de meest bekende dieren te behooren. De Javaan noemt beiden *ketoengeng*. Men vindt ze onder steenen op rochtige plaatsen, waar zij zich over dag ophouden, en 's nachts op de jagt gaan. De inboorling schijnt ze weinig te vreezen; herhaalde malen werden zij mij met ongeschonden vergifttoestel in de bloote handen gebragt, waarbij het dier den staart naar boven gekromd droeg, en geene pogingen deed, om de het vattende hand te

verwonden. Ten einde het vermogen van het vergift te onderzoeken, heb ik eenige tot 4" lange skorpioenen in een
glas met levende vogels opgesloten. In den beginne schenen
de skorpioenen de vogels niet gezien te hebben; eerst
later maakten zij bewegingen met den staart, waaruit
ik opmaken kon, dat zij pogingen deden, om den vogel te
verwonden. Of dit nu niet geschieden konde, wegens de
dikke vederen der vogels, of dat de vogel minder gevoelig
voor het vergift was, zooveel is zeker, dat ik, na eene
worsteling van bijna een half uur, aan den vogel niets
vond als de teekenen van vermoeijenis.

Mij is nog geen geval van eene verwonding, aan een
mensch toegebragt, voorgekomen; wel van de kleinere hier
te vermelden soorten, waarbij de uitwerking niet belangrijk was, en zich de symptomen bepaalden tot eene onbelangrijke opzetting van den omtrek, vergezeld van eene
erysipelateuse, korten tijd aanhoudende, roodheid.

Ischnurus complanatus Koch Arachn.

Eene der kleinste op Java en Amboina meest voorkomende soorten. Buitengewoon talrijk vond ik dezen skorpioen
bij Gombong in jonge kokostuinen, waar hij onder bladsche-
den van kokospalmen in gezelschap met eenige Myriapoden zich ophoudt. Onder ieder blad, op vochtige plaatsen
bijna onder iederen steen, heb ik deze kleine soort gevonden.

Loopt, even als de krabben en sommige spinsoorten,
schielijk naar de zijde en achterwaarts.

Tityus longimanus Koch (?).

Tityus mucronatus Koch.

Beiden op Java, in gebouwen, tusschen oud houtwerk

niet zeldzaam.

IV. *Aranina.*

Mygale javanensis Walck.

Op Midden-Java vrij zeldzaam. Het is eene der grootste spinsoorten, en in dezen Archipel de eenige representant der in Suriname zoo menigvuldige boschspinnen. Ik zag exemplaren van Mygale javanensis, door mevr. Pfeiffer naar Weenen gezonden, van meer dan 2½″ lengte: ik zelf heb op Java niet anders dan onvolwassen voorwerpen gekregen.

De inlander schrijft haar geneeskrachtige eigenschappen toe. Zij zou namelijk in olie geweekt en hiermede het hoofd gewasschen, den groei van nieuwe haren bevorderen; waarschijnlijk omdat de spin zelve zoo sterk behaard is (similia similibus).

Over haar vergift heb ik een onderzoek gedaan, hetwelk mij voldoende overtuigde, dat het vrij hevig is. Een nog geen 2″ lang voorwerp, hetwelk buitendien zich in eenen ziekelijken toestand bevond (een poot was daags te voren bij het vangen uitgetrokken) werd met een volwassen vogel van mindere grootte in eene stopflesch opgesloten. Onmiddellijk sprong de spin op hare prooi, stiet hare bovenkaaks-klaauwen in de nabijheid van de ruggegraat, en in den korten tijd van 15 seconden stierf het vogeltje onder tetanische verschijnselen. De spin bleef nog eenige seconden aan den vogel vast, hem met hare sterke pooten omvattende en liet eindelijk los.

De gedane sektie wees op de plaats der beleediging 2 kleine, met bloed gesuffundeerde wonden en hyperaemie van het ruggemerg en der hersenvliezen, voorts waren de hartkamers ledig en de atria met gestold bloed gevuld.

Den volgenden dag wilde ik mijne proefnemingen op grootere dieren hervatten, doch de spin was eenige uren na de katastrophe dood. Sedert dien tijd ben ik niet weder in het bezit van een levend voorwerp dezer soort gekomen.

Deze proef toont voldoende aan, dat het vergif van Mygale javanensis vrij hevig is, en dat hare verwonding,
bij zwakke, prikkelbare individu's niet geheel onverschillig
zou kunnen zijn.

Op Ceylon komt eene 2e soort voor, t. w. Mygale fasciata D.

Tegenaria argentata.

T. thorace ovali antice angustato; oculis magnitudine invicem
aequalibus, abdomine fere cilindrico postice attenuato organis
filiferis parum elongatis; pedibus longissimis flavo-rufis fusco annulatis, femoribus coxisque subtus tenerrime albo punctatis, abdominis dorso fusco, argenteo nitente punctato et striato. Long 12."

De onderkaken en de lip zijn bruin; de eerste afgerond, de laatste tamelijk lang. Sternum bijna pentagonaal,
bruin, wit gespikkeld.

De bovenkaken schuinsch, matig lang, dun, cilindrisch,
bruingeel, digt met zwarte haartjes bedekt.

De voorste rei der oogen regt, de tweede een weinig naar
achteren gekromd.

De cephalothorax bruingeel, met eene lichte streep aan
elke zijde, en voor de oogen een wit vlekje.

Het achterlijf bijna driemaal zoo lang als de cephalothorax,
op den rug bruin, onregelmatig zilver- en goudkleurig gespikkeld, op de buikvlakte donkerbruin, met eene in het
midden overlangs loopende fijne, eenige malen afgebroken
witte streep.

De pooten bij het wijfje bijna gelijk lang, en even sterk,
1.4.2.3, bruingeel; bij het mannetje het eerste paar veel
langer dan de overige.

Ik heb op Amboina, waar deze soort alleen schijnt voor
te komen, tot nu toe slechts weinig exemplaren gekregen,
en weet niets in 't bijzonder over hare leefwijze aan te
merken.

Het mannetje is kleiner.

Theridion miniaceum, n. sp.

T. miniaceum, pedibus nigerrimis, oculis lateralibus aproxima-
tis: abdomine gibboso postice declivi, thorace rotundato ovali
Long. $1\frac{1}{2}'''$

De bovenkaken loodregt, wigvormig; de oogen op twee
kromme, met de kromming naar elkander gekeerde, lijnen geplaatst; de voorste middenste zijn de grootste.

De cephalothorax langwerpig-rond, het kopgedeelte duidelijk. Het achterlijf in het midden zeer hoog, van hier
tot aan de spintepeltjes loodregt afvallende, weinig behaard.

De pooten zijn 1.4.2.3, zeer dun; het eerste paar is aanmerkelijk langer, en het 3de zeer kort; het heupgedeelte
der pooten is even als het geheele diertje rood; overigens
zijn de pooten zwart, uitgezonderd het 2de voethd van het
1e en 4e paar, welke bleekachtig-rood zijn. De spintepeltjes
en de genitalia zijn zwart.

Op Amboina. Dit is de eenige uit tropische gewesten
bekende Theridion, welk geslacht voornamelijk in Europa
en het noordelijke Amerika talrijk wordt vertegenwoordigd.

Pholcus sisyphoides, n. sp.

Ph. thorace pallide fusco, medio stria nigra signato; abdomine
brevi, globoso in medio gibbosissimo, hinc ad anum usque per-
pendiculariter declivi fusco, fascia dorsali mediana lateralibusqne
ad organa setifera decurrentibus pallide violaceis; pedibus pallide
fuscis, annulo ad utramque epiphysin nigro. Long. $3'''$.

De cephalothorax plat, rond, het hoofdgedeelte zeer klein,
lichtbruin, met eene overlangsche donkerbruine vlek in het
midden en aan ieder zijdelingschen rand eene fijne zwarte
streep, en enkele zwarte haartjes. De bovenkaken klein,

loodregt, roodbruin, de onderkaken sterk tegen de breede, korte, afgeronde lip geneigd; sternum hartvormig, lichtbruin, de achterste helft zwart.

Het achterlijf van dezelfde gedaante als bij Theridion sisyphum (hinc nomen), kort, maar zeer hoog, naar beneden toe puntig, bruin; in het midden van den rug eene tot op het hoogste gedeelte verloopende, zijdelings zich vertakkende blaauwachtig-grijze teekening, stigmata wit; de spintepels zeer kort.

De pooten zeer lang 1.4.2.3, allen van gelijke sterkte, dun, bleekbruin; aan het ondereinde van de dij en de beide uiteinden der tibia een zwarte ring. De tarsen zeer lang, eenkleurig lichtbruin, het eerste paar pooten 2 duim lang.

Amboina. Bouwt in de hoeken van woonhuizen een hangend, onregelmatig net. Bij de minste aanraking van dit net, geraakt de spin in eene lang aanhoudende dansende beweging, even als zulks de andere in Europa voorkomende soorten doen.

Tetragnatha serra, n sp.

T. aurantiaca, thorace nigro-fusco, abdomine indistincte albo maculato et reticulato, ventre pallide flavo, pedibus concoloribus, oculis lateralibus sejunctis; mandibulis porrectis thorace longioribus, rufis, margine interno longe articulatis. Longit. 4½.'''

De middenste voorste en de achterste zijdelingsche oogen op een klein heuveltje geplaatst; de lip hooger dan breed, afgerond, de onderkaken evenwijdig, tegen het boveneinde breeder wordende, veel langer dan de lip. De bovenkaken aan het uiteinde kegelvormig verdikt, vooruitgestrekt, divergerend, aan den binnenrand met 12—13 afwisselend lange en korte doornen bezet. Sternum driekantig.

De cephalothorax langwerpig, eivormig, in het midden het breedst, laag, in het midden der rugvlakte met een bruinachtig kuiltje, overigens zwartbruin. Het achterlijf veel langer dan de thorax, dun, oranjegeel met eenige op het voorste gedeelte van den rug staande lichtere vlekjes. De buikvlakte iets bleeker.

De pooten zeer lang, dun, 1.2.4.3, eenkleurig geelrood.

Op Amboina tamelijk zeldzaam tusschen struikgewas in het lagere gebergte.

Tetragnatha rubriventris, n. sp.

T. oculis lateralibus sejunctis; thorace pallide fusco. mandibulis porrectis, divergentibus, thorace breviaribus, margine interno denticulatis, abdominis dorso aureo viridescente, ventre purpureo. Long. 4'''.

De oogen zijn zwart, en digt bij den mondrand geplaatst.

De bovenkaken iets korter dan de cephalothorax, vooruitgestrekt.

De onderkaken evenwijdig, hoog, boven veel breeder; de lip langwerpig, driekantig, met afgeronde punt.

Cephalothorax geelbruin, in het midden het breedst; hier en tusschen de oogen zwart. Het achterlijf lang, cilindrisch, zoo breed als de thorax, op den rug goudgroen, op elke zijde eene smalle, overlangs verloopende fijne roodachtige streep. De buik purperkleurig.

De pooten zijn 1.4.2.3, stekelharig, geelgroen, de gewrichten donkerder.

Op Amboina tusschen struikgewas in de nabijheid van bergriviertjes.

ARIADNE. Gen. nov.

Oculi 8, in antica cephalothoracis parte elevatione conica

in series duas dispositi, prima ex oculis duobus, reliquis paulo majoribus, secunda antror um flexa, ex ocellis sex constans.

Mandibulae parvae, conicae, perpendiculares.

Abdomen filiforme, longissimum, cephalothoracem longitudine multoties superans, sensim in processum flagelliformem exiens organis telariis in ventris antica parte sitis.

Palpi tenues, thoracis longitudine.

Pedes tenues, antici reliquis paululum longiores & fortiores 1.4 2.3 pare tertio brevissimo.

Genus anomalum, verosimiliter prope Tetragnatham locandum.

Ariadne flagellum, n. sp.

A. laete viridis, abdomine utrinque punctis minimis aureo nitentibus persito, apice abdominis rufescente. Longit. 18'''. Lat. 1'''.

De voorste middenste oogen zijn zwart, de overige geelachtig; de monddeelen zeer klein. De cephalothorax langwerpig naar voren toe puntig. Het achterlijf bijna 16 malen zoo lang als de cephalothorax, aan zijn voorste gedeelte naauwelijks breeder dan deze, allengs zich in eenen langen, puntigen staart verlengende; de spintepeltjes klein, aan het voorste gedeelte der buikvlakte geplaatst. Thorax en achterlijf grasgroen; gene in het midden iets geelachtig, deze op beide vlakten met talrijke fijne goudachtig glimmende spikkeltjes bezaaid; het uiteinde roodachtig, onmerkbaar behaard.

De pooten zijn groen, het eerste paar bruinachtig, het 3e veel korter dan het 1e, allen iets behaard.

Eene zeer merkwaardige spin, die met geene der tot nu bekende eenige overeenkomst vertoont, en zich vooral door de buitengewone lengte van het achterlijf kenmerkt.

Schijnt op Amboina zeer zeldzaam te zijn. Omtrent hare leefwijze is mij tot nu toe niets bekend.

Epeira (Nephila) Walckenaeri, n. sp.

E. abdomine elongato cilindrico fusco-olivaceo; tuberculis thoracis dorsalibus minimis aut fere inconspicuis; pedibus, sterno, maxillis mandibulisque nigerrimis; tibiis pedum non penicillatopilosis. Long 2″.

De cephalothorax langwerpig vierhoekig, tamelijk plat, zwartbruin, onbehaard; de doorntjes op het midden van den rug zeer klein of in 't geheel niet voorhanden; de oogen klein, de zijdelingsche paren op een klein heuveltje geplaatst.

De bovenkaken groot, zwart, loodregt, slechts aan de binnenkant iets behaard. De voelers oranjekleurig, hun laatste lid zwart, even als de overige monddeelen en het sternum.

Het achterlijf lang, cilindrisch, bruin, aan het voorste gedeelte een dwarsche gele vlek; volstrekt geen spoor van zilver- of goudachtige vlekken; de buikvlakte iets donkerder.

De pooten zeer lang, ·1.4.2.3, sterk, het eerste paar dubbel zoo lang als het ligchaam; allen zwak behaard en geheel zwart; alleen de benedenvlakte der gewrichten oranjekleurig.

Verwant aan E. fuscipes Koch, van deze echter door het eenkleurige achterlijf verschillend.

Op Amboina in sagobosschen en hoog struikgewas zeer talrijk, waar men haar midden op een groot net vindt. Van bijna 100 exemplaren, die ik verzameld heb, vond ik geene die eene andere teekening vertoonde, ten bewijze dat deze soort niet als varieteit van E. fuscipes te beschouwen is.

Epeira (Nephila) penicillum, n. sp.

E. abdomine cilindrico, medio angustato, fusco-viridescente, antice maculis 4 aurantiacis, lateribus luteo punctato reticulatoque thorace rufo, tibiis longe setoso-pilosis, femoribus tibiarumque superiori parte rufis. Long. 10'''.

De middelste oogen in een regelmatig □ geplaatst, gelijk groot, de zijdelingsche op een klein heuveltje geplaatst. Sternum, onderkaken en lip zwart. Cephalothorax roodbruin zonder doorntjes op het midden van den rug, langwerpig. Het achterlijf cilindrisch, in het midden vernaauwd en hier op den rug in gedaante van een zadel uitgehold, voren iets breeder dan de cephalothorax, bruinachtig-groen; aan de voorvlakte van den rug 4 dwars naast elkander geplaatste oranjekleurige vlekken. De zijden en de buikvlakte met talrijke gele punten en streepjes. De anus en de spintepeltjes bruinrood.

De pooten lang 1.4.2.3, de dijen bruinrood even als het 2e voetlid; de onderste helft der tibiae zwart, aan het 1e 2e en 4e paar langhaarig.

Op Amboina, in sagobosschen.

Epeira (Nephila) imperialis, n. sp.

E. thorace nigerrimo, argenteo piloso, tuberculis dorsalibus distinctis; abdomine elongato conico, dorso ochraceo, punctis 8 nigris per paria dispositis signato, ventre fusco aurantiaco reticulato, pedibus concoloribus nigris, tibiis posticis longe pilosis. Long. 1" 6'''.

Verwant aan E. geniculata Walck.

De cephalothorax langwerpig, naar voren toe iets smaller en hoog; op het midden van den rug twee puntige doorntjes, en achter deze een dwars staand klein kuiltje; zwart, digt met korte zilverachtig glimmende haartjes bedekt.

De bovenkaken zwart, onbehaard, betrekkelijk klein, loodregt, de onderkaken iets naar de hooge afgeronde lip geneigd, sternum zwart, aan den bovensten rand, naast de basis
der lip een stomp doorntje, insgelijks aan de basis der 6
eerste pooten, die echter kleiner zijn.

Het achterlijf 3 maal langer dan de cephalothorax;
voren dikker, allengs dunner wordend, zoodat de spintepeltjes verre naar voren op de buikvlakte zich bevinden, op
de rugvlakte donkergeel fluweelachtig, met 8 paarsgewijze
verdeelde zwarte punten; van het 2e puntpaar beginnende,
verloopen overlangs naar achteren toe 4 fijne zwartbruine
streepjes. De buikvlakte donkerbruin; voor de teeldeelen
een dwarsche oranjekleurige streep.

De pooten lang, niet verdikt, het eerste paar het langste
het 2e en 4e gelijklang, het 3e is het kortste; allen zwart;
de achterste dijen iets dunner en weinig gebogen, allen min
of meer behaard; tibiae van het 4e paar langharig.

De eijerzak is wit, van de grootte eener middelmatige
boon.

In de omstreken van Amboina zeldzaam.

Epeira (Argyopes) crenulata, n. sp.

E thorace plano, argenteo piloso; abdomine ovali, lateribus
crenato, dorso citrino-flavo, foveolis in medio dorsi filis nigris:
sterno nigro, miniaceo maculato, ventre nigro, fascus duabus
lateralibus citrinis. Long. 12 ".

Gelijkt op het eerste gezigt op E. argentata Walck. De
cephalothorax is plat, naar voren toegespitst, echter niet
verhoogd, in het midden van den rug een halfmaanvormig
kniltje; donkerbruin; digt met korte zilverachtige haartjes
overdekt.

De oogen zijn zwartbruin.

De voelers zwart, behaard ; de bovenkaken loodregt, zwart ; de onderkaken en de lip kort, afgerond, zwart, met een gelen rand ; het sternum is hartvormig, zwart, oranjekleurig gevlekt.

Het achterlijf bijna vijfkantig, in het midden het breedst, naar achteren toegespitst, op den rug geel met 4 paarsgewijze verdeelde zwarte verdiepte punten, en vooral naar het achtereinde toe met zwarte met elkander veelvuldig vertakte streepjes.

De buik en de spintepeltjes zwart, met 2 evenwijdig verloopende gele vertakte streepen.

De pooten 2. 1. 4. 3., niet verdikt, harig, zwart, met breede grijzachtig witte ringen.

Amboina. In de nabijheid van woonhuizen, ook tusschen struikgewas ; bouwt een groot regelmatig net, in welks midden 2-4 zijdeachtig witte, uit een zeer digt weefsel bestaande stralen zich bevinden. — Eene der op Amboina het meest voorkomende soorten.

Epeira (Argyopes) striata, n sp.

E. thorace plano, rotundo, nigro, argenteo, piloso ; abdomine ovali, dorso antice argenteo albo, posticam partem versus sulfureo, striis numerosis transversis nigerrimis signato ; ventre nigro, fasciis 2 parallelis ochraceis. Long 12'".

Heeft veel overeenkomst met E. fasciata Dug. De cephalothorax en de oogen als bij de voorgaande soort ; evenzoo de monddeelen en het sternum. De voelers zijn roodbruin. Het achterlijf groot, min of meer plat, ovaal. De rug aan zijn voorste gedeelte zilverachtig wit, allengs naar achteren toe geelachtig wordend ; de omzooming is zwart ; talrijke zwarte, dwars verloopende strepen, waarvan de voorste min of meer aan elkander evenwijdig zijn, de achterste zich meer tot eene netvormige teekening vereenigen. De spintepels zijn roodbruin; overigens zijn buik en pooten even als bij de vorige soort geteekend.

De pooten zijn 1. 2. 4. 3.

Niet zeldzaam op Amboina. Dezelfde leefwijze als bij de vorige.

Epeira (Argyopes) trifasciata, n. sp.

E. thorace plano, rotundato, nigro-fusco, dense argenteo, piloso; abdomine magno, pentagono, nigro-fusco; fasciis transversalibus dorso tribus latis, citrinis; pedibus rufis in articulationibus nigris. Long 13'''.

Eene der fraaiste soorten van dit geslacht. De thorax als bij de 2 voorgaande soorten. De voelers donkerbruin. Het sternum geel, aan het begin der pooten met kleine doorntjes. De lip is spits, bruinachtig, even als de boven-binnenrand der onderkaken.

Het achterlijf onregelmatig 5-kantig, ongeveer in het midden het breedst, van hier tegen de spintepels puntig wordend, naar voren toe niet afgerond, de voorste hoeken iets verheven; de rug plat en niet behaard, zwartbruin, met 3 dwarsche, breede, gele strepen, waarvan de achterste de gedaante van eene halve maan vertoont; aan het toegespitste gedeelte van het achterlijf, en aan de zijde eenige gele vlekjes.

De buikvlakte zwart, in het midden bruinrood, met 2 overlangsche gele, door eene dwarsche lijn vereenigde strepen. De spintepels zijn zwart. De pooten van middelmatige lengte, bijna 2 malen zoo lang als het ligchaam 1. 2. 4. 3. De dijen, tibiae en tarsi roodbruin, slechts aan het uiteinde en het knielid zwart. De dijen der twee laatste paren iets gekromd, de tibiae van het 4de paar langharig, de overigen met enkele doornachtige zwarte haren voorzien.

Op Amboina niet zeldzaam.

Epeira radja, n sp.

E. thorace convexiusculo, elongato, nigro-fusco, antice pilis brevioribus flavicantibus abtecto; abdomine triangulari ovato, antice lateraliter bigibboso, nigro, macula dorsali ochracea formam folii sagittati prae se ferentis, signato; ventre fusco, striis duabus parvis ochraceis; pedibus non elongatis nigris, cinereo annulatis. Long. 13'''.

Groote en gedaante van Epeira cornuta Walck. De cephalothorax gewelfd, langer dan breed, naar voren toe iets hooger, in het midden een kleine dwarsche diepe streep; de 4 middelste oogen op een rond heuveltje geplaatst, zwart; het voorste gedeelte van den cephalothorax met korte geelachtige haren bedekt, het achterste gedeelte kaal.

De oogen bruin; tusschen het zijdelingsche oogpaar een bloedrood gekleurd heuveltje.

De bovenkaken loodregt, wigvormig, aan de basis behaard, overigens kaal, donkerbruin. De onderkaken breed, kort, afgerond, aan het einde roodbruin, langharig, naar de lip geneigd; deze kort en breed. Het achterlijf ovaal driehoekig, dik; de voorste zijdelingsche hoeken zijn tot een puntig, bloedrood gekleurd heuveltje verheven. De rug overigens plat, min of meer uitgehold, zwartbruin, kortharig, met eene bladvormige gele teekening, die zich bijna op den geheelen rug uitstrekt, en de gedaante van een plijvormig blad heeft, hetwelk met de punt tot aan het uiteinde van den rug reikt, en voren op het breedste gedeelte met een' korten steel eindigt; voor dit steelvormige einde nog twee naast elkander staande kleine gele punten. In het midden der gele teekening 3 paren zwarte, verdiepte punten.

De buikvlakte bruin, met 2 korte gele streepjes. De spintepeltjes zijn kort. De pooten zijn betrekkelijk kort, maar sterk, 4. 1. 2. 3.; de achterdijen iets gekromd, alle zijn zwart met breede grijze ringen.

Op Amboina tamelijk zeldzaam; maakt zich uit zamenge-

rolde bladen, waarschijnlijk slechts tijdelijk, eene woonplaats, welke van binnen met een zacht weefsel is bekleed.

Bij één van de 4 exemplaren, die ik tot nu heb gevangen, ontbreekt de gele teekening op den rug; in stede
daarvan is er slechts tusschen de twee voorste hoeken eene
dwarsche gele streep.

Epeira moluccensis, n. sp.

E. thorace parum convexo, cordiformi, fusco, dense albo piloso;
abdomine ovato, antice bigibboso, dorso abdominis rufo, fascia
semilunari anticam partem circumferente, macula mediana, facie
externe gibborum, punctisque duobus in medio dorsi sitis, albis;
pedibus fortibus, longe setosis, nigris. Long 12'''.

De oogen zijn klein; de cephalothorax langer dan breed,
donkerbruin, digt met korte grijzachtig witte haren bedekt.
De monddeelen en het sternum zwart, op het laatste eene
donker gele streep.

De onderkaken veel hooger dan de lip, iets gekromd.

Het achterlijf veel langer dan de cephalothorax, eivormig,
dik, donker roodbruin. Aan beide zijden van de rugvlakte,
naar voren toe, eene kleine verhevenheid, die aan den bui-
tenkant uitgehold en hier wit gekleurd is.

In het midden van den rug twee paren witte punten,
en aan de zijden even als naar het achtereinde toe nog
meerdere witte, onregelmatig verdeelde witte puntjes. De
naar den cephalothorax gekeerde vlakte van het achterlijf
is wit behaard.

De pooten van middelmatige lengte, 1. 2. 4. 3, sterk,
van boven alle donkerzwart. Op de onderzijde der heupgeledingen een donkergeel puntje. De ondervlakte der dijen
is geelbruin. Alle pooten zijn lang behaard.

Niet zeldzaam op Amboina.

Bij de mannetjes is de rug niet zoo donker gekleurd, en de

zijden min of meer geelachtig; de pooten der nog niet volwassen dieren zijn bruinachtig, met groene ringen.

Epeira unicolor, n. sp.

E. flavo-fusca; abdomine triangulari antice bigibboso, setuloso;
punctis dorsalibus 4—6 per paria dispositis, impressis; pedibus
brevibus robustis, setoso-pilosis. Long 10'''.

Eenkleurig geelbruin, bijna zonder eenige teekening.
De oogen zijn zwart, alle op kleine heuveltjes geplaatst.

De cephalothorax weinig gewelfd, naar voren toe aanmerkelijk smaller, langwerpig. De onderkaken kort, breed, toege-
rond, naar de zeer korte lip geneigd. Het achterlijf driekantig, van boven plat, overigens dik, de voorste hoeken pun-
tigverheven, digt borstelharig, met 2—3 paren puntvor-
mige kuiltjes op den rug.

De pooten kort en sterk, 1. 2. 4. 3, onduidelijk donker
geringd, borstelharig.

Bij de hoofdplaats Amboina eenige exemplaren dezer soort,
tusschen zamengerolde bladen, gevonden.

Epeira manipa, n. sp.

E. flavo-fusca, thorace parum convexo, plaga oculari longe pi-
losa, abdomine globoso, parce piloso, pedibus mediocribus rufis late
fusco annulatis, longe setosis. Long. 10'''.

De bovenkaken loodregt, kegelvormig, roodbruin, slechts
aan de basis behaard; de lip is kort, halfrond, de onderkaken evenwijdig, breed, de voelers roodbruin. De cephalothorax met een duidelijk begrensd kopgedeelte; kort behaard; tusschen de oogen zijn de haartjes lang.

Het achterlijf rond, zoo breed als lang en hoog, bruin,
zwak behaard, met 2 paar kleine verdiepte punten op
den rug.

De pooten van middelmatige lengte, 1. 2. 4. 3. De dijen roodbruin, het 2de voetlid zwart, de overige geledingen bruinachtig, met breede, donkere kringen, en lange, stijve, gele en zwarte haren bedekt.

In de omstreken van Amboina.

Epeira malabarica Walck.

Op Java niet zeldzaam.

Epeira punctigera, n. sp.

E. thorace oblongo, convexo, fusco, rufo piloso; abdomine triangulari ovato, nigro-fusco, punctulis flavicantibus in formam crucis duplicis in dorso dispositis; pedibus brevibus, rufis, nigro annulatis. Long 6'''.

Heeft eenige overeenkomst met de in Europa gewone Epeira diadema.

De oogen zijn was-geel.

De cephalothorax langwerpig, gewelfd, zwartbruin, met korte roodachtige haartjes bedekt.

Het achterlijf eivormig, driekantig, in zijn voorste gedeelte veel breeder, zwartbruin; aan de voorste helft talrijke dwars geplaatste geelachtige vlekjes, even als op den rug, waar zij een onduidelijk kruis vormen.

De buikvlakte even donker gekleurd als de rug; tusschen de teeldeelen en de spintepeltjes eene roodbruine vlek.

De pooten zijn roodbruin, weinig behaard, kort, met donkere ringen. Het eerste paar slechts 1½ maal zoo lang als het ligchaam.

Amboina.

E. orichalcea, n. sp.

E. thorace parvo, elongato, plano, rufo-cano; abdomine oviformi elongato rufo-fusco, fasciis dorsalibus duabus sinuatis antice conjunctis, aureo metallice nitentibus; mandibulis, maxillis, pedidusque rufis, tarsis nigris. Long 3'''.

De oogen zwart.

De cephalothorax klein, langwerpig, niet hoog, kaal, bruinrood; de lip half zoo hoog als de onderkaken, deze boven veel breeder, naar buiten gebogen, en zoo als het 3-hoekige sternum bruinrood. De bovenkaken klein, loodregt.

Het achterlijf eivormig, langwerpig, hoog, onbehaard, roodbruin; op den rug 2 evenwijdig verloopende, naar voren toe zich vereenigende goudachtig glimmende breede strepen. De buik bruin met 2 onduidelijke, overlangsche, geelachtige streepjes.

De pooten dun, het eerste paar dubbel zoo lang als het ligchaam, 1. 2. 4. 3., roodbruin, de tarsen zwart, de tibiae met bruine ringen.

In de omstreken van Amboina niet zeldzaam.

Epeira coccinea, n. sp.

E. thorace elongato rufo; abdomine elongato, dorso coccineo, nitido, fascia mediana longitudinali sinuata, parte postica, lateribus ventreque nigerrimis, hoc maculis 2 coccineis signato, tibiis pedum posteriorum longe setuloso-spinosis. Long 3'''.

Heeft de gedaante der voorgaande soort. De cephalothorax langwerpig, hoog, in de achterste helft breeder, bruinrood; de bovenkaken loodregt, klein, bruinrood, aan punt zwart. De onderkaken divergerend, boven verbreed, veel hooger dan de afgeronde lip, alle roestkleurig. Het achterlijf hoog, eivormig, fluweelachtig, rood, de buikvlakte, de zijden en eene op het midden van den rug verloopende overlangsche vertakte streep zwart. De spintepels bruin.

De pooten zijn dun, en van middelmatige lengte, 1. 2. 4. 3., het eerste paar 1½ zoo lang als het ligchaam, alle lichtbruin, harig; de tibiae van het 4de paar met lange haren bedekt.

Bij de mannetjes en de spinnen dezer soort, die kortelings van opperhuid verwisseld hebben, zijn de pooten groen.

Op Amboina niet zeldzaam.

Epeira thomisoides, n. sp.

E. thorace parvo, cordiformi, plano, pallide rufo, parce setoso; abdomine abbreviato, turbinato, antice latissimo, anum versus acuminato, dorso sulfureo, antice maculis duabus niveis, undique pilis stellatis obtecto. Long 2½'''.

De oogen zijn wasgeel, met eene zwarte pupil. De cephalothorax klein, hartvormig, plat, roodbruin, weinig behaard. De onderkaken kort en breed, divergerend; de lip kort, halfrond.

Het achterlijf kort, naar voren toe breed, plotseling in een punt eindigende, boven zwavelgeel, aan den voorsten rand met 2 groote, ronde sneeuwwitte vlekken, en op het midden van den rug 2 paar zwarte punten, talrijke stervormige, witachtige haren op den rug. De spintepels in het midden van de buikvlakte gelegen; vóór deze twee geelachtige punten.

De pooten 1. 2. 4. 3., de twee achterste paren aanmerkelijk korter dan de twee voorste, roodbruin; het 2de voetlid donkerder.

Op Amboina. Tusschen zamengesponnen bladen gevonden.

Plectana praetextata Walck.

Eene der meest voorkomenden schulpspinnen op Amboina. Deze spinnen hebben geheel dezelfde leefwijze als de in het vorige geslacht opgenoemde, en onderscheiden zich slechts door de zeer harde, hoornachtige huid, waarmede haar achterlijf bekleed is. Zij bereiken nimmer eene aanmerkelijke grootte.

Plectana brevispina, n. sp.

Pl. nigro-fusca, thoracis dorso tuberculo in medio sito, notato; abdomine 8-gono, latiore quam longo, 6-spinoso, spinis 4 lateralibus parvis; dorsi punctulis impressis 19; ventre unicolore fusco, rugoso. Long $2\frac{1}{2}$'''.

De cephalothorax kort, zwartbruin, kortharig, in het midden met een loodregt staand, kort doorntje; de zijdelingsche oogparen op een grooteren afstand van de middenste 4 oogen, dan bij de overige soorten van dit geslacht. Sternum langwerpig, en, even als de monddeelen en de heupgeledingen der pooten, licht bruin.

Het achterlijf even breed als lang, bijna 8-kantig; links en regts aan den zijdelingschen rand bevinden zich 2, digt bij elkander staande, korte, puntige stekels, en aan den achterrand nog 2. De rugvlakte plat, langs den omtrek 19 kleine navelvormige puntjes, waarvan de aan den achterrand staande 5 de kleinste zijn; in het midden omgeven van de overigen, bevinden zich nog 2 paar zoodanige punten; die van het voorste paar zijn elkander meer genaderd.

De buik zwartbruin, sterk gerimpeld.

Tot nu toe slechts een voorwerp op Amboina gevonden.

Plectana Bleekeri, n. sp.

P. abdomine transverse ovali, dorso concavo 4-spinoso, spinis per latera dispositis, anterioribus minimis glabris, posterioribus validis, pilosis, coeruleis; dorso luteo, punctis impressis 23, coeruleis; thorace nigerrimo; pedibus pallide rufis, tarsis fuscis. Long $2\frac{1}{2}$'''. Latit. 5'''.

Verwant aan Pl. Linnei Walck.

De cephalothorax is (zoo als bij alle soorten van dit geslacht) vierhoekig, in vergelijking met het achterlijf zeer klein, en door eene dwarsche streep in een voorste verheven en in een achterste laag gedeelte verdeeld, zwart. De bovenkaken loodregt, zwart. Sternum zwart, met een 3-hoekige kleine gele vlek in het midden.

Het achterlijf dwars-ovaal, tweemaal zoo breed als lang, met 4 korte stekels, die paarsgewijze aan de beide zijden zich bevinden; de voorste zijn kort, puntig, naar buiten gerigt, kaal; de achterste iets langer dan de voorste, breeder, plat, en iets naar achteren gebogen, digt-kortharig; de rugvlakte van het achterlijf is geel; aan den voorsten rand bevinden zich 10 naast elkander geplaatste navelvormige punten, langs den achterrand 9, waarvan de middelste zeer klein, en op het midden van den rug twee paar evenzoo gevormde, en als de overige, blaauwe punten, de stekels zijn staalblaauw. De buikvlakte sterk gerimpeld, donkerbruin, geel gestippeld. De pooten zeer kort, p. m. van de lengte van het ligchaam, bleekrood, met bruine voetgeledingen.

Amboina.

Plectana Sturii, n. sp.

Pl. thorace, pedibusque 4 anticis nigris; abdomine transversim ovali, 6-spinoso, spinis 4 per paria lateribus impositis, brevibus, posticis 2 brevibus acuminatis, intermediis undique pilosis, omnibus violaceis; dorso citrino fasciis duabus transversis tenuibus violaceo-nigris. Long 2″. Lat. 4″.

Verwant aan Pl. variegata Walck. De bovenkaken, het sternum, de lip, de thorax en de 4 eerste pooten zwart, de onderkaken en de coxae bruinachtig Het achterlijf 2 maal zoo breed als lang, plat, met 6 korte stekels, de 2 voorste zeer klein, scherppuntig, de middelste p. m $\frac{1}{2}$″ lang, breed, iets krom, aan alle kanten harig; de 2 achterste zijn evenwijdig, en bevinden zich aan den achterrand van het achterlijf, zij zijn korter dan de middelste en scherppuntig, alle staalblaauw; aan den voorsten rand zijn 4 navelvormige punten; tusschen de voorste twee stekels bevinden zich 8 dwars geplaatste zwarte punten, waardoor eene dwarsche lijn ontstaat; aan den achterrand der middelste stekels bevinden zich 6, iets grootere, insgelijks zwart gekleurde punten, te zamen eene tweede zwarte dwarsche streep vormende; voor het achterste paar stekels zijn nog 4 soortgelijke punten.

De spintepels en de buik zijn zwart, deze oranjenkleurig gevlekt. De 4 achterste pooten met bruingele ringen.

Amboina.

Ik noem deze soort ter eere van den heer D^r. Stur, geoloog te Weenen.

Plectana centrum, n. sp.

Heeft veel overeenkomst met de vorige; zij is echter een weinig grooter; de middelste stekels zijn slechts aan de randen behaard, en bruin, even als de achterste stekels.

Hetzelfde getal punten op de rugvlakte; deze punten zijn echter meer langwerpig, geene dwarsche zwarte strepen vormende. Thorax en de pooten zijn donkerbruin; het sternum zwart met een ronde gele vlek in het midden.

Lengte 3$'''$. Br. 5$'''$.

Midden-Java.

Plectana argoides, n. sp.

Pl. thoraco minimo, antice in gibbum rotundatum, oculigerum protracto, rufo, nitido; abdomine elongato, trapezoidali, postice paululum dilatato; spinis 7, sex per latera dispositis, una in medio marginis postici locata, acutissima; dorso fusco-nigro, punctis impressis numerosis notato . Long 2$'''$.

De gedaante van den cephalothorax en de plaatsing der

oogen, herinnert sterk het geslacht Argus. Wegens het met eene hoornachtige huid bedekte achterlijf, heb ik deze spin tot Plectana gebragt. De leefwijze zal moeten toonen, tot welk dezer beide geslachten het diertje moet worden gerekend.

De cephalothorax is zeer klein, veel korter en smaller dan het achterlijf, naar voren toe in een rond, sterk verheven heuveltje eindigende; op het voorste, afgeronde gedeelte dezer verlenging zijn de oogen geplaatst. De oogen zijn granaatrood, en de thorax kaal, roodbruin.

Het sternum is zeer groot, en even als de kleine monddeelen, donker roodbruin. Het achterlijf langwerpig, 4-hoekig, naar achteren toe breeder, op den rug uitgehold; aan den achterrand plotselings naar beneden afhellende, waardoor eene bovenste en eene achterste rugvlakte ontstaat, beide door den achterrand, in wiens midden een kleine, zeer puntige stekel zich bevindt, gescheiden; donkerbruin; links en regts aan de zijwanden drie kleine puntige uitsteeksels, waarvan de voorste zeer klein, de 3 naar buiten en achteren gerigt; de omtrek der 4 eerste doorntjes oranjekleurig; op de rugvlakte talrijke grootere en kleinere, niet regelmatig verdeelde, navelvormige puntjes, aan de (loodregte) achtervlakte links en regts 2 oranjekleurige vlekken De buikvlakte bruin; achter de teeldeelen eene halfronde oranjekleurige vlek.

De pooten zeer kort, alle roodbruin, met donkere ringen.

Amboina.

Olios mygalinus, n. sp.

O. cephalothorace rotundato, convexo, nigro-fusco, breviter rufo-piloso, abdomine ovali, dorso longe rufo-piloso, facie antica lata aurantiaca, lateribus ventreque nigerrimis, pedibus longissimis robustis. Long 16′′′.

De cephalothorax rond, hoog, zonder eenige verdieping in het midden, zwartbruin, digt met korte, rossige haren bedekt. De oogen digt aan den voorsten rand geplaatst, alle van gelijke grootte, in 2 evenwijdige lijnen, waar van de eerste iets korter.

De bovenkaken loodregt, groot, cilindrisch, zwartbruin, met enkele korte rossige haren. De voelers langharig roodbruin, het eindlid zwart.

Sternum, lip en onderkaken bruin, roodharig.

Het achterlijf veel smaller doch iets langer dan de cephalothorax, van boven plat, ovaal; de spintepels middelmatig lang; op den rug met lange, roode, aan de punt geelachtige haren, de voorste, tegen den cephalothorax gerigte vlakte oranjekleurig; de buik en de zijvlakten zwart.

De pooten lang en sterk 2. 1. 4. 3, zijdelings uitgestrekt; 2de lid van den tarsus van beneden plat, digt kortharig. De dijen aan de voorste (of onderste) vlakte roodbruin, aan de achterste (bovenste) geelbruin; de tibiae zwartbruin; het eerste voetlid aan de bovenvlakte bloedrood, de ondervlakte ijzerzwart, 2de voetlid zwart; alle lang- en stijfharig.

Eene der grootste amboinasche spinsoorten. Deze en de volgende soorten loopen zeer schielijk voor en achterwaarts, meestal echter naar de zijde, met wijd uitgestrekte pooten. De wijfjes dragen den eijerzak tusschen de voelers. Bij deze soort is deze zak sneeuwwit, rond en afgeplat, eenige honderden eijeren bevattende.

Olios malayanus, n. sp.

O. flavo-fuscus, pedibus anterioribus reliquis longioribus; oculis magnitudine invicem aequalibus, serie prima breviore, secunda paululum antice curvata; ventre nigro, striis duabus longitudinalibus aurantiacis. Long 1".

De cephalothorax breed, hartvormig, matig hoog, en

zoo als het geheele dier, geelbruin. De oogen gelijkgroot, geelrood, de 2 middelste vooroogen zwart, de eerste reeks regt, korter dan de tweede, welke iets naar voren gekromd is. De bovenkaken sterk, loodregt, zwartbruin, roodgeel behaard. De onderkaken parallel, iets hooger dan de lip, beide roodbruin. Het eindlid der voelers zwart. Het achterlijf smaller dan de cephalothorax, van boven digt met lange haren bedekt, aan de voorvlakte een oranjekleurige zoom; de buik en de zijvlakten zwart, op gene twee overlangsche gele strepen. De pooten lang en sterk, 1. 2. 4. 3. behaard, geelbruin, het tweede voetlid donkerbruin.

Op Amboina in woonhuizen algemeen.

Olios javensis, n. sp.

O. rufescens, dense pilosus; oculis lateralibus reliquis majoribus, lateralibus posticis elevatione impositis; pare pedum 2do longissimo; ventre unicolore fuscescente. Long 12‴.

De oogen zijn rood, de achterste zijdelingsche op een heuveltje geplaatst, de 2de lijn iets langer dan de eerste. De cephalothorax is breed, en hoog koffijbruin, digt met roodbruine lange haren bedekt. De bovenkaken lang en dik, zwart, langharig. De lip klein.

Het achterlijf ovaal, naar achteren toe dikker wordende, plat, geelbruin, met 6 op den rug paarsgewijze geplaatste verdiepte donkere punten De spintepels zijn middelmatig lang, de buik eenkleurig geelbruin.

De pooten 2. 1. 3. 4., geelbruin.

Op Java tamelijk gemeen in huizen, op planken, tusschen oud hout.

Olios lunula, n. sp.

Toont veel overeenkomst met de voorgaande soort, waarvan zij door de volgende teekenen verschilt: O. lunula is grooter (15‴); de pooten zijn, vooral de 2 eerste paren, met talrijke donkere ringen voorzien; op den rug van het achterlijf bevindt zich naar het einde een donkerbruine, met de holle zijde naar achteren toegekeerde halfmaanvormige vlek; de pooten zijn sterker behaard en gedoornd; aan de basis van ieder doornachtig haartje een geelachtig vlekje.

Het eenige exemplaar in mijn bezit is van Java afkomstig.

Thomisus amboinensis, n. sp.

Th. laete viridis, parce pilosus thorace cordiformi, abdomine elongato, angusto, cilindrico; pedibus 4 anticis posterioribus multo longioribus. Long 2".

De oogen zwart, ieder door een goudkleurigen kring omgeven. De cephalothorax hartvormig, niet zeer hoog, naar voren iets smaller. De bovenkaken klein, loodregt, de onderkaken veel langer dan de lip, met de punten elkander aanrakende; de lip lang, in het midden vernaauwd.

Het achterlijf p. m. 3 maal zoo lang als de cephalothorax, cilindrisch, smal.

Het eerste paar pooten iets langer dan het 2de; beide veel langer dan de 2 achterste paren. Grasgroen, de ondervlakte iets bleeker; met eenige zwarte haartjes.

Op Amboina.

Sparassus psittacinus, n. sp.

S. viridis, thorace ovali, linea marginali et puncto mediano sanguineis; abdomine elongato, cilindrico, lineis duabus dorsalibus sanguineis; ventre olivaceo, linea mediana fusco notato. Long 7".

De oogen zijn bruin, door bloedroode kringen omgeven.

De cephalothorax eivormig, naar voren toe iets smaller, smaragdgroen; langs den rand een smalle bloedroode streep, en in het midden een evenzoo gekleurd punt.

De bovenkaken van middelmatige lengte, schuins naar voren gerigt, citroengeel, weinig behaard. De voelers zijn groen. De onderkaken evenwijdig, cilindrisch, veel langer dan de afgeronde lip.

Het achterlijf smaller dan de cephalothorax, langwerpig, allengs dunner wordende, groen, met 2 fijne, overlangsche, aan het achterste gedeelte zich vereenigende bloedroode strepen. De buikvlakte bruinachtig met eene in het midden verloopende donkere streep.

De pooten groen, met lange zwarte, doornachtige haren; 1. 4. 2. 3.

Op Amboina zeldzaam.

Sphasus striatus, n. sp.

S. flavo-viridis, striis 4 nigris per dorsum thoracis ad mandibulas usque currentibus, nigris; pedibus nigro striatis longe nigro aculeatis, fascia abdominis dorsali rufa. Long. 3'".

Geelachtig-groen. De oogen zwart.

De cephalothorax eivormig, naar voren iets smaller, hoog, de voorste vlakte (frons), zeer hoog, loodregt; op den rug 4 fijne overlangsche zwarte streepjes; de 2 middelste digt bij elkander; zij verloopen door de middelste 6 oogen en loopen tot aan het einde der bovenkaken; de 2 andere eindigen op den rand van den thorax. (Bij sommige exemplaren zijn deze strepen op den rug niet, altijd echter aan de voorste vlakte zigtbaar).

Het achterlijf cilindrisch, doch 2 maal langer en smaller dan de cephalothorax, allengs dunner wordende; op het midden van den rug een breede bruinachtige streep, die zijdelings

door 2 fijne zwarte streepjes begrensd wordt. Op de buikvlakte 2 smalle zwarte overlangsche strepen.

De pooten dun, met lange zwarte doorntjes; aan de voorvlakte van iedere geleding een overlangsche zwarte streep.

Op Amboina. Talrijk vindt men deze soort op lang struikgewas, waar zij zich tusschen zamengesponnen bladen ophoudt, en, met naar het ligchaam getrokken pooten op
de prooi wacht.

Attus succinctus Koch.

Java, Amboina.

Attus alfurus, n. sp.

A. piceus; thorace fere circulari, gibbosissimo, linea marginali tenerrima albida, mandibulis horizontalibus longissimis; ungue
longissimo uncinato armatis; abdomine cilindrico, attenuato, me-
tallico-viridi-nitente; linea dorsum cingente tenerrima, striaque
dorsali mediana, albis; pedibus mediocribus pare primo reliquis
fortiore, pilosissimo. Long 7'''.

De voorste oogen zijn zeer digt naast elkander geplaatst,
groot, groen. De cephalothorax is zoo lang als breed,
en evenzoo hoog; aan de voorste vlakte loodregt; donker-
zwartbruin; langs den rand eene fijne witte streep.

De bovenkaken bij het mannetje horizontaal naar voren
gerigt, divergerend, bijna zoo lang als de cephalothorax, donkerbruin, slechts aan de basis eenige witte haartjes, overigens
kaal; de klaauw lang, aan het einde gebogen.

Het eindlid der voelers bij de mannetjes klein, bijna vierkant.
De kaken zijn bij het wijfje iets kleiner, meer schuinsch.

Het achterlijf is iets langer dan de cephalothorax, naar het
einde toe dunner wordende; zwartgroen, kort behaard; een
fijne witte streep langs den omtrek van den rug, en op het midden van dezen een wit, kort overlangsch streepje. Aan
de buikvlakte 2 witte overlangsche strepen. De spintepels
middelmatig lang, sterk harig.

De pooten sterk, 1. 2 4 3, het voorste paar veel dikker dan de overige, sterk behaard, alle bruinzwart; aan de bovenvlakte der dijen een wit streepje.

Schijnt op Amboina niet zeldzaam te zijn.

Attus cornutus, n. sp.

A variegatus, dense pilosus; thorace circulari gibbosissimo, mandibulis inclinatis parum elongatis, spina curvata utrinque ad oculum lateralem medium sita; abdomine ovali, punpurascente flavo striato variegato, et organis filiferis parum prolongatis; pedibus mediocribus, robustis. Long 7'''.

De kleur en teekening dezer soort zijn moeijelijk te beschrijven.

De cephalothorax rond, zeer hoog, de voorste vlakte hoog en loodregt; de voorste middelste oogen groen.

De rug is bruin, met korte, digte, gele haartjes zoodanig bedekt, dat alleen op de hoogte van den rug 2 kale, bruine breede strepen vrij blijven. Aan elke zijde, onder het middelste zijdelingsche oog, een p. m. 1''' lang naar boven en voren gerigt, krom, dun doorntje, waardoor de spin het voorkomen verkrijgt als of zij gehoornd ware.

De bovenkaken zijn betrekkelijk klein, schuinsch, bruin, geel behaard. Sternum, monddeelen en heupgeledingen der pooten donker roodbruin.

Het achterlijf eivormig, in het midden het breedst, dik (bij de wijfjes), meer langwerpig en plat bij de mannetjes 1½ maal zoo lang als de cephalothorax; de spintepels matig lang; roodbruin; op het midden van den rug een overlangsche, naar achteren toe zich in 2 zijdelingsche takken splitsende, breede gele streep; de voorvlakte van het achterlijf is geel, en aan ieder zijde een groote gele vlek, benevens talrijke kleine gele streepjes. De buikvlakte is geelachtig, met eene overlangsche breede donker bruine streep in het midden.

De pooten zijn korter dan het ligchaam, 4 3. 1 2, sterk,

digt, kort behaard; even zoo bont geteekend als de zijvlakten van het achterlijf.

Het mannetje is kleiner; de teekening is er duidelijker, en aan het achterste gedeelte van den rug bevindt zich eene groote metaalachtig groen glinsterende vlek.

Op Java en Amboina. Het wijfje woont in zamengesponnen bladen.

Attus obisioides, n. sp.

A. viridi-niger; thorace abdomen longitudine aequante; hoc postice rotundato, paululum dilatato; articulo tarsorum primo nigro, secundo albo. Long. 2". '

Een zeer eigenaardig spinnetje, hetwelk ik tot nu toe op Amboina slechts eenige malen gevonden heb.

De cephalothorax is langwerpig, naar achteren afgerond, voren iets hooger. De oogen zijn zwart; de voorste middelste zeer groot, elkander zeer genaderd; de voorste zijdelingsche, en de achterste van gelijke grootte, deze p. m. in het midden der lengte van den cephalothorax geplaatst; de middelste zijdelingsche zeer klein, moeijelijk zigtbaar.

De monddeelen zijn zeer klein, roodbruin; de bovenkaken loodregt.

Het achterlijf naar achteren toe iets breeder, zoo lang als de thorax, plat; beiden zwartgroen, met zeer korte roodachtige haren.

De pooten 1. 4. 3. 2. Het eerste paar p. m. 3 maal zoo lang als het ligchaam; het 2de heuplid is zoo lang als de dij, bruin, de dij niet verdikt, aan het onderste einde bruinrood, van de gewone lengte; het knielid half zoo lang als de dij, zwart, de tibia van gewone lengte, aan het voorste einde verdikt, langharig en aan den binnenrand met eene overlangsche sleuf, waarin het eerste voetlid kan worden opgenomen; dit lid is iets verlengd en zwart, het 2de voetlid wit.

De overige 3 paren zijn dun, overigens van de gewone ge-

daante; het 2e en 3e paar geelachtig; de dij en de tibia van
het laatste paar zwartbruin.

De spintepeltjes zijn zeer klein.

Op bladen zittende gevonden, waarbij de voorpooten vooruit gestrekt waren.

Volgens de beschrijving schijnt Attus phrinoides Walck.
tot dit geslacht te behooren. Walckenaer vermeent, dat de
lange voorpooten waarschijnlijk tot zwemmen dienen.— Deze
nu beschrevene soort, welke veel overeenkomst met A. phrinoides heeft, heb ik in de omstreken van Amboina tusschen
struikgewas ver van eenig water gevonden, en ik meen
dat de voorpooten, welke ware pedes raptatorii zijn, tot het
vangen van kleinere insekten dienen, daar de eigenschap
van te kunnen springen, aan de spin schijnt te ontbreken.

Amboina den 31en *December* 1856.

Fig 1

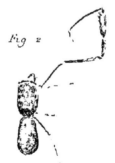

Fig 2

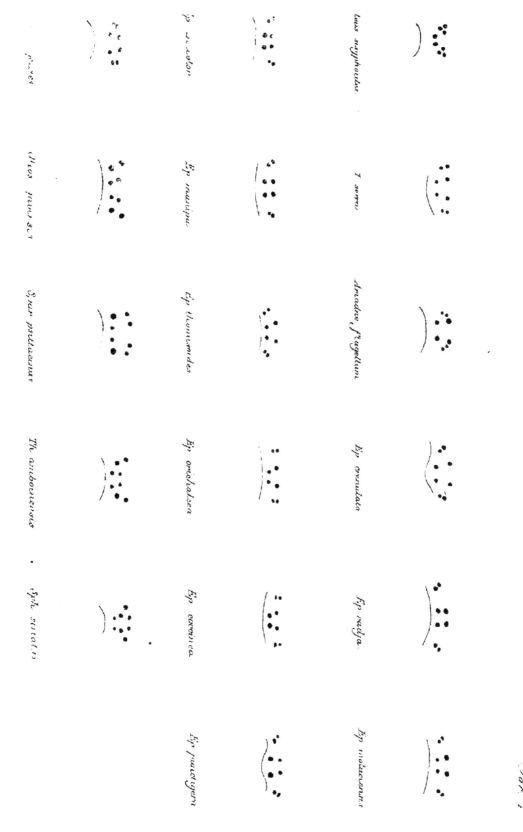

VERGADERINGEN

DER

NATUURKUNDIGE VEREENIGING IN NEDERLANDSCH INDIE

BESTUURSVERGADERING,

GEHOUDEN TEN HUIZE VAN DEN HEER J. J. ALTHEER

OP DONDERDAG DEN 23n APRIL 1857.

Tegenwoordig zijn de heeren.

P. BLEEKER, **President**

A. J. D. STEENSTRA TOUSSAINT, **Vicepresident.**

G. F. DE BRUIJN KOPS, **Bibliothekaris.**

A. W. P. WEITZEL.

J. J. ALTHEER, **Sekretaris,**

hebbende de heer D. J. Uhlenbeck kennis gegeven, door omstandigheden verhinderd te zijn de vergadering bij te wonen.

Worden ter tafel gebragt.

1e Brief van de Kaiserliche Academie der Wissenschaften dd. Wien 24 November 1856, ten begeleide van eenige boekwerken.

Wordt verstaan de goede ontvangst op de gewone wijze te berigten.

2e. Brief van den heer J. Hyrtl dd. Wien 23 January 1857 inhoudende dankbetuiging voor de benoeming tot Korresponderend lid der Vereeniging.

Aangenomen voor kennisgave.

3. Extrakt uit het register der besluiten van den gouverneur generaal van Nederlandsch Indië, dd. Batavia 16 April ll. No. 5, waarbij ter kennis der direktie wordt gebragt, dat de gouverneur generaal aan haar verzoek ter verleening van tusschenkomst tot het doen toekomen der diploma's voor de Honoraire, Korresponderende en Gewone leden der Vereeniging in Nederland en voor de Korresponderende leden in het Buitenland aan de betrokken leden door middel van de ministeriën van koloniën en van buiten- en binnenlandsche zaken, wel heeft willen voldoen.

Aangenomen voor kennisgave.

4e. Brief van het lid den heer Hardenberg dd. Sambas 13 April ll. waarbij de ontvangst erkend wordt van het diploma van lidmaatschap der Vereeniging.

5e. Brief van het lid korrespondent den heer Hageman gedagt. Soerabaja 3 April ll. No. 65, waarbij der direktie wordt toegezonden een brief van den heer Wolff dd. Samarinda 20 February ll. benevens een kistje, bevattende een mikroskoop en een aantal objekten uit de drie rijken der natuur, welk een en ander door laatstgenoemden heer als een gering blijk van belangstelling in den bloei der Vereeniging haar ten geschenke wordt aangeboden.

Is goedgevonden den heer Wolff den dank der direktie over te brengen en het mikroskoop met daarbij behoorende verzameling in de bibliotheek te plaatsen.

6e. Een stuk van den heer B. H. Egberts gerigt aan de Vereeniging, blijkbaar een bijvoegsel tot een der beide vroeger ingezonden stukken (zie not. der bestuursvergadering 26 Februarij 1857 sub No. 5).

Wordt bepaald dit stuk in het archief te deponeren.

7e. Brief van den heer B. H. Egberts dd. Pontianak 17 April ll. kennis gevende, dat hij met erkentelijkheid aanneemt het lidmaatschap der Vereeniging en verzoekende een exemplaar van het reglement der Vereeniging.

Is verstaan te schrijven aan den heer Egberts, dat de wetten der Vereeniging in haar Tijdschrift zijn gedrukt.

8e. Brief van den adsistent resident van Sambas, dd. Sambas 8 April ll. N°. 733 , terugaanbiedende der inteekeningslijst op de Acta der Vereeniging, waaruit blijkt, dat zich aldaar nog twee inteekenaren op de Acta hebben opgedaan.

9e. Brief van het korresponderend lid den heer W. Vrolik, dd. Amsterdam 4 Februarij 1857, waarbij de aandacht gevestigd wordt op een werk van den heer Gratiolet „Sur les plis cérébraux de l'homme et des primates" en op het wenschelijke om vergelijkingen te maken der hersenen van verschillende menschenrassen, waartoe die door deskundigen zouden moeten worden uitgenomen, in water met spiritus van minstens 20° overgezonden en in afzonderlijke vaten geplaatst om de wederzijdsche drukking te voorkomen.

Wordt goedgevonden, pogingen in het werk te stellen om preparaten van hersenen van verschillende menschenrassen in dezen Archipel te erlangen en daartoe de medewerking van den chef der geneeskundige dienst in te roepen, zullende die preparaten later den heer Vrolik ter onderzoeking worden toegezonden.

10e Brief van het lid den heer A. F. J. Jansen dd. Manado, 16 Maart ll., waarbij wederaangeboden wordt de ter kennisname toegezonden missive van het adviserend lid der Vereeniging den heer Fromberg (zie bestuursvergadering 17 January sub No. 13).

11e. Brief van den heer J. H. A. B. Sonnemann Rebentisch dd. Sinkawang 12 April ll. melding bevattende van de toezending van visschen en slangen van de westkust van Borneo.

12e. Brief van den eersten gouvernements-sekretaris dd.

Batavia 18 April ll., waarbij ter plaatsing in het tijdschrift der Vereeniging wordt aangeboden de XIXe Bijdrage tot de geologische en mineralogische kennis van Nederlandsch Indië, handelende. Over de waarde van eenige nederlandsch-indische kolensoorten, door den aspirant-ingenieur P. Van Dijk.

Is verstaan deze bijdrage in het 14e deel van het Tijdschrift op te nemen.

13e. Brief van het lid, den heer Doleschall, dd. Amboina 19 Maart 1857 ter plaatsing in het Tijdschrift der Vereeniging aanbiedende eene Tweede bijdrage tot de dipterologie van Nederlandsch, Indie.

Is goedgevonden de bijdrage te plaatsen in het 14e deel van het Tijdschrift der Vereeniging.

14e. Brief van den heer D. Eekma, dd. Djokdjokarta 6 April ll ten geleide van een artikel over eene analyse van putwater te Djokdjokarta.

Wordt verstaan dit artikel bij de leden des bestuurs ter lezing te doen rondgaan.

15e. Brief van het adviserend lid den heer Zollinger dd Rogodjampi 7 April ll., onder anderen inhoudende verzoek om, zoo die bestaat, in het bezit gesteld te worden van een exemplaar van den katalogus der bibliotheek van de Vereeniging.

Is bereids geantwoord aan genoemd lid, dat die katalogus zal gepubliceerd worden, zoodra een gebouw voor de Vereeniging zal zijn opgerigt.

16e. Brief van het lid den heer P C. Wijers dd. Pontjol April ll, waarbij wordt aangeboden een artikel getiteld: Scheikundig onderzoek van het melksap van de Calotropis gigantea R. Br.

Wordt verstaan dit stuk bij de heeren direkteuren ter lezing te doen rondgaan.

17e. De heer Bleeker deelt mede, eene verzameling visschen, slangen en krustaceën ontvangen te hebben van de San-

gi-eilanden, van Manado en Tanawauko, van den heer
A. J. F. Jansen, lid der Vereeniging en resident van Manado.

Over deze verzamelingen zal nader verslag worden gedaan.

18e. Berigt van den heer Doleschall, over het karakter
van de insectenfauna van Amboina.

Is besloten tot plaatsing in het tijdschrift der Vereeniging.

19e. Rekening-courant tusschen de heeren Lange en Co.
te Batavia en P. H. Van den Heuvell te Leiden, met betrekking tot de werken der Vereeniging.

Aangenomen voor kennisgave.

20e. De beschrijvingen van eenige bronnen enz. van de
Preanger-regentschappen, door de heeren J. Van Vollenhoven en J. Van Es.

Besloten tot opname in het Tijdschrift der Vereeniging.

21e. De heer Weitzel doet voorlezing van het koncept eener
cirkulaire, te rigten aan de ingezetenen van Nederlandsch
Indie en de strekking hebbende om door vrijwillige bijdragen
te geraken tot de oprigting van een Museum der Vereeniging.

Wordt besloten de cirkulaire te doen drukken, alsmede
afzonderlijke brieven aan de hoofden van gewestelijk bestuur
enz. te doen afgaan, welker medewerking daarbij zal worden ingeroepen.

22e. De heer Bleeker biedt aan ter plaatsing in de Verhandelingen der Vereeniging:

Catalogus piscium Musei Bleekeriani, adjectis synonymis
recentioribus, nominibus indigenis locisque habitationis.

Wordt besloten tot plaatsing in de Acta.

23e. Tot gewone leden der Vereeniging worden voorgesteld en benoemd:

De HH. D. Eekma, apotheker 3e klasse, te Soerakarta.
       P. Van Dijk, aspirant-ingenieur der mijnen, te
       Buitenzorg.

24c. Ingekomen boekwerken:

Sitzungsberichte der Kaiserl. Academie der Wissenschaften. Phil. hist. Classe. Band XX Heft 2 und 3. 8°.

Band XXI Heft 1 und 2. 8°.

Sitzungsberichte der Kaiserl. Academie der Wissenschaften. Math. naturw. Classe. Band XX Heft 2 und 3. 8°.

Band XXI Heft 1 und 2. 8°.

Register zu den zweiten 10 Bänden der Sitzungsberichte (Band 11—20) der Phil. hist. und der zweiten 10 Bänden der Sitzungsberichte Math. naturw. Classe der Kaiserl. Academie der Wissenschaften zu Wien. 8°.

Denkschriften der Kaiserl. Academie der Wissenschaften VII Band (Phil. hist. Classe). (alle van de Keizerlijke Akademie der Wetenschappen te Weenen).

Tageblatt. der 32e. Versammlung Deutscher Naturforscher und Aerzte in Wien im Jahre 1856 No. 1— 8.

Het Regt in Nederlandsch Indië 7e. Jaargang No. 5. 1857. 8°. (van de redaktie).

De Sekretaris,

J. J. ALTHEER.

BESTUURSVERGADERING.

GEHOUDEN DEN 14^D MEI 1857 TEN HUIZE VAN DEN HEER WEITZEL.

Tegenwoordig zijn de HH.

P. BLEEKER, **President.**

A. J. D. STEENSTRA TOUSSAINT, **Vicepresident.**

G. F. DE BRUIJN KOPS, **Bibliothekaris.**

A. W. P. WEITZEL.

M. Th. REICHE, **Thesaurier.**

J. J. ALTHEER, **Sekretaris.**

terwijl de heer W. F. VERSTEEG de vergadering als gast bijwoont.

Worden ter tafel gebragt:

1. Cirkulaire van den eersten gouvernements-sekretaris dd. Batavia 24 April ll. No. 1046, waarbij verzocht wordt de benoodigde opgaven bij de zamenstelling van het Naamregister van Nederlandsch Indie voor 1858 behalve aan 's lands drukkerij ook aan den algemeenen sekretaris te willen doen toekomen vóór den 31n Oktober eerstvolgende.

Aangenomen voor kennisgave.

2e. Brief van den heer W. F. Versteeg dd. Batavia, 30 April 1857, kennis gevende, dat de benoeming tot het lidmaatschap door hem is aangenomen en op hoogen prijs wordt gesteld.

De president heet daarop den heer Versteeg als lid welkom.

3ᵉ. Brief van den heer P. Van Dijk dd. Buitenzorg 11 Mei ll. van gelijke strekking.

Aangenomen voor kennisgave.

4ᵉ. Brief van den heer J. W. Goetzee van Manado dd. 28 Maart ll., waarbij mede kennis gegeven wordt, dat het lidmaatschap in dank is aangenomen.

Aangenomen voor berigt.

5ᵉ. Brief van den heer J. Van Es, gedagt, Soemedang 6 Mei ll. behelzende dezelfde kennisgave.

Aangenomen voor berigt.

6ᵉ. Brief van den heer P. Van den Heuvell, boekhandelaar, gedagt. Leiden 28 Februarij ll. in antwoord op dezerzijdsch schrijven ingevolge het genomen besluit in de bestuurs-vergadering van 10 December 1856. Daarbij wordt te kennen gegeven, dat genoemde heer genegen is zich te belasten met alles wat strekken kan het debiet van het Tijdschrift der Vereeniging te bevorderen, en verder opgave gedaan der nog niet ontvangen deelen en afleveringen van het Tijd-schrift, enz.

Besloten te schrijven aan den heer Van den Heuvell, dat van de ontbrekende deelen en afleveringen bereids 50 exem-plaren aan zijn adres zijn geëxpedieerd door de boekhan-delaren Lange & Co., alsmede, dat de noodige maatre-gelen zijn genomen tot eene geregelde toezending.

7ᵉ. Brief van den heer E. W. A. Ludeking, gedagt. Fort de Kock 24 Maart ll., begeleidende eenige flesschen met visschen, reptiliën, krustaceën en pakken met mineralen en flesschen met minerale wateren.

Is verstaan de mineralen en minerale wateren in han-den te stellen van den heer Altheer en de zoölogische voorwerpen in handen van den heer Bleeker ten fine van onderzoek.

8ᵉ. Brief van het lid den heer H. Von Rosenberg dd. Batavia 25 April ll. waarbij ter plaatsing in de Acta der

Vereeniging wordt aangeboden, eene Bijdrage tot de kennis der sumatrasche neushoornvogels.

Wordt besloten tot plaatsing.

9e. Verhandeling van den heer A. A. Meijsenheijm Knipschaar, getiteld: Elektro-magnetisme in verband tot de geneeskunde.

Wordt besloten deze bijdrage ter lezing te zenden aan besturende leden.

10e. Verhandeling van den heer D. W. Rost van Tonningen, getiteld: De tabaschir van Java, singkara der Inlanders, scheikundig onderzocht.

Aangenomen ter plaatsing in het Tijdschrift.

11e. Dagverhaal van den heer Teijsmann betreffende eene door hem gedane botanische reis over Sumatra's westkust.

Besloten dit stuk in het Tijdschrift op te nemen.

12e. Bijdrage tot de kennis der ichthyologische fauna der Sangi-eilanden door P. Bleeker.

Besloten deze bijdrage in het Tijdschrift op te nemen.

13e. De heer Bleeker doet verslag van het ichthyologische gedeelte der verzamelingen, door den heer Ludeking der Vereeniging aangeboden. De visschen zijn weinig talrijk. Twee daarvan, Trichopus trichopterus CV. en Monopterus javanensis Lac. waren gevangen bij Fort de Kock, op eene hoogte van p. m. 3000 voeten boven de zee. De overige soorten, ten getale van 12, waren gevangen in de zee bij Tikoe, niet ver van Padang. Volgens de bepaling van den heer Bleeker zijn die soorten de volgende· Therapon theraps CV., Polynemus melanochir CV., Mnous woora CV., Synanceia brachio CV., Selar boöps Blkr, Chorinemus Sancti Petri CV., Belone leiurus Blkr, Achirus poropterus Blkr, Plagusia brachyrhynchos Blkr, Balistes praslinus Lac., Arothron kappa Blkr en Gastrophysus lunaris J. Müll. Geen dezer soorten is nieuw voor de wetenschap en slechts 2, Synanceia brachio CV. en Plagusia brachy-

rhynchos Blkr zijn nieuw voor de kennis der fauna van Sumatra. Voor de plaatselijke fauna van Tikoe zijn als nieuw
te beschouwen, behalve de twee bovengenoemde soorten,
Minous woora CV., Chorinemus Sancti Petri CV., Belone
leiurus Blkr, Achirus poropterus Blkr, Balistes praslinus
Lac., Arothron kappa Blkr en Gastrophysus lunaris J. Müll.

14e. Rekening van het vendu-kantoor te Batavia voor ten
behoeve der Vereeniging op den 12u Maart ll. aange-
kochte boekwerken.

Is verstaan den thesaurier te magtigen deze rekening te
voldoen.

15e. Tot leden der Vereeniging worden voorgesteld en aangenomen :

P. Van Bleiswijk Ris, Luitenant ter zee 1e kl.

E. W. A. Ludeking, Officier van gezondheid 2e kl.
te Fort de Kock

16e. Ingekomen boekwerken :

Vierde bijdrage tot de kennis der ichthyologische fauna van
Japan, door P. Bleeker 4° 1857. Broch. (van den schrijver).

Uittreksels uit vreemde tijdschriften voor de Leden van het Kon.
Instituut van ingenieurs 1856—1857 No. 2. Februarij gr. 4°, 1857
(van het Instituut).

Tijdschrift voor Indische Taal-, Land- en volkenkunde. Deel VII
(nieuwe Serie deel I) afl. 1 1857 8° (van het Bataviaasch Genootschap).

Revue des Sociétés savantes de la Néêrlande par W. Vrolik,
Amsterdam 1856 8° (van den schrijver).

Het Regt in Nederlandsch Indië. Zevende Jaargang N°. 6.
1857 8° (van de redaktie).

BESTUURSVERGADERING

GEHOUDEN DEN 28ᵘ MEI 1857 TEN HUIZE VAN DEN HEER BLEEKER.

Tegenwoordig zijn de HH.

P. BLEEKER, **President.**

G. F. DE BRUIJN KOPS, **Bibliothekaris.**

P. J. MAIER, **Direkteur van het museum.**

M. TH. REICHE, **Thesaurier.**

D. J. UHLENBECK.

A. W. P. WEITZEL.

J. J. ALTHEER, **Sekretaris,**

hebbende de vicepresident, de heer A. J. D. Steenstra Toussaint schriftelijk kennis gegeven, door vele bezigheden verhinderd te zijn de Vergadering bij te wonen.

Worden ter tafel gebragt.

1. Brief van de Linnean Society dd. Londen 21 February 1856, inhoudende kennisgave van de ontvangst van het Natuurkundig Tijdschrift voor Nederlandsch Indië, Nieuwe serie deel V, afl. 5 en 6, deel VI afl. 3, 4, 5 en 6, met verzoek deel VI afl. 1 en 2 te mogen ontvangen; terwijl verder wordt verzocht de boekwerken niet meer per post toe te zenden, wegens de groote kosten, die daaruit voortvloeijen.

Wordt besloten in een en ander te voorzien

2. Brief van den heer James Motley dd. Kalangan, Bandjermasin 16 Jan. ll.

3. Brief van den heer Dr. Ploem dd. Tjiandjoer 25 Mei ll., en

4. Brief van den heer D. Eekma, dd. Soerakarta 14 Mei ll.,

alle drie inhoudende kennisgave, dat de benoeming tot het lidmaatschap der Vereeniging met erkentelijkheid is aangenomen.

Is verstaan deze brieven voor kennisgave aan te nemen.

5. Brief van den heer J. H. A. B. Sonnemann Rebentisch dd. Sinkawang 11 Mei ll waarbij kennis wordt gegeven van verzending van visschen en reptiliën van Borneo's westkust.

Aangenomen voor notifikatie.

6. Brief van den heer J. Van Es dd. Sumedang, 20 April ll. betreffende een paar kleine spelfouten in de beschrijving der minerale bronnen en verder inhoudende verzoek om de drie eerste jaargangen van het Tijdschrift te mogen erlangen.

Is besloten te schrijven, dat van de teregtwijzing zoo mogelijk zal worden gebruik gemaakt en dat van de verlangde jaargangen geene exemplaren meer beschikbaar zijn.

7. Brief van het lid den heer Egberts, te Singkawang, begeleidende een manuskript, behelzende zijne denkbeelden over sommige leerstukken der natuurkunde.

Wordt goedgevonden het manuskript te stellen in handen van den heer De Bruijn Kops om te dienen van berigt.

8e. Brief van den chef van den generalen staf dd. Batavia, 20 Mei ll.

9e. Brief van den eersten gouvernements sekretaris dd 23 Mei ll.

10e. Brief van den direkteur van finantiën dd. 27 Mei ll. en

11ᵉ. Brief van den adsistent-resident van Tjilatjap dd. 21 Mei ll.

Alle terug aanbiedende de toegezonden inteekeningslijsten voor vrijwillige bijdragen ter oprigting van het Museum der Vereeniging.

12ᵉ. Brief van den kolonel wd. civiel en militair gouverneur van Celebes en onderhoorigheden dd. Makassar 28 April ll. No. 856 aanbiedende stortingsbewijzen bij 's lands kas te Makassar en Bonthain der sommen van ƒ 36 en ƒ 12 voor verschuldigde bijdrage van leden over 1856.

In handen gesteld van den thesaurier.

13. Rapport van den heer Bleeker over eenige verzamelingen zoologische voorwerpen, reptiliën en visschen, der Vereeniging in de laatste maanden geworden van Sumatra, Borneo, enz.

Is verstaan dit rapport onder de berigten in het Tijdschrift op te nemen.

14 De heer Bleeker biedt aan ter plaatsing in het Tijdschrift der Vereeniging.

a. Verslag van eene nieuwe verzameling van visschen van Batjan van den heer J. G. F. Bernelot Moens.

b. Verslag omtrent eenige vischsoorten van Timor-koepang en Timor-delhi.

Wordt besloten tot plaatsing.

15. Verhandeling van den heer A. J. C. Edeling: Over den invloed van de maan op het weder.

Wordt besloten ten gelegene tijde van dit stuk gebruik te maken.

16. Eenige afleveringen van het ingekomen boekwerk: Journal of the proceedings of the Linnean Society, waarin eenige artikelen voorkomen over Dipteren van Singapore, enz. De heer Bleeker geeft in overweging deze afleveringen in handen te stellen van het lid den heer Doleschall, met uitnoodiging te berigten, in hoeverre die artikelen belangrijk te

achten zijn tot het maken van een uittreksel voor het Tijdschrift, en in hoeverre de daarin vermelde soorten reeds
door hem zelven in de wetenschap zijn bekend gemaakt.

Wordt dienovereenkomstig besloten.

17. Ingekomen boekwerken:

1. Transactions of the Linnean Society of London 4°. Vol
XXII part the first. London 1856 (van de Society).

2. Journal of the Proceedings of the Linnean Society 8° London 1856. Botany Vol. I No. 1, 2 & 3.

Zoology Vol. I No. 1, 2 & 3 (van de Society).

3. List of the Linnean Society of London, 8° 1856 (van de
Society).

4. Adress of Thomas Bell read at the anniversary meeting of
the Linnean Society on Saturday, May 24, 1857 8° London 1856
(van de Society).

5. Ueber botanische Museën insbesondere ueber dass an der
Universitaet Breslau, von H. R. Goeppert 8° Gorlitz 1856. (van
den schrijver).

De Sekretaris,

J. J. ALTHEER

BESTUURSVERGADERING

GEHOUDEN DEN 11ᵈ JUNIJ 1857 TEN HUIZE VAN DEN HEER DE BRUIJN KOPS.

———————

Tegenwoordig zijn de HH.

P. BLEEKER President.

A. J. D. STEENSTRA TOUSSAINT, Vice-president.

G. F. DE BRUIJN KOPS, Bibliothekaris.

A. W. P. WEITZEL.

J. J. ALTHEER, Sekretaris.

hebbende de heeren M. Th. Reiche en D. J. Uhlenbeck te kennen gegeven, verhinderd te zijn de vergadering bij te wonen.

Ter tafel worden gebragt.

1. Brief van den eersten gouvernements-sekretaris dd. Batavia, 30 Mei No. 1592 ll., inhoudende mededeeling namens den gouverneur generaal, dat de minister van koloniën heeft verklaard geene bedenkingen te hebben tegen de verzending, door tusschenkomst van het departement van koloniën, van het Tijdschrift en de andere Werken der Vereeniging aan wetenschappelijke instellingen in Nederland en in het Buitenland.

Wordt goedgevonden.

Ten eerste. Schriftelijk dank te betuigen zoowel aan den gouverneur generaal als aan den minister van koloniën.

Ten tweede. Dat de bibliothekaris zich zal belasten met de kontrole van verzending der boekwerken, zoo mede met het aantal overblijvende exemplaren en het nagaan der administratie daarvan.

2e. Brief van den heer A. Hendriks dd. Tandjong-pandan 19 Mei ll., waarin wordt vermeld, dat de vroeger toegezonden visschen en reptiliën afkomstig zijn van den heer Den Dekker, administrateur-direkteur bij de tin-onderneming te Biliton.

Aangenomen voor kennisgave.

3e. Brief van het adviserend lid der Vereeniging den heer Zollinger, dd. Rogodjampi 21 Mei ll. bevattende kennisgave dat de mikroskopen, op magtiging der vereeniging door hem besteld, te Batavia zijn aangekomen en dat het noodige door hem zal worden gedaan ten einde ze der Vereeniging geworden.

Aangenomen voor kennisgave.

4e. Brief van den luitenant ter zee 1e klasse, den heer P. van Bleiswijk Ris, aan boord z. m. schoonerbrik Padang liggende te Onrust dd. 10 Junij 1857, en

5e. Brief van den heer Andrée Wiltens, dd. Fort de Kock 16 April ll.

beide bevattende kennisgave dat benoeming tot het lidmaatschap in dank is aangenomen.

6e. Brief van den 1n gouvernements-sekretaris dd. Batavia 25 Mei ll. No. 1353a. aanbiedende het Driemaandelijksch verslag der verrigtingen van den geographischen ingenieur gedagt. 8 Mei 1857 R. VII No. 1, met magtiging om daarvan voor haar Tijdschrift gebruik te maken.

Word hiertoe besloten.

7e. Brief van het lid den heer H. Von Rosenberg dd. Batavia 3 Junij ll. ter plaatsing in het tijdschrift der Vereeniging aanbiedende een berigt betrekking hebbende tot het voorkomen van olifanten en tijgers in Noord-Borneo.

Is goedgevonden dit berigt te plaatsen.

8. Brief van het lid den heer D Eekma dd. Soerakarta 4 Junij ll. terug aanbiedende eene lijst van inschrijving voor vrijwilige bijdragen ter oprigting van het Museum der Vereeniging.

9. Brief van den heer Overbeek dd. Samarang 27 Mei ll. waarbij der direktie wordt aangeboden eene lijst van eene verzameling mineralen enz. en van eene geognostische verzameling en eenige daarop betrekking hebbende boekwerken, en haar in overweging wordt gegeven een en ander aan te koopen.

Is besloten de stukken ter inzage bij de besturende leden te doen rondgaan.

10. De ter lezing gezonden verhandeling van den heer Meijsenheijm Knipschaar getiteld: Iets over het elektromagnetisme in betrekking tot de geneeskunde.

Wordt goedgevonden het stuk aan genoemden heer terug te doen geworden en te schrijven, dat het stuk als van meer zuiver geneeskundigen aard, minder geschikt ter plaatsing in het Tijdschrift der Vereeniging is voorgekomen.

11. Brief van den heer dd. Meijsenheijm Knipschaar dd. Batavia 31 Mei ll. aanbiedende een vijftal kaarten van Buitenzorg, Manado, de Banda-eilanden enz. en een manuskript, handelende over galvanismus, elektriciteit enz enz., met verzoek dit laatste in het Tijdschrift der Vereeniging te willen doen opnemen of wel tot eene afzonderlijke uitgave te willen besluiten.

Wordt goedgevonden inzender voor de kaarten dank te zeggen en het manuskript bij de besturende leden in lezing te zenden.

12. Brief van den adsistent-resident van Sumedang en Soekapoera dd, Sumedang, 4 Junij ll. No. 402 inhoudende verzoek, aan de direktie te willen mededeelen of de ingeteekende bijdragen voor de oprigting van het Museum der Vereeniging al dadelijk kunnen worden gestort, of wel eerst later geind

zullen worden, wanneer van de uitvoerbaarheid van het bestaand plan langs dien weg zal zijn gebleken.

Is besloten:

Te schrijven aan den adsistent-resident van Sumedang dat de inteekeningsgelden niet zullen worden geind, dan nadat bedoelde uitvoerbaarheid zal gebleken zijn.

13ᵉ. Brief van den direkteur der produkten en civiele magazijnen dd. Batavia 19 Mei ll. No. 3380.

14ᵉ. Brief van den direkteur der kultures dd. Batavia 6 Junij ll. No. 2041/26.

15ᵉ. Brief van den adsistent-resident van Madura dd. Bangkallang 26 Mei ll. No. 865/14.

16ᵉ. Brief van den raad van justitie te Batavia, dd. 10 Junij ll. No. 30.

17ᵉ. Brief van den resident van Kadoe dd. Magelang 25 Mei ll. No. 822/18.

18ᵉ. Brief van den adsistent-resident Japara van Mei j.l.

19ᵉ. Brief van het lid den heer Quartero, dd. Pasoeroean 27 Mei ll.

Alle terugaanbiedende lijsten van inschrijving voor vrijwilligen bijdrage ter oprigting van het Museum der Vereeniging.

In verband met den inhoud van de missive sub No. 12 en de uitkomsten van de teruggezonden inschrijvingslijsten wordt goedgevonden, eene aankondiging te plaatsen in het eerst volgend nummer van de Java-Courant, dat ter toelichting van de circulaire, gerigt aan de ingezetenen van Nederlandsch Indië gedagt. Batavia, 10 Mei ll. en der daarbij gevoegde inschrijvingslijst wordt bekend gemaakt, dat de inteekeningsgelden niet zullen worden geind vóór dat de uitvoerbaarheid van de oprigting des Museums zal gebleken zijn.

20ᵉ. De heer Bleeker brengt nog ter tafel eenige slangen van Borneo's westkust, aangeboden door den heer J. W. Roelandt en doet verslag van eenige andere verzamelingen van reptiliën van Borneo, Sumatra, Boero en Batjan.

Wordt besloten het verslag onder de berigten van het Tijdschrift op te nemen.

21e. Tot leden worden voorgesteld en aangenomen : de HH :

J. F. Den Dekker, administrateur-direkteur der tinmijnen op Biliton.

J. H. A. B. Sonnemann Rebentisch, officier van gezondheid 1e klasse, te Sinkawang.

J. W. Roelandt, apotheker 3e klasse, te Sinkawang.

22e. Ingekomen boekwerken.

Bråtå Joedå, in kleine dichtmaten, uitgegeven door A. B. Cohen Stuart, 4° Batavia 1856. (van den heer Bleeker).

Flora van Nederlandsch Indie door F. A. W. Miquel 8°. 2e deel afl. 1 (aangekocht).

Verslagen en mededeelingen der Koninklijke Akademie van Wetenschappen. Afd. Natuurkunde V° deel 3e stuk 8° (van de Akademie).

Idem, Afd. Letterkunde 8° II° deel, 3e stuk (van de Akademie).

Descriptiones specierum piscium Javanensium diagnosticae auct. P. Bleeker, Broch. 8° (van den schrijver).

Over het begrip en den omvang eener Flora Malesiana door H. Zollinger. Broch. 8° (van den schrijver).

Uit Regt in Nederlandsch Indie 7e Jaargang No. 3 en 4. Batavia, 8°, 1856. (van de redaktie).

De Sekretaris,

J. J. ALTHEER.

BESTUURSVERGADERING

GEHOUDEN DEN 26n JUNIJ 1857 TEN HUIZE VAN DEN HEER
REICHE.

Tegenwoordig zijn de HH.

P. BLEEKER, *President*,
A. W. P. WEITZEL,
M. TH. REICHE, *Thesaurier*,
D. J. UHLENBECK,
J. J. ALTHEER, *Sekretaris*,

hebbende de vicepresident de heer Steenstra Toussaint schriftelijk kennis gegeven, verhinderd te zijn op te komen, terwijl als gasten de Vergadering bijwonen de heeren W. F. Versteeg en B. E. J. H. Becking.

Worden ter tafel gebragt:

1. Brief van den hoogleeraar C. Mulder, dd. Groningen 28 Oktober 1856, inhoudende kennisgave, dat de benoeming tot korresponderend lid wordt aangenomen en op hoogen prijs gesteld.

Aangenomen voor kennisgave.

2. Brief van den heer A. C. J. Edeling, dd. Batavia 14 Junij ll., waarbij wordt dank gezegd voor de benoeming tot het gewone lidmaatschap.

Aangenomen voor berigt.

3. Brief van den heer M. H. Jansen, dd. Makassar 8 Junij ll., kennisgave bevattende van de ontvangst van 20 overdrukken van zijne verhandeling over meteorologische waarnemingen in Nederlandsch Indië.

Aangenomen voor kennisgave.

4. Brief van den heer E. Netscher dd. Batavia 14 Junij ll.,

wijzende hetgeen nopens de beenderen, gevonden op het bergje Pati-ajam (Nat. Tijdschrift Deel XIII. bladz. 237 en 252) voorkomt in Deel VI van het Tijdschrift voor Indische taal- land- en volkenkunde.

Aangenomen voor notifikatie.

5. Brief van den heer A. J. F. Jansen dd. Manado 28 April ll. aan den heer Bleeker, waarin de navolgende bijzonderheid wordt vermeld:

„In de Minahassa wordt een boom gevonden, die, voor zoo verre ik kan nagaan, in alle opzigten overeenkomt met den kina-boom, en welke, zoo al niet de echte Cinchona zijnde, gewis eene nabij komende soort daarvan is. De ontdekking heeft zich aldus toegedragen. Onder de schoone woudboomen, welke de Minahassa tot sieraad verstrekken, was er een, die door zijnen omvang en majestueus aanzien mijne aandacht trok. Geene jonge planten daarvan magtig kunnende worden, bepaalde ik er mij toe in het vorig jaar eenige met zorg geplante en onder mijn oog ontkiemende zaadpitten ten behoeve van 's lands plantentuin naar Java te zenden. De plantjes kwamen goed over en een paar maanden geleden kreeg ik een' brief van den heer Teijsmann, waarin hij mij meldde, dat de gelijkenis van die plantjes op de jonge kina-planten, welke zich thans op Java bevinden, hem getroffen had. Onverwijld deed ik alle nasporingen, welke met de mij ten dienste staande hulpmiddelen mogelijk waren, ten einde tot eene vergelijking te kunnen geraken, — met het gevolg, dat ik de overtuiging erlangde, dat de bewuste boom in uiterlijken vorm en in eigenschap van den bast, geheel gelijk is aan den kinaboom, zooals ik dien beschreven vind in de wetenschappelijke werken, hier onder mijn bereik vallende. Behoef ik u te zeggen, dat dit resultaat mij ten hoogste verheugt, en dat ik met ongeduld de uitkomst te gemoet zie van de analyse van den bast, waarvan ik per deze stoomgelegenheid

eene hoeveelheid aan den heer Teijsmann overzend, vergezeld van bladen, takken, vruchten, enz. Welk een hoogst
gewigtig feit zou het voor Indië, en niet het minst voor
de Minahassa zijn, indien het zich bevestigt, dat ik het geluk
had den kina-boom, of eenen hem in eigenschappen evena-
renden, alhier te ontdekken! — Ik hoop het van ganscher
harte en ben geneigd er bijna niet meer aan te twijfelen,
wanneer ik afga op den smaak van den bast van den kajoemas,
(dit is de naam van mijnen boom), wanneer ik na herhaalde en nog eens herhaalde vergelijking, in den vorm zooveel
treffende gelijkenis vind, en wanneer ik met een en ander
de opmerking van den heer Teijsmann in verband breng.

„Het eenige wat mij nog zou kunnen doen twijfelen is
de omstandigheid, dat de kina-boom in Peru en Bolivia op
hooge bergen tusschen 3000 en 5000 voet groeit, terwijl de
kajoemas hier in groote menigte in moerassigen bodem
tot in de nabijheid der zee wordt aangetroffen. — Is de
kajoemas werkelijk de Cinchona van Midden-Amerika,
dan rijst de vraag, of hij hier inheemsch of wel in den
tijd der spaansche dominatie, door de Spanjaarden uit Amerika herwaarts overgebragt is, hetgeen niet geheel onwaarschijnlijk zou wezen. Doch laten wij ons daar vooreerst
niet in verdiepen; de hoofdzaak is te weten, of wij in den
kajoe-mas den kina-boom bezitten. Ik ben verzekerd, dat
dit vraagpunt in hooge mate uwe belangstelling zal opwek-
ken, en het zou dus overbodig zijn de zaak uwer nog aan
te bevelen".

Wordt besloten:

Wegens de afwezigheid van den heer Teijsmann van Buitenzorg, te schrijven aan den heer Binnendijk te Buitenzorg, ten
einde inlichting te bekomen omtrent de plant, en te verzoeken
een gedeelte van den bast zoo spoedig doenlijk herwaarts over te
zenden. De heer Altheer wordt uitgenoodigd bij de ontvangst
daarvan een scheikundig onderzoek in het werk te stellen.

De heer Jansen zal voorts ter gelegene tijde met den uitslag van het onderzoek in wetenschap worden gesteld.

6. Brief van den heer D. S. Hoedt dd. Ambon 20 Mei ll. bevattende kennisgave van de toezending van visschen en krabben van Makassar en Ambon van Ceram.

Aangenomen voor berigt.

7. Brief van den heer C. Bosscher dd. Amboina 25 Mei ll., strekkende tot berigt van de toezending van visschen en amphibiën.

Aangenomen voor berigt.

8. Brief van den heer J. G. T. Bernelot Moens dd. Batjan 14 Febr. ll. handelende over het vraagpunt of de aldaar voorkomende aap, met zwart haar, staande kuif, zonder staart, met vuurroode kallositeiten enz. op Batjan al dan niet oorspronkelijk te huis behoort, verklarende de heer Moens zich ten deze in bevestigenden zin.

De heer Bleeker geeft als zijne meening te kennen, dat deze aapsoort waarschijnlijk dezelfde is als Cynopithecus niger Geoffr. van Celebes, en dat het in dit geval niet onaannemelijk zou zijn, dat deze aap in vroegere tijden door Gorontalesche goudgravers op Batjan zou zijn overgebragt en daar later zich zou hebben vermenigvuldigd.

9. Brief van den heer C. L. Doleschall dd. Amboina 25 Mei ll., begeleidende eene verhandeling, getiteld: Korte karakterschets van de flora van Amboina", en een plantje als een nieuw plantengenus beschouwd, hetwelk heer Doleschall voorstelt te noemen Hyrtlia, naar den hoogleeraar J. Hyrtl te Weenen.

Wordt goedgevonden.

De verhandeling te plaatsen in het Tijdschrift der Vereeniging en het plantje met beschrijving aan den heer Zollinger te zenden ten fine van voorlichting.

10. Brief van den direkteur der kultures dd. Batavia 20 Junij ll., waarbij ter opname in het Tijdschrift der Vereeniging wordt

aangeboden een artikel van den adsistent bij het landbouw-schei-
kundig laboratorium te Buitenzorg den heer D. W. Rost van
Tonningen „Over de op Java aangekweekte Sarsaparilla".

Wordt besloten tot opname in het Tijdschrift der Vereeniging.

11. Brief van den resident van Banda, dd. Banda 28
April ll. met aanbieding van een stortingsbewijs in 's lands
kas, wegens vrijwillige bijdragen van Banda over 1856.

12. Brief van den resident van Manado dd Manado 5
Mei ll. met aanbieding van een stortingsbewijs op 's lands
kas te Batavia van vrijwillige bijdragen van Manado.

13. Brief van den resident van Soerabaja dd. Soerabaja 15
Junij ll. van dezelfde strekking, en met terugzending van
eenige kwitantiën.

Omtrent de laatste wordt bepaald, dat zij door den thesaurier regtstreeks aan de betrekkelijke leden zullen worden toegezonden, terwijl de bewijzen bedoeld sub No. 11,
12 en 13 in handen van den thesaurier worden gesteld.

14. Brief van den luitenant kolonel wd. resident van de
Westerafdeeling van Borneo dd. Pontianak 22 April ll. met
toezending van het bedrag van geïnde kontributiën wegens
vrijwillige bijdragen.

In handen gesteld van den thesaurier.

15. Brief van den adsistent resident van het Zuider- en
Oosterkwartier der Ommelanden van Batavia dd. Meester Kor-
nelis 20 Junij ll.

16. Brief van den president der algemeene rekenkamer
dd. Batavia 24 Junij ll.

17. Brief van den adsistent resident van Sumedang en
Soekapoera dd. Sumedang 21 Junij ll.

18. Brief van den generaal majoor, kommandant der
2e militaire afdeeling op Java dd. Samarang 18 Junij ll.

19. Brief van den wd. adsistent-resident van Sumanap
dd. Sumanap den 15 Junij ll.

20. Brief van het kollegie van boedelmeesteren te Batavia dd. Batavia 16 Junij ll.

21. Brief van den adsistent resident van Toeban dd. Toeban 15 Junij ll.

22. Brief van den president der weeskamer van Batavia dd. Batavia 14 Junij ll.

23. Brief van den resident van Bantam dd. Serang 12 Junij ll.

24. Brief van den resident van Probolingo dd. Probolingo 5 Junij ll., en

25. Brief van het adviserend lid der Vereeniging den heer Junghuhn dd. Gradjakan, 28 Mei ll.

alle met terugaanbieding der toegezonden Circulaire en inschrijvingslijst voor vrijwillige bijdrage ter oprigting van een museum.

26. Brief van het besturend lid den heer P. J. Maier, strekkende ten geleide van een „Scheikundig onderzoek van twee warme minerale bronnen, voorkomende in de nabijheid van den passangrahan te Goenoeng Pasir-kiamis, afd. Bandong, residentie Preanger-regentschappen".

Besloten tot plaatsing in het Tijdschrift der Vereeniging.

27. De opmerking wordt gemaakt, dat tot dus verre geen berigt is ontvangen van den heer Blume, te Leiden, ten opzigte van de hem eenige jaren geleden ter bewerking aangeboden afbeeldingen van planten en manuskripten van Zippelius en in overweging gegeven genoemden hoogleeraar nogmaals te verzoeken, daaromtrent wel eenige inlichting te willen geven, waartoe wordt besloten.

28. Ten einde eene geregelde en naauwkeurige administratie te hebben van de werken, voor rekening der Vereeniging uitgegeven, wordt de thesaurier uitgenoodigd zich daarmede voortaan wel te willen belasten.

Wordt dienovereenkomstig besloten.

92. Worden voorgesteld en benoemd:

tot Adviserend lid, het Lid de heer C. L. Doleschall.

tot Gewoon lid, de heer W. E. Kroesen, luitenant kolonel, wd. resident van de Westerafdeeling van Borneo.

30. Ingekomen boekwerken:

Verslag omtrent eenige vischsoorten van Timor Koepang en Timor Delhi, door P. Bleeker Broch. 8o (van den schrijver).

Bijdrage tot de kennis der ichthyologische fauna van de Sangi-eilanden door P. Bleeker. Broch. 8o (van den schrijver).

Verslag van eene nieuwe verzameling visschen van Batjan, door P. Bleeker. Broch. 8o (van den schrijver).

De tabaschir van Java (singkara der Inlanders) beschreven en onderzocht door D. W. Rost van Tonningen. Broch. 8o (van den schrijver).

Flora van Nederlandsch Indië door T. A. W. Miquel 3e Deel eerste gedeelte afl. 2. 8o (aangekocht).

Het Regt in Nederlandsch Indie VIIe Jaargang No. 5 en 6 8o. 1857 (van de redaktie).

De Sekretaris

J. J. ALTHEER.

BERIGTEN VAN VERSCHILLENDEN AARD.

Vulkanische verschijnselen in den Indischen Archipel.

Banda. — In de maand Maart 1857 heeft men in deze residentie drie ligte aardschuddingen gevoeld. De eerste had plaats in den avond van den 2den, even voor $\frac{1}{4}$12 ure. Hare rigting was van het z. w. naar het n. o. De tweede had plaats in den namiddag van den 11den, omstreeks $\frac{1}{2}$ half zes ure en had hare rigting van het w. naar het o.; en de derde in den nacht van den 17den op den 18den tegen den morgen. Volgens algemeen gevoelen had deze derde schok ook hare rigting van het w. naar het o.; doch zij was naauwelijks merkbaar.

Het weder was, gedurende Maart, over het algemeen fraai en stil; alleen in de eerste dagen dier maand heeft het van tijd tot tijd gewaaid.

Er is voor dezen tijd van het jaar opmerkelijk weinig regen gevallen.

Manado. — Omstreeks één uur in den nacht van den 20sten op den 21sten Maart, zijn twee zeer sterke schokken van aardbeving gevoeld.

Ternate. — In den nacht van den 20sten op den 21sten Maart, omstreeks $1\frac{1}{2}$ uur, werd eene tamelijk hevige aardschudding gevoeld, in de rigting van het z. w. naar het n. o., welke ongeveer eene halve minuut met eene zachte beweging aanhield; schade werd niet ondervonden.

Timor. — Er is berigt ontvangen, dat op den 20sten of

27sten December 1856 eene uitbarsting heeft plaats gehad van den berg Iloen-bano, in het westelijk gedeelte van dit eiland, bij welke gelegenheid twee personen, door het nedervallen van steenen, het leven hebben verloren. Dit is, voor zooveel bij de bevolking bekend, de eerste uitbarsting van eenen vulkaan op Timor, althans in het westelijke gedeelte des eilands.

(Javasche Courant 9 Mei 1857 No. 37).

Banda. — Heden avond (6 April 1857), tusschen 10 en half 11 uur, is alhier een zware schok van aardbeving gevoeld, zoodanig dat de deuren en vensters rammelden en sommige kasten, welke niet stevig gesloten waren, open vlogen. De kazerne der artillerie is zoodanig gescheurd, dat dezelve weldra niet meer bewoonbaar zal zijn.

Van verdere ongelukken heeft men niets vernomen.

(Java-Bode 9 Mei 1857 N°. 37.)

Sumatra's Westkust. — Op den 24sten Mei jl. werden te Padang twee schokken van aardbeving gevoeld, die evenwel geene schade hebben aangerigt.

(Java-Courant 9 Mei 1857 N°. 37).

Amboina. — In den middag van den 13den Mei 1857 omstreeks half twaalf ure, heeft alhier eene zeebeving plaats gehad.

Banda. — In de laatste helft van de maand April hebben hier oostewinden gewaaid, vergezeld van regen.

In den avond van den 6den April, zes minuten vóór half elf ure, is, zoowel op Neira als Groot-Banda, eene korte doch zware aardschudding gevoeld, rigting hebbende van het z. w. naar het n. o.

Op de eilanden Aij, Rosengain, Rhun en Pisang werd zij gelijktijdig waargenomen. Deze aardschudding was zoo hevig, dat de deuren digt sloegen, de klokken bleven stilstaan en de lampen zwaar slingerden. Eenige personen, die, tijdens de schok, in de baai tusschen Neira en Groot-Banda waren, zagen een lichtstraal, vergezeld van een dof geluid, veel overeenkomst hebbende met het vallen van een zwaar voorwerp in het water.

Behalve dat weder eenige oude scheuren zigtbaar werden in het banneling-en militair hospitaal, een der gouvernements-pakhuizen en verscheidene partikuliere gebouwen, is aan de batterij de Voorzigtigheid, eene horizontale scheur ontstaan van circa 7 ellen; ook aan de notenkombuis op Poeloe-Aij en het fort aldaar is eenige weinig beteekende schade toegebragt. Deze aardbeving was, volgens het algemeen gevoelen, voor het korte oogenblik dat zij aanhield, even hevig als die van 1852.

In den voormiddag van den 29sten dier maand werd wederom eene aardschudding waargenomen; deze was echter ligt en had eene rigting van het westen naar het oosten.

Ternate. — Den 21sten April, des avonds omstreeks 7 ure, werd hier eene ligte aardbeving waargenomen; de rigting kon door de snelle beweging niet worden opgemerkt.

Manado. — De weersgesteldheid kenmerkte zich hier door hevige onweersbuijen.

In den avond van den 21sten April, omstreeks zeven ure, werd eene sterke aardschudding gevoeld, vergezeld van onderaardsch geluid. Dit geluid is in den laatsten tijd op meer plaatsen in de Minahassa gehoord.

In de afdeeling Gorontalo werd den 25sten February, des middags omstreeks half zeven ure, eene vrij hevige aardschudding gevoeld, waardoor aan eenige gouvernements gebouwen schade werd toegebragt. In die maand heerschte aldaar eene aanhoudende droogte, die eerst in Maart door regen werd afgewisseld.

Timor. — Volgens berigten van eenen te Koepang van Delhi aangekomen europeschen handelaar, werd in den avond van den 26sten April half zes ure, op laatstgenoemde plaats, een ligte schok van aardbeving, in horizontale rigting van zuid naar noord, waargenomen. Dienzelfden avond werd te Oekoesi, bewesten Atapoepoe, eene aardbeving gevoeld, die zeer hevig was en lang moet hebben aangehouden.

In den voormiddag van den 13den Mei, omstreeks half elf ure, heeft te Delhi op nieuw eene aardbeving plaats gehad, in de rigting van zuid naar noord, die minstens 15 sekonden moet hebben aangehouden, doch zoo hevig was, dat van de gebouwen, indien zij van steen waren geweest, geen één zou zijn staan gebleven. De menschen hadden moeite om op de been te blijven en velen vielen ter aarde; een ieder was van schrik bevangen en telkens vreesde men de aarde te zullen zien opensplijten.

Het water in de baai van Delhi was, gedurende die hevige beweging, tot viermalen toe op- en afgeloopen, zoodat er eene daling en rijzing van minstens 10 rijnl. voeten plaats had.

In den loop der volgende drie dagen en nachten werden nog minstens 15 schokken in de rigting van z. naar n. waargenomen, met tusschenpoozen van één en meer uren, doch slechts kortstondig en minder hevig dan die van 13 Mei. Den 17den Mei hadden de schokken nog niet opgehouden.

De sterkte te Delhi, bestaande uit opgestapelde klipsteenen met modder of klei, is op verscheidene plaatsen ingestort; in de nabijheid van eene bestaande bron was eene nieuwe ontstaan; op eenen afstand van eene halve engelsche mijl van het zeestrand was de grond gescheurd en het water in de putten was geheel modderachtig geworden.

Op Hera, omtrent 12 engelsche mijlen beoosten Delhi, werd, mede op den 13den Mei, eene nog heviger aardbeving waargenomen. Op vele plaatsen was de grond eenigzins verzakt en waren, door opborreling van het water, poelen ontstaan. In den voormiddag van dien dag werd ook te Koepang een ligte schok gevoeld. In den nacht van dienzelfden en den daarop volgenden dag werd dat natuurverschijnsel ook te Atapoepoe waargenomen, doch dit was van weinig beteekenis.

(Java-Courant 24 Junij 1857 No. 50).

Padang. — Op Zondag avond (24 Mei), 18 minuten voor negen ure, werden er te Padang twee zware schokken van aardbeving gevoeld, loopende van het westen naar het oosten. De eerste was meer vertikaal; de tweede, daarop onmiddellijk volgende, was een horizontale schok. Behalve dat eenige steenen gebouwen ligte scheuren bekwamen, heeft deze aardbeving overigens geene schade aangerigt.

(Java-Bode 10 Junij 1857 No. 46).

Kort overzigt der verrigtingen van de ingenieurs voor het mijnwezen in Nederlandsch Indië.

Batjan. — Gedurende de maand February jl. werd de ingenieur der 3de klasse S. Schreuder zoowel door ziekte, als door het slechte weder, verhinderd op exkursien uit te gaan.

De werkzaamheden op Ajer-Mambia, zijnde het vernieuwen en verbeteren der woningen, zijn voortgezet.

Zuid- en Ooster-Afdeeling van Borneo. — De boringen in den padang Kraton, werden, gedurende de maand February, door den ingenieur der 3de klasse H. F. E. Rant voortgezet.

Den 10den bezocht die ingenieur de mijn Oranje-Nassau en deed de noodige opname tot het bewerken der heuvels ten zuidwesten van het etablissement.

Met de boringen werd intusschen voortgegaan en op het einde der maand, in den bovengemelden padang, als afgeloopen beschouwd, na in den put L het geheel bekende terrein van goenoeng Djamaladi te hebben ontmoet.

Westerafdeeling van Borneo. — In het begin der maand Maart werd door den ingenieur der 3de klasse R. Everwijn alles in gereedheid gebragt, ter voortzetting van het onderzoek naar kolen aan de Kapoeas. Den 27sten Maart vertrok hij van Pontianak naar Tajan, alwaar hij den 31sten aankwam.

De resident van de Wester-afdeeling van Borneo vertoonde dien ingenieur eenige mineralen; het eene was ijzerpyriet, het andere eene soort van kool, het meeste in eigenschappen overeenkomende met anthraciet, van een slechte hoedanigheid. Deze mineralen waren door den kontroleur der 2de klasse C. Kater, in het gebied van Landak gevonden, twee dagreizen boven Gnabang.

Deze plaats is echter voor ontginning ongunstig gelegen, daar de vaart op de Landak-rivier, van af Pontianak tot Gnabang voor stoomschepen groote moeijelijkheden oplevert; terwijl boven genoemde plaats de rivier, zelfs voor kleine vaartuigen, onbevaarbaar is.

Den 10den April begaf zich de ingenieur De Groot naar het eiland Banka, ter voortzetting der proefsmeltingen, volgens de methode van den hoogleeraar Mulder.

(Java-Courant 9 Mei 1857 No. 37).

Verslag omtrent de verrigtingen der geographische ingenieurs in Nederlandsch Indië.

De heer De Lange heeft onder dagteekening van den 8n Mei 1857 volgend driemaandelijksch rapport betrekkelijk de geographische dienst den gouverneur generaal aangeboden.

„Terwijl ik mij nog onledig hield met het doen van eenige becijferingen, waarvan ik de resultaten bij mijne missive dd. 25 February jl. N° 19, aanbood, bereidde ik mij voor eene nieuwe dienstreis, en verzocht aan de residenten van Bagelen, Kadoe en Samarang, om hunne medewerking en ondersteuning, voor zoo verre mijne dienstbezigheden zulks noodig zouden hebben, en gaf tevens de punten op, waar door mij waarnemingen zouden geschieden, hen verzoekende, zooveel mogelijk het noodige voor den bouw der signalen enz. in gereedheid te doen brengen.

Ik vertrok den 11n Maart over land naar Samarang, vergezeld door den door het hoofdbestuur benoemden adsistent van den geographischen ingenieur, den heer Jaeger, welke den 1^u February te voren te Batavia, was gearriveerd. Bijna gelijktijdig vertrokken de beide bij de geographische dienst werkzaam gestelde onderofficieren, Albers en König, per stoomschip Soerabaja naar Samarang, met zich voerende de meetinstrumenten. De adjudant-onderofficier Alberts reisde na zijne aankomst door naar Kadoe, en bouwde een signaal op den Merbaboe, waartoe hem de resident van Kadoe de noodige hulp deed verleenen. — Toen ik den 18^{en} Maart te Samarang aankwam, had de sergeant König aldaar eene waarnemingsplaats in gereedheid gebragt, ik volbragt daar eenige astronomische waarnemingen, en wachtte verder af, dat ik de signalen op de bergen Oengaran en Prahoe zien kon, tot welker oprigting de sergeant König den 20ⁿ Maart naar beide bergen was vertrokken. Van den 28^{en} tot den 30ⁿ Maart maakte ik eene reis naar Kadoe en Bagelen, om mondeling nog eenige verzoeken aan de residenten aldaar te doen, mij vleijende, daarmede tevens den spoed van het werk te bevorderen.

Ik verliet op nieuw den 4ⁿ April Samarang, reisde met mijn' adsistent over den top van den Oengaran, waar ik mijne metingen den 7^{den} volbragt, naar Ambarawa, ging over Salatiga naar de dessa Genian, welke laatste behoort tot de residentie Kadoe, beklom van daar den Merbaboe, en kwam er in den morgen van den 12ⁿ April gereed. Op den Oengaran en den Merbaboe werd mij de heliotroop uit de waarnemingsplaats te Samarang getoond door de goede en bereidwillige hulp van den gezworen landmeter 1^e klasse, den heer H. De Vogel.

Op mijne reis van den Merbaboe naar Temanggong werd ik ongesteld en ik zocht te Magelang herstel. Reeds kon ik die plaats den 7^u April verlaten, bepaalde een punt nabij Temanggong, reisde den 20ⁿ naar Djoemprit, volbragt daar eenige metingen, en vervolgde mijn' weg naar de afdeeling

Ledok, waarin ik achtereenvolgens de bergen Prahoe, Bismo en Tjowet bezocht en verder de hoofdplaats Wonosobo bepaalde.

Intusschen hadden de beide onderofficieren met spoed, ijver en overleg den bouw der signalen in Bagelen ten einde gebragt en ik mogt mij verheugen, dat zij deze maal op nieuw blijken gaven, dat zij al meer en meer voor hunne moeijelijke taak berekend waren. Behalve dat ik het overleg, waarmede zij mijne bevelen uitvoeren, moet prijzen, verdienen zij allen lof wegens hunne volharding. Het is hen toch meermalen gebeurd, dat zij in regen en onstuimig weder bijna zonder beschutting twee volle dagen en nachten op hooge bergtoppen, waar de thermometer tot 45° Fahrenheit daalde, moesten doorbrengen, om daarop hunne werkzaamheden te volbrengen. Ik ontbood hen beide te Wonosobo; van daar gingen we gezamenlijk naar Bandjar-negara. Den 3n Mei bezocht ik met den heer Jaeger en den sergeant Konig den Midangan, kwam daar den 5u Mei gereed, en droeg mijn' adsistent op, om van daar uit over het signaal Paras te reizen naar Karang-anjar, waarheen ik over Banjoemas mij begaf, vergezeld door den adjudant-onderofficier Albers.

Tot dus verre is de weersgesteldheid mijne metingen gunstig.

Op den berg Tjowet bleek bij het uitpakken, dat een mijner reisbarometers was ledig geloopen. Ik nam het werktuig uiteen en bevond, dat het lederen zakje, waarin de kurk gehouden wordt, gescheurd was. Te Bandjar-negara, in de smederij van den heer Leconge, onder-aannemer voor 't vervoer der produkten aldaar, mogt het mij gelukken, dat belangrijke werktuig te herstellen.

Op den berg Midangan ondervond ik nog eenigen tegenspoed; een niveau van het universaal-instrument van Pistor & Martins, hetwelk sedert 1850 nooit iets had gemankeerd, werd hier door onvoorzigtigheid van een mijner ondergeschikten, welke het in de zon had laten hangen, onbruikbaar gemaakt. Het gelukte mij, ook dit werktuig, in weerwil van de geringe hulpmiddelen, welke ik op reis natuurlijkerwijze ter mijner beschikking heb, te herstellen.

In mijn volgend rapport, in de maand Julij in te dienen, hoop ik te kunnen berigten, dat mijne metingen in Bagelen zullen afgeloopen zijn".

De geographische ingenieur.
G. H. De Lange.

Over het voorkomen van olifanten en tijgers op Borneo.

In het vierde deel (nieuwe serie eerste deel) van dit Tijdschrift vindt men op pag. 427 navolgende, zinsnede. „Een ooggetuige verzekert, dat in het landschap van „Tjina-batangan, om de noord, olifanten en tijgers worden „gevonden, en van die streken veel ivoor wordt uitgevoerd. „Bezuiden voornoemd landschap worden geene olifanten of „tijgers aangetroffen. Deze zonderlinge natuurkundige om- „standigheid enz." (H. Von Dewall, Aanteekeningen om- trent de noordoostkust van Borneo).

Een nader onderzoek betrekkelijk het al of niet aanwe- zig zijn der genoemde dieren op Borneo, zoude voor de natuurlijke geschiedenis van dezen archipel, niet zonder belang wezen; het voorkomen op dit groote nog maar wei- nig bekende eiland, behoort volgens mijn gevoelen, vol- strekt niet tot de onmogelijkheden. Ook aan de leden der voormalige natuurkundige kommissie kwam iets ter oore, no- pens het voorkomen van olifanten aldaar, gelijk zulks blijkt uit de tabel van den heer Salomon Müller, dienende tot Over- zigt der zoogdieren van den indischen archipel, alwaar onder de zoogdieren van Borneo ook „ Elephas, aangeteekend staat, hoezeer begeleid van een vraagteeken. (Zie verder het werk „ De zoogdieren van den Indischen archipel door genoemd' schrijver, op pag. 38 en 39). —

Naar mijn inzien kan het niet moeijelijk wezen, zekere berigten op de plaats zelve in te winnen, omtrent het aanwezig zijn van twee zoo in 't oog vallende diersoorten, als olifant en tijger zijn. Ik vermeende de oplettendheid van natuuronderzoekers hierop te moeten vestigen, zoomede die van andere personen, welke gelegenheid en goeden wil er toe hebben.

H. Von Rosenberg.

Berigt omtrent eenige Reptiliën van Sumatra, Borneo, Batjan en Boero.

Meerdere in den laatsten tijd ontvangene verzamelingen van reptiliën van den Indischen Archipel, gaven mij aanleiding, in de bestuursvergadering der Natuurkundige Vereeniging in Nederlandsch Indië, gehouden den 11u Junij 1857 daaromtrent te berigten.

Dit berigt luidde als volgt.

„De reptiliën, aangeboden door den heer Ludeking en gevonden op Sumatra's westkust, zijn de volgende.

1 Hemidactylus platurus Blkr, n. sp.
2 Hemidactylus zosterophorus Blkr, n. sp.
3 Bronchocela cristatella Kp.
4 Draco fuscus Daud.
5 Euprepes Sebae DB.
6 Coryphodon korros DB.
7 Compsosoma melanurus DB.
8 Ophites subcinctus Wagl.
9 Brachyorrhos albus Kuhl.
10 Amphiesma chrysargum DB.
11 Tropidonotus trianguligerus Schl.
12 Tragops prasinus Wagl.
13 Chrysopelea ornata Boie.
14 Ablabes baliodeiroides Blkr, n. sp.
15 Rana tigrina Daud.
16 Polypedates erythraeus Blkr.

Ten opzigte der beschrijvingen van de nieuwe soorten verwijs ik naar mijn' uitvoerigen, ter perse te leggen, arbeid over de reptiliën van den Indischen Archipel.

Tot heden toe heb ik in het geheel van verschillende gedeelten van Sumatra ontvangen de volgende soorten van reptiliën.

1	Gymnopus javanicus DB.	Van Sibogha.
2	Sphargis coriacea Merr.	» Padang.
3	Crocodilus biporcatus Cuv.	» Padang, Palembang,
4	Hemidactylus marginatus Cuv.	» Palembang.
5	» zosterophorus Blkr n. sp.	» Padang (ook op Nias).
6	» variegatus Cuv.	» Padang, Palembang.
7	» platurus Blkr, n. sp.	» Padang (ook op Nias en Java).
8	Varanus bivittatus DB.	» Padang, Sibogha,
9	Bronchocela cristatella Kp.	» Padang, Sibogha.
10	Lophyrus tigrinus DB.	» Padang,
11	» sumatranus Schl.	» Palembang.
12	Draco fuscus Daud.	» Padang, Palembang.
13	» viridis Daud.	» Padang.
14	Tachydromus sexlineatus Daud.	» Palembang.
15	Euprepes Ernesti DB,	» Palembang,
16	» Sebae DB.	» Padang.
17	Tropidolepisma polyleucozona Blkr, n. sp.	» Radjabassa.
18	Python reticulatus Gr.	» Palembang.
19	Xenopeltis unicolor DB,	» Padang.
20	Oligodon subquadratum DB.	» Radjabassa.
21	Cylindrophis rufa Gr.	» Padang.
22	Coryphodon korros DB.	» Padang, Palembang.
23	Dendrophis sumatrana Blkr, n.sp.	» Palembang.
24	» picta Boie	» Pad., Radjab, Palemb.
25	» octolineata DB.	» Palembang.
26	Gonyosoma oxycephalus DB.	» Singkel, Palembang,
27	Compsosoma melanurus DB.	» Padang.
28	» radiatum DB.	» Padang, Sibogha.
29	Ablabes baliodenoides Blkr. n sp.	» Padang. (ook op Java).
30	Lycodon aulicum Boie.	» Singkel.

31 Ophites subcinctus Wagl.   Van Padang
32 Brachyorrhus albus Kuhl.   »   Padang.
33 Tropidonotus sundanensis Blkr,
    n. sp.   »   Sibogha (ook op Banka en
                                    Borneo'.

34 » vittatus Schl.   »   Palembang.
35 » trianguligerus Schl.   »   Padang.
36 Simotes octolineatus DB.   »   Singkel.
37 » purpurascens Blkr ⇄ Xe-
    nodon purpurascens Schl.   »   Palembang.
38 Amphiesma chrysargum DB.   »   Padang.
39 » subminiatum DB.   »   Palembang.
40 » Lindmani Blkr, n. sp.   »   Palembang.
41 Tragops prasinus Wagl.   »   Padang, Palembang.
42 Psammophis pulverulentus Boie. »   Radjabassa, Palembang.
43 Hypsirhina enhydris DB.   »   Padang.
44 Eurostus plumbeus DB.   »   Palembang.
45 Cerberus boaeformis DB.   »   Padang.
46 Chrysopelea ornata Boie.   »   Padang.
47 » rhodopleuron Boie.   »   Palembang.
48 Triglyphodon dendrophilum DB. »   Palembang.
49 » gemmicinctum DB.   »   Radjabassa.
50 Elaps melanototaenia Blkr, n. sp » Sibogha.
51 Bungarus semifasciatus Kuhl.   »   Singkel, Palembang.
52 Naja tripudians Wagl.   »   Palembang.
53 Hydrophis gracilis Schl.   »   Oostkust.
54 Platurus fasciatus Daud.   »   Sibogha.
55 Trigonocephalus rhodostoma
        Rwdt.   »   Sibogha.
56 Rana tigrina Daud.   »   Pad., Troessan, Palemb.
57 Polypedates erythraeus Blkr.   »   Padang.
58 Hyla cyanea Daud.   »   Padang.

Eene kleine verzameling reptiliën van Batjan was aangeboden door den heer J. G. T. Bernelot Moens en bestond
uit de volgende soorten.

1 Cistudo amboinensis DB.   3 Brachyorrhos albus Kuhl.
2 Varanus bivittatus DB.   4 Enygrus carinatus Wagl

— 473 —

5 Coryphodon korros DB. 8 Triglyphodon irregulare DB.
6 Leptophis batjanensis Blkr, n. sp. 9 Platurus fasciatus Daud.
7 Cerberus boaeformis DB.

Eenige reptiliën van Boero, afkomstig van eene verzameling van den heer D. S. Hoedt, bleken te zijn de volgende soorten.

1 Cistudo amboinensis Gr. 3 Eumeces Lessonii DB.
2 Platydactylus vittatus Cuv. 4 Triglyphodon irregulare DB.

De hieronder genoemde slangen van Borneo's westkust, werden aangeboden door den heer J. W. Roelandt.

1 Pilidion lineatum DB. 11 Psammophis pulverulentus Boie.
2 Cylindrophis rufa Gr. 12 Chrysopelea ornata Boie.
3 Rhabdosoma borneense Blkr, n. sp. 13 Eurostus heteraspis Blkr, n. sp
4 Xenopeltis unicolor DB. 14 Triglyphodon gemmicinctum
5 Python reticulatus Gr. DB.
6 Gonyosoma oxycephalus DB. 15 Bungarus annularis Daud.
7 Compsosoma melanurus DB 16 Naja tripudians Wagl.
8 Dendrophis picta Boie 17 Trimeresurus ophiophagus DB.
9 Amphiesma Lindmani Blkr, 18 Pelamis bicolor Daud.
10 Simotes octolineatus DB. 19 Tropidolaemus Schlegelii Blkr.

In het geheel zijn mij van Borneo tot nog toe geworden 55 soorten van reptiliën t. w. 2 soorten van schildpadden, 10 van hagedissen, 37 van slangen en 6 van kikvorschen, t. w.

1* Cistudo borneënsis Blkr, n. sp Van Sintang aan de Kapoeas.
2* Gymnopus javanicus DB. » Bandjermasin.
3 Gavialis Schlegelii S. Mull. » Bandjermasin.
4* Platydactylus borneënsis Blkr, n. sp. » Bandjermasin.
5 Hemidactylus marginatus Cuv. » Bandjermasin.
6* » fraenatus Schl. » Bandjermasin.
7* » variegatus CV. » Bandjermasin.
8 Bronchocela cristatella Kp. » Bandjermasin.

9* Draco fimbriatus Kuhl.   Van Bandjermasin.

10   »   viridis Daud.   »   Bandjermasin.

11 Tachydromus sexlineatus Daud.   »   Bandj. Pontian., Sintang.

12 Euprepes Sebae DB.   »   Bandjermasin.

13* Pilidion lineatum DB.   »   Sinkawang.

14 Python reticulatus Gr.   »   Bandjerm., Sinkawang.

15* Xenopeltis unicolor DB.   »   Bandjermasin, Sinkawang.

16 Acrochordus javanicus Hornst.   »   Bandjermasin.

17 Cylindrophis rufa Gr.   »   Bandjerm., Sinkaw., Sint.

18* Calamaria borneënsis Blkr,   n. sp.   »   Sintang.

19* Rabdosoma borneënsis Blkr,   n. sp.   »   Bandjermas., Sinkawang.

20* Coryphodon korros DB.   »   Bandjermasin.

21* Dendrophis formosa Schl.   »   Bandjermasin.

22   »   picta Boie.   »   Bandjerm., Sinkaw., Sint.

23 Gonyosoma oxycephalus DB.   »   Bandjerm., Sinkaw.

24* Compsosoma melanurus DB.   »   Sinkawang.

25*   »   radiatum DB.   »   Sintang.

26* Ablabes polyhemizona Blkr,   n. sp.   »   Sinkawang.

27* Pareas carinata Wagl.   »   Bandjermasin.

28* Tropidonotus sundanensis   Blkr n. sp.   »   Sintang (ook op Banka en   Sumatra).

29* Simotes octolineatus DB.   »   Bandjermas., Sinkawang.

30* Amphiesma Lindmani Blkr, n. sp.   »   Sinkaw. (ook op Sumatra).

31   »   flaviceps DB.   »   Bandjermasin.

32 Tragops prasinus Wagl.   »   Bandjermasin.

33* Hemiodontus leucobalia DB.   »   Bandjermasin.

34* Psammophis pulverulentus Boic.   »   Bandjermas., Sinkaw.

35 Hypsirhina enhydris DB.   »   Bandjermasin.

36 Enrostus plumbeus DB.   »   Bandjermasin.

37*   »   heteraspis Blkr, n. sp   »   Sinkawang.

38 Homalopsis buccatus Fitz.   »   Bandjermasin.

39 Cerberus boaeformis DB.   »   Bandjermasin.

40* Chrysopelea ornata Boie.   »   Bandjermas., Sinkaw.

41	Triglyphodon gemmicinctum DB.	Van	Bandjermas., Sinkaw.
42*	Dipsas multimaculata Boie.	»	Bandjermasin.
43*	Trimeresurus ophiophagus DB.	»	Sinkawang.
44*	Bungarus annularis Daud.	»	Sinkawang.
45	Naja tripudians Wagl.	»	Sinkawang.
46*	Hydrophis schistosus Daud.	»	Bandjermasin.
47*	Pelamis bicolor Daud.	»	Sinkawang.
48	Tropidolaemus Schlegeli Blkr.	»	Sinkawang.
49	» formosus Blkr.	»	Bandjermasin.
50*	Rana tigrina Daud.	»	Bandjerm., Sintang.
51*	Polypedates erythraeus Blkr.	»	Bandjermasin.
52	Bufo asper Schl.	»	Sintang.
53	» scaber Daud.	»	Bandjermasin.
54*	» biporcatus Schl.	»	Bandjermasin.
55*	Nectes pleurotaenia Blkr.	»	Bandjermasin.

Van deze soorten zijn niet minder dan 33 (de met een * gemerkte), nieuw voor de kennis der fauna van Borneo Ten opzigte der soorten, nieuw voor den wetenschap, verwijs ik insgelijks naar mijn werk over de Reptilien van den Indischen Archipel.

Het aantal van Borneo bekende reptilien bedroeg tot op mijne onderzoekingen ongeveer 45, van welke ik slechts 21 soorten van gezegd eiland ontving, zoodat het aantal van daar bekende reptiliën thans ongeveer 78 bedraagt."

Batavia Mei 1857. P. BLEEKER.

Over eenige Vischverzamelingen van verschillende gedeelten van Java.

In de laatste maanden zijn mij meerdere verzamelingen van visschen van verschillende streken van Java, ter onderzoeking aangeboden en gedeeltelijk reeds in de bestuursvergaderingen der Natuurkundige Vereeniging in Nederlandsch Indie vermeld. De bedoelde verzamelingen bevond ik zamengesteld te zijn als volgt.

1. *Zoetwatervisschen van Lebak, van den heer C. P. Brest van Kempen.*

1 Anabas scandens CV.
2 Trichopus trichopterus CV.
3 » striatus Blkr.
4 Ophicephalus striatus Bl.
5 Mastacembelus maculatus Rwdt.
6 Mastacembelus unicolor K. v. H.
7 Gobius celebius CV.
8 Pimelodus platypogon K. v H.
9 Clarias punctatus CV.
10 Barbus marginatus CV.
11 » binotatus Kuhl.
12 » laevis CV.
13 Labeobarbus tambra Blkr.
14 Luciosoma setigerum Blkr.
15 Capoeta macrolepidota CV.
16 Leuciscus oxygaster CV.
17 Dangila Cuvieri CV.
18 Rohita vittata CV.
19 Lobocheilos falcifer Blkr
20 » Schwanefeldii Blkr.
21 Labeo erythropterus CV.
22 Crossocheilos oblongus Blkr.
23 Cobitis fasciata CV.
24 Homaloptera polylepis Blkr.
25 » Wassinkii Blkr.
26 Monopterus javanensis Lac.
27 Syngnathus brachyurus Blkr.

2. *Zoetwatervisschen van Bantam, van den heer C. P. Brest van Kempen.*

1 Anabas macrocephalus Blkr.
2 » scandens CV.
3 Osphromenus olfax Comm.
4 Ophicephalus marginatus CV.
5 » striatus Bl.
6 Apocryptes changua CV.
7 Bagrus micracanthus Blkr.
8 Clarias punctatus CV.
9 Barbus binotatus Kuhl.
10 Cobitis fasciata CV.
11 Notopterus lopis Blkr.
12 Anguilla sidat Blkr.
13 Monopterus javanensis Lac.
14 Syngnathus brachyurus Blkr.

3. *Zoetwatervisschen van Buitenzorg, van den heer O. F. W. J. Huguenin.*

1 Ophicephalus marginatus CV.
2 » striatus Bl.
3 Mastacembelus maculatus Rwdt.
4 Bagrus Hoevenii Blkr
5 » nemurus CV.
6 Barbus binotatus Kuhl.
7 Barbus bilitonensis Blkr.
8 Cobitis fasciata CV.
9 » Kuhlii CV.
10 Panchax Buchanani CV.
11 Hemiramphus fluviatilis Blkr.

4. *Zoetwatervisschen van Tjikoppo, n. w. voet van den Pangerangoh.*

1 Ophicephalus striatus Bl.
2 Pimelodus cyanochloros Blkr.
3 Clarias punctatus CV.
4 Clarias Teysmanni Blkr.
5 Leuciscus cyanotaenia Blkr.
6 Cobitis fasciata CV.

5. *Zoetwatervisschen van Tjipannas, n. helling van den Gedeh, van den heer J. E. Teijsmann.*

1 Osphromenus olfax Comm.
2 Trichopus trichopterus CV.
3 Betta trifasciata Blkr.
4 Ophicephalus marginatus CV.
5 » striatus Bl.
6 Mastacembelus maculatus Rwdt.
7 Bagrus nemurus CV.
8 Pimelodus platypogon K. v. H.
9 Clarias punctatus CV.
10 Barbus binotatus Kuhl.
11 Barbus marginatus CV.
12 Labeobarbus tambroides Blkr.
13 Cyprinus flavipinnis K. v. H.
14 Leuciscus lateristriatus K. v. H.
15 Cobitis fasciata CV.
16 » Kuhlii CV.
17 Homaloptera polylepis Blkr.
18 Hemiramphus fluviatilis Blkr.
19 Monopterus javanensis Lac.

6. *Zoetwatervisschen van Tjiandjoer, van Jkhr Mr H. C. Van der Wijck.*

1 Osphromenus olfax Comm.
2 Trichopus trichopterus CV.
3 » striatus Blkr.
4 Ophicephalus marginatus CV.
5 » striatus Bl.
6 Mastacembelus maculatus Rwdt.
7 » unicolor K. v. H.
8 Bagrus nemurus CV.
9 » planiceps CV.
10 Pimelodus cyanochloros Blkr.
11 » rugosus Blkr.
12 Bagarius Buchanani Blkr.
13 Clarias punctatus CV.
14 Cyprinus flavipinnis K. v. H.
15 Barbus binotatus Kuhl.
16 » bilitonensis Blkr.
17 » javanicus Blkr.
18 » marginatus CV.
19 Leuciscus cyanotaenia Blkr.
20 Lobocheilos falcifer Blkr.
21 Crossocheilos oblongus Blkr.
22 Cobitis fasciata CV.
23 » oblonga CV.
24 Homaloptera Zollingeri Blkr.
25 Aplocheilus javanicus Blkr.
26 Hemiramphus fluviatilis Blkr.
27 Monopterus javanensis Lac.

7. *Zeevisschen van Karangbollong, aan Java's Zuidkust,
van Dr C. L. Doleschall.*

1	Apogon novemfasciatus CV.	11	Glyphisodon antjerius K. v, H.
2	Grammistes orientalis Bl. Schn.	12	» bonang Blkr.
3	Serranus hexagonatus CV.	13	» rahti CV.
4	» macrospilos Blkr.	14	» septemfasciatus CV.
5	Holocentrum orientale CV.	15	Julis (Julis) Souleyeti CV.
6	» punctatissimum CV.	16	» (Halichoeres) casturi Blkr.
7	Chaetodon vagabundus Bl.	17	» (») bandanensis Blkr.
8	Amphacanthus marmoratus CV.	18	» (») Hyrtli Blkr.
9	Acanthurus lineatus Lac.	19	» (») phekadopleura Blkr.
10	» triostegus CV.		

8. *Visschen van Karangbollong, aan Java's Zuidkust,
van den heer J. F. Schultze.*

1	Ambassis batjanensis Blkr.	22	Caranx Forsteri CV.
2	Apogon novemfasciatus CV.	23	Amphacanthus marmoratus
3	Grammistes orientalis Bl Schn.		CV.
4	Serranus boenack CV.	24	Acanthurus matoides CV.
5	» hexagonatus CV.	25	» lineatus Lac.
6	» Hoevenii Blkr.	26	» melanurus CV.
7	» macrospilos Blkr.	27	» strigosus Benn.
8	Mesoprion octolineatus Blkr.	28	» triostegus CV.
9	» striatus Blkr.	29	Naseus amboinensis Blkr.
10	» monostigma CV.	30	Mugil heterocheilos Blkr.
11	Holocentrum orientale CV.	31	Salarias cyanostigma Blkr.
12	» punctatissimum CV.	32	» melanocephalus Blkr.
13	Dules taeniurus CV.	33	» sumatranus Blkr.
14	Therapon theraps CV.	34	» vermiculatoides Blkr.
15	Scorpaena polyprion Blkr.	35	Clinus xanthosoma Blkr.
16	Scorpaenodes polylepis Blkr.	36	Gobius petrophilus Blkr.
17	Chaetodon auriga Forsk.	37	Eleotris strigata CV.
18	» biocellatus CV.	38	Glyphisodon antjerius K. v. H.
19	» decussatus CV.	39	» bengalensis CV.
20	» vagabundus Bl.	40	» bonang Blkr.
21	Holacanthus semicirculatus CV.	41	» lacrymatus QG.

42 Glyphisodon modestus Schl.
      Müll.
43   »   rahti CV.
44   »   septemfasciatus CV.
45   »   sordidus CV.
46   »   unimaculatus CV.
47 Julis (Julis) cupido T. Schl.
48   » (») Jansenii Blkr.
49   » (») Souleyeti CV.
50   » (Halichoeres) annula-
      ris K. v H.

51 Julis (Halichoeres)Hyrtlii Blkr.
52   » (») Reichei Blkr.
53   » (») phekadopleura Blkr.
54   » (») notopsis K. v. H.
55   » (») pseudominiatus
      Blkr.
56   » (») javanensis Blkr.
57 Tautoga notophthalmus Blkr.
58 Muraenichthys Schultzei Blkr.
59 Muraena Blochii Blkr.
60   » variegata Richds.

9. Zeevisschen van Prigi, aan Java's Zuidkust, van den heer D. C. Noordziek.

1 Apogon novemfasciatus CV.
2 Serranus formosus CV.
3 » hexagonatus CV,
4 » macrospilos Blkr.
5 Mesoprion decussatus K. v H.
6 » fulviflamma Blkr.
7 » octolineatus Blkr.
8 Holocentrum orientale CV.
9 Therapon theraps CV.
10 Sillago malabarica Cuv.
11 Polynemus plebejus Brouss.
12 Upeneus Russelli CV.
13 Upeneoides vittatus Blkr.
14 Pterois antennata CV.
15 Scorpaena polyprion Blkr.
16 Scorpaenodes oxycephalus
    Blkr.
17 Platycephalus insidiator Bl.
18 Pristipoma guoraca CV.
19 » nageb Rupp.
20 Diagramma Sebae Blkr.
21 Lethrinus opercularis CV.
22 Gerres filamentosus CV.

23 Chaetodon auriga Forsk.
24 » decussatus CV.
25 » princeps CV.
26 » vagabundus Bl.
27 Scatophagus argus CV.
28 Toxotes jaculator CV.
29 Scomber loo CV.
30 Trachinotus Baillonii CV.
31 Caranx ekala CV.
32 Selar Kuhlii Blkr.
33 Amphacanthus marmoratus
    CV.
34 » vermiculatus CV.
35 Acanthurus matoides CV.
36 » triostegus CV.
37 Mugil coeruleomaculatus Lac.
38 » melanochir K. v H.
39 Salarias periophthalmus CV.
40 » quadripinnis CV.
41 » sumatranus Blkr.
42 Plesiops corallicola Mus L. B.
43 » coeruleolineatus Rupp.
44 Pomacentrus katunko Blkr.

45 Glyphisodon antjerius K. v. H.
46 » coelestinus CV.
47 » septemfasciatus CV.
48 » unimaculatus CV.
49 Julis (Julis) dorsalis QG.
50 » (Halichoeres) casturi Blkr.
51 » (») annularis K. v. H.
52 » (») leparensis Blkr.
53 » (») miniatus K. v. H.
54 » (») phekadopleura Blkr.
55 » (») polyophthalmus Blkr.
56 Scarus psittacus Forsk.
57 Belone leiurus Blkr.
58 Hemiramphus Dussumieri CV.
59 Spratella kowala Blkr.

60 Chatoessus selangkat Blkr.
61 Saurida nebulosa CV.
62 Rhombus pantherinus Rüpp
63 Plagusia Blochii Blkr.
64 Conger Noordziekii Blkr.
65 Moringua microchir Blkr.
66 Ophisurus boro Buch.
67 Muraena isingteena Richds.
68 Muraenoblenna tigrina Kp.
69 Balistes cinctus Lac.
70 » lineatus Bl.
71 » praslinus Lac.
72 » viridescens Lac
73 Triacanthus brevirostris
    Valenc.

Van de in de verschillende verzamelingen aanwezige soorten, waren bijkans alle nieuw voor de kennis der plaatselijke fauna, van waar zij afkomstig zijn. Vele andere soorten waren tot nog toe niet van Java bekend, vooral onder die van Karangbollong en Prigi. Enkele soorten, nieuw voor de wetenschap, zijn in een afzonderlijk artikel in het 13e deel van het Natuurkundig Tijdschrift voor Nederlandsch Indie beschreven.

Ik merk nog op, dat langs Java's zuidkust vele soorten voorkomen, welke ik nooit van de noordkustwateren van dit eiland ontvangen heb, en dat in het algemeen de vischfauna der zuidkust, naar de bestaande gegevens te oordeelen, groote overeenkomst heeft met die der Westkust van Sumatra, terwijl de fauna der noordelijke kustwateren van Java, meer overeenkomst aanbiedt met de vischfauna der Oostkust van Sumatra, of, beter gezegd, met die der kustwateren van Singapore, Bintang, Banka en Biliton.

Batavia April 1857.   P. BLEEKER.

Gouvernements Besluit omtrent handschriften en verzame-
lingen van ambtenaren belast met wetenschappelijke on-
derzoekingen.

Batavia den 16den Julij 1857. (No. 16.)

(*Staatsblad no 51.*)

Gelezen, enz.

De Raad van Nederlandsch Indie gehoord;

Is goedgevonden en verstaan:

Te bepalen, als volgt:

1°. Personen, in dienst en bezoldiging van den lande, belast met onderzoekingen of werkzaamheden van wetenschappelijken aard, verbinden zich schriftelijk bij het aanvaarden van die dienst, om te gedoogen dat al hunne
dagboeken, berigten, aanteekeningen, kaarten, teekenin-
gen en verzamelingen, beschouwd worden te zijn uitsluitend eigendom van den lande, met den gevolge, dat op
hen toepasselijk is de publikatie van 3 April 1854, Staatsblad no. 18.

2°. Zij zijn echter bevoegd, binnen de drie maanden na de
aanvaarding van hunne dienst, in te zenden eenen inventaris van de ten deze bedoelde voorwerpen, welke op
dat tijdstip reeds hun eigendom zijn, doch zijn verpligt,
die steeds zorgvuldig van 's lands eigendom afgescheiden
te houden.

3°. Hunne boedelaanvaarders zijn mitsdien, bij hun overlijden, gehouden, alle aangetroffen wordende eigendommen
van den lande, ten gevolge van die verbindtenis, onder
inventaris aan te bieden en af te geven aan het hoofd
van gewestelijk bestuur, onder wien zij zich bevinden.

4°. Vertrekkende naar eene landstreek, gelegen buiten het
onmiddellijk bestuur van 's gouvernements ambtenaren, zijn
zij verpligt, alvorens te verlaten de laatste plaats, waar
een Nederlandsch ambtenaar gevestigd is, aan dezen in

te dienen het plan van hunne reis, en met denzelve te houden, zooveel mogelijk, eene geregelde briefwisseling, opdat blijke waar zij zich bevinden en, bij hun leven, voor het behoud van hen, bij overlijden, voor het behoud van hunne eigendommen en die van den lande, zorg kunne gedragen worden.

5°. De hoofden van gewestelijk bestuur zijn verpligt om, bij overlijden van personen in dienst en bezoldiging van den lande, belast met onderzoekingen of werkzaamheden van wetenschappelijken aard, in de gewesten aan hun bestuur vertrouwd, voor het behoud en de uitlevering van de onder hen berustende eigendommen van den lande al die voorzorgen te nemen, welke de tijds- en plaatselijke omstandigheden mogten gedoogen.

Afschrift, enz.

Ter ordonnantie van den gouverneur generaal:

De algemeene sekretaris,

Van de Graaff.

Circulaire over de oprigting van een Museum der Vereeniging.

Batavia 10 *Mei* 1857.

Aan de Ingezetenen van Nederlandsch Indie.

Indien er in Nederlandsch Indie eene wetenschappelijke inrigting bestaat, die steeds de belangstelling van het publiek heeft ondervonden en deze belangstelling, gelijk hare leden en bestuurderen meenen te mogen beweren, ook in ruime mate verdient, dan voorzeker is het de Natuurkundige Vereeniging.

Zoo als uit het Algemeen verslag harer werkzaamheden, op den 12n Februarij 1857 in de 7e Algemeene vergadering voorgelezen, onmiskenbaar blijkt, heeft zij onder haren nederigen naam, op het gebied der natuurwetenschappen, in weinig tijds, reeds belangrijke diensten bewezen en hare pogingen ook o. a. beloond

gezien door de betrekkingen, die de voornaamste geleerde genootschappen der beschaafde wereld wel met haar hebben willen aan-
knoopen. Niet alleen dus in Nederlandsch Indie, het tooneel
harer werkzaamheden, maar ook in het Buitenland, vond haar
streven belangstelling en aanmoediging en geweid aan de uitkomsten harer pogingen eene welwillende ontvangst.

De Vereeniging weet echter te goed en erkent het ook gaarne,
dat niet alles wat zij tot bevordering der kennis van de natuur
vermogt te doen, uit haar eigen boezem voortkwam. Zeer velen,
die tot haar niet in regtstreeksche betrekking stonden, doch het
nut harer verrigtingen beseften en haar in hare werkzaamheden
wilden ondersteunen, hebben daartoe bijgedragen. Aan die ondersteuning had zij behoefte en daarop een nieuw beroep te doen is
het voorname doel van dit schrijven.

Hoezeer de Vereeniging zich geregtigd acht, met eenige zelfvol-
doening terug te zien op den reeds doorloopen weg, is zij nietto-
min doordrongen van de waarheid, dat het veld der natuurwetenschappen zóó groot en, wat Nederlandsch Indie aangaat, ook
zelfs na het reeds verrigte, nog zóó weinig ontgonnen is, dat in
de meeste takken van kennis nog bijna alles te doen overblijft.
Zij mag noch zal derhalve berusten in de verkregen uitkomsten,
maar zij beschouwt het als pligt, ijverig voort te gaan op het
ingeslagen pad, — en wanneer zij op het verledene wijst, dan
geschiedt het alleen, om daarin een punt van vergelijking voor
de toekomst te vinden.

Het is algemeen bekend, dat het geenszins noodzakelijk, ja zelfs
niet altijd mogelijk is, de verborgenheden der natuur steeds in
de open lucht, op het vrije veld, in wouden en op bergen, tusschen rotsen en in kloven, aan de stranden der zee of aan de
boorden der rivieren te bestuderen. Hetgeen dáár waargenomen
en verzameld werd, moet niet alleen in het studeervertrek beschouwd, overpeinsd en ontleed worden, maar ook zeer dikwerf
moet het worden vergeleken met gelijksoortige waarnemingen of
zaken van elders herkomstig en dient men er bij te raadplegen
de meeningen van schrandere natuurvorschers, door wie diezelfde
onderwerpen zijn behandeld, of is het gebruik van vaak zeer za-
mengestelde werktuigen daarbij noodig.

Zal de studie der natuur derhalve vruchtbaar zijn, dan moeten hare beoefenaren alles, wat van hare voortbrengselen daartoe geschikt is, op eene plaats verzameld en naar vaste regelen geordend vinden; zij moeten den toegang hebben tot eene uitgebreide boekerij, die doorgaans zeer kostbare werken dient te bevatten, en zij behooren de werktuigen, die hun onmisbaar zijn, niet te vergeefs te zoeken.

In een woord er is noodig een *Museum*, eene *Bibliotheek* en een *Kabinet van Physische instrumenten*, die voor ieder beoefenaar der natuur toegankelijk zijn. Hier moeten zij vereenigd vinden, wat ieder hunner onmogelijk in bijzonderen eigendom zou kunnen bezitten, dewijl de uitgaven, daartoe gevorderd, te hoog en de moeijelijkheden daaraan verbonden, vooral in Nederlandsch Indië door de menigvuldige verplaatsingen van het Europeesch personeel, te groot zonden wezen.

Reeds sedert geruimen tijd heeft de Vereeniging aan de daarstelling van dit een en ander gearbeid en ook in dit opzigt heeft zij alle redenen, zich over den uitslag harer pogingen te verheugen.

Zij heeft reeds eene menigte hoogst belangrijke en gedeeltelijk zeldzame voorwerpen uit de verschillende rijken der natuur verzameld. Hare bibliotheek is reeds tot een aanzienlijk getal zeer nuttige en kostbare boek- en plaatwerken aangegroeid. Ook aan instrumenten mangelt het haar niet geheel.

Tot nog toe echter is zij geheel buiten de gelegenheid gebleven, met dit alles zoovele nut te stichten als wenschelijk en mogelijk zou wezen, want zoowel naturaliën als boeken en instrumenten liggen, bij gebrek aan een doelmatig lokaal, waar een en ander zou kunnen worden vereenigd en gerangschikt, in de woningen der bestuurderen verdeeld en geborgen. Het is voor de wetenschap dus bijna, alsof het nog niet bestond.

De Vereeniging zou in haren pligt te kort schieten, indien zij geene krachtige pogingen aanwendde om aan dezen stand van zaken een einde te maken en in het bezit te komen van een gebouw, waarin zij de reeds vergaderde schatten kan ten toon spreiden, vermeerderen en voor de beoefening der natuur beschikbaar stellen.

Daar aan het lidmaatschap der Vereeniging hoegenaamd geene
verpligte kontributie is verbonden, reiken hare finantiele middelen
ook niet ver en is het haar onmogelijk, daarmede het doel te bereiken.

Met vertrouwen wendt zij zich echter tot de Ingezetenen van
Nederlandsch Indië, want zij heeft reeds de ondervinding opgedaan, dat zij nimmer achterlijk blijven, als hun de gelegenheid
wordt aangeboden, bij te dragen tot instandhouding of bevordering van nuttige instellingen.

Zij vleit zich dan ook, dat de lijst, die zij heden rond zendt
tot verzamelen van vrijwillige bijdragen, met talrijke inschrijvingen tot haar zal terugkeeren.

Indien de Vereeniging hare wenschen mogt vervuld zien, dan
zou zij, te midden van het meest bevolkte gedeelte van Nieuw-
Batavia, een ruim gebouw, met een erf van eenige uitgebreidheid
willen bezitten.

Dit gebouw zou haar Museum, hare Boekerij en hare Instrumenten moeten bevatten. Er zou gelegenheid in moeten wezen
tot het houden van algemeene en van bestuursvergaderingen.

De Vereeniging begrijpt, dat de wetenschap er slechts bij winnen kan, wanneer zij zich in bevallige vormen hult en wanneer
hare schatten zooveel doenlijk toegankelijk zijn. Zij zou het gebouw dus willen omringen door eenen met smaak aangelegden
Tuin, waarin schoone bloemen en gewassen gevonden en waarin
zeldzame vogels en dieren, die men haar zoo menigmaal levend
toezendt, onderhouden worden.

Zij zou deze inrigting niet alleen gratis willen openstellen op
de uren, die het meest tot ernstige studien zijn geschikt, maar
ook op die, welke door het beschaafde Indische publiek gewoonlijk aan wandelingen, te voet of in rijtuig, worden gewijd. Zij
hoopt op die wijze talrijke bezoekers te lokken en het gebouw
der Natuurkundige Vereeniging tevens eene aangename en nuttige uitspanningsplaats te doen zijn. Zij verwacht, dat daardoor
belangstelling in de natuurwetenschappen en lust om die te beoefenen zal opgewekt worden bij velen, die er tot nog toe geene
bepaalde neiging toe gevoelden. Zij ziet dus in de bedoelde inrigting een nieuw middel tot verspreiding van beschaving en ver-

lichting, tot bevordering van nuttige kennis en van het welzijn der menschheid.

Van hare erkentelijkheid jegens de inschrijvers, hoopt zij te doen blijken door eene, in het gebouw op zigtbare plaats gestelde inskriptie, die hunne namen zal vermelden.

Het Bestuur der Natuurkundige Vereeniging in Nederlandsch Indie.

P. BLEEKER, *President.*

A. J. D. STEENSTRA TOUSSAINT, *Vicepresident.*

P. J. MAIER, *Direkteur van de verzamelingen.*

G. F. DE BRUIJN KOPS, *Bibliothekaris.*

A. W. P. WEITZEL.

M. TH. REICHE, *Thesaurier.*

D. J. UHLENBECK.

J. J. ALTHEER, *Sekretaris.*

De bovenstaande cirkulaire is reeds van eenige plaatsen van Java ingevuld terug ontvangen. Het totale bedrag der inschrijvingen bedroeg tot op den laatsten Junij 1857 ruim ƒ 2000. Van verreweg de meeste plaatsen op Java en van alle buitenposten, zijn de lijsten nog in omloop. De Direktie heeft het niet overbodig geacht sedert nog bekend te maken, dat het bedrag der inschrijvingen niet zal worden geïnd dan nadat de uitvoerbaarheid der oprigting van het Museum zal zijn gebleken.

Personaliën.

Benoemd tot Lid in het Bestuur over de Protestantsche Kerk in Nederlandsch Indie, het Besturend lid der Vereeniging de heer G. F. De Bruijn Kops.

Overgeplaatst van Djokdjokarta naar Soerakarta het Lid der Vereeniging de heer D. Eekma, Apotheker der 3e klasse

Naar Nederland vertrokken met verlof, het Lid der Vereeniging de heer Dr. C. W. R. Voigt, Kolonel, Chef der geneeskundige dienst.

Bevorderd tot resident van Madura, het Lid der Vereeniging de heer T. Arriëns, te Sumanap.

Aangekomen en geplaatst te Batavia het Lid der Vereeniging de heer B. H. Egberts, Officier van gezondheid der 2e klasse.

Bevorderd tot Officier van gezondheid der 2e klasse en geplaatst te Wonosobo, het lid der Vereeniging de heer Dr. J. W. E. Arndt.

Overgeplaatst naar Java het lid der Vereeniging de heer C. Helfrich, Officier van gezondheid der 2e klasse te Bandjermasin.

Verlof naar Nederland verleend tot herstel van gezondheid aan het lid der Vereeniging, Kolonel C. A. De Brauw, Gouverneur van Celebes en onderhoorigheden, Adjudant des Konings in buitengewone dienst

Prospektus einer Sammlung von tausend mikroskopischen Praparaten von wirbellosen Thieren, herausgegeben vom mikroskopischen Institut von ENGELL et Comp. Zu Wabern bei Bern.

An das unterzeichnete mikroskopischen Institut ist von mehreren Professoren und Museen das Gesuch gestellt, ihnen grössere, wissenschaftlich geordnete Sammlungen von Praparaten aus verschiedenen Klassen des Thierreichs, namentlich aber von niederen Seethieren zu senden. Da die Anfertigung mit grossem Zeitaufwand verknüpft ist, und deshalb für den einzelnen Besteller theuer werden würde, so hat das Institut beschlossen, eine grössere Sammlung von tausend mikroskopischen Praparaten von wirbellosen Thieren herauszugeben, wenn sich eine hinreichende Anzahl von Subskribenten findet, um die Kosten zu decken, die, wenn zugleich viele Exemplaren desselben Praparats gefertigt werden können, sich so gering stellen werden, dass ein Praparat in eleganter Ausstattung incl. Verzeichniss und Kästchen 6 Sgr. od. ⅞ Frcs zu stehen kommt.

Es sollen die tausend Praparate in drie Lieferungen erscheinen und zwar die erste im Jahr 1856, die zweite im Jahr 1857, die dritte im Jahr 1858.

In der ersten Lieferung geben wir.

a. 60 Praparate von Polythalamien und Polycystinen aus den Kreideformationen und verschiedenen Gegenden des Meeres, so wie die Diatomeen der fossilen Infusorienlager.

b. 110 Praparate von Spongien, deren Gewebe und Kieselgebilde.

c. 150 Präparate von Polypen, deren Gehause, Tentakeln und Kalkgebilde.

In der zweiten Lieferung

a. 150 Präparate von Seewalsen (Holothurien, Mullerien, Pentacten, Synapten, Chirodoten), deren Saugfüsschen, Pedicellarien und Kalkgebilde.

b. 100 Präparate von Echiniden, Asteriden und Crinoiden, deren Saugfüsschen, Pedicellarien und Kalkgebilde.

c. 20 Praparate von Wurmern, Hakenkranze, Fusstummelborsten, Kauwerkzeuge etc.

d. 30 Präparate von Gehäusen der Bryozoen.

e. 50 Präparate von Schneckenzungen und Kiefern.

In der dritten Lieferung Präparate von Krustenthieren, Arachniden und Insekten, deren Tarsen, Augen, Kau- und Saugwerkzeuge, Haare, Schuppen u. dgl.

Die Gründe, welche die Museen zur Anschaffung der Sammlungen bestimmen möchten, sind hauptsächlich folgende:

a. Während das blosse Auge ausreicht, die Wirbelthiere mit wenigen Ausnahmen in ihrer äusseren Form, dem Gliederbau und den wesentlichsten Organen erkennen und unterscheiden zu lassen, muss bei den niederen Thierklassen und insbesondere bei den meerbewohnenden das Mikroskop zu Hülfe genommen werden. Da aber die Beobachtung mit demselben eine sorgfältige Vorbereitung der zu untersuchenden Gegenstände verlangt, um ihnen die nöthige Klarheit und Durchsichtigkeit zu geben, und da dies fast bei jedem Objekte andere Hand- und Kunstgriffe verlangt, die sich ein anderweit beschäftigter Gelehrter anzueignen schwerlich die Zeit hat, so fehlt bis jetzt auf allen Museen für die Zoologen ein bequemes Hülfsmittel ihren Zuhörern jene unterscheidenden Merkmale in ausgedehntem Masse unter dem Mikroskope vorzeigen zu können. Unsere Sammlung bietet dieses Hülfsmittel dar, und es ist schon in Betreff unserer kleineren Sammlung von hundert Präparaten aus dem Thier- und Pflanzenreiche vielfach anerkannt, wie sehr der Vortrag durch das Vorzeigen der Präparate nicht nur an Klarheit, sondern auch an Frische und Lebendigkeit gewinnt.

b. Nur weinige Museen sind im Besitze vollständiger Sammlungen der bis jetzt bekannten Species der Seethiere aus den untersten Klassen. Indem unsere Sammlung durch Präparate von vielen hundert Species derselben die unterscheidendsten Kennzeichen des Baues der einzelnen Arten nachweist, füllt dieselbe jene Lücke auf die wohlfeilste und instruktivste Weise aus und ersetzt in wissenschaftlicher Beziehung den Mangel des Besitzes der nur mit grossen Kosten und Mühen zu beschaffenden Specialsammlungen.

c. Die in den Museen befindlichen Exemplare der Urthiere und

Strahlthiere sind theils getrocknet, theils in Spiritus zusammenge-
schrumpft vorhanden; es fällt daher sehr oft schwer die Species,
zu der jedes Exemplar gehört, auch nach den besten Zeichnun-
gen und Beschreibungen zu bestimmen. Deshalb fehlt, wie jeder
Zoologe weiss, alle Uebereinstimmung in der Determination der
Exemplare solcher Thiere in den verschiedenen Museen. Holothurien, Polypenstöcke, Spongien etc. derselben Species finden
sich unter den verschiedensten Namen, in den verschiedenen Ka-
binetten vor.

Indem wir die Hauptmerkmale der einzelnen Species in unseren Präparaten derselben darstellen und zugleich den Fundort
und Autor mit Genauigkeit angeben, so wird hierdurch die Gele-
genheit geboten, die in jedem Museum enthaltenen Exemplare der unteren Seethiere nach unseren Angaben zu revidiren,
zu bezeichnen und dadurch eine grössere, allgemein verbrei-
tete Uebereinstimmung und Sicherheit in die Determination zu
bringen.

Es wird hierdurch der Werth der Sammlungen in den Museen erhöht und den, mit dem Ordnen derselben beschäftigten,
Zoologen ihre Aufgabe erleichtert. Dasselbe findet Statt bei der
Einreihung neuer Exemplare, wenn das Kabinet mit solchen ver-
mehrt wird.

Von den Motiven, welche unsere Auswahl rechtfertigen und
bei den, zu den Lieferungen herauszugebenden, beschreibenden Notizen näher entwickelt werden sollen, heben wir die folgenden
schon hier hervor.

a. Wir können in unseren Präparaten nur diejenigen Thiere
oder ihre Gehäuse und Körpertheile geben, welche sich zur Auf-
nahme in Kanadabalsam eignen und bei der Vorbereitung und dem
Einschmelzen in den Balsam ihre wesentliche Form nicht ändern.
Alle Versuche, weichere Theile in anderen conservirenden Flüs-
sigkeiten aufzubewahren, haben gezeigt, dass sie bei der Fertigung
von vielen Tausenden von Präparaten unausführbar sind Einestheils
verlangen sie einen grösseren Aufwand an Zeit, Mühe und Auf-
merksamkeit, wenn sie auf lange Dauer Anspruch machen sollen
und werden dadurch kostbarer, anderntheils haben uns viele un-
angenehme Erfahrungen belehrt, dass bei Versendungen solcher

Präparate auf weite Strecken von einer grösseren Anzahl derselben sehr oft mehrere Exemplare durch Schütteln und Rütteln und den Wechsel von Frost und Hitze beschädigt und unbrauchbar wurden. Die in Kanadabalsam eingeschlossenen Präparate bleiben stets unverändert, klar und wohlerhalten. Bei den wirbellosen Thieren wird überdies unser Zweck in hinreichendem Masse durch die von uns gewählte Präparationsmethode erreicht, weil ihre Kalk-, Kiesel-, Chitin- und Horngebilde fast überall die wesentlichsten mikroskopischen Unterscheidungsmerkmale darbieten.

b. Bei der Bestimmung der Anzahl von Präparaten für jede einzelne Klasse oder Ordnung haben uns folgende Rücksichten geleitet.

1) Die Polythalamien, welche bis jetzt schon eine Thierklasse von mehr als zweitausend Species bilden, fehlen in den meisten Museen noch ganz, und in der That haben sie auch nur Werth und Bedeutung, wenn sie unter dem Mikroskop betrachtet werden können. Diese Lucke ist also nur auf dem von uns gebotenen Wege auszufüllen. Unser Verfahren, die fossilen Polythalamien aus der Kreide darzustellen und selbst solche Gehäuse die eine Linie im Durchmesser haben, klar und durchsichtig zu präpariren, ist bekannt und bewährt. Wir halten 60 Präparate für ausreichend, um die hauptsächlichsten Formverschiedenheiten anschaulich zu machen und die charakteristischen Merkmale der einzelnen Kreideformation erkennen zu lassen.

Die Präparate der fossilen Diatomeen werden auch denjenigen Zoologen eine angenehme Zugabe sein, welche dieselben zu den Pflanzen rechnen.

2) Von den Meeresspongien geben wir die verhältnissmässig grosse Zahl von 140 Präparaten, weil wir dieselben von dem grossten Theil der bekannten Species liefern können, also im Stande sind den Museen, welche fast überall mit diesen, erst neuerdings dem Thierreich definitiv eingereihten, Geschöpfen nur spärlich ausgestattet sind, einen Ersatz für diese Lucke zu bieten, der um so vollständiger ist, als die Präparate ein ausreichendes Bild von der Verschiedenheit der Gewebekonstruktion und der, die einzelnen Arten der grösseren Abtheilung der Spongien charakterisirenden Kieselgebilde geben.

Die Rohren, welche die Nahrung der Spongien enthalten, sind so klar präparirt, dass man die darin vorkommenden Polythalamien und Bruchstücke von andern Körpern, Kieselnadeln und Steinen deutlich erkennen kann, dagegen sind die weiteren Ausführungskanäle von fremden Theilen möglichst gereinigt.

Die Kieselgebilde, Sterne, Krucken, Anker, Nadeln etc. sind theils in ihrer natürlichen Lage im Gewebe, theils getrennt von demselben klar dargestellt.

3) In Betreff der Polypen werden wir uns auf die Darstellung der aus hornigen Substanzen bestehenden, Gehäuse und der, für jede besondere Species, charakteristischen Kalkkörper beschränken und nur von wenigen auch die Tentakeln mit ihren Kalkgebilden geben können.

130 Präparate werden ausreichen die meisten in zoologischen Museen vorkommenden Species, namentlich von Sertularien, Pennatula, Gorgonien und Alcyonien zu charakterisiren.

4) Seewalzen. Bei dieser Ordnung der Echinodermen werden unsere Präparate für die Determination von besonderer Wichtigkeit sein, da die einzelnen Individuen in Spiritus so sehr zusammenschrumpfen, dass sich die verschiedenen Species derselben Familie äusserlich fast nur durch Farbe und Grösse unterscheiden die natürlich kein ausreichendes Merkmal abgeben. Dagegen bieten die Kalkgebilde der Haut, der Tentakeln und der Saugfüsschen sehr entscheidende, charakteristische Bestimmungszeichen, und durch diese werden die meisten jetzt bekannten Species der Holothurien, Mullerien, Pentakten, Synapten und Chirodoten in 150 Präparaten repräsentirt.

5) Die Echiniden, Asteriden und Crinoiden bieten äusserlich leichter erkennbare Merkmale dar. Die Zahl der bekannten Species ist zu gross, um von jeder ein Präparat liefern zu können. Wir beschränken uns deshalb darauf, in hundert Präparaten die verschiedenen Formen der Pedicellarien, Saugfüsschen und der zierlichen, mikroskopischen Kalkgebilde, so wie Schliffe von Stacheln der Echiniden darzustellen.

6) Die weichen Würmer bieten am wenigsten Stoff zu mikroskopischen, zur Aufbewahrung geeigneten Präparaten, doch wollen wir sie nicht ganz übergehen und geben daher 20 Präpa-

rate von Rohrenwürmern, Hakenkränzen, Fussstummelborsten und Kauwerkzeugen.

7) Von den zierlichen Gehäusen der Moosthierchen, geben wir 30 Präparate.

8) Die Mollusken, bieten nur in den Zungen und Kiefern der Schnecken Präparate für unsere Sammlung. Wir geben 50 Präparate derselben und unter ihnen hauptsächlich solche von Schnecken aus den tropischen Gegenden und Meeren.

9) Den Schluss unserer Sammlung bilden die Präparate von Gliederthieren. Hier bieten fast alle Körpertheile, Augen, Füsse, Flügel, Tracheen, Schuppen, Haare, Saug- und Kauwerkzeuge charakteristische und zierliche mikroskopische Präparate von vielen tausend Species. Da sich sonach bei der beschränkten Zahl unserer Sammlung nichts systematisch Vollstandiges liefern lässt, so werden wir in einer Auswahl von 300 Präparaten das Interessanteste zu geben suchen, was bei den Vorträgen über diesen Zweig der Zoologie zur Erläuterung und Belehrung dienen mag.

Wir werden insbesondere die mikroskopischen Theile der Saug- und Kauwerkzeuge, der Tarsen etc., wie sie einzelne Ordnungen und Familien charakterisiren, darstellen und auch hier zum grossen Theile die in den tropischen Gegenden vorkommenden Species zu unsern Präparaten wahlen.

Wenn wir im Wesentlichen bei der vorstehenden Auswahl verharren müssen, so werden wir doch auf die an uns gelangenden Wünsche und Monita einzelne Abänderungen gerne eintreten lassen.

Die einzelnen Präparate werden überall mit dünnen Deckgläsern versehen, die Glasplatten erhalten die Grösse und Bekleidung, wie sie die Beilage zeigt. Die Präparate werden in eleganten Kästchen, die auch später zur Aufbewahrung dienen, sorgfältig verpackt und versendet. Jeder Lieferung wird ein Verzeichniss, das mit der Nummer der Präparate korrespondirt, mit erläuternden Notizen beigefügt. Die ganze Sammlung der tausend Präparate wird 200 Rthlr. pr. Cour., gleich 350 Gld. rheinisch = 750 Frcs kosten und jede Lieferung binnen acht Wochen nach der Uebersendung gezahlt, doch werden wir uns auch über andere Zahlungsmodalitaten bei der Bestellung gerne einigen.

Da dieses Unternehmen wegen der bedeutenden damit verbundenen Auslagen nur ausgeführt werden kann, wenn sich eine genügende Anzahl von Subskribenten verpflichtet, so bitten wir mit Hinweisung auf die gewichtige, diesen Prospektus begleitende Empfehlung um eene möglichst rege Theilnahme an der Subskription.

Wabern bei Bern, den 25 Januar 1856.

Das Mikroskopische Institut von Engell et Comp.

Indem ich in vollem Einverstandniss mit den in dem vorstehenden Prospektus entwickelten Motiven den zoologischen Museen die Anschaffung der gebotenen Sammlung mikroskopisher Praparate dringend anempfehle, bescheinige ich hiermit aus eigener langjahriger Kenntniss der Mittel und Leistunjen des mikroskopischen Instituts von Enjell et Comp, dass demselben das Material zur Fertigung der vorstehend bezeichneten Praparate vollständig zu Gebote steht, dass die Determinationen durchaus zuverlassig sind und dass die Anfertigung der Praparate den geübtesten und kunstfertigsten Handen anvertraut ist.

Bern, im Februar 1856.

Dr. G. Valentin,

Professor der Anatomie und Physiolojie

———————

Milton Keynes UK
Ingram Content Group UK Ltd.
UKHW030928190724
445797UK00007B/228

9 781140 066866